Oliver Schulte

Fast-Close-Abschlüsse und Schadenrückstellungen nach HGB, IAS/IFRS und US-GAAP

GABLER EDITION WISSENSCHAFT

Rechnungswesen und Unternehmensüberwachung

Herausgegeben von
Professor Dr. Hans-Joachim Böcking und
Professor Dr. Michael Hommel

Die Schriftenreihe präsentiert Ergebnisse der betriebswirtschaftlichen Forschung zu den Themengebieten Financial Accounting, Business Reporting, Business Audit, Business Valuation und Corporate Governance. Die Beiträge dieser Reihe verfolgen das Ziel, Vorgaben der Gesetzgebung, der nationalen und internationalen Standardsetter sowie Empfehlungen der Wirtschaftspraxis mittels des Instrumentariums der betriebswirtschaftlichen Theorie zu beschreiben, zu analysieren und insbesondere vor dem Hintergrund der Anforderungen des Kapitalmarktes weiterzuentwickeln.

Oliver Schulte

Fast-Close-Abschlüsse und Schadenrückstellungen nach HGB, IAS/IFRS und US-GAAP

Mit einem Geleitwort von Prof. Dr. Michael Hommel

Deutscher Universitäts-Verlag

Bibliografische Information Der Deutschen Bibliothek
Die Deutsche Bibliothek verzeichnet diese Publikation in der Deutschen Nationalbibliografie; detaillierte bibliografische Daten sind im Internet über <http://dnb.ddb.de> abrufbar.

Dissertation Universität Frankfurt am Main, 2006

1. Auflage Mai 2006

Lektorat: Brigitte Siegel / Sabine Schöller

Der Deutsche Universitäts-Verlag ist ein Unternehmen von Springer Science+Business Media.
www.duv.de

Umschlaggestaltung: Regine Zimmer, Dipl.-Designerin, Frankfurt/Main
Druck und Buchbinder: Rosch-Buch, Scheßlitz
Gedruckt auf säurefreiem und chlorfrei gebleichtem Papier
Printed in Germany

ISBN-10 3-8350-0342-9
ISBN-13 978-3-8350-0342-2

Geleitwort

Während der geneigte Leser mit den Veröffentlichungen zur Rechnungslegung von Banken mühelos ganze Regalreihen füllen kann, nehmen sich die Veröffentlichungen auf dem Gebiete der Versicherungsbilanzierung eher bescheiden aus. Die Versicherungsbilanzierung trägt – so scheint es – die Grundzüge einer Geheimwissenschaft. Nur wenige Eingeweihte kennen ihre Regeln und geben ihr Wissen seit Generationen auf unbekannten Pfaden an ihre Nachfolger weiter. Außenstehenden fällt es schwer sich über die Besonderheiten dieser Disziplin zu informieren. Herrn Schulte gelingt es, mit seiner Arbeit die Bilanzierungsregeln für Versicherungsverträge systematisch darzustellen und in zentralen Punkten zu ergänzen.

Im Mittelpunkt der vorliegenden Dissertation steht die Schadenrückstellung bei Schaden- und Haftpflichtversicherungen. Diese Rückstellung nimmt in deren Bilanzen den größten Teil der Passivseite ein. Sie übersteigt dabei nicht nur häufig das Eigenkapital des Unternehmens um ein Vielfaches, sondern sie ist auch durch ein enormes Maß an Unsicherheit gekennzeichnet. Häufig liegt eine große Zeitspanne zwischen der Entstehung des versicherten Schadens und der Schadenszahlung durch das Versicherungsunternehmen. Der entsprechende Zeitraum kann bei Vermögenshaftpflichtschäden leicht 10 bis 15 Jahre erreichen und überschreiten. Dabei steht der Versicherer nicht nur vor der Herausforderung, dass er weit in der Zukunft liegende, zum Bilanzstichtag häufig dem Grunde und der Höhe nach unbekannte Schadenszahlungen prognostizieren muss. Der Kapitalmarkt wünscht auch immer häufiger eine schnellere Information. Dadurch ist das Versicherungsunternehmen gezwungen, möglichst unverzüglich nach dem Bilanzstichtag verlässliche Aussagen über den Umfang der Schadenrückstellungen zu publizieren. Diese ambitionierte Aufgabe kann nur gelingen, wenn systemgerechte, interpretierbare Bilanzierungsvorschriften entwickelt werden, die eine typisierte Berichterstattung über Schadenrückstellungen gewährleisten, und wenn funktionstüchtige Schätzverfahren ausgewählt werden, die eine objektivierte Schätzung der zukünftigen Schadenszahlungen ermöglichen. Eine fundierte, kritische Analyse der (inter-) nationalen Bilanzierungsvorschriften für Schadenrückstellungen ist dazu unerlässlich.

Herr Schulte hat sich dieser Aufgabe angenommen. Überaus sachkundig stellt er die für die Bilanzierung von Schadenrückstellungen maßgebenden (rudimentären) Vorschriften des HGB und der IAS/IFRS und US-GAAP vor und schärft sie vor dem Hintergrund der jeweils geltenden Rechnungslegungssysteme. Der Leser erfährt nicht nur, auf welche sehr unterschiedliche Art und Weise die Schadenrückstellungen in den einzelnen Systemen angesetzt und bewertet werden. Herr Schulte zeigt darüber hinaus anhand klar strukturierter Beispiele die Stärken und Schwächen der international gängigen Schätzverfahren auf und wägt sie gegeneinander ab.

Die vorliegende Arbeit verbindet theoretischen Anspruch und Praxisrelevanz in idealer Weise. Der Verfasser verfügt über eine herausragende Kenntnis der bilanztheoretischen Grundlagen und versteht es, die auslegungsoffenen Bilanzierungsvorschriften überzeugend zu systematisieren und unter Beachtung des geltenden Bilanzzwecks zu präzisieren, ohne den Praxisbezug aus den Augen zu verlieren. Mit gut gewählten Beispielen verdeutlicht er nachvollziehbar die praktische Relevanz der von ihm erzielten Ergebnisse. Die vorliegende Arbeit ist deshalb für den wissenschaftlich Interessierten und den Bilanzierungspraktiker gleichermaßen lesenswert und von großem Gewinn. Ich wünsche ihr eine weite Verbreitung.

Prof. Dr. Michael Hommel

Vorwort

Die vorliegende Arbeit wurde vom Fachbereich Wirtschaftswissenschaften der Johann Wolfgang Goethe-Universität Frankfurt am Main in leicht veränderter Form im November 2005 als Dissertation angenommen. Sie entstand im Rahmen eines Promotions-Praxis-Modells am Lehrstuhl für Wirtschaftsprüfung und Rechnungslegung der Johann Wolfgang Goethe-Universität in Frankfurt am Main und einer Tätigkeit bei der DBV-Winterthur Versicherung in Wiesbaden.

An vorderster Stelle möchte ich meinem Doktorvater Prof. Dr. Michael Hommel für die fachliche und persönliche Förderung und das in mich gesetzte Vertrauen meinen tiefen Dank aussprechen. Seine hohe Diskussionsbereitschaft und kritische Auseinandersetzung mit versicherungstechnischen Fragestellungen waren mir stete Motivation beim Verfassen dieser Arbeit. Bedanken möchte ich mich ebenfalls bei Herrn Prof. Dr. Hans-Joachim Böcking für die Übernahme und äußerst kurzfristige Erstellung des Zweitgutachtens.

Großer Dank gilt der DBV-Winterthur Versicherung, namentlich den Herren Gerhard Brahm und Dr. Rainer Schöllhammer, ohne deren umfassende Förderung, insbesondere in zeitlicher und finanzieller Hinsicht, das externe Promotionsvorhaben kaum möglich gewesen wäre. Mein ganz herzlicher Dank gilt Frau Dr. Christine E. Kurt, deren fachliche Anregungen und Unterstützung entscheidend zum Gelingen dieser Arbeit beigetragen haben.

Darüber hinaus bedanke ich mich bei meinen lieben Kolleginnen und Kollegen für die sehr gute Zusammenarbeit am Lehrstuhl, insbesondere Herrn Prof. Dr. Thomas Berndt, Frau Dipl.-Kffr. Muriel Benkel, Frau Dr. Inga Dehmel, Herrn Dipl.-Kfm. Florian Franke, Frau Uta Halwas-Bruckner, Frau Dipl.-Kffr. Denise Pauly, Frau Dr. Susanne Planert, Frau Dipl.-Kffr. Anja Morawietz, Frau Stefanie Schmitz, Herrn Dr. Thomas Schmotz, Herrn Thomas Weiland, Herrn Dipl.-Kfm. Stefan Wich, Frau Dipl.-Kffr. Sandra Wolf.

Ein besonderes Gefühl der Dankbarkeit empfinde ich gegenüber meiner Freundin, ohne deren moralische Unterstützung und ständigen Ansporn die Arbeit vielleicht nicht zustande gekommen wäre. Meine Familie hat durch ihre vielfältige Unterstützung und ihr unerschütttliches Verständnis im Bezug auf meine Launen und meinen notorischen Zeitmangel das Gelingen dieser Arbeit entscheidend beeinflusst; Ihr ist diese Arbeit gewidmet.

Oliver Schulte

Inhaltsverzeichnis

Tabellenverzeichnis

Abbildungsverzeichnis

Verzeichnis der verwendeten Symbole

c_{ij}	Gezahlte Schäden für das Anfalljahr i im Abwicklungsjahr j
c^{*}_{ij}	geschätzte Schadenzahlung für Anfalljahr im Abwicklungsjahr j
c	konstante
C_i	Endschadenlast für das Anfalljahr i
D_G	Summe der Schadenzahlungen über alle Anfall- und Abwicklungsjahre
E ( )	Erwartungswert
e_j	Entwicklungsfaktor der Abwicklungsperiode j
l_i	lag factor für das Anfalljahr i
P_i	verdiente Prämie für das Anfalljahr i
P( )	Wahrscheinlichkeit
q_G	Gesamtschadenquote
q_i ·	Schadenquote für das Anfalljahr i
R_i	Schadenrückstellung für das Anfalljahr i
R_G	Gesamtschadenrückstellung
S_G	Summe der erbrachten Schadenzahlungen für die Abschlussperiode
S_n	Gesamtschaden eines Risikokollektivs
$\overline{S_n}$	Durchschnittschaden für ein Risikokollektiv
X_n	tatsächlicher Schaden für ein Risikokollektiv

Abkürzungsverzeichnis

Das folgende Abkürzungsverzeichnis enthält im wesentlichen Abkürzungen für Periodika und fachspezifische Begriffe; auf die Wiedergabe gängiger Abkürzungen (a.A., Abs., bzw. oder ähnliches) wurde verzichtet.

ABR	Accounting & Business Research
Acc. Rev.	The Accounting Review
Account Fin	Accounting & Finance (Zeitschrift)
AfA	Abschreibung für Abnutzung
AG	Aktiengesellschaft
AG	Die Aktiengesellschaft (Zeitschrift)
AH	Accounting Horizons
AHB	Allgemeine Versicherungsbedingungen für die Haftpflichtversicherung
AICPA	American Institute of Certified Public Accountants
AktG	Aktiengesetz
ASP	Actuarial Standards of Practice
AUB	Allgemeine Unfallversicherungs-Bedingungen
AVB	Allgemeine Versicherungs-Bedingungen
BaFin	Bundesanstalt für Finanzdienstleistungsaufsicht (vormals Bundesaufsichtsamt für das Versicherungswesen, integriert durch das Gesetz vom 22. April 2002, BGBl I, S. 1310)
BAV	Bundesaufsichtsamt für das Versicherungswesen
BB	Betriebs-Berater (Zeitschrift)
BC	Basis for Conclusion
BC	Bilanzbuchhalter und Controller (Zeitschrift)
BFH	Bundesfinanzhof
BFuP	Betriebswirtschaftliche Forschung und Praxis (Zeitschrift)
BGB	Bürgerliches Gesetzbuch
BGH	Bundesgerichtshof
BMF	Bundesministerium der Finanzen
BörsenZulV	Verordnung über die Zulassung von Wertpapieren zur amtlichen Notierung an einer Wertpapierbörse (Börsenzulassungs-Verordnung)
BStBl	Bundessteuerblatt
BT-Drucksache	Bundestags-Drucksache
BuW	Betrieb und Wirtschaft
BVerfG	Bundesverfassungsgericht
CAR	Contemporary Accounting Research (Zeitschrift)
DAV	Deutsche Aktuarvereinigung e. V.
DB	Der Betrieb (Zeitschrift)
DGVM	Deutsche Gesellschaft für Versicherungsmathematik
Diss.	Dissertation

DRS	Deutscher Rechnungslegungsstandard
DRSC	Deutsches Rechnungslegungs Standards Committee
DSOP	Draft Statement of Principles
DStJG	Deutsche Steuerjuristische Gesellschaft
DStR	Deutsches Steuerrecht (Zeitschrift)
DStZ/A	Deutsche Steuerzeitung (Zeitschrift)
EDV	Elektronische Datenverarbeitung
EStG	Einkommenssteuer-Gesetz
EuGH	Europäischer Gerichtshof
FASB	Financial Accounting Standard Board
FG	Finanzgericht
FIN	FASB Interpretation
FR	Finanz-Rundschau (Zeitschrift)
GAAP	Generally Accepted Accounting Principles
GAAS	Generally Accepted Auditing Standards
GE	Geldeinheiten
GmbH	Gesellschaft mit beschränkter Haftung
GmbHG	GmbH-Gesetz
GmbHR	GmbH-Rundschau
GoB	Grundsätze ordnungsmäßiger Bilanzierung
HdR	Handbuch der Rechnungslegung
HdV	Handwörterbuch der Versicherung
HGB	Handelsgesetzbuch
IAS	International Accounting Standard(s)
IASB	International Accounting Standards Board
IASC	International Accounting Standards Committee (ab April 2001 IASB)
IBNeR	Incurred but not enough reserved
IBNR	Incurred but not reported
IBNyR	Incurred but not yet reported
IDW	Institut der Wirtschaftsprüfer in Deutschland e. V.
IFRS	International Financial Reporting Standard(s)
JAAF	Journal of Accounting, Auditing & Finance
JAR	Journal of Accounting Research
JBF	The Journal of Business Forecasting
JBFA	Journal of Business Finance & Accounting
JIFMA	Journal of International Financial Management and Accounting
JoA	Journal of Accountancy
Kfz	Kraftfahrzeug

KoR	Zeitschrift für kapitalmarktorientierte Rechnungslegung
KStG	Körperschaftssteuergesetz
KWG	Gesetz über das Kreditwesen (Kreditwesengesetz)
LG	Landgericht
MBKK	Musterbedingungen für die Krankheitskosten- und Krankenhaustagegeldversicherung
NJW	Neue Juristische Wochenschrift
NYSE	New York Stock Exchange
PCAS	Proceedings of the Casualty Actuarial Society (Zeitschrift)
PublG	Publizitätsgesetz
Rev. Acc. Stud.	Review of Accounting Studies
SEA	Securities Exchange Act
SEC	Securities Exchange Commission
SFAC	Statement(s) of Financial Accounting Concepts
SFAS	Statement(s) of Financial Accounting Standards
SOP	Standard of Practice
StbJB	Steuerberater-Jahrbuch
StBp	Steuerliche Betriebsprüfung (Zeitschrift)
StuB	Steuern und Bilanzen
StuW	Steuer und Wirtschaft
TIJA	The International Journal of Accounting
US	United States
VAG	Gesetz über die Beaufsichtigung der Versicherungsunternehmen (Versicherungsaufsichtsgesetz)
VersBirRiLi	EU-Versicherungsbilanzrichtlinie
VersR	Versicherungsrecht (Zeitschrift)
VersR-R	Versicherungsrecht-Rechtsprechung (Zeitschrift)
VFA	Versicherungsfachausschuss
VN	Versicherungsnehmer
VVG	Versicherungsvertragsgesetz
VW	Die Versicherungswirtschaft (Zeitschrift)
WPg	Die Wirtschaftsprüfung (Zeitschrift)

ZfB	Zeitschrift für Betriebswirtschaft
ZfbF	Schmalenbachs Zeitschrift für betriebswirtschaftliche Forschung
ZfV	Zeitschrift für Versicherungswesen
ZGR	Zeitschrift für Unternehmens- und Gesellschaftsrecht
ZVersWiss	Zeitschrift für das gesamte Versicherungswesen

Problemstellung

Die Jahresabschlüsse bzw. unterjährigen Abschlüsse sollen den aktuellen und den potentiellen Investoren entscheidungsnützliche, d. h. entscheidungsrelevante und von Dritten zuverlässig nachprüfbare Unternehmensinformationen zur Verfügung stellen.[1] Eine entscheidungsrelevante Information zeichnet sich durch die Fähigkeit aus, die wirtschaftlichen Entscheidungen der Kapitalmarktteilnehmer in die eine oder andere Richtung zu beeinflussen.[2] Die Kapitalgeber können jedoch auf die aktuelle Unternehmensentwicklung nur reagieren, wenn ihnen die Finanzdaten im Zeitpunkt der Entscheidungsfindung auch bekannt sind.[3] Insofern müssen entscheidungsrelevante Abschlussinformationen zeitnah kommuniziert werden. Um dies zu gewährleisten, erstellen Unternehmen, die an den internationalen Kapitalmärkten gelistet sind, zunehmend sog. Fast Close-Abschlüsse.[4] Der Begriff „Fast Close" bezeichnet dabei die beschleunigte Aufstellung, Prüfung und Veröffentlichung von Monats-, Quartals- und Jahresabschlüssen und umfasst in erster Linie organisatorische Maßnahmen zur Beschleunigung der Abschlusserstellung.[5]

In der Regel sind einige Geschäftsvorfälle am Bilanzstichtag noch nicht (vollständig) abgeschlossen, so dass Schätzungen des Unternehmens im Rahmen der Abschlusserstellung unvermeidbar sind.[6] Nach den Vorschriften des deutschen Handelsrechts, der US-GAAP und der IAS/IFRS sind in die Schätzungen wertaufhellende Ereignisse, die dem Unternehmen erst nach dem Bilanzstichtag bekannt werden, einzubeziehen. Die zeitnahe Veröffentlichung von Fast Close-Abschlüssen führt zwangsläufig zu einer Verkürzung des Aufhellungszeitraums, so dass wertaufhellende Ereignisse in Fast Close-Abschlüssen nur in einem geringeren Umfang als in traditionellen Abschlüssen berücksichtigt werden können. Je weniger Zeit dem Unternehmen nach dem Bilanzstichtag bleibt, um wertaufhellende Informationen zu erlangen und mit diesen seine Schätzungen zu (über-)prüfen, desto weniger zuverlässig sind (vermeint-

---

1 Vgl. SFAC 1 par. 34; IAS Framework par. 12. Während der handelsrechtliche Einzelabschluss der Ausschüttungsbemessungs- und der Informationsfunktion dient, besitzt der handelsrechtliche Konzernabschluss ausschließlich eine Informationsfunktion. Vgl. hierzu stellvertretend *Schildbach, Thomas* (Konzernabschluss, 1991), S. 15; *Schöllhammer, Rainer* (Insurers, 2003), S. 9 – 10.

2 *Coenenberg, Adolf G.* (Informationssysteme, 1971), S. 740; *Böcking, Hans-Joachim/ Lopatta, Kerstin/ Rausch, Benjamin* (Fair Value-Bewertung, 2005), S. 96.

3 Vgl. *Zeghal, Daniel* (Timeliness, 1984), S. 367; *Hommel, Michael/ Schulte, Oliver* (Schätzungen, 2004), S. 1671.

4 Vgl. *Fourie, Dirk* (Fast Close, 2000), S. 744; Vgl. *KPMG Consulting* (Fast Close, 2000), S. 9.

5 Vgl. *Hüttche, Tobias* (Virtual Close, 2002), S. 1640; *Raschke, Jens/ Vogel, Johannes* (Fast Close, 2002), S. 284; *Fülling, Thorsten* (Prozessoptimierung, 2002), S. 1; *Eggemann, Gerd/ Petry, Martin* (Fast Close, 2002), S. 1637; *Mäder, Patrick/ Schärli, Oliver* (Fast Close, 2002), S. 1079.

6 Vgl. *Littmann, Eberhard* (Schätzungen, 1962), S. 325 – 326; *Moonitz, Maurice* (Postulates, 1965), S. 33.

lich) die gewährten Abschlussinformationen. Es stellt sich daher die Frage, ob die Zuverlässigkeit der Abschlussinformationen unter einer Verkürzung des Aufhellungszeitraums leidet.

In Periodenabschlüssen von Versicherungsunternehmen kommt dieser Frage eine besondere Bedeutung zu, da in einigen Versicherungszweigen zwischen dem Eintritt der Versicherungsfälle und den tatsächlichen Schadenzahlungen längere Zeiträume vergehen. Nach einer Untersuchung von *Schmidt-Salzer*[7] ist in der Betriebshaftpflichtversicherung erst nach 5 Jahren, in der Arzthaftpflichtversicherung erst nach 6 bis 10 Jahren und in der Architekten- und Vermögensschaden-Haftpflichtversicherung erst nach 10 bis 15 Jahren „erfahrungsgemäß überschaubar, wie viele und welche Schadenfälle zu regulieren sind, die dem Ereignis- oder Verstoßjahr zuzuordnen sind.“[8] So werden in der Vermögensschaden-Haftpflichtversicherung lediglich ca. 40 % der Schadenfälle eines Verstoß- oder Eintrittsjahres auch im selbigen festgestellt bzw. gemeldet. Die restlichen 60 % verteilen sich auf die nachfolgenden Jahre, wobei im 3. Folgejahr nach dem Verstoß- oder Eintrittsjahr ca. 90 % der Schadenfälle gemeldet wurden. In der Architekten-Haftpflichtversicherung kann davon ausgegangen werden, dass 5 Jahre nach dem Schadenereignis- bzw. Verstoßjahr „erst ca. 75 – 79 % der Schäden bekannt“ sind und hierauf „etwa 93 – 95 % des Schadenaufwands“[9] entfallen. Demzufolge ist ein wesentlicher Anteil der Schadenersatzleistungen, die aus der Gewährung von Versicherungsschutz resultieren, auch dann noch ungewiss, wenn das Versicherungsunternehmen den Versicherungsschutz bereits gewährt hat.[10]

Nach deutschem Handelsrecht und nach US-GAAP ist für solche dem Grunde und/oder der Höhe nach ungewissen Verbindlichkeiten aus in der Abschlussperiode eingetretenen, aber am Bilanzstichtag noch nicht abgewickelten Versicherungsfällen eine Schadenrückstellung zu bilden.[11] In den Periodenabschlüssen von Schaden- und Unfallversicherungsunternehmen ist

---

7 Zur Untersuchung vgl. *Schmidt-Salzer, Joachim* (IBNR, 1984), S. 6.

8 *Schmidt-Salzer, Joachim* (IBNR, 1984), S. 6. Vgl. auch *Nelson, Karen K.* (Discounting, 2000), S. 118 – 119.

9 *Schmidt-Salzer, Joachim* (IBNR, 1984), S. 10.

10 In einem Versicherungsvertrag stehen sich als Leistungen die Zahlung der vereinbarten Prämie seitens des Versicherungsnehmers und die „Gewährung von Versicherungsschutz“ seitens des Versicherungsunternehmens gegenüber. Das Versicherungsunternehmen gewährt den Versicherungsschutz in zwei Leistungsstufen und „zwar zunächst die latente Versicherungsschutzbereitschaft (1. Stufe)“, die mit dem Eintritt des Versicherungsfalls „schließlich in die Gewährung des konkreten Versicherungsschutzes (2. Stufe) aufgeht.“ *Sasse, Jürgen/ Boetius, Jan* (Rückstellungen, 1973), S. 18.

11 Vgl. *Geib, Gerd/ Telgenbüscher, Franz R.*(Schaden- und Unfallversicherungsunternehmen, Loseblatt), Kapitel B IV, Rdnr. 90; *Koch, Alfons/ Krause, Hans-Josef* (Beck'scher Versicherungsbilanz-Kommentar, 1998), § 341g HGB, Rdnr. 1; SFAS 60 par. 17. Nach IFRS 4 dürfen für die Erstellung der Periodenabschlüsse nach IAS/IFRS die bisherigen Bilanzierungsmethoden, also die Regelungen des deutschen Handelsrechts oder der US-GAAP, mit einigen Ausnahmen beibehalten werden. Vgl. IFRS 4, BC par. 78.

die Schadenrückstellung regelmäßig die höchste versicherungstechnische Rückstellung.[12] Sie bildet die Zeitdifferenz zwischen dem Eintritt und der Abwicklung des Versicherungsfalls ab[13] und ihre Bilanzierung ist daher in einem besonderen Maße mit Schätzungen verbunden.

Die Erstellung von Fast Close-Abschlüssen geht nicht mit speziellen Ansatz- und Bewertungsvorschriften einher, sondern soll im Rahmen der bestehenden Ansatz- und Bewertungsvorschriften eine zeitnahe Veröffentlichung der Periodenabschlüsse ermöglichen. Der Ansatz und die Bewertung der Schadenrückstellung nach deutschem Handelsrecht und US-GAAP bilden somit die Rahmenbedingungen für die Bilanzierung der Schadenrückstellung in Fast Close-Abschlüssen. Daher sind die Ansatz- und Bewertungsvorschriften für die Schadenrückstellung nach deutschem Handelsrecht und US-GAAP zu untersuchen und Unterschiede herauszuarbeiten, bevor eine Diskussion der Bilanzierung von Schadenrückstellungen in Fast Close-Abschlüssen erfolgen kann. Hierbei stehen die Anforderungen einer wirtschaftlichen Betrachtungsweise einerseits und die Objektivierungserfordernisse des jeweiligen Rechnungslegungssystems andererseits im Mittelpunkt. Wenn bspw. die Schadenrückstellungen in einer wirtschaftlichen Betrachtungsweise für wirtschaftliche Belastungen aus dem in der Abschlussperiode gewährten Versicherungsschutz gebildet werden sollen, dürfen (künftige) Schadenzahlungen aus Kulanzleistungen, die ohne den Eintritt des Versicherungsfalls erbracht werden, nicht unberücksichtigt bleiben. Dies wirft die Frage nach einer geeigneten Objektivierung der faktischen Verpflichtung auf, wenn die vertraglichen Voraussetzungen für den Eintritt des Versicherungsfalls nicht erfüllt sind. Im Rahmen der Bewertung verlangt eine wirtschaftliche Betrachtungweise weiterhin die Passivierung der Schadenrückstellung mit dem Betrag, der für die Abwicklung der Versicherungsfälle im Erfüllungszeitpunkt voraussichtlich anfällt. Insofern ist zu diskutieren, inwieweit zukünftige Lohn- und Preissteigerungen in die Bewertung der Schadenrückstellung einzubeziehen sind oder Objektivierungserwägungen gegen deren Berücksichtigung sprechen.

---

12 So bildete bspw. die Allianz Gruppe im Geschäftsjahr 2004 für das Segment Schaden/Unfall eine Schadenrückstellung in Höhe von 55.536 Mio. €, was einem prozentalen Anteil von 67 % an den gesamten versicherungstechnischen Rückstellungen (83.139 Mio. €) in diesem Segment entspricht. Vgl. Geschäftsbericht der Allianz Gruppe 2004, S. 126 und 150.

13 Vgl. *Treuberg, Hubertus Graf von/ Angermeyer, Birgit* (Versicherungsunternehmen, 1995), S. 299.

Neben den Rechnungslegungsvorschriften wird die Vermittlung zuverlässiger Abschlussinformationen in Fast Close-Abschlüssen auch entscheidend davon beeinflusst, ob eine zuverlässige Berechnung der Schadenrückstellung durch geeignete Schätzverfahren bereits vor bzw. am Bilanzstichtag gelingt. In traditionellen Abschlüssen verwenden Versicherungsunternehmen, die Periodenabschlüsse nach US-GAAP erstellen, zur Schätzung der Schadenrückstellung häufig das Chain-Ladder-Verfahren, das Cape Code-Verfahren oder das Bornhuetter-Ferguson-Verfahren.[14] Die mit der Anwendung dieser Schätzverfahren in Fast Close-Abschlüssen verbundenen Chancen und Grenzen für die Informationsvermittlung sind aufzuzeigen. Darüber hinaus ist zu klären, unter welchen Voraussetzungen die Anwendung der Schätzverfahren auch in handelsrechtlichen Abschlüssen zulässig ist, und welche Unterschiede zu Verfahren[15] bestehen, die nach deutschem Handelsrecht zur Anwendung kommen.

Gleichzeitig mit dem unterjährigen Abschluss bzw. Jahresabschluss muss das Versicherungsunternehmen einen Lagebericht veröffentlichen.[16] Zur Beurteilung der Prognosequalität des Managements soll der Lagebericht auch Soll-Ist-Vergleiche ermöglichen. Die Untersuchung der Bedeutung der Lageberichterstattung in Fast Close-Abschlüssen würde jedoch den Umfang dieser Arbeit überschreiten und muss daher einer anderen Ausarbeitung überlassen werden.

Der Gang der Untersuchung ist durch die Skizzierung der Fragestellungen vorgezeichnet. Das erste Kapitel hat das Spannungsverhältnis zwischen der Vermittlung entscheidungsrelevanter, weil zeitnaher, und zuverlässiger Abschlussinformationen zum Gegenstand. Dabei wird zunächst die Bedeutung der zeitnahen Veröffentlichung in den verschiedenen Rechnungslegungssystemen und des Begriffs „Fast Close“ herausgearbeitet. Hierauf aufbauend wird untersucht, inwieweit eine Verkürzung des Aufhellungszeitraums zwecks Vermittlung entscheidungsrelevanter Informationen mit den Wertaufhellungskonzeptionen der einzelnen Rechnungslegungsregelwerke vereinbart werden kann.

---

14 Vgl. *Fourie, Dirk/ Müller-Arnold, Michael/ Uden, Bernhard* (Schätzungen, 2002), S. 28.

15 Vgl. *Geib, Gerd/ Telgenbüscher, Franz R.*(Schaden- und Unfallversicherungsunternehmen, Loseblatt), Kapitel B IV, Rdnr. 135 - 137.

16 Vgl. für Versicherungsunternehmen § 341l Abs. 1 Satz 1 HGB.

Beginnend mit einer Untersuchung der Leistung und Leistungserstellung im Versicherungsgeschäft erfolgt im zweiten Kapitel die Untersuchung der Bilanzierungsvorschriften der Schadenrückstellung nach deutschem Handelsrecht, IAS/IFRS und US-GAAP. Dabei orientiert sich der Ansatz und die Bewertung der Schadenrückstellung nach deutschem Handelsrecht an den handelsrechtlichen GoB, die auf das Versicherungsgeschäft übertragen werden. Den Ausführungen nach US-GAAP liegt der SFAS 60 zu Grunde, der die Bilanzierung der Schadenrückstellung regelt.

Das dritte Kapitel diskutiert verschiedene Schätzverfahren zur Ermittlung der Schadenrückstellung vor dem Hintergrund der Vermittlung von zuverlässigen Abschlussinformationen in Fast Close-Abschlüssen. Die Zulässigkeit der Anwendung des Chain-Ladder-Verfahrens, des Cape Code-Verfahrens oder des Bornhuetter-Ferguson-Verfahrens nach deutschem Handelsrecht wird anhand der im zweiten Kapitel gewonnenen Erkenntnisse beurteilt. Die Arbeit schließt mit einer thesenförmigen Zusammenfassung.

I. Die Grundlagen des Fast Close-Abschlusses

A. Vermittlung entscheidungsnützlicher Informationen als Sinn und Zweck der externen Rechnungslegung

1. Zielsetzung der externen Rechnungslegung nach deutschem Handelsrecht

1.1. Die Funktionen des handelsrechtlichen Einzelabschlusses

1.1.1. Ausschüttungsbemessungsfunktion

Der handelsrechtliche Einzelabschluss dient primär der vorsichtigen Bestimmung des ausschüttungsfähigen Gewinns (Ausschüttungsbemessungsfunktion). Dieser Sinn und Zweck lässt sich hermeneutisch aus den handelsrechtlich kodifizierten und nicht-kodifizierten Grundsätzen ordnungsmäßiger Buchführung ableiten.[17]

Die Grundsätze ordnungsmäßiger Buchführung umfassen „als (kodifizierte) Fundamentalprinzipien das Realisationsprinzip und das Imparitätsprinzip“[18] sowie „zahlreiche konkretisierende Vereinfachungs- und Objektivierungsprinzipien.“[19] Dabei lässt sich mit diesen Rechnungslegungsgrundsätzen nur „eine objektivierte, vorsichtige (umsatzgebundene und verlustantizipierende) Ermittlung des Gewinns“[20] widerspruchsfrei vereinbaren.[21] Dieser Gewinn „dient als Ausschüttungsrichtgröße, d. h. verteilbarer Betrag“[22].

Der nach den handelsrechtlichen Vorschriften ermittelte Gewinn soll eine Gewinnverteilung gewährleisten[23], die im Interesse der Gesellschafter und Dritten (bspw. Gläubiger) langfristig die Unternehmenssubstanz sichert.[24] Da die Bestimmung des ausschüttungsfähigen Gewinns grundsätzlich mit einer Ermittlung der entstandenen Gewinnverteilungs- bzw. Gewinnaus-

---

17 Vgl. *Moxter, Adolf* (Sinn und Zweck, 1987), S. 363 – 369; *Ballwieser, Wolfgang* (GoB, 1987), S. 3 – 19; *Moxter, Adolf* (wirtschaftliche Betrachtungsweise, 1989), S. 233 m. w. N.; *Böcking, Hans-Joachim* (Finanzierungsleasing, 1989), S. 494; *Moxter, Adolf* (Bilanzrechtsprechung, 1999), S. 6 – 7; *Hommel, Michael* (Dauerschuldverhältnisse, 1992), S. 6 – 13; *Berndt, Thomas* (Rechnungsabgrenzungsposten, 1998), S. 39 – 42.

18 *Moxter, Adolf* (Sinn und Zweck, 1987), S. 365; vgl. *Moxter, Adolf* (Standort, 1995), S. 32.

19 *Hommel, Michael/ Schmidt, Reinhard H./ Wüstemann, Jens* (Grundsätze, 2004), S. S91. Vgl. auch *Moxter, Adolf* (System, 1985), S. 24.

20 *Moxter, Adolf* (Sinn und Zweck, 1987), S. 365.

21 Vgl. *Moxter, Adolf* (Sinn und Zweck, 1987), S. 363 – 369; *Hommel, Michael* (Dauerschuldverhältnisse, 1992), S. 6 – 13.

22 *Moxter, Adolf* (System, 1985), S. 24.

23 Die Aufgabe der Bemessung von Gewinnansprüchen ergibt sich de lege lata aus dem Gesellschaftsrecht, das die gesetzlichen Gewinnverteilungs- und Gewinnausschüttungsansprüche nach dem handelsrechtlichen Gewinn bemisst (für Personengesellschaften §§ 120 Abs. 1, 167 Abs. 1, 232 Abs. 1 HGB; für Kapitalgesellschaften § 58 Abs. 1 AktG und § 29 Abs. 1 GmbHG), und aus der grundsätzlichen Maßgeblichkeit (§ 5 Abs. 1 Satz 1 EStG) der handelsrechtlichen GoB für die Steuerbilanz.

24 Vgl. *Moxter, Adolf* (Rechnungslegung, 2003), S. 3. Vgl. kritisch zur Erreichbarkeit *Siegel, Theodor* (Ernsthaftigkeit, 1997), S. 124 – 127.

schüttungsansprüche einhergeht, dient der handelsrechtliche Einzelabschluss aber auch dem Schutz der Gewinnberechtigten vor willkürlichen Gewinnkürzungen (Mindestausschüttung).[25]

1.1.2. Informationsfunktion

Unbestritten besitzt der handelsrechtliche Einzelabschluss neben der Ausschüttungsbemessungsfunktion auch eine Informationsfunktion[26], die sich aus den handelsrechtlich kodifizierten Einblicksgeboten ergibt[27]: Nach § 238 Abs. 1 Satz 1 HGB ist jeder Kaufmann verpflichtet, „die Lage seines Vermögens nach den Grundsätzen ordnungsmäßiger Buchführung ersichtlich zu machen" (Selbstinformationspflicht).[28] Der Jahresabschluss von Kapitalgesellschaften soll nach § 264 Abs. 2 Satz 1 HGB „unter Beachtung der Grundsätze ordnungsmäßiger Buchführung ein den tatsächlichen Verhältnissen entsprechendes Bild der Vermögens-, Finanz- und Ertragslage vermitteln." Auch lassen sich die Gliederungsvorschriften[29] sowie die Informationspflichten im Anhang und im Lagebericht[30] nur vor dem Hintergrund einer Informationsvermittlung gegenüber Dritten begründen.[31]

Nach h. M. ist die Informationsfunktion des § 264 Abs. 2 HGB keine vorrangige Generalnorm („overriding principle") des deutschen Handelsrechts.[32] Der nach handelsrechtlichen Grundsätzen ordnungsmäßiger Buchführung ermittelte Gewinn bzw. das hiernach ermittelte Vermögen ist zur Vermittlung eines den tatsächlichen Verhältnissen entsprechenden Bildes der Vermögens-, Finanz- und Ertragslage grds. nicht geeignet.[33] Nach der Abkopplungsthese von *Moxter* können „Verzerrungen, die der Gewinn als Indikator der wirtschaftlichen Unternehmensentwicklung angesichts seiner objektivierten und vorsichtigen Ermittlung erleidet,

---

25 Vgl. *Moxter, Adolf* (Rechnungslegung, 2003), S. 3.

26 Vgl. *Ballwieser, Wolfgang* (Informations-GoB, 2002), S. 115 – 116.

27 Vgl. *Berndt, Thomas* (Rechnungsabgrenzungsposten, 1998), S. 25 – 29.

28 Darüber hinaus soll der Einzelabschluss den Kaufmann im Insolvenzfall vor unberechtigten Ansprüchen von Dritten schützen. Vgl. *Moxter, Adolf* (Rechnungslegung, 2003), S. 3.

29 Vgl. §§ 264 ff. HGB.

30 Vgl. §§ 284 ff. HGB.

31 Vgl. *Ballwieser, Wolfgang* (Nutzen, 1996), S. 8.

32 Vgl. *Moxter, Adolf* (EG-Bilanzrichtlinie, 1978), S. 1630 – 1631; *Beisse, Heinrich* (Generalnorm, 1988), S. 34 – 36; *Streim, Hannes* (Kommentierung § 264 HGB, Loseblatt), Tz. 19; *Beine, Frank* (Scheinkonflikte, 1995), S. 467 – 475, *Wölk, Armin* (Generalnorm, 1992), S. 114 – 119. Dagegen vertreten *Budde/Förschle* die Ansicht, das true and fair view-Gebot sei eine vorrangige Generalnorm und Wahlrechte sowie Ermessensspielräume entsprechend auszuüben. Vgl. *Budde, Wolfgang Dieter/ Förschle, Gerhart* („True and Fair View", 1988), S. 43. Vgl. hierzu auch *Clemm, Herrmann* (Wahlrechte, 1995), S. 135 – 156, insb. 136 – 138. Nach Clausen handelt „es sich bei dem Einblicksgebot…um den wichtigsten GoB" *Clausen, Carsten P.* (Stellenwert, 1987), S. 79 – 92, hier S. 89.

33 Vgl. *Moxter, Adolf* (Standort, 1995), S. 32 – 33; *Clemm, Herrmann* (Wahlrechte, 1995), S. 141 – 144; *Streim, Hannes* (Generalnorm, 1994), S. 398 – 403, *Hommel, Michael/ Schmidt, Reinhard H./ Wüstemann, Jens* (Grundsätze, 2004), S. S86 m w. N.

[...] durch entsprechende Angaben im Anhang geheilt werden."[34] Dadurch wird die Informationsfunktion des handelsrechtlichen Einzelabschlusses auf den Anhang verlagert und das true and fair view-Gebot des § 264 Abs. 2 HGB zur Generalnorm für Fragen der Gliederung und des Anhangs.[35]

1.2. Informationsfunktion des handelsrechtlichen Konzernabschlusses

Im Gegensatz zum handelsrechtlichen Einzelabschluss dient der handelsrechtliche Konzernabschluss nicht der Ermittlung des ausschüttungsfähigen Gewinns, sondern besitzt nur eine Informationsfunktion.[36] Im Rahmen seiner Informationsfunktion soll der handelsrechtliche Konzernabschluss den externen Rechnungslegungsadressaten, d. h. gegenwärtigen und potentiellen Anteilseignern, Gläubigern, Lieferanten, Mitarbeitern und Öffentlichkeit, Informationen vermitteln, die ihnen eine Abschätzung der Konsequenzen von Entscheidungen, die ihre Beteiligung an oder ihre Beziehung zu dem jeweiligen Unternehmen betreffen, ermöglichen.[37] Dazu soll der Konzernabschluss nach § 297 Abs. 2 Satz 2 HGB „unter Beachtung der Grundsätze ordnungsmäßiger Buchführung ein den tatsächlichen Verhältnissen entsprechendes Bild der Vermögens-, Finanz- und Ertragslage des Konzerns" vermitteln. Darüber hinaus sind nach§ 298 Abs. 1 HGB einige für den Einzelabschluss der Kapitalgesellschaft geltenden Vorschriften auch für den Konzernabschluss zu beachten.[38] Demnach ist der Konzernabschluss, die Besonderheiten eines konsolidierten Abschlusses ausgenommen, grundsätzlich wie der Einzelabschluss einer Kapitalgesellschaft aufzustellen. Eine Zweckidentität zwischen Einzel- und Konzernabschluss kann hieraus aber nicht abgeleitet werden[39], der Konzernabschluss ergänzt vielmehr den Einzelabschluss als zusätzliches Informationsinstrument[40].

---

[34] *Moxter, Adolf* (True-and-fair-view-Gebot, 1995), S. 426 – 428; vgl. auch *Moxter, Adolf* (EG-Bilanzrichtlinie, 1978), S. 1630 – 1631; *Moxter, Adolf* (Bilanzlehre II, 1986), S. 67 – 68; *Schildbach, Thomas* (Generalklausel, 1987), S. 13; *Clemm, Herrmann* (Wahlrechte, 1995), S. 135 – 156; *Wölk, Armin* (Generalnorm, 1992), S. 107 – 111. Auf Probleme verweisen *Biener, Herbert* (Informationsgehalt, 1979), S. 3 – 6; ablehnend *Großfeld, Bernhard* (Bilanzrecht, 1998), Rdnr. 65.

[35] Vgl. *Moxter, Adolf* (True-and-fair-view-Gebot, 1995), S. 426 – 428; *Streim, Hannes* (Generalnorm, 1994), S. 398 – 403; *Adler/ Düring/ Schmaltz* (Rechnungslegung und Prüfung, 1996), § 264 HGB, Tz. 104; *Schildbach, Thomas* (Generalklausel, 1987), S. 13.

[36] Vgl. *Schildbach, Thomas* (Konzernabschluss, 1991), S. 15.

[37] Vgl. *Schildbach, Thomas* (Konzernabschluss, 1991), S. 16; *Köhle, Holger* (Konzernabschluss, 1997), S. 26 – 47.

[38] Vgl. *Baetge, Jörg/ Kirsch, Hans-Jürgen/ Thiele, Stefan* (Konzernbilanzen, 2000), S. 28.

[39] Vgl. *Klein, Günter* (Zwecke, 1989), Rdnr. 872 – 875; a.A. *Burkel, Peter* (Aussagekraft, 1985), S. 839.

[40] Vgl. *Baetge, Jörg/ Kirsch, Hans-Jürgen/ Thiele, Stefan* (Konzernbilanzen, 2000), S. 35.

2. Zielsetzung der externen Rechnungslegung nach US-GAAP und IAS/IFRS

2.1. Vermittlung entscheidungsnützlicher Informationen als alleinige Zielsetzung der externen Rechnungslegung nach US-GAAP und IAS/IFRS

2.1.1. US-GAAP

Die theoretische Grundlage der US-GAAP[41] bildet das vom Financial Accounting Standard Board (FASB)[42] entwickelte „Conceptual Framework". Hierin formuliert das FASB zunächst die Ziele der externen Rechnungslegung[43] nach US-GAAP und leitet darauf aufbauend qualitative Anforderungen an die externe Rechnungslegung[44] ab.[45] Im Conceptual Framework niedergelegte Grundsätze sind keine GAAP und ihre Beachtung ist für den Bestätigungsvermerk des Wirtschaftsprüfers nicht bindend.[46] Sie dienen aber dem FASB als Grundlage für die Entwicklung neuer Standards [47] und dürfen, wenn auch mit Vorsicht, zur Ableitung von Lösungen für noch nicht geregelte Fragen der Rechnungslegung verwendet werden[48].

Nach Ansicht des FASB soll die externe Rechnungslegung in den USA in erster Linie zu einer effizienten Funktionsweise des Kapitalmarkts beitragen und damit eine adäquate Allokation knapper (finanzieller) Ressourcen ermöglichen.[49] Daher besteht ihre primäre Aufgabe in der Bereitstellung von Informationen für den Kapitalmarkt. Zwar sollen die bereitgestellten Informationen für die wirtschaftlichen Entscheidungen aller Nutzer der externen Rechnungs-

---

41 Die Beachtung der US-GAAP ist ein pflichtgemäßer Bestandteil des Testats eines Wirtschaftsprüfers in den USA, so dass der Geltungsbereich sämtliche Unternehmen umfasst, die sich einer Prüfungspflicht freiwillig unterziehen oder unterziehen müssen. Die gilt insb. für börsennotierte Unternehmen, da die SEC nur uneingeschränkt testierte Jahresabschlüsse akzeptiert. Vgl. ausführlich *Haller, Axel* (Rechnungslegung, 1994), S. 57 – 58 m. w. N.

42 Einen Überblick der rechtlichen und institutionellen Rahmenbedingungen der wertpapierrechtlichen Rechnungslegung in den USA geben *Schildbach, Thomas* (US-GAAP, 2000), S. 5 – 32; *Haller, Axel* (Rechnungslegung, 1994), S. 9 – 54; *Wesner, Peter* (Bilanzierungsgrundsätze, 1984), S. 5 – 12.

43 Vgl. SFAC 1 „Objectives of Financial Reporting by Business Enterprises".

44 Vgl. SFAC 2 „Qualitative Characteristics of Accounting Information".

45 Darüber hinaus legt das „Conceptual Framework" die wichtigsten Bestandteile des Jahresabschlusses fest (SFAC 6 „Elements of Financial Statements a replacement of SFAC No. 3", der SFAC 3 „Elements of Financial Statements of Business Enterprises") und konkretisiert wesentliche Grundsätze für den Ansatz- und die Bewertung (SFAC 5 „Recognition and Measurement in Financial Statements of Business Enterprises" und SFAC 7 „Using Cash Flow Information and Present Value in Accounting Measurements").

46 „Unlike a Statement of Financial Accounting Standards, a Statement of Financial Accounting Concepts does not establish generally accepted accounting principles and therefore is not intended to invoke the application of Rule 203 of the Rules of Conduct of the Code of Professional Ethics of the American Institute of Public Accountants" SFAC 1 Einleitung. Vgl. auch SFAC 5 Einleitung; *Haller, Axel* (Rechnungslegung, 1994), S. 201.

47 „...Statements of Financial Accounting Concepts are intended to establish the objectives and concepts that the Financial Accounting Standard Board will use in developing standards of financial accounting and reporting." SFAC 1 Einleitung.

48 „...if used with care, may also provide guidance in resolving new or emerging problems of financial accounting and reporting in the absence of applicable authoritative pronouncements." SFAC 1 Einleitung.

49 Vgl. SFAC 1 par. 33; *Kahle, Holger* (Informationsversorgung, 2002), S. 98.

legung nützlich sein.[50] Da das FASB aber unterstellt, dass entscheidungsnützliche Informationen für Kapitalgeber auch für die wirtschaftlichen Entscheidungen anderer Nutzer, die in irgendeiner Art einen Geldanspruch gegenüber dem Unternehmen besitzen, nützlich sind, werden die aktuellen und potentiellen Eigenkapital- und Fremdkapitalgeber als Zielgruppe besonders hervorgehoben.[51] Dabei nimmt sich das FASB insbesondere den Informationsinteressen derjenigen Nutzer der externen Rechnungslegung[52] an, deren wirtschaftliche Macht nicht ausreicht, um ihre Informationsansprüche individuell gegenüber dem Unternehmen durchzusetzen (insb. Publikumsaktionäre und einflusslose Gläubiger).[53]

Zum Schutz der aktuellen und potentiellen Eigenkapital- und Fremdkapitalgeber vor einem eigennützig handelnden Management[54] soll der Jahresabschluss oder Zwischenbericht[55] solche Informationen bereitstellen, die für die wirtschaftlichen Entscheidungen der Kapitalgeber nützlich sind („decision usefulness"): „Financial Reporting should provide information that is useful to present and potential investors and creditors and other users in making rational investment, credit, and similar decisions."[56]

2.1.2. IAS/IFRS

Die theoretische Basis der vom IASB entwickelten IAS/IFRS bildet das Rahmenkonzept für die Aufstellung und Darstellung von Abschlüssen („Framework for the Preparation and Presentation of Financial Statements"). Im Rahmenkonzept formuliert das IASB die Zielsetzungen, die qualitativen Anforderungen und die Grundprinzipien der externen Rechnungslegung nach IAS/IFRS. Die hierin formulierten Grundsätze müssen bei der Erstellung von Jahresab-

---

50 „The objectives stem primarily from the informational needs of external user [...] Those potential users include most of the groups listed in paragraph 24." SFAC 1 par. 28.

51 „...that ist useful to present and potential investors and creditors, and other users..." SFAC 1 par. 34. Vgl. zur Problematik *Berndt, Thomas* (Wahrheits- und Fairnesskonzeptionen, 2005), S. 47 – 51.

52 Der Kreis der möglichen Nutzer der externen Rechnungslegung ist sehr weit gefasst: „Among the potential users are owners, lenders, suppliers, potential investors and creditors, employees, management, directors, customers, financial analysts and advisors, brokers, underwriters, stock exchanges, lawyers, economists, taxing authorities, legislators, financial press und reporting agencies, labor unions, trade associations, business researchers, teachers and students, and the public." SFAC 1 par. 24.

53 Vgl. SFAC 1 par. 28; *Schildbach, Thomas* (US-GAAP, 2000), S. 40; *Haller, Axel* (Rechnungslegung, 1994), S. 205.

54 Der Investorenschutz als primärer Zweck der wertpapierrechtlichen Rechnungslegung in den USA ergibt sich bereits aus dem Securities Exchange Act of 1934 (SEA of 1934). Vgl. § 13 (a) SEA of 1934, 15 USC § 78m(a).

55 Der Jahresabschluss bzw. unterjährige Abschluss ist ein Bestandteil der externen Unternehmensberichterstattung, so dass die Zielsetzung auch für den Jahresabschluss gilt. Vgl. *Solomons, David* (FASB's conceptual Framework, 1986), S. 118.

56 SFAC 1 par. 34.

schlüssen und unterjährigen Abschlüssen beachtet werden, haben aber keinen Vorrang vor den Regelungen der einzelnen IAS.[57]

Die alleinige Aufgabe des Jahresabschlusses bzw. unterjährigen Abschlusses nach IAS/IFRS besteht in der Vermittlung von entscheidungsnützlichen Informationen für einen weiten Nutzerkreis[58]: „The objective of financial statements is to provide information about the financial position, performance and changes in financial position of an enterprise that is useful to a wide range of users in making economic decisions."[59] Dabei können die teilweise konfligierenden Informationsbedürfnisse der verschiedenen Anwender durch die externe Rechnungslegung nicht gleichermaßen erfüllt werden.[60] Das IASB nimmt aber an, dass mit der Erfüllung der Informationsbedürfnisse von Investoren die Erfüllung der wesentlichen Informationsbedürfnisse anderer Nutzer einhergeht.[61]

2.2. *Qualitative Anforderungen an entscheidungsnützliche Informationen*

2.2.1. *US-GAAP*

Nach US-GAAP sind im Rahmen der externen Unternehmensberichterstattung bereitgestellte Informationen so aufzubereiten, dass diese für einen mit Grundkenntnissen über wirtschaftliche Sachverhalte und Rechnungslegung ausgestatteten Interessenten verständlich sind („Unterstandibility").[62] Zur Vermittlung entscheidungsnützlicher Informationen kommt den im Conceptual Framework kodifizierten Grundsätzen der Relevanz („relevance") und Verlässlichkeit („reliability") eine zentrale Bedeutung zu („primary decision-specific qualities").[63]

Eine Information ist nach Ansicht des FASB entscheidungsrelevant, wenn sie die wirtschaftlichen Entscheidungen der Kapitalgeber zu beeinflussen vermag: „To be relevant to investors, creditors, and others for investment, credit, and similar decisions, accounting information

---

57 „Nothing in this Framework overrides any specific International Accounting Standard." IAS Framework par. 2. Das Rahmenkonzept dient zunächst dem IASB zur Entwicklung neuer oder der Überarbeitung bestehender Standards und soll u. a. den Rechnungslegenden bei der Erstellung des Abschlusses sowie den Wirtschaftsprüfer bei der Prüfung des Abschlusses unterstützen. Vgl. IAS Framework par. 1 (a), (d) und (e).

58 Der Nutzerkreis umfasst die aktuellen und potentiellen Anteilseigner, Mitarbeiter, Gläubiger, Zulieferer, Kunden, Behörden und die Öffentlichkeit. Vgl. IAS Framework par. 9.

59 IAS Framework par. 12.

60 „While all of the information needs of these users cannot be met by financial statements, there are needs which are common to all users." IAS Framework par. 10. Vgl. auch *Schildbach, Thomas* (Generalklausel, 1987), S. 4 – 6.

61 „As investors are providers of risk capital to the enterprise, the provision of financial statements that meet their needs will also meet most of the needs of other users that financial statements can satisfy." IAS Framework par. 10.

62 „...information provided by financial reporting should be comprehensible to those who have a reasonable understanding of business and economic activities and are willing to study the information with reasonable diligence." SFAC 2 par. 40. Vgl. auch SFAC 2 par. 41.

63 Vgl. *Schildbach, Thomas* (US-GAAP, 2000), S. 43.

must be capable of making a difference in a decision by helping users to form predictions about the outcomes of the past, present and future events or to confirm or correct expectations."[64] Die Information muss den Kapitalgebern somit entweder eine Vorhersage der wirtschaftlichen Entwicklungen aus vergangenen, gegenwärtigen oder zukünftigen Ereignissen („predictive value") oder eine Korrektur früherer Erwartungen („feedback value") ermöglichen.[65] Eine in diesem Sinne entscheidungsrelevante Information kann die wirtschaftlichen Entscheidungen der Kapitalgeber aber nur beeinflussen, wenn ihnen die Information im Zeitpunkt der Entscheidungsfindung auch bekannt ist.[66] Danach ist die Veröffentlichung von Periodenabschlüssen zu einem Zeitpunkt geboten, bevor die hierin enthaltenen Informationen ihre Fähigkeit zur Beeinflussung der wirtschaftlichen Entscheidungen der Kapitalgeber verlieren („timeliness").[67]

Eine entscheidungsnützliche Information zeichnet sich nicht nur durch ihre Relevanz, sondern auch durch ihre Verlässlichkeit („reliability") aus.[68] In diesem Zusammenhang meint Zuverlässigkeit die „quality of information that assures that information is reasonably free from error and bias and faithfully represents what it purports to represent."[69] Danach werden Informationen als zuverlässig angesehen, wenn diese „(a) objektiv im Sinne von intersubjektiv nachprüfbar sind (verifiability), (b) messbar sind (representational faithfulness) und (c) ausschließlich den zugrunde liegenden Sachverhalt referieren und nicht die aus ihm zu erwartenden wirtschaftlichen Konsequenzen (neutrality)."[70]

Darüber hinaus müssen entscheidungsnützliche Informationen den Merkmalen der zwischenbetrieblichen Vergleichbarkeit („comparability") und der chronologischen Vergleichbarkeit der Daten („consistency") genügen („secondary qualities").[71]

Die Vermittlung entscheidungsnützlicher Informationen wird durch den Grundsatz der Wesentlichkeit („materiality")[72] und den Grundsatz der Wirtschaftlichkeit („Cost and Bene-

---

64 SFAC 2 par. 47; Vgl. auch *Coenenberg, Adolf G.* (Informationssysteme, 1971), S. 740.

65 Vgl. *Haller, Axel* (Rechnungslegung, 1994), S. 210.

66 „If information is not available when it is needed or becomes available only so long after the reported events that it has no value for future actions, it lacks relevance and is of little or no use." SFAC 2 par. 56. Vgl. auch *Solomons, David* (Accounting Policy, 1986), S. 89.

67 „Timeliness in the present context means having Information available to decision makers before it loses ist capacity to influence decisions." SFAC 2 par. 56.

68 „That information should be reliable as well as relevant is a notion that is central in accounting." SFAC 2 par. 58.

69 SFAC 2, Glossary of Terms.

70 *Baetge, Jörg/ Roß, Heinz-Peter* (fair presentation, 2000), S. 33 – 34. Vgl. *Solomons, David* (Accounting Policy, 1986), S. 90 – 94 und 101 – 102.

71 Vgl. SFAC 2 par. 111 - 122; vgl. auch *Schmotz, Thomas* (Pro-Forma-Abschlüsse, 2004), S. 5 – 22.

72 Vgl. SFAC 2 par. 123 – 132.

fits")[73] beschränkt. Danach sollen der Art nach entscheidungsnützliche Informationen nur gewährt werden, wenn sie „für den Entscheidungsprozeß des Informationsbenutzers wesentlich sind" und „der Informationsnutzen die –kosten überwiegt."[74]

2.2.2. *IAS/IFRS*

Im Rahmen der Rechnungslegung nach IAS/IFRS bereitgestellte Informationen müssen zunächst dem Grundsatz der Verständlichkeit („understandability") genügen[75], wobei hierfür die „Kenntnisse eines durchschnittlich sachkundigen Bilanzlesers"[76] zu Grunde gelegt werden können. Ebenso wie nach den US-GAAP müssen entscheidungsrelevante Informationen nach IAS/IFRS den Grundsätzen der Relevanz und der Verlässlichkeit genügen.[77]

Nach Ansicht des IASB ist die Entscheidungsrelevanz einer Information durch ihre Art („nature") und ihre Wesentlichkeit („materiality") bedingt.[78] Eine Information ist ihrer Art nach relevant, wenn sie die wirtschaftlichen Entscheidungen der Nutzer zu beeinflussen vermag, d. h. einen „predictive value" oder „feedback value" beinhaltet.[79] Darüber hinaus muss eine der Art nach relevante Information aufgrund ihrer Bedeutung („significance")[80] die wirtschaftlichen Entscheidungen der Nutzer beeinflussen.[81] „Materiality depends on the size of the item or error judged in the particular circumstances of its omission or misstatement."[82]

Darüber hinaus muss eine entscheidungsnützliche Information nach IAS/IFRS dem Grundsatz der Verlässlichkeit („reliability") entsprechen. „Information has the quality of reliability when it is free from material error and bias and can be depended upon by users to represent faithfully that which it either purports to represent or could reasonably be expected to represent."[83]

---

73 Vgl. SFAC 2 par. 133 – 144.

74 *Haller, Axel* (Rechnungslegung, 1994), S. 210 (beide Zitate).

75 „An essential quality of the information provided in financial statements is that it is readily understandable by users." IAS Framework par. 25.

76 *Degenhardt, Martina* (Zeitwertbilanzierung, 2003), S. 34.

77 Weitere wesentliche Merkmale entscheidungsnützlicher Informationen bestehen in der chronologischen Vergleichbarkeit der Periodenabschlüsse („Users must be able to compare the financial statements of an enterprise through time..." IAS Framework par. 39") und in der zwischenbetrieblichen Vergleichbarkeit („Users must be able to compare the financial statements of different enterprises..." IAS Framework par. 39).

78 „The relevance of information is affected by its nature and materiality." IAS Framework par. 29.

79 „Information has the quality of relevance when it influences the economic decisions of users by helping them evaluate past, present or future events or confirming, or correcting, their past evaluations." IAS Framework par. 26.

80 Vgl. *Kam, Vernon* (Accounting Theory, 1990), S. 517.

81 „Information is material if its omission or misstatement could influence the economic decision of user taken on the basis fo the financial statement." IAS Framework par. 29.

82 IAS Framework par. 30.

83 IAS Framework par. 31.

Neben den durch das FASB formulierten qualitativen Anforderungen bedingt die Zuverlässigkeit einer Information nach Auffassung des IASB, dass die wirtschaftliche Realität und nicht ausschließlich die rechtlichen Verhältnisse der Information abgebildet werden („substance over form")[84], die bestehenden Ermessensspielräume vorsichtig ausgeübt werden („prudence")[85] und die Informationen unter Berücksichtigung des Grundsatzes der Wesentlichkeit vollständig sind („completeness").[86]

Die Zeitnähe der Abschlussinformationen („timeliness") ist im Rahmenkonzept des IASB nicht in das Qualitätsmerkmal der Relevanz eingebunden, sondern wird unter den Beschränkungen für die Vermittlung relevanter und zuverlässiger Informationen („Constraints on relevant and reliable Information") aufgeführt.[87] Danach kann das Erfordernis einer zeitnahen Veröffentlichung des Abschlusses das Gebot zur Vermittlung relevanter und verlässlicher Informationen einschränken.

B. Fast Close-Abschlüsse im Spannungsverhältnis zwischen Relevanz und Verlässlichkeit

1. Fast Close – die zeitnahe Veröffentlichung von Periodenabschlüssen

1.1. Bedeutung der Zeitnähe für die Vermittlung entscheidungsrelevanter Informationen

1.1.1. Zeitnähe als Voraussetzung für die Vermittlung entscheidungsrelevanter Informationen

Nur eine zeitnahe Veröffentlichung der Finanzdaten ermöglicht den Kapitalmärkten eine angemessene Reaktion auf die aktuelle Unternehmensentwicklung durch Eingreifen der Akteure in die Entscheidungen des Managements oder durch Umschichtung ihrer Aktien-Portefeuilles[88], so dass entscheidungsrelevante Informationen zwingend zeitnahe Informationen sein müssen.

Auch in der Literatur wird die Bedeutung der zeitnahen Veröffentlichung der Abschlüsse vor dem Hintergrund der Vermittlung entscheidungsnützlicher Informationen durch die externe

---

84 „it is necessary that they are accounted for and presented in accordance with their substance and economic reality and not merely their legal form." IAS Framework par. 30.

85 „Such uncertainties are recognised by the disclosure of their nature and extent and by exercise of prudence in the preparation of the financial statements." IAS Framework par. 37.

86 „To be reliable, the information in financial statements must be complete within the bounds of materiality and cost." IAS Framework par. 38.

87 Nach dem Grundsatz der Wirtschaftlichkeit („Balance between Cost and Benefit") soll der Nutzen der Information die Kosten der Bereitstellung der Information überwiegen: „The benefits derived from information should exceed the cost of providing it." IAS Framework par. 44.

88 Die grundsätzlichen Handlungsalternativen der Anteilseigner werden in der Literatur mit „control by exit" bzw. „control by entry" und „control by voice" umschrieben. Den aktuellen Anteilseignern bleibt mit dem Halten der Anteile noch eine weitere Handlungsalternative. Vgl. hierzu *Wagner, Franz W.* (Ausschüttungsbemessungsfunktion, 1982), S. 753; *Busse von Colbe, Walther* (Unternehmenskontrolle, 1994), S. 39.

Rechnungslegung hervorgehoben: „Such reports must be timely to have any usefulness for management and investor decisions.“[89]

Das FASB sieht in der zeitnahen Veröffentlichung der Abschlüsse ein ergänzendes Merkmal von entscheidungsrelevanten Informationen: “Timeliness is an ancillary aspect of relevance.”[90] Im Gegensatz zu den Merkmalen „feedback value“ oder „predictive value“ begründet die zeitnahe Veröffentlichung des Abschlusses aber nicht unmittelbar die Relevanz einer Information, sondern gewährleistet lediglich, dass eine Information ihren relevanten Informationsgehalt nicht verliert: „Timeliness alone cannot make information relevant, but a lack of timeliness can rob information of relevance it otherwise might have had.“[91]

Dementgegen begründet nach Ansicht des IASB nur die Art und die Wesentlichkeit einer Information ihre Entscheidungsrelevanz, während die Entscheidungsnützlichkeit der Abschlussinformation neben anderen Merkmalen (z. B. Verlässlichkeit, Vergleichbarkeit) auch eine zeitnahe Veröffentlichung des Abschlusses erfordert. Diese Auffassung wird auch in der Literatur vertreten: „Prior knowledge on the part of the recipient will undoubtedly reduce the usefulness of the information; it does not effect its relevance.”[92] Verglichen mit den US-GAAP gewinnt die Zeitnähe in der Hierarchie qualitativer Merkmale von entscheidungsnützlichen Informationen an Bedeutung und die relative Gewichtung der qualitativen Merkmale wird entsprechend verändert, da die Relevanz und die Zeitnähe einer Information eigenständige Merkmale für die Entscheidungsnützlichkeit der Information darstellen.

Wenn aber die Möglichkeit berücksichtigt wird, dass ein Nutzer „bereits aufgrund anderer Informationsquellen über die notwendigen Informationen verfügt“ oder dass die Jahresabschlussinformationen diesem Nutzer „erst nach dem Entscheidungszeitpunkt zugehen, eine erneute Entscheidung aber nicht möglich ist“[93], wird deutlich, dass die Relevanz einer Abschlussinformation die zeitnahe Veröffentlichung des Abschlusses bedingt. Anderenfalls wird der Nutzer des Abschlusses die betreffende Abschlussinformation (wohl) kaum als entscheidungsrelevant ansehen.[94] In diesem Sinne stellt auch das IASB fest, dass eine Information

---

89 *Grady, Paul* (Inventory, 1965), S. 41. Vgl. auch *Hendriksen, Eldon S./ van Breda, Michael F.* (Accounting Theory, 1991), S. 136; *Kam, Vernon* (Accounting Theory, 1990), S. 516; *Committee on Concepts and Standards underlying Corporate Financial Statements* (Supplementary Statement No. 8, 1954), S. 46; *Busse von Colbe, Walther* (Informationsinstrument, 1993), S. 21; *Kuhlewind, Andreas-Markus* (Bilanzrechtstheorie, 1997), S. 84.

90 SFAC 2 par. 57; vgl. auch *Committee on Concepts and Standards for External Financial Reports* (Accounting Theory, 1977), S. 16.

91 SFAC 2 par. 57; vgl. auch *Hendriksen, Eldon S./ van Breda, Michael F.* (Accounting Theory, 1991), S. 136.

92 *Solomons, David* (Accounting Policy, 1986), S. 89.

93 *Coenenberg, Adolf G.* (Informationssysteme, 1971), S. 740 (beide Zitate).

94 Vgl. *Coenenberg, Adolf G.* (Informationssysteme, 1971), S. 740.

durch Verzögerungen in der Veröffentlichung des Abschlusses ihre Relevanz verlieren kann: „If there is undue delay in the reporting of information it may lose its relevance.“[95] Somit ist die zeitnahe Veröffentlichung des Abschlusses auch nach IAS/IFRS kein eigenständiges Merkmal einer entscheidungsnützlichen Information, sondern eine notwendige, aber nicht hinreichende Voraussetzung für die Vermittlung entscheidungsrelevanter Informationen.[96]

1.1.2. Zielkonflikt zwischen zeitnahen und verlässlichen Abschlussinformationen

Der Abschlussstichtag stellt einen Schnitt in die Geschäftstätigkeit des Unternehmens dar, so dass ein Teil der Geschäftsvorfälle am Abschlussstichtag noch nicht abgeschlossen ist und noch Entwicklungen im Zeitraum nach dem Abschlussstichtag unterliegt.[97] Dies zeigt sich besonders deutlich am Beispiel der Ausgaben für Gewährleistungen[98]. Diese lassen sich erst dann eindeutig bestimmen, wenn das Unternehmen seine Gewährleistungsverpflichtungen vollständig erbracht hat und die Anzahl der Gewährleistungsfälle sowie die damit verbundenen Ausgaben endgültig feststehen. Häufig sind die Gewährleistungen am Abschlussstichtag aber nicht (vollständig) bekannt bzw. erbracht, so dass die hierfür zukünftig zu erbringenden Ausgaben ungewiss sind.

Der Rechnungslegende kann die Abschlusserstellung aber nicht solange verzögern, bis alle Aspekte der Geschäftsvorfälle einer Abschlussperiode bekannt geworden sind und hierdurch sämtliche Ungewissheiten beseitigt werden.[99] Daher sind Schätzungen im Rahmen der Abschlusserstellung für die Bilanzierung verschiedenster Sachverhalte, wie bspw. die am Ab-

---

95 IAS Framework par. 43.

96 Vgl. ohne Begründung *Adler/ Düring/ Schmaltz* (ADS international, Loseblatt), Abschnitt 1, Rz. 98.

97 Vgl. *Moonitz, Maurice* (Postulates, 1965), S. 33.

98 Unternehmen sind aufgrund gesetzlicher Vorschriften (bspw. nach §§ 434, 435 oder 633 BGB, Gewährleistungen) oder vertraglicher Einzelvereinbarungen (Garantien) verpflichtet, eine mit Mängeln behaftete Lieferung oder Leistung nachzubessern. Während Gewährleistungsansprüche nach § 438 Abs. 1 Nr. 3 BGB zwei Jahre nach Lieferung der Sache verjähren, können die Vertragspartner die Garantiefrist einzelvertraglich (erheblich) über den gesetzlichen Gewährleistungsanspruch hinaus erweitern.

99 So auch BFH-Urteil vom 4. Februar 1958, I 173/57 U, BStBl III 1958, S. 110: „Der Kaufmann kann mit der Aufstellung seiner Bilanz in der Regel nicht warten, bis die am Stichtag bestehenden tatsächlichen und rechtlichen Verhältnisse geklärt sind und jede Ungewissheit der Bewertung beseitigt ist. Es bleibt daher bei der Bilanzaufstellung nichts anderes übrig, als die der Höhe und dem Entstehungsgrund nach ungewissen Forderungen und Schulden mit einem geschätzten Betrag in der Bilanz einzusetzen und dabei die Aufhellung des am Bilanzstichtag gegebenen Sachverhalts bis zur Bilanzaufstellung zu berücksichtigen.“

schlussstichtag gebotene Bildung einer Rückstellung für Gewährleistungsverpflichtungen[100], und „Bandbreiten zulässiger vertretbarer Bewertungen“[101] unvermeidbar.[102]

Dabei kann das Unternehmen im Zeitraum zwischen dem Bilanzstichtag und der Veröffentlichung des Abschlusses noch Informationen erlangen, die seine Schätzungen bestätigen oder widerlegen können. Hier kann jeder Tag, um den die Veröffentlichung des Abschlusses hinausgezögert wird, zum Zugang neuer Informationen bspw. aus der Abwicklung von Gewährleistungsfällen führen, die dem Bilanzierenden eine bessere Schätzung der Rückstellungshöhe erlauben.

Die nach US-GAAP und IAS/IFRS gebotene zeitnahe Veröffentlichung des Abschlusses geht zwangläufig mit einer Verkürzung des Zeitraums zwischen Bilanzstichtag und Veröffentlichung des Abschlusses einher. Je weniger Zeit dem Bilanzierenden aber nach dem Bilanzstichtag bleibt, um konkretisierende Informationen zu erlangen und Schätzungen zu prüfen, desto weniger zuverlässig bzw. desto unsicherer sind (naturgemäß) die gewährten Abschlussinformationen. Aus einer zeitnahen Veröffentlichung des Abschlusses folgt bspw. für die Gewährleistungen aus dem Weihnachtsgeschäft, dass Gewährleistungsfälle, die nach dem Bilanzstichtag gemeldet oder abgewickelt werden und hierdurch die Ungewissheit über die zukünftigen Ausgaben reduzieren, nur in einem geringeren Umfang bei der Abschlussaufstellung berücksichtigt werden können. Aus Sicht der Nutzer können Spannungen zwischen den qualitativen Merkmalen Zeitnähe und Verlässlichkeit einer Abschlussinformation derart bestehen, dass Abschlussinformationen aufgrund ihrer Art und zeitnahen Veröffentlichung zwar als relevant, aber aufgrund von Ermessensspielräumen des Rechnungslegenden (Schätzungen) als wenig zuverlässig angesehen werden („trade off“).[103]

---

100 Bilanziell sind die mit der Nachbesserung verbundenen Ausgaben im Geschäftsjahr, in dem der dazugehörige Umsatz (die Lieferung oder Leistung im Rechtssinne) erfolgt, aufwandswirksam zu erfassen. Vgl. *Moxter*, Adolf (Rückstellungskriterien, 1995), S. 315 – 317 m. w. N. Sind die Nachbesserungsarbeiten bis zum Bilanzstichtag noch nicht (vollständig) abgeschlossen, müssen die damit verbundenen Ausgaben nach dem Realisationsprinzip durch eine Rückstellungsbildung antizipiert werden. Vgl. *Moxter, Adolf* (Bilanzrechtsprechung, 1999), S. 94. In die zu bildende Rückstellung sind sämtliche zur Leistungserfüllung erforderlichen Ausgaben einzubeziehen und zwar unabhängig davon, ob es sich um Erfüllungseinzelkosten (z.B. Ersatzteilkosten, Reparaturlöhne, Herstellungskosten von zum Austausch gelieferter Ware, Kosten für Gutachten, Behördenauskünfte, Materialunterlagen) oder Erfüllungsgemeinkosten (z. B. Abschreibungen auf Werkmaschinen und Einrichtungen, allgemeine Verwaltungskosten, Kosten der Rechtsabteilung für die Prüfung des Haftungsverhältnisses bzw. Feststellung der Leistungspflicht) handelt.

101 *Clemm, Herrmann* (Fragwürdigkeit, 1993), S. 136.

102 Vgl. *Littmann, Eberhard* (Schätzungen, 1962), S. 325 – 326; *Moonitz, Maurice* (Postulates, 1965), S. 33; *Hoffmann, Wolf-Dieter* (Wertaufhellung, 1996), S. 1162 – 1163.

103 Zum „trade off“ zwischen Relevanz und Verlässlichkeit vgl. *Solomons, David* (Accounting Policy, 1986), S. 97 – 99; *Streim, Hannes/ Bieker, Marcus/ Leippe, Britta* (Fundierung, 2001), S. 184. In der Literatur wird aber auch die Ansicht vertreten, dass Relevanz und Verlässlichkeit nicht im Widerspruch stehen können. Vgl. hierzu *Stanga, Keith G.* (Relationship, 1980), S. 29 – 39, hier S. 39.

Einen möglichen „trade off" zwischen Zeitnähe und Verlässlichkeit der Abschlussinformationen, der im Ergebnis die Entscheidungsnützlichkeit der Abschlussinformationen erhöhen oder mindern kann, räumt auch das FASB ein: „But a gain in relevance that comes with increased timeliness may entail sacrifices of other desirable characteristics of information, and as a result there may be an overall gain or loss in usefullness."[104] Auch das IASB sieht die Möglichkeit eines „trade-off" zwischen den beiden geforderten qualitativen Merkmalen: „To provide information on a timely basis it may often be necessary to report before all aspects of the transaction or other event are known, thus impairing reliability. Conversely, if reporting is delayed until all aspects are known, the information may be highly reliable but of little use to users who have had to make economic decisions in the interim."[105]

1.2. Fristen für die Aufstellung und Veröffentlichung von Periodenabschlüssen in der internationalen Rechnungslegung

1.2.1. HGB und GoB

1.2.1.1. Aufstellung des Abschlusses

Ein Mindestzeitraum für die Aufstellung des Abschlusses ist in den handelsrechtlichen Vorschriften für alle Kaufleute nicht kodifiziert. Dagegen ist die Dauer des Aufstellungszeitraums zeitlich beschränkt. Nach § 243 Abs. 3 HGB ist der Jahresabschluss „innerhalb der einem ordnungsmäßigen Geschäftsgang entsprechenden Zeit aufzustellen."

Die Konkretisierung des nach § 243 Abs. 3 HGB unbestimmten Zeitraums zur Aufstellung des Jahresabschlusses muss anhand der Zwecke des handelsrechtlichen Jahresabschlusses erfolgen; anderenfalls könnte der Jahresabschluss seinen Schutzfunktionen nicht gerecht werden.[106] Dabei gebietet sowohl die Informationsfunktion als auch die Ausschüttungsbemessungsfunktion des handelsrechtlichen Jahresabschlusses eine möglichst zeitnahe Aufstellung des Jahresabschlusses.[107] Andererseits muss den betroffenen Unternehmen ein angemessener Zeitraum gewährt werden, der ihnen die Aufstellung des Abschlusses neben dem laufenden Geschäftsbetrieb und auch mit beschränkten personellen und technischen Mitteln erlaubt.[108]

Aus den Vorschriften für Kapitalgesellschaften, die nach § 264 Abs. 1 Satz 2 HGB zur Aufstellung des Jahresabschlusses innerhalb von drei Monaten nach dem Bilanzstichtag ver-

---

104 SFAC 2 par. 57.

105 IAS Framework par. 43.

106 Vgl. *Woltmann, Albrecht/ Uecker, Peter* (Kommentierung § 243 HGB, Loseblatt), Rz. 78.

107 Vgl. *Maul, Karl-Heinz* (GoB, 1974), S. 733; *Moxter, Adolf* (Bilanzlehre II, 1987), S. 19; *Maul, Karl-Heinz* (Bilanzierungsfristen, 1980), S. 468.

108 Vgl. *Adler/ Düring/ Schmaltz* (Rechnungslegung und Prüfung, 1996), § 243 HGB, Rz. 43; *Baetge, Jörg/ Fey, Dirk / Fey, Gerd* (Kommentierung § 243 HGB, 1990), Rz. 93.

pflichtet sind, leitet die h. M. im Schrifttum ab, dass die Aufstellung des Abschlusses nach § 243 Abs. 3 HGB innerhalb von sechs bis neun Monaten nach dem Bilanzstichtag noch ordnungsgemäß ist.[109] Dagegen ist im Fall einer drohenden oder aktuellen Unternehmenskrise eine frühere Aufstellung des Abschlusses geboten.[110] In Krisensituationen sieht die Rechtsprechung eine Aufstellungsfrist von zwei bis drei Monaten nach dem Bilanzstichtag noch als ordnungsgemäß an.[111]

Gemäß § 5 Abs. 1 Satz 1 PublG sind Unternehmen, die dem PublG unterliegen, zur Aufstellung des Jahresabschlusses innerhalb von drei Monaten nach dem Bilanzstichtag verpflichtet. Die Aufstellungsfrist verlängert sich nach § 264 Abs. 1 Satz 3 HGB für kleine Kapitalgesellschaften auf sechs Monate und beträgt für Genossenschaften nach § 336 Abs. 1 Satz 2 HGB fünf Monate. Nach § 26 Abs. 1 KWG müssen Kreditinstitute ihren Jahresabschluss innerhalb von drei Monaten aufstellen. Die Aufstellungsfrist für Versicherungsunternehmen beträgt nach § 341a Abs. 1 HGB vier Monate und für Rückversicherungsunternehmen nach § 341a Abs. 5 HGB zehn Monate.

Nach deutschem Handelsrecht sind keine Fristen für die Aufstellung unterjähriger Abschlüsse kodifiziert.

1.2.1.2. Offenlegung des Abschlusses

Nach den handelsrechtlichen Vorschriften ist eine Offenlegung des Jahresabschlusses nur für Kapitalgesellschaften (§§ 325 -329 HGB) und Genossenschaften (§§ 339 HGB), Unternehmen bestimmter Größen (§ 9 PublG) und für bestimmte Branchen (§§ 340 l, 341 l HGB) vorgeschrieben. Diese Vorschriften sehen jedoch nur eine Frist, aber keinen Mindestzeitraum, für die Offenlegung des Jahresabschlusses vor.

Gemäß § 325 Abs. 1 Satz 1 HGB haben Kapitalgesellschaften „den Jahresabschluß unverzüglich nach seiner Vorlage an die Gesellschafter, jedoch spätestens vor Ablauf des zwölften

---

109 Vgl. *Baetge, Jörg/ Fey, Dirk / Fey, Gerd* (Kommentierung § 243 HGB, 1990), Rz. 93; *Adler/ Düring/ Schmaltz* (Rechnungslegung und Prüfung, 1996), § 243 HGB, Rz. 43; *Förschle, Gerhart* (Beck'scher Bilanzkommentar, 2003), § 243 HGB, Rz. 93. Für eine Aufstellung des Abschlusses innerhalb von sechs Monaten vgl. *Hüffer, Uwe* (Kommentierung § 243 HGB, 2002), Rz. 40; *Woltmann, Albrecht/ Uecker, Peter* (Kommentierung § 243 HGB, Loseblatt), Rz. 79. Dagegen hält *Morck* eine Aufstellung des Abschlusses innerhalb von zwölf Monaten für zulässig. Vgl. *Morck, Winfried* (Kommentierung § 243 HGB, 1999), Rz. 5.

110 Vgl. *Woltmann, Albrecht/ Uecker, Peter* (Kommentierung § 243 HGB, Loseblatt), Rz. 80; *Adler/ Düring/ Schmaltz* (Rechnungslegung und Prüfung, 1996), § 243 HGB, Rz. 44.

111 Vgl. BVerfG-Beschluss vom 15. März 1978, 2 BvR 927/76, in: BB, 33. Jg. (1978), S. 572 – 573; stellvertretend BGH-Urteil vom 19. Dezember 1954, 3 StR 198/54, in: BB, 10. Jg. (1955), S. 109. Vgl. zur BGH-Rechtsprechung auch *Baetge, Jörg/ Fey, Dirk / Fey, Gerd* (Kommentierung § 243 HGB, 1990), Rz. 88 m. w. N.

Monats des dem Abschlußstichtag nachfolgenden Geschäftsjahres" offenzulegen. Nach § 325 Abs. 3 Satz 1 HGB gilt diese Frist auch für Kapitalgesellschaften, die einen Konzernabschluss erstellen müssen. Auch Genossenschaften sind nach § 339 Abs. 1 Satz 1 HGB „unverzüglich nach der Generalversammlung, jedoch spätestens vor Ablauf des zwölften Monats des dem Abschlußstichtag nachfolgenden Geschäftsjahres" zur Offenlegung des Jahresabschlusses verpflichtet.

Die Vorschrift für Kapitalgesellschaften ist nach § 9 Abs. 1 Satz 1 PublG auf Unternehmen, die dem PublG unterliegen, sinngemäß anzuwenden. Auch Kreditinstitute (§ 340l Abs. 1 Satz 1 HGB) und Versicherungsunternehmen (§ 341l Abs. 1 Satz 1 HGB) sind zur Offenlegung des Jahresabschlusses innerhalb der für Kapitalgesellschaften vorgeschriebenen Frist verpflichtet. Für Rückversicherungsunternehmen verlängert sich die Frist aber auf 15 Monate (§ 340l Abs. 1 Satz 2 HGB). Abweichend von § 325 Abs. 3 Satz 1 HGB haben Versicherungsunternehmen einen Konzernabschluss „unverzüglich nach der Hauptversammlung oder der dieser entsprechenden Versammlung der obersten Vertretung, welcher der Konzernabschluß und der Konzernlagebericht vorzulegen sind, jedoch spätestens vor Ablauf des dieser Versammlung folgenden Monats" offen zu legen.

Für die Offenlegung der Zwischenberichte schreiben die handelsrechtlichen Vorschriften keine Fristen vor. Während Zwischenberichte nach den Empfehlungen des DRSC innerhalb von 60 Tagen veröffentlicht werden sollen[112], wird nach dem deutschen Corporate Governance Kodex eine Veröffentlichung von Quartalsabschlüssen innerhalb von 45 Tagen empfohlen.[113]

1.2.2. US-GAAP und IAS/IFRS

Ein Mindestzeitraum für die Aufstellung oder Veröffentlichung von Periodenabschlüssen ist weder nach US-GAAP noch nach IAS/ IFRS vorgeschrieben. Im Gegensatz zum deutschen Handelsrecht sehen die Vorschriften des FASB aber auch keine Frist für die Aufstellung bzw. Veröffentlichung des Jahresabschlusses vor. Allerdings unterliegen an der NYSE gelistete Unternehmen[114] den (strengen) Vorschriften der SEC und müssen ihren Jahresabschluss innerhalb von 60 Tagen und ihre Zwischenberichte innerhalb von 35 Tagen zur Verfügung stel-

112 Vgl. DRS 6 par. 30.
113 Nach § 7.1.3 des deutschen Corporate Governance Kodex sollen börsennotierte Unternehmen einen Konzernabschluss 90 Tage und Zwischenberichte 45 Tage nach dem Abschlussstichtag veröffentlichen.
114 Die Regelungen gelten nur für Unternehmen mit einer Marktkapitalisierung über $ 75 Million.

len.[115] Die Aufstellung des Abschlusses erfolgt demnach zu einem noch früheren Zeitpunkt als nach deutschem Handelsrecht. Die relativ kurzen Veröffentlichungsfristen der SEC konkretisieren das Kriterium der „timeliness“ und tragen dem Bedürfnis der Kapitalmärkte nach zeitnaher Informationsvermittlung Rechnung. Auch das IASB bestimmt keine Frist für die Aufstellung bzw. Veröffentlichung des Jahresabschlusses und der Zwischenberichte. Der im IAS 1 (revised 1999) hierfür enthaltene Verweis auf die Vorschriften der lokalen Standardsetter bzw. gesetzlichen Vorgaben und die Empfehlung, den Jahresabschluss innerhalb von 6 Monaten[116], Quartalsabschlüsse innerhalb von 60 Tagen[117] zu veröffentlichen, sind mit der neuerlichen Überarbeitung des Standards entfallen. Vor dem Hintergrund der Vermittlung entscheidungsrelevanter Informationen kann jedoch nur verwundern, dass die IAS/IFRS keine Fristen für die Aufstellung bzw. Veröffentlichung des Jahresabschlusses und der unterjährigen Abschlüsse vorschreiben.

1.3. Motive der Unternehmen zur Beschleunigung der Abschlusserstellung

Ein Blick in die Unternehmenspraxis zeigt, dass börsennotierte Unternehmen die zur Aufstellung bzw. Veröffentlichung von Periodenabschlüssen festgelegten Fristen nur selten ausschöpfen und sich im Zeitablauf ein Trend zur Verkürzung der Aufstellungszeiten abzeichnet.[118] Insbesondere aufgrund der „zunehmenden Konzentration und Globalisierung der Handels- und Finanzmärkte sind die Informationsanforderungen der Marktteilnehmer in den letzten Jahren stetig angestiegen.“[119] Dabei bedingt die Vermittlung entscheidungsnützlicher Informationen eine zeitnahe Veröffentlichung der Periodenabschlüsse.[120]

---

115 Vgl. *Securities Exchange Commission,* Release No. 33-8128. Auch die deutschen Börsenvorschriften sehen vergleichbare Regelungen vor. Nach § 65 BörsZulV ist „der Jahresabschluß und der Konzernabschluß unverzüglich nach der Feststellung dem Publikum“ zur Verfügung zu stellen. Der Zwischenbericht ist nach § 61 BörsZulV „innerhalb von zwei Monaten nach dem Ende des Berichtszeitraums [...] zu veröffentlichen“.

116 Vgl. IAS 1 (revised 1999) par. 52.

117 Vgl. IAS 34 (revised 1998) par. 1.

118 Vgl. *KPMG Consulting* (Fast Close, 2000), S. 9; *KPMG Consulting* (Fast Close, 2002), S. 7; *Raschke, Jens/ Vogel, Johannes* (Fast Close, 2002), S. 279. In verschiedenen empirischen Untersuchungen wurden insbesondere für die australische und US-amerikanische Börse neben einer früheren Veröffentlichung des Abschlusses im Zeitablauf auch die Ursachen für Verzögerungen bei der Veröffentlichung des Abschlusses aufgezeigt. Vgl. *Soltani, Bahram* (Timeliness, 2002), S. 215 – 246; *Dyer IV, James C./ McHugh, Arthur J.* (Timeliness, 1975), S. 204 – 219; *Bowen, R. M./ Johnson, M. F./ Shevlin, T./ Shores, D.* (Determinants, 1992), S. 395 – 422.

119 *Eggemann, Gerd/ Petry, Martin* (Fast Close, 2002), S. 1635.

120 In empirischen Untersuchungen konnte auch ein Zusammenhang zwischen der Zeitnähe der Berichterstattung und einer starken bzw. schwachen Reaktion des Börsenkurses nach der Veröffentlichung des Abschlusses festgestellt werden. Vgl. *Chambers, Anne E./ Penman, Stephen H.* (Timeliness, 1984), S. 21 – 47; *Haw, I. M/ Qi, D. Q./ Wu, W.* (Timeliness, 2000), S. 108 – 131; *Kross, W./ Schroeder, D. A.* (Timing, 1984), S. 153 – 176; *Sinclair, N./ Young, J.* (Timeliness, 1991), S. 31 – 52. Andere empirische Untersuchungen zeigen, dass bei finanziell angeschlagenen Unternehmen die Prüfung des Abschlusses einen längeren Zeitraum erfordert und diese Unternehmen zu einer späteren Veröffentlichung der Abschlüsse neigen. Vgl. *Whittred, Greg/ Zimmer, Ian* (Timeliness, 1984), S. 287 – 295.

So ergab die von KPMG Consulting im Jahr 2000 durchgeführte Europäische Benchmarkingstudie zum Thema „Fast Close" wenig überraschend, dass der Hauptgrund für eine frühere Veröffentlichung von Unternehmensdaten (mutmaßlich) in der Befriedigung von Informationsbedürfnissen der Investoren besteht.[121] Darüber hinaus kann eine Verkürzung der Abschlusszeiten durch Börsenanforderungen notwendig sein.[122]

Ein weiteres Motiv zur früheren Veröffentlichung von Periodenabschlüssen besteht in der Vermittlung eines professionellen Images. Denn Unternehmen, die ihren Abschluss zeitnah zum Abschlussstichtag veröffentlichen, gelten allgemein als „gut organisiert und leistungsfähig."[123] Insofern kann durch die Vermittlung eines professionellen Images die Investitionsentscheidung der Investoren durch eine frühzeitige Veröffentlichung der Unternehmensdaten zu Gunsten des eigenen Unternehmens beeinflusst werden. Im Umkehrschluss bedeutet dies aber auch, dass eine frühere Veröffentlichung der Unternehmensdaten durch Konkurrenten das eigene Unternehmen unter Druck setzen und eine Beschleunigung der Abschlussprozesse erfordern kann.[124]

Allerdings sprechen nicht nur externe Anforderungen, sondern auch unternehmensinterne Erfordernisse für eine Beschleunigung der Abschlusserstellung. So erfordern schnelle Reaktionen des Managements zwingend eine zeitnahe Bereitstellung der notwendigen Finanzdaten. Aufgrund der bestehenden engen Verknüpfung des Abschlussprozesses zu Planungsrechnungen, Hochrechnungen und Outlooks lassen sich durch die Optimierung der Abschlussprozesse auch Effizienzgewinne für Planungsprozesse realisieren.[125]

In der Vergangenheit wurden die mit der Rechnungslegung beschäftigten Mitarbeiter gegen Ende jedes Geschäftsjahres mit einem erheblichen Arbeitspensum konfrontiert.[126] Weitere Berichtsanforderungen, wie die Erstellung von Zwischenberichten und von Konzernabschlüssen nach IAS/IFRS, verschärfen diese Problematik und führen zu einer erheblich höheren Arbeitsbelastung der Mitarbeiter im Erstellungszeitraum. Mit der Optimierung der Abschlusserstellung sollen im Finanz- und Rechnungswesen Effizienzgewinne erzielt und die Arbeitsbelastung der Mitarbeiter in der Abschlussphase reduziert werden.

---

121 Vgl. *KPMG Consulting* (Fast Close, 2000), S. 10; *Dörr, Barbara* (Fast Close, 2004), S. 407.
122 Vgl. *Kernahan, Simon* (Optimierung, 1999), S. 47.
123 *KPMG Consulting* (Fast Close, 2000), S. 10.
124 Vgl. *Raschke, Jens/ Vogel, Johannes* (Fast Close, 2002), S. 277.
125 Vgl. *Raschke, Jens /Klatt-Seipelt, Bärbel* (Fast Close, 2001), S. 246; *Raschke, Jens/ Vogel, Johannes* (Fast Close, 2002), S. 277.
126 Vgl. *Hüttche, Tobias* (Bilanzierungs- und Bewertungsmethoden, 2001), S. 241.

1.4. Maßnahmen zur Beschleunigung der Abschlusserstellung

Fast Close-Abschlüsse sollen durch eine zeitnahe Veröffentlichung den Kapitalmärkten entscheidungsrelevantere Informationen zur Verfügung stellen. Dabei bezeichnet der Begriff „Fast Close" die beschleunigte Aufstellung, Prüfung und Veröffentlichung von Monats-, Quartals- und Jahresabschlüssen und steht zunächst für organisatorische Maßnahmen.[127] Letztere zielen auf die Optimierung der erforderlichen Abschluss- und Berichterstattungsprozesse von der Entstehung des einzelnen Geschäftsvorfalls an bis zu dessen Abbildung im Abschluss und somit auf eine Verkürzung des Aufstellungszeitraums.[128] Deshalb umfasst „Fast Close" nicht nur die Optimierung der Abschlussprozesse im Rechnungswesen, sondern schließt auch die zuliefernden Ressorts oder Abteilungen (z. B. Einkauf, Materialwirtschaft) in die Betrachtung ein.

Die Optimierung der Abschluss- und Berichterstattungsprozesse zielt auf eine Vermeidung von Abstimmungsarbeiten, Kontrollrechnungen und Rückfragen, indem zeitraubende Korrekturschleifen umgangen sowie Informationswege verkürzt werden.[129] Hierzu ist sicherzustellen, dass die Zulieferungen hinsichtlich des Zeitpunkts, der Qualität und der Quantität den Anforderungen der jeweiligen Informationsempfänger genügen. Ferner erfordert die Beschleunigung der Erstellung von Abschlüssen, dass sich die Mitarbeiter schon im Vorfeld der Abschlusserstellung intensiv mit den Abschlusszahlen beschäftigen.

Bestimmte Bilanzierungs- und Bewertungsvereinfachungsmethoden unterstützen die zeitnahe Fertigstellung des Periodenabschlusses und sorgen als Nebeneffekt für eine Verringerung des Personalaufwands und der Kosten zur Abschlusserstellung[130]. In diesem Zusammenhang sind insbesondere die Möglichkeit einer zeitlich versetzten Stichtagsinventur (§ 241 Abs. 3 Nr. 1 HGB) bzw. einer Stichprobeninventur (§ 241 Abs. 1 HGB)[131], die Anwendung verschiedener Verfahren der Buchinventur (bspw. permanente Inventur oder systemgestützte Werkstattin-

---

127 Vgl. *Hüttche, Tobias* (Virtual Close, 2002), S. 1640; *Raschke, Jens/ Vogel, Johannes* (Fast Close, 2002), S. 284; *Fülling, Thorsten* (Prozessoptimierung, 2002), S. 1; *Eggemann, Gerd/ Petry, Martin* (Fast Close, 2002), S. 1637; *Mäder, Patrick/ Schärli, Oliver* (Fast Close, 2002), S. 1079. Vgl. *Hartmann, Frank/ Finck, Wolfram M.* (Leistungsfähigkeit, 2004), S. 717 – 723 für die Darstellung eines Konzepts für eine Fast Close-Scorecard.

128 Vgl. *Raschke, Jens/ Vogel, Johannes* (Fast Close, 2002), S. 284; *Raschke, Jens / Klatt-Seipelt, Bärbel* (Fast Close, 2001), S. 245; *Kernahan, Simon* (Optimierung, 1999), S. 46; *Berner, Alfred* (Rationalisierung, 1997), S. 241.

129 Einen detaillierten Überblick der Handlungsfelder und Fragestellungen zu Optimierung der Abschlusserstellung geben *Fourie, Dirk* (Fast Close, 2000), S. 746 – 747 und *Eggemann, Gerd/ Petry, Martin* (Fast Close, 2002), S. 1637.

130 Vgl. *Hüttche, Tobias* (Bilanzierungs- und Bewertungsmethoden, 2001), S. 242; *Berner, Alfred* (Rationalisierung, 1997), S. 241.

131 Vgl. *Jaspers, Wolfgang* (Stichprobeninventur, 2004), S. 264 – 267; *Jaspers, Wolfgang/ Runte, Arno* (Aufnahmetechniken, 2000), S. 170 – 177.

ventur; § 241 Abs. 2 HGB), die Zulässigkeit einer Festbewertung von Roh-, Hilfs- und Betriebsstoffen nach § 240 Abs. 3 HGB sowie die Zulässigkeit der Verwendung von Standardkosten oder die Anwendung der „Bruchteil-Methode" zur Bewertung der Vorräte von fertigen und unfertigen Erzeugnissen zu nennen.[132]

Häufig sind umfangreiche (zeitliche) Verzögerungen der Abschlusserstellung auf heterogene Systemlandschaften in der Datenverarbeitung zurückzuführen, so dass zur Beschleunigung der Abschlusserstellung der Harmonisierung der Systemlandschaft eine wesentliche Bedeutung zukommt.[133] Hierfür ist ein durchgängiger Systemeinsatz ohne manuelle Schnittstellen und manuelle Eingaben sämtlicher zur Abschlusserstellung notwendigen Systeme (z. B. Einkauf, Materialwirtschaft, Buchhaltung, Konsolidierung) anzustreben.[134]

Durch die Optimierung der Abschlussprozesse bietet die Erstellung von Fast Close-Abschlüssen eine Möglichkeit zur zeitnahen Veröffentlichung des Abschlusses. Im Gegensatz zu „konventionellen" Abschlüssen tragen Fast Close-Abschlüsse in der Regel dem Bedürfnis der Kapitalmärkte nach zeitnahen Abschlussinformationen eher Rechnung. Da Fast Close auf die Optimierung der Abschlussprozesse durch die Vermeidung von Fehlern und eine Harmonisierung der Datenverarbeitungs-Systeme zielt, beinhaltet der Begriff nicht nur eine zeitliche Dimension, sondern geht nach der h. M. auch mit einer Verbesserung der Abschlussqualität einher.[135] Allerdings bewirkt die Beschleunigung der Abschlusserstellung zwangsläufig eine Verkürzung des Zeitraums zwischen Bilanzstichtag und Aufstellung des Abschlusses und somit kann eine Verschlechterung der Abschlussqualität, bspw. bei den zur Abschlusserstellung erforderlichen Schätzungen, nicht grundsätzlich ausgeschlossen werden.

Die zeitnahe Veröffentlichung der Periodenabschlüsse zum Abschlussstichtag bedingt eine entsprechend beschleunigte Prüfung des Abschlusses. Hierzu sind die Prüfungshandlungen mit der Abschlusserstellung (zeitlich) eng zu verknüpfen und Fragestellungen zeitnah zu erörtern. Zur Beschleunigung der Abschlussprüfung werden vermehrt ganzjährige Prüfungen (sog. rollende Prüfung) durchgeführt. Soweit möglich werden Prüfungshandlungen in die laufende Abschlussperiode vorgezogen und erfolgen möglichst zeitnah zum Abschlussstichtag.[136]

---

132 Vgl. *Hüttche, Tobias* (Bilanzierungs- und Bewertungsmethoden, 2001), S. 242 – 245.

133 Vgl. *Dörr, Barbara* (Fast Close, 2004), S. 411 – 426.

134 Vgl. *Eggemann, Gerd/ Petry, Martin* (Fast Close, 2002), S. 1637.

135 Vgl. *Balling, Johannes/ Gössi, Marc* (Konzernabschlüsse, 2002), S. 70; *Raschke, Jens/ Vogel, Johannes* (Fast Close, 2002), S. 284; *Hüttche, Tobias* (Bilanzierungs- und Bewertungsmethoden, 2001), S. 242; *Kernahan, Simon* (Optimierung, 1999), S. 46.

136 Vgl. *Küting, Karlheinz/ Weber, Claus-Peter/ Boecker, Corinna* (Fast Close, 2004), S. 6 – 7.

2. *Fast Close und das Stichtagsprinzip*

2.1. *Vereinbarkeit der Verkürzung des Aufhellungszeitraums mit dem handelsrechtlichen Abschlussstichtagsprinzip*

2.1.1. *Abschlussstichtagsprinzip*

2.1.1.1. *Unmaßgeblichkeit des subjektiven Kenntnisstands am Bilanzstichtag*

Nach § 252 Abs. 1 Nr. 3 HGB sind Vermögensgegenstände und Schulden „zum Abschlussstichtag" zu bewerten. Das hierin kodifizierte Abschlussstichtagsprinzip besagt, dass im Abschluss nur solche Geschäftsvorfälle berücksichtigt werden dürfen, die bis zum Bilanzstichtag eingetreten sind, und dass für ihre Bewertung die Verhältnisse zum Bilanzstichtag maßgebend sind.[137] Die Werte der Vermögensgegenstände und Schulden an anderen Tagen – vor oder nach dem Bilanzstichtag – dürfen sich grundsätzlich nicht in der Bilanz niederschlagen.[138]

Das Abschlussstichtagsprinzip könnte zunächst dahingehend interpretiert werden, dass bei der Aufstellung von Periodenabschlüssen nur solche Ereignisse, die dem Kaufmann am Bilanzstichtag auch bekannt waren, herangezogen werden dürften.[139] Dagegen dürften erst nach dem Abschlussstichtag bekannt gewordene Ereignisse bei der Abschlusserstellung nicht verwertet werden. Schon aus Gründen der Objektivierung erscheint diese strenge Auslegung des Abschlussstichtagsprinzips wenig sinnvoll: Denn die Frage, was der Kaufmann am Abschlussstichtag tatsächlich wusste bzw. nicht wusste, entzieht sich weitgehend einer intersubjektiven Beurteilung.[140] In der Regel erfordert die Erstellung des Abschlusses einen Zeitraum von mehreren Tagen oder Monaten, so dass der Bilanzstichtag und Tag der Aufstellung auseinander fallen.[141] Der Abschluss wäre sodann auf einem Kenntnisstand in der Vergangenheit aufzustellen, woraus sich für den Bilanzierenden und für Dritte kaum lösbare Abgrenzungsprobleme bzw. Ermessensspielräume zwischen dem Kenntnisstand am Abschlussstichtag und am Tag der Aufstellung ergäben.[142]

Das Abschlussstichtagsprinzip legt fest, dass für die Bilanzierung der Aktiva und Passiva nach den Stichtagsverhältnissen „der am Abschlussstichtag selbst gegebene, mehr oder weni-

---

137 Vgl. *Hense, Burkhard/ Philipps, Holger* (Kommentierung § 242 HGB, 2003), Rz. 9; *Stobbe, Thomas* (Kommentierung § 6 EStG, Loseblatt), Rz. 81; *Adler/ Düring/ Schmaltz* (Rechnungslegung und Prüfung, 1996), § 252 HGB, Rz. 38.

138 Vgl. *Moxter, Adolf* (Bilanzlehre II, 1987), S. 35.

139 Vgl. *Ciric, Dejan* (Wertaufhellung, 1995), S. 97.

140 Vgl. *Moxter, Adolf* (Wertaufhellungsverständnis, 2003), S. 2559.

141 Vgl. *Küting, Karlheinz/ Kaiser, Thomas* (Wertaufhellungszeitraum, 2000), S. 578.

142 Vgl. *Hommel, Michael/Berndt, Thomas* (Wertaufhellung, 2000), S. 1745; *Herrmanns, Tillmann* (Wertaufhellung, 1999), S. 905.

ger zufällige Kenntnisstand des Kaufmanns unmaßgeblich ist."[143] Vielmehr sind Informationen über die Verhältnisse zum Bilanzstichtag in die Abschlusserstellung auch dann einzubeziehen, wenn sie dem Unternehmen erst nach dem Bilanzstichtag bekannt werden.[144] Welche nach dem Abschlussstichtag bekannt gewordenen Ereignisse das Unternehmen bei der Abschlusserstellung berücksichtigen muss, bestimmt sich nach dem handelsrechtlichen Aufhellungsgebot.

2.1.1.2. Handelsrechtliches Aufhellungsgebot

a) Wurzeltheorie

Nach § 252 Abs. 1 Nr. 4 HGB sind „alle vorhersehbaren Risiken und Verluste, die zum Abschlussstichtag entstanden sind, zu berücksichtigen, selbst wenn diese erst zwischen dem Abschlussstichtag und dem Tag der Aufstellung des Jahresabschlusses bekannt geworden sind". Dabei betrifft das handelsrechtliche Aufhellungsgebot „nicht nur die Bewertung gegebener Bilanzposten", sondern umfasst nach der h. M. auch die Ansatzaufhellung und damit „die Frage, ob bestimmte Bilanzposten überhaupt am Abschlussstichtag noch bzw. schon zu bilanzieren sind."[145] Obwohl der Wortlaut des § 252 Abs. 1 Nr. 4 HGB das Aufhellungsgebot auf „Risiken und Verluste", d. h. auf gewinnmindernde Ereignisse beschränkt, gilt es nach h. M. auch für Ereignisse, die den Gewinn positiv beeinflussen.[146]

Das handelsrechtliche Aufhellungsgebot erfordert eine klare Trennung zwischen wertaufhellenden Ereignissen, die in die Erstellung des Abschlusses der abgelaufenen Abschlussperiode einzubeziehen sind, und wertbeeinflussenden Ereignissen, die hierin unberücksichtigt bleiben müssen. In der Unternehmensbewertung hat die Rechtsprechung als Antwort auf die Frage, welche Entwicklungen nach dem Stichtag noch in die Ermittlung des Unternehmenswerts einbezogen werden dürfen, die Wurzeltheorie[147] entwickelt. Grundsätzlich ist von einer sich

---

143 *Moxter, Adolf* (Verlustantizipation, 1996), S. 172.

144 Vgl. *Hüttche, Tobias/ Diemer, Nicole* (Fast Close, 2000), S. 2035.

145 *Moxter, Adolf* (Wertaufhellungsverständnis, 2003), S. 2559 (beide Zitate). Vgl. auch BFH-Urteil vom 2. Oktober 1992 , III R 54/91, BStBl. II 1993, S. 154 – 155; *Herrmanns, Tillmann* (Wertaufhellung, 1999), S. 906; *Hoffmann, Wolf-Dieter* (Wertaufhellung, 1996), S. 1157; *Ciric, Dejan* (Wertaufhellung, 1995), S. 70 – 71 m. w. N.

146 Vgl. *Kropf, Bruno* (Wertaufhellung, 1991), S. 532; *Hense, Burkhard/ Geißler, Horst* (Kommentierung § 252 HGB, 2003), Rz. 38; *Herrmanns, Tillmann* (Wertaufhellung, 1999), S. 905; *Adler/ Düring/ Schmaltz* (Rechnungslegung und Prüfung, 1996), § 252 HGB, Rz. 42; *Siegel, Theodor/ Schmidt, Matthias* (Beck'sche HdR, Loseblatt), B 161, Rz. 123; *Sauer, Otto* (Wertaufhellungstheorie, 1974), S. 232 – 233.

147 Vgl. das grundlegende BGH-Urteil vom 17. Januar 1973, IV ZR 142/70, in: DB, 26. Jg. (1973), S. 563 – 565; *Mandl, Gerwald/ Rabel, Klaus* (Unternehmensbewertung, 1997), S. 405 – 406; *Moxter, Adolf* (Unternehmensbewertung, 1983), S. 168 – 175 m. w. N.

entsprechenden Auslegung des Stichtagsprinzips in der Unternehmensbewertung und im Jahresabschluss auszugehen.[148]

Nach der Wurzeltheorie dürfen nach dem Bilanzstichtag bekannt gewordene Ereignisse nur insoweit berücksichtigt werden, als ihre Wurzel (nachweislich) vor dem Bilanzstichtag liegt. Die wertaufhellenden Ereignisse zeigen, „wie sich die Verhältnisse am Bilanzstichtag tatsächlich dargestellt haben“[149] und sind folglich auch dann in die Abschlusserstellung einzubeziehen, wenn sie dem Unternehmen erst nach dem Abschlussstichtag bekannt werden. Dagegen drücken nach dem Bilanzstichtag bekannt gewordene Ereignisse, deren Wurzel auch nach dem Bilanzstichtag liegt, eine Veränderung der Verhältnisse nach dem Bilanzstichtag aus und müssen bei der Erstellung des Abschlusses unberücksichtigt bleiben.[150]

Allerdings kann es im Einzelfall „äußerst schwierig sein, eine eindeutige Grenze zwischen den am Abschlußstichtag gegebenen und den erst nach dem Abschlußstichtag eintretenden Wertverhältnissen zu ziehen; denn in Erkenntnissen, die der Kaufmann bis zur Bilanzaufstellung erlangt, können sich die am Abschlußstichtag gegebenen und die sich erst danach einstellenden Wertverhältnisse in einer nur schwer trennbaren Weise vermengen.“[151] Ob nach dem Bilanzstichtag bekannt gewordene Ereignisse die Verhältnisse am Abschlussstichtag erhellen oder beeinflussen, konkretisiert sich in der zu Grunde gelegten Aufhellungskonzeption. Die Literatur und die Rechtsprechung differenzieren zwischen der subjektiven und der objektiven Aufhellungskonzeption.

b) Aufhellungskonzeptionen

(1) Subjektive Aufhellungskonzeption

Die subjektive Aufhellungskonzeption stellt für den Ansatz und die Bewertung der Vermögensgegenstände und Schulden zum Bilanzstichtag darauf ab, was der Rechnungslegende „am Abschlussstichtag bei angemessener Sorgfalt über seine Aktiven und Passiven wissen konnte:

„Erst nach dem Abschlussstichtag zugegangene Informationen, die von dem betreffenden Kaufmann auch bei Anwendung der erforderlichen Sorgfalt am Abschlussstichtag noch nicht

---

148 Vgl. *Schmotz, Thomas* (Pro-Forma-Abschlüsse, 2004), S. 89 - 91 m. w. N.

149 *Knobbe-Keuk, Brigitte* (Unternehmenssteuerrecht, 1993), S. 53.

150 Vgl. *Küting, Karlheinz/ Kaiser, Thomas* (Wertaufhellungszeitraum, 2000), S. 578; *Sauer, Otto* (Wertaufhellungstheorie, 1974), S. 233.

151 *Engel-Ciric, Dejan* (Abschlußstichtagsprinzips, 1996), S. 1298 – 1299. Vgl. auch *Hoffmann, Wolf-Dieter* (Wertaufhellung, 1996), S. 1158 – 1159; *Ballwieser, Wolfgang* (Kommentierung § 252 HGB, 2001), Rz. 66.

erlangbar gewesen wären, bleiben unberücksichtigt."[152] Das maßgebliche Kriterium für die Abgrenzung der wertaufhellenden Ereignisse von den wertbeeinflussenden Ereignissen ist somit die für einen ordentlichen Kaufmann angemessene Sorgfalt bei der Suche nach Informationen über die Verhältnisse am Bilanzstichtag.

Nach der subjektiven Aufhellungskonzeption darf ein nach dem Bilanzstichtag rechtskräftig gewordenes obsiegendes Gerichtsurteil den Ansatz oder die Bewertung der hierfür gebildeten Rückstellung für Prozessrisiken nicht beeinflussen, da „die Rechtsfindung durch das Gericht eine zum Bilanzstichtag nicht vorhersehbare Tatsache ist."[153] Solange ein rechtskräftiges Urteil nicht ergangen ist, besteht „für den Kaufmann ein von ihm regelmäßig nicht einzuschätzendes Risiko, dass [...] ein für ihn ungünstiges Urteil ergeht."[154] Deshalb muss das Unternehmen am Bilanzstichtag regelmäßig mit einer gewissen Mindestwahrscheinlichkeit von einer Niederlage im Gerichtsverfahren ausgehen.[155] Das obsiegende Gerichtsurteil ist dann am Bilanzstichtag selbst „aus Sicht eines sorgfältigen und gewissenhaften Kaufmanns"[156] nicht erkennbar und darf nach der subjektiven Aufhellungskonzeption keine Berücksichtigung finden.

Der nach dem Bilanzstichtag eingetretene Konkurs eines Schuldners ist grundsätzlich ein wertbeeinflussendes Ereignis und muss für den Ansatz und die Bewertung der Forderung unberücksichtigt bleiben. Selbst wenn bereits am Bilanzstichtag Zahlungsschwierigkeiten beim Schuldner bestanden, der Bilanzierende hiervon aber selbst bei größtmöglicher Sorgfalt keine Kenntnis erlangen konnte, darf dieses Ereignis die Bewertung der Forderung nicht beeinflussen.[157] Dagegen erhellt der nach dem Bilanzstichtag eingetretene Konkurs des Schuldners die Verhältnisse am Bilanzstichtag, wenn die Forderung bereits „nach den am Abschlussstichtag von dem betreffenden Kaufmann erlangbaren Informationen als zweifelhaft einzustufen"[158] war.

Eine Forderung, deren Werthaltigkeit aus Sicht eines sorgfältigen und gewissenhaften Kaufmanns am Bilanzstichtag fragwürdig ist, wird auch dann abgeschrieben, wenn sie „nach dem

152 *Moxter, Adolf* (Wertaufhellungsverständnis, 2003), S. 2559. Vgl. auch *Moxter, Adolf* (Phasengleiche Aktivierung, 1997), S. 496; *Moxter, Adolf* (Verlustantizipation, 1996), S. 172; *Ciric, Dejan* (Wertaufhellung, 1995), S. 99 – 100; *Küting, Karlheinz/ Kaiser, Thomas* (Wertaufhellungszeitraum, 2000), S. 579; *Forster, Karl-Heinz* (Rückstellungen, 1971), S. 396; *Herrmanns, Tillmann* (Wertaufhellung, 1999), S. 906.

153 *Hommel, Michael/ Berndt, Thomas* (Wertaufhellung, 2000), S. 1746.

154 BFH-Urteil vom 30. Januar 2002, I R 68/00, BStBl. II 2002, S. 689.

155 Vgl. *Hommel, Michael/ Berndt, Thomas* (Wertaufhellung, 2000), S. 1746.

156 BFH-Urteil vom 30. Januar 2002, I R 68/00, BStBl. II 2002, S. 689.

157 Vgl. *Ciric, Dejan* (Wertaufhellung, 1995), S. 58; *Moxter, Adolf* (Wertaufhellungsverständnis, 2003), S. 2560.

158 *Moxter, Adolf* (Wertaufhellungsverständnis, 2003), S. 2559.

Abschlussstichtag voll beglichen wurde und auch andere Indikatoren dafür sprechen, dass der Schuldner bereits am Abschlussstichtag zahlungsfähig und -willig war."[159] Die Begleichung der Forderung nach dem Bilanzstichtag stellt unter diesen Voraussetzungen ein wertbeeinflussendes Ereignis dar.

Indem die subjektive Aufhellungskonzeption auf die angemessene kaufmännische Sorgfalt bei der Suche nach Informationen über die Stichtagsverhältnisse abstellt, eröffnet sie dem Rechnungslegenden mitunter weite Ermessensspielräume. Im Einzelfall dürften der angemessene Sorgfaltsgrad sowie die Erkennbarkeit eines bestimmten Ereignisses bei diesem Sorgfaltsgrad regelmäßig unklar sein.[160] Handelt es sich um ein wertaufhellendes Ereignis, wenn die Insolvenz eines Schuldners auf den Einsturz einer von ihm konstruierten Brücke kurz nach dem Bilanzstichtag zurückzuführen ist, der Rechnungslegende bereits am Bilanzstichtag ein auf statische Mängel hinweisendes Gutachten kannte und wusste, dass ein Einsturz der Brücke zwangläufig den Konkurs des Schuldners zu Folge haben würde? [161] In diesem Zusammenhang verweist die Literatur auf den Vereinfachungsgrundsatz, wonach in Zweifelsfällen die Erkennbarkeit der Wertminderung nach vernünftiger kaufmännischer Beurteilung am Bilanzstichtag anzunehmen ist.[162]

Die Rechtsprechung greift zur Beurteilung, ob ein Ereignis nach dem Bilanzstichtag bereits am Bilanzstichtag mit angemessener Sorgfalt erkennbar war, auf die Wahrscheinlichkeitsschätzung eines sorgfältigen und gewissenhaften Kaufmanns zurück.[163] Danach erhellen nur solche Ereignisse die Stichtagsverhältnisse, denen am Bilanzstichtag nach vernünftiger kaufmännischer Beurteilung eine hinreichende Eintrittswahrscheinlichkeit beizumessen ist.[164] „Künftige Ereignisse, deren Eintrittswahrscheinlichkeit von einem sorgfältigen und gewissenhaften Kaufmann am Abschlußstichtag als vernachlässigbar gering veranschlagt werden, haben, wie auch bloße Vermutungen oder pessimistische Beurteilungen, keine Auswirkungen auf die Wertermittlung; sie gelten als nicht hinreichend wahrscheinlich und damit als nicht wißbar."[165] Ob die Insolvenz des Schuldners ein wertaufhellendes Ereignis darstellt, hängt

---

159 *Moxter, Adolf* (Wertaufhellungsverständnis, 2003), S. 2559 – 2560.

160 Vgl. *Moxter, Adolf* (Wertaufhellungsverständnis, 2003), S. 2560.

161 In Anlehnung an *Engel-Ciric, Dejan* (Abschlußstichtagsprinzips, 1996), S. 1299.

162 Vgl. *Ciric, Dejan* (Wertaufhellung, 1995), S. 56 – 58; *Vodrazka, Karl* (Abschlußstichtag, 1987), S. 462.

163 Vgl. bspw. BFH-Urteil vom 19. November 1953, IV 142/53 U, BStBl. III 1954, S. 16; BFH-Urteil vom 22. Juni 1967, IV 172/63, BStBl. 1968 II, S. 7. Vgl. für eine ablehnende Wertaufhellung BFH-Urteil vom 4. Dezember 1991, I R 148/90, BStBl. II 1992, S. 385; BFH-Urteil vom 28. März 2000, VIII R 77/96, BStBl. II 2002, S. 229 – 230; vgl. auch *Engel-Ciric, Dejan* (Abschlußstichtagsprinzips, 1996), S. 1299; *Hommel, Michael/ Berndt, Thomas* (Wertaufhellung, 2000), S. 1746 – 1747.

164 Vgl. ausführlich *Ciric, Dejan* (Wertaufhellung, 1995), S. 61 – 77.

165 *Engel-Ciric, Dejan* (Abschlußstichtagsprinzips, 1996), S. 1299.

von der Wahrscheinlichkeit ab, die dem Einsturz der Brücke nach vernünftiger kaufmännischer Beurteilung am Bilanzstichtag beizulegen war.

(2) Objektive Aufhellungskonzeption

Nach der objektiven Aufhellungskonzeption ist die Berücksichtigung wertaufhellender Ereignisse ebenfalls auf die am Bilanzstichtag tatsächlich (objektiv) vorliegenden Verhältnisse ausgerichtet.[166] Dabei erlangt der Rechnungslegende eine Vielzahl von Informationen über diese Verhältnisse regelmäßig erst nach dem Abschlussstichtag.[167] Im Unterschied zur subjektiven Aufhellungskonzeption sind diese auch dann zu berücksichtigen, wenn „sie am Abschlußstichtag, selbst bei größter Sorgfalt, noch nicht wißbar waren."[168] Maßgeblich für die Abgrenzung von wertaufhellenden und wertbeeinflussenden Ereignissen ist nach der objektiven Aufhellungskonzeption die Frage, ob das nach dem Abschlussstichtag bekannt gewordene Ereignis die objektiven Stichtagsverhältnisse konkretisiert oder verändert.[169]

Die Unterschiede zur subjektiven Aufhellungskonzeption zeigen sich deutlich an den Wechselobligo-Urteilen.[170] Der BFH hatte einem Kaufmann die Bildung einer Rückstellung für das Obligo aus weitergegebenen Wechseln unter Rückgriff auf die objektive Aufhellungskonzeption mit der folgenden Begründung versagt: „Aus der Begleichung der Wechselverbindlichkeiten bis zum Zeitpunkt der Bilanzaufstellung war es [...] erkennbar, daß am Bilanzstichtag objektiv keine Veranlassung zu der Befürchtung bestanden hat, daß die Wechsel nicht eingelöst würden."[171] Dagegen wäre nach der subjektiven Aufhellungskonzeption hier die Bildung einer Rückstellung für das Rückgriffsrisiko geboten; denn am Bilanzstichtag konnte der Bilanzierende selbst bei der gebotenen kaufmännischen Sorgfalt nicht erkennen, ob die Wechsel in der Zukunft auch eingelöst würden.[172]

Unter Bezugnahme auf das Wechselobligo-Urteil vertrat die Rechtsprechung zunächst die Auffassung, dass nach der objektiven Aufhellungskonzeption auch ein nach dem Bilanzstichtag rechtskräftig gewordenes Gerichtsurteil die tatsächlichen (objektiven) Stichtagsverhältnis-

---

166 Vgl. BFH-Urteil vom 4. April 1973, I R 130/71, BStBl. II 1973, S. 486; *Moxter, Adolf* (phasengleichen Aktivierung, 1997), S. 496.

167 Vgl. *Engel-Ciric, Dejan* (Abschlußstichtagsprinzips, 1996), S. 1300.

168 *Moxter, Adolf* (Verlustantizipation, 1996), S. 172. Vgl. auch *Küting, Karlheinz/ Kaiser, Thomas* (Wertaufhellungszeitraum, 2000), S. 579; *Herrmanns, Tillmann* (Wertaufhellung, 1999), S. 906.

169 Vgl. *Hommel, Michael/ Berndt, Thomas* (Wertaufhellung, 2000), S. 1746.

170 Vgl. BFH-Urteil vom 27. April 1965, I 324/62 S, BStBl. III 1965, S. 409 – 410; BFH-Urteil vom 19. Dezember 1972, VIII R 18/70 S, BStBl. II 1973, S. 218 – 219; BFH-Urteil vom 4. April 1973, I R 130/71 S, BStBl. II 1973, S. 485 – 486.

171 BFH-Urteil vom 27. April 1965, I 324/62 S, BStBl. III 1965, S. 410.

172 Vgl. *Moxter, Adolf* (phasengleichen Aktivierung, 1997), S. 497.

se erhellt.[173] So sei das Unternehmen „bei der Aufstellung der Bilanz verpflichtet, alle Umstände zu berücksichtigen, die für die Verhältnisse am Bilanzstichtag von Bedeutung sind, auch wenn sie in jenem Zeitpunkt noch nicht eingetreten oder noch nicht bekannt sind."[174] Ein nach dem Bilanzstichtag rechtskräftig gewordenes Gerichtsurteil stellt klar, „daß die [...] erhobenen Ansprüche schon am Bilanzstichtag nicht mehr bestanden"[175] und die hierfür gebildete Rückstellung für Prozessrisiken nicht notwendig war. Hierin verbirgt sich der Gedanke, dass ein Gerichtsurteil „einen zum Bilanzstichtag gegebenen Lebenssachverhalt, an den bestimmte Rechtswirkungen anknüpfen, lediglich rechtskräftig feststellt."[176]

In nachfolgenden Urteilen vertritt der BFH dagegen die Ansicht, dass rechtsgestaltende Ereignisse die Verhältnisse am Bilanzstichtag grundsätzlich verändern und folglich auch nach der objektiven Aufhellungskonzeption die Stichtagsverhältnisse nicht erhellen können.[177] Vielmehr seien nach der objektiven Aufhellungskonzeption nur solche „Umstände zu berücksichtigen, die zum Bilanzstichtag bereits objektiv vorlagen und nach dem Bilanzstichtag, aber vor dem Tag der Bilanzaufstellung lediglich bekannt oder erkennbar wurden."[178] Zwar ist das Gerichtsverfahren auf einen vermeintlichen Rechtsverstoß des Bilanzierenden vor dem Bilanzstichtag zurückzuführen, aber das (rechtskräftige) Gerichtsurteil selbst lag am Bilanzstichtag objektiv noch nicht vor; zu diesem Zeitpunkt bestand es allenfalls „in den Köpfen" der betroffenen Richter. Demnach vermag das rechtsgültige Gerichtsurteil die tatsächlichen (objektiven) Verhältnisse am Bilanzstichtag auch nicht zu erhellen.

Hinsichtlich eines laufenden Verfahrens sind die (objektiven) Verhältnisse am Bilanzstichtag durch das Risiko eines Prozessverlustes gekennzeichnet, wofür auch eine Rückstellung für Prozessrisiken gebildet wird. Das nach dem Bilanzstichtag rechtskräftig gewordene Urteil „vermittelt jedoch keine rückwirkenden Erkenntnisse über das Prozessrisiko zum Bilanzstichtag"[179], so dass die Rückstellung beizubehalten ist. Eine Auflösung der Rückstellung kommt

---

173 Vgl. BFH-Urteil vom 17. Januar 1973, I R 204/70, BStBl. II 1973, S. 320 – 322.

174 BFH-Urteil vom 17. Januar 1973, I R 204/70, BStBl. II 1973, S. 321.

175 BFH-Urteil vom 17. Januar 1973, I R 204/70, BStBl. II 1973, S. 321.

176 *Hommel, Michael/ Berndt, Thomas* (Wertaufhellung, 2000), S. 1746.

177 Vgl. BFH-Urteil vom 17. November 1987, VIII R 348/82, BStBl. II 1988, S. 430 – 431; BFH-Urteil vom 26. April 1989, I R 147/84, BStBl. II 1991, S. 213 – 216; BFH-Beschluß vom 7. August 2000, GrS 2/99, BStBl. II 2000, S. 636 – 637.

178 BFH-Urteil vom 30. Januar 2002, I R 68/00, BStBl. II 2002, S. 688.

179 BFH-Urteil vom 30. Januar 2002, I R 68/00, BStBl. II 2002, S. 688. Vgl. auch BFH-Urteil vom 27. November 1997, IV R 95/96, BStBl. II 1998, S. 376 – 377.

lediglich in Ausnahmefällen in Betracht, wenn der Prozessgegner ein „offensichtlich unzulässiges Rechtsmittel eingelegt hat."[180]

Der zwischen dem Bilanzstichtag und der Aufstellung des Abschlusses eingetretene Konkurs eines Schuldners ist nach der objektiven Aufhellungskonzeption ein wertaufhellendes Ereignis, da er vermuten lässt, dass bereits am Bilanzstichtag Zahlungsschwierigkeiten bestanden und der Wert der Forderung bereits zu jenem Zeitpunkt gemindert war; außer der Konkurs ist auf offensichtliche Ereignisse nach dem Bilanzstichtag zurückzuführen.[181] Eine Forderung, die nach den am Bilanzstichtag erlangbaren Informationen zweifelhaft ist, wird hier im Gegensatz zur subjektiven Aufhellungskonzeption aber nicht abgeschrieben, wenn sie nach dem Bilanzstichtag in voller Höhe beglichen wird.[182] Die Erfüllung einer am Bilanzstichtag (scheinbar) zweifelhaften Forderung nach dem Bilanzstichtag erlaubt den Rückschluss, dass diese am Bilanzstichtag objektiv vollwertig war. Allerdings dürfen die nach dem Bilanzstichtag erlangten Informationen nicht einfach auf den Bilanzstichtag zurück bezogen werden.[183] Eine am Bilanzstichtag ausfallbedrohte Forderung, die aufgrund eines Ereignisses nach dem Bilanzstichtag (bspw. Erbschaft oder Lotteriegewinn) wieder werthaltig geworden ist[184], ist auch nach der objektiven Aufhellungskonzeption abzuschreiben.

Dürften nach der objektiven Aufhellungskonzeption sämtliche Ereignisse, die sich erst nach dem Bilanzstichtag realisieren, ihren Ursprung aber vor dem Bilanzstichtag haben, berücksichtigt werden, eröffnete sie dem Rechnungslegenden einen noch weiteren Ermessenspielraum als die subjektive Aufhellungskonzeption.[185] Die objektive Aufhellungskonzeption schränkt diesen Ermessensspielraum ein, indem ein Ereignis nur berücksichtigt werden darf, wenn es „bereits zum Stichtag der Bilanz [...] wirtschaftlich so weitgehend konkretisiert ist", dass es „einen sicheren Rückschluss auf die für den Stichtag" maßgebenden Verhältnisse zulässt und „diese gleichsam in einer objektiv nachprüfbaren Weise erhellt."[186] Sofern diese Voraussetzungen gegeben sind, können rechtsgestaltende Umstände auch nach der objektiven Aufhellungskonzeption die (objektiven) Verhältnisse am Bilanzstichtag erhellen.[187]

---

180 BFH-Urteil vom 27. November 1997, IV R 95/96, BStBl. II 1998, S. 376. Vgl. auch BFH-Urteil vom 30. Januar 2002, I R 68/00, BStBl. II 2002, S. 688.

181 Vgl. *Adler/ Düring/ Schmaltz* (Rechnungslegung und Prüfung, 1996), § 252 HGB, Rz. 39 m. w. N.

182 Vgl. *Moxter, Adolf* (Wertaufhellungsverständnis, 2003), S. 2560.

183 Vgl. *Moxter, Adolf* (Wertaufhellungsverständnis, 2003), S. 2560.

184 Vgl. BFH-Urteil vom 4. April 1973, I R 130/71, BStBl. II 1973, S. 486.

185 Vgl. *Moxter, Adolf* (Wertaufhellungsverständnis, 2003), S. 2560.

186 BGH-Urteil vom 12. Januar 1998, II ZR 82/93, DStR, 36. Jg. (1998), S. 383 m. w. N. (alle Zitate).

187 Vgl. BGH-Urteil vom 3. November 1975, II ZR 67/73, NJW, 26. Jg. (1976), S. 242; BGH-Urteil vom 12. Januar 1998, II ZR 82/93, DStR, 36. Jg. (1998), S. 385.

(3) Relevanz der Aufhellungskonzeptionen für das deutsche Handelrecht

Die für das deutsche Handelsrecht maßgebliche Aufhellungskonzeption lässt sich dem Gesetz nicht explizit entnehmen und auch die Rechtsprechung schwankt zwischen der subjektiven und der objektiven Aufhellungskonzeption.[188]

Der handelsrechtliche Gewinn ist als der Vermögenszuwachs in einer Abschlussperiode konzipiert und ermittelt sich folglich als Vergleich zwischen dem Anfangs- und dem Endvermögen einer Abschlussperiode.[189] Demnach wird der handelsrechtliche Gewinn nur zutreffend erfasst, wenn die ihn bestimmenden Größen, Anfangs- und Endvermögen, stichtagsgetreu ermittelt sind."[190] Hierbei besteht die Aufgabe des Abschlussstichtagsprinzips in einer periodengerechten Gewinnermittlung durch die „möglichst genaue Erfassung des gerade am Abschlussstichtag tatsächlich (objektiv) vorhandenen Vermögens"[191]. Insoweit würde die Periodisierungsfunktion des Abschlussstichtagsprinzips in idealer Weise durch die objektive Wertaufhellungskonzeption verwirklicht.[192]

Allerdings kann die Handelsbilanz ihren Schutzfunktionen nur gerecht werden, wenn die Vermögensermittlung „weitgehend objektiviert erfolgt, dem Kaufmann also bei der Vermögens- und Gewinnermittlung möglichst wenig Bilanzierungsfreiheiten und damit Manipulationsmöglichkeiten eröffnet werden."[193] Dabei objektiviert das Abschlussstichtagsprinzip die Bilanzierung der Aktiven und Passiven, in dem es „den Wert für maßgeblich erklärt, der sich aus den Wertverhältnissen an einem festgelegten Tag, eben dem Abschlussstichtag, ergibt."[194] Hierdurch soll die Vermögensermittlung auch „in zeitlicher Hinsicht ermessens- und willkürfrei"[195] erfolgen. Unter Umständen gehen dem Unternehmen die Informationen über die objektiven Verhältnisse am Bilanzstichtag erst Monate bzw. Jahre nach dem Bilanzstichtag oder auch erst am Lebensende des Unternehmens zu, weshalb der Bilanzierende „immer mit einem unaufgehellten Horizont arbeiten"[196] muss. Demnach hat der Zeitpunkt der Aufstellung des Abschlusses bei der objektiven Aufhellungskonzeption aber einen erheblichen Einfluss auf die Qualität der vermittelten Abschlussinformationen.

---

188 Vgl. *Ciric, Dejan* (Wertaufhellung, 1995), S. 97; *Herrmanns, Tillmann* (Wertaufhellung, 1999), S. 907; *Moxter, Adolf* (phasengleichen Aktivierung, 1997), S. 497.

189 Vgl. *Moxter, Adolf* (wirtschaftliche Betrachtungsweise, 1989), S. 233; *Kamman, Evert* (Stichtagsprinzip, 1988), S. 126.

190 *Moxter, Adolf* (Verlustantizipation, 1996),S. 169.

191 *Ciric, Dejan* (Wertaufhellung, 1995), S. 123.

192 Vgl. *Ciric, Dejan* (Wertaufhellung, 1995), S. 110.

193 *Ciric, Dejan* (Wertaufhellung, 1995), S. 112.

194 *Hommel, Michael/ Berndt,Thomas* (Wertminderung, 2000), S. 1307.

195 *Kamman, Evert* (Stichtagsprinzip, 1988), S. 118 – 119.

196 *Hoffmann, Wolf-Dieter* (Wertaufhellung, 1996), S. 1160.

Die objektive Aufhellungskonzeption eröffnet dem Rechnungslegenden weitere Manipulationsspielräume: Einerseits ist dem Bilanzierenden regelmäßig nicht nachzuweisen, dass „er vom Eintritt dieser [wertaufhellenden] Ereignisse rechtzeitig Kenntnis haben konnte" und andererseits kann ihm aber auch nicht zugemutet werden, „etwa unmittelbar vor der Bilanzunterzeichnung alle Bilanzpositionen erneut zu prüfen."[197] Deshalb spricht die Objektivierungsfunktion des Abschlussstichtagsprinzips für dessen Auslegung im Sinne der subjektiven Aufhellungskonzeption.[198]

Letztlich besteht der Konflikt zwischen der Periodisierungsfunktion und der Objektivierungsfunktion des Abschlussstichtagsprinzips in einem Widerstreit der Auschüttungsbemessungs- und Informationsfunktion. Während die „dem Gesellschafterschutz entsprechende[n] Gewinnermittlungsaufgabe ‚Gewinnanteilsberechnung'" eine stärkere Gewichtung der Periodisierungsfunktion erfordert, gebietet die „vorsichtige Ermittlung eines entziehbaren Betrags"[199] der Objektivierungsfunktion den Vorrang einzuräumen.

Als vorrangiger Zweck des handelsrechtlichen Jahresabschlusses gilt „die vorsichtige Bestimmung des als Gewinn entziehbaren Betrags"[200] zur Erhaltung der Haftungssubstanz im Interesse der Gesellschafter und Dritter.[201] Dies lässt vermuten, dass für den handelsrechtlichen Jahresabschluss im Konfliktfall die subjektive Aufhellungskonzeption eher maßgeblich ist als die objektive Aufhellungskonzeption.[202] Der Zeitpunkt, an dem sämtliche wertaufhellende Ereignisse in die Abschlusserstellung einbezogen wurden, markiert dann den Mindestzeitraum für die Abschlusserstellung nach deutschem Handelsrecht. Nach der subjektiven Aufhellungskonzeption kann dies auch der Bilanzstichtag sein.

2.1.2. Verkürzung des Aufhellungszeitraums

2.1.2.1. Verkürzung des Aufhellungszeitraums durch eine zeitnahe Veröffentlichung der Abschlüsse

Fast Close sollen den Kapitalmärkten durch die beschleunigte Aufstellung und zeitnahe Veröffentlichung des Abschlusses entscheidungsrelevantere Abschlussinformationen zur Verfü-

---

197 *Moxter, Adolf* (Bilanzrechtsprechung, 1999), S. 262 (beide Zitate).

198 Vgl. *Hoffmann, Wolf-Dieter* (Wertaufhellung, 1996), S. 1159. a.A. *Kamman, Evert* (Stichtagsprinzip, 1988), S. 119.

199 *Ciric, Dejan* (Wertaufhellung, 1995), S. 126.

200 *Moxter, Adolf* (Sinn und Zweck, 1987), S. 374. Vgl. auch *Hommel, Michael* (Dauerschuldverhältnisse, 1992), S. 13 m. w. N.

201 Vgl. *Beisse, Heinrich* (Gläubigerschutz, 1993), S. 77 – 97, hier S. 87.

202 Vgl. *Ciric, Dejan* (Wertaufhellung, 1995), S. 135; ders. (Abschlußstichtagsprinzips, 1996), S. 1301; *Hoffmann, Wolf-Dieter* (Wertaufhellung, 1996), S. 1159; *Schmotz, Thomas* (Pro-Forma-Abschlüsse, 2004), S. 101; *Stobbe, Thomas* (Kommentierung § 6 EStG, Loseblatt), Rz. 82. a.A. *Kamman, Evert* (Stichtagsprinzip, 1988), S. 145 – 146; *Hense, Burkhard/ Geißler, Horst* (Kommentierung § 252 HGB, 2003), Rz. 38.

gung stellen.[203] Dies bedeutet im Extremfall eine Erstellung des Abschlusses am ersten Tag der neuen Abschlussperiode (sog. Virtual Close).[204]

Eine zeitnahe Veröffentlichung der Periodenabschlüsse wäre unproblematisch, wenn nach dem Abschlusstichtagsprinzip der subjektive Kenntnisstand des Rechnungslegenden am Bilanzstichtag maßgebend wäre.[205] Danach wären Ereignisse nach dem Bilanzstichtag nicht zu berücksichtigen, so dass sämtliche zur Abschlussaufstellung benötigten Informationen am Abschlussstichtag zur Verfügung stünden. Jedes Verzögern der Jahresabschlusserstellung führt nicht mehr zu einer Verbesserung des zum Bilanzstichtag gesichteten Datenmaterials, sondern nur noch zu einer Verminderung der (Tages-) Aktualität der bereitgestellten Informationen. Hinsichtlich der Erstellung von Fast Close-Abschlüssen stellten sich dann primär organisatorische und systemtechnische Herausforderungen. Damit die Veröffentlichung des Abschlusses zu dem gewünschten Termin erfolgen kann, müssen die organisatorischen Abläufe nach dem Bilanzstichtag und die verwendeten EDV-Systeme soweit optimiert werden, dass eine Verarbeitung der am Bilanzstichtag vorliegenden Informationen in dem gewünschten bzw. erforderlichen Zeitraum möglich ist.[206]

Dementgegen sind wertaufhellende Ereignisse, die zwischen dem Bilanzstichtag und der Aufstellung des Abschlusses bekannt werden, nach dem Abschlussstichtagsprinzip in die Abschlusserstellung einzubeziehen. Eine frühere Veröffentlichung von Periodenabschlüssen führt dann zwangsläufig zu einer Verkürzung des Aufhellungszeitraums. Im Extremfall einer Aufstellung des Abschlusses unmittelbar nach dem Bilanzstichtag würde der Aufhellungszeitraum sogar nahezu entfallen.[207]

Die Verkürzung des Aufhellungszeitraums ist aber unproblematisch, wenn es um Geschäftsvorfälle geht, die am Bilanzstichtag dem Grunde und der Höhe nach bestimmt sind („Stichtagsereignisse"). Wenn Gewährleistungsfälle noch in derselben Abschlussperiode abgewickelt werden, stehen alle hierzu erforderlichen Aufwendungen am Bilanzstichtag objektiv fest und müssen für die Erstellung des Abschlusses nur noch (zeitnah) verarbeitet werden. Die Erstellung von Fast Close-Abschlüssen reduzierte sich hier auf die Optimierung der organisatorischen und technischen Abläufe zur zeitnahen Verarbeitung der vorhandenen Informationen.

---

203 Vgl. *Eggemann, Gerd/ Petry, Martin* (Fast Close, 2002), S. 1635 – 1636.
204 Vgl. *Hüttche, Tobias* (Bilanzierungs- und Bewertungsmethoden, 2001), S. 241.
205 Vgl. *Ciric, Dejan* (Wertaufhellung, 1995), S. 97.
206 Vgl. *Hüttche, Tobias/ Diemer, Nicole* (Fast Close, 2000), S. 2035.
207 Vgl. *Hüttche, Tobias* (Virtual Close, 2002), S. 1639 – 1642.

Deutlich mehr Probleme verursacht eine Verkürzung des Aufhellungszeitraums, wenn der Grund und/oder die Höhe von Geschäftsvorfällen zum Bilanzstichtag noch nicht feststehen.[208] Der Ansatz und die Bewertung dieser Geschäftsvorfälle erfordert eine Schätzung des Bilanzierenden über die zukünftigen Entwicklungen, wie z. B. die voraussichtliche Dauerhaftigkeit der Wertminderung bei außerplanmäßigen Abschreibungen, die Wertberichtigungen auf Forderungen und der Ansatz und die Bewertung (sonstiger) Rückstellungen. In der Regel sind auch einige Gewährleistungsfälle der Abschlussperiode am Bilanzstichtag noch nicht gemeldet, d. h. dem Grunde und der Höhe nach ungewiss, oder bereits gemeldet, aber noch nicht endgültig abgewickelt, d. h. der Höhe nach ungewiss. Die zur Abwicklung dieser Gewährleistungsfälle notwendigen Aufwendungen sind dann für die Abschlusserstellung dem Grunde und/oder der Höhe nach zu schätzen.

Gewöhnlich erhält das Unternehmen bis zur Veröffentlichung des Abschlusses weitere Informationen über ungewisse Sachverhalte, die am Bilanzstichtag vorgelegen haben. So werden bekannte Gewährleistungsfälle abgewickelt oder unbekannte Gewährleistungsansprüche geltend gemacht. Anhand dieser Ereignisse nach dem Bilanzstichtag überprüft der Bilanzierende die den Schätzungen zu Grunde gelegten Annahmen und korrigiert erforderlichenfalls den Ansatz und die Bewertung der Stichtagsschätzungen.[209] Grundsätzlich steigt die Präzision von Schätzungen mit der Berücksichtigung von zusätzlichen Informationen. Daher können diese umso genauer ermittelt werden, je länger der Wertaufhellungszeitraum ist bzw. je mehr wertaufhellende Ereignisse in der Schätzung berücksichtigt werden können.

Infolge der Verkürzung des Aufhellungszeitraums können in Fast Close-Abschlüssen weniger wertaufhellende Informationen in die Abschlusserstellung einbezogen werden, so dass die Genauigkeit der Schätzungen in Fast Close-Abschlüssen leiden kann und mithin die Zuverlässigkeit der Abschlussinformationen eingeschränkt wird. Andererseits kann die Beschleunigung der Abschlusserstellung durch die Optimierung der Abschlussprozesse, wenn bspw. Fehlerquellen beseitigt werden, auch eine Verbesserung der Abschlussqualität bewirken.[210] Jedoch ist dieser positive Effekt keine Besonderheit von Fast Close-Abschlüssen, da eine Verbesserung der Abschlussprozesse eine grundlegende Voraussetzung bildet, um mit Periodenabschlüssen verlässliche Informationen zu gewähren. Eine Optimierung der Abschluss-

---

208 Einen Überblick der nach deutschem Handelsrecht erforderlichen Schätzungen geben *Littmann, Eberhard* (Schätzungen, 1962), S. 325 – 326 und *Clemm, Herrmann* (Fragwürdigkeit, 1993), S. 136 - 137. Vgl. *Kirsch, Hanno* (Schätzungen, 2002), S. 1013 – 1016 für einen Überblick der nach deutschem Handelsrecht und IAS/IFRS erforderlichen Schätzungen.

209 Vgl. *Littmann, Eberhard* (Schätzungen, 1962), S. 325.

210 Vgl. *Engel-Ciric, Dejan* (Ereignisse, 2004), Rz. 50.

prozesse vermindert aber auch die Fehlerhäufigkeit der Datenerfassung bei klassischen Periodenabschlüssen und ist deshalb auch in diesem Bereich von Vorteil. Ob bei Fast Close-Abschlüssen aber die negativen Effekte aus der Verkürzung des Zeitraums nach dem Bilanzstichtag kompensiert werden (können), ist fraglich.

In der Literatur umstritten ist die Dauer des Wertaufhellungszeitraums. Hier stehen sich im Wesentlichen die Auffassung, dass werterhellende Tatsachen grundsätzlich bis zur Aufstellung des Abschlusses zu berücksichtigen sind[211], und die Ansicht, dass der Wertaufhellungszeitraum grundsätzlich erst mit der Feststellung des Abschlusses endet[212], gegenüber. Da eine frühere Veröffentlichung von Periodenabschlüssen mithin nicht nur eine beschleunigte Aufstellung des Abschlusses bedingt, sondern auch eine frühere Prüfung durch den Wirtschaftsprüfer sowie eine kurzfristige Feststellung des Abschlusses durch die dafür zuständigen Organe erfordert, verkürzt sich der Aufhellungszeitraum unabhängig davon, ob wertaufhellende Ereignisse bis zum Tag der Aufstellung oder der Feststellung des Abschlusses zu berücksichtigen sind.

2.1.2.2. Vereinbarkeit eines verkürzten Aufhellungszeitraums mit der subjektiven Aufhellungskonzeption

Im Rahmen der subjektiven Aufhellungskonzeption, führt die Verkürzung des Wertaufhellungszeitraums aber nicht schon per se zu einem (unüberwindlichen) Konflikt mit dem Stichtagsprinzip. Das Unternehmen müsste nach dieser Konzeption aber sicherstellen, dass die mit angemessener Sorgfalt bis zum Bilanzstichtag erlangbaren Informationen am Tag der Aufstellung des Abschlusses auch verarbeitet wurden. Gelingt ihm dies, bleiben wertaufhellende Ereignisse auch bei einer Aufstellung des Abschlusses unmittelbar nach dem Bilanzstichtag nicht außer Acht, so dass die Verkürzung des Aufhellungszeitraums die Qualität der Abschlussinformationen nicht gravierend über Gebühr einschränkt.

Damit die zur Abschlusserstellung notwendigen Informationen zeitnah zur Verfügung stehen, ist eine intensive Analyse der Abschlusszahlen bereits im Vorfeld des Bilanzstichtags erforderlich. Im Rahmen von Planungsrechnungen, Hochrechnungen und Outlooks können für die Abschlusszahlen maßgebliche Parameter frühzeitig identifiziert werden, so dass die Abschlusszahlen bei der Aufstellung des Abschlusses nur noch endgültig evaluiert werden müssen. So könnte zur Bewertung der Forderungen in Fast Close-Abschlüssen bereits vor dem

---

211 Vgl. *Küting, Karlheinz/ Kaiser, Thomas* (Wertaufhellungszeitraum, 2000), S. 579 – 696.

212 Vgl. *Kropf, Bruno* (Wertaufhellung, 1991), S. 533 – 540; *Siegel, Theodor/ Schmidt, Matthias* (Beck`sche HdR, Loseblatt), B 161, Rz. 125.

Bilanzstichtag eine genaue Prüfung der Debitoren auf mögliche Zahlungsschwierigkeiten erfolgen.

Zudem schreibt das Gesetz keinen Mindestzeitraum vor, der für die Aufstellung der Periodenabschlüsse eingehalten werden muss, um genügend Zeit einzuräumen, in der wertaufhellende Ereignisse bekannt werden können. Im Extremfall ist auch die Aufstellung des Periodenabschlusses einen Tag nach Ablauf des Geschäftsjahres zulässig. Dennoch kann eine hinreichende Qualität der Stichtagsschätzungen gewährleistet werden, wenn es dem Unternehmen gelingt, die Einbußen in der Genauigkeit der Stichtagsschätzung (durch praktisches Fehlen von wertaufhellenden Informationen) mit sorgfältigen Datenschätzungen zu kompensieren. Somit erfordert der Ansatz und die Bewertung von Stichtagsschätzungen in Fast Close-Abschlüssen neben der intensiven Recherche im Vorfeld des Abschlussstichtags auch die Anwendung präziser Schätzverfahren. Können die Stichtagsschätzungen durch geeignete Schätzverfahren bereits vor bzw. am Bilanzstichtag zuverlässig berechnet werden, können die Wertansätze regelmäßig auch in den Abschluss übernommen werden. Anpassungen wären hier nur erforderlich, wenn dem Unternehmen im Einzelfall bis zum Bilanzstichtag ergänzende Erkenntnisse zufließen, die den Wert der geschätzten Abschlusspositionen in starkem Maße beeinflussen.

Allerdings gebietet die vorsichtige Ermittlung des entziehbaren Betrags bis zum Aufstellungstag bekannt gewordene Verluste, die die Vermögenslage der Gesellschaft erheblich beeinflussen, auch dann in die Abschlusserstellung einzubeziehen, wenn „sie am Abschlußstichtag, selbst bei größter Sorgfalt, noch nicht wißbar waren."[213]

2.1.2.3. *Unvereinbarkeit eines verkürzten Aufhellungszeitraums mit der objektiven Aufhellungskonzeption*

Wenn das Stichtagsprinzip im Sinne der objektiven Wertaufhellungskonzeption interpretiert wird, ist eine Verkürzung des Aufhellungszeitraums problematisch(er). Anders als bei der subjektiven Aufhellungskonzeption ist das Unternehmen hier dazu verpflichtet, sämtliche wertaufhellenden Informationen, die es nach dem Bilanzstichtag erlangt, auch dann zu berücksichtigen, wenn „sie am Bilanzstichtag selbst bei größter Sorgfalt noch nicht wißbar waren."[214] Hier kann die intensive Analyse der Abschlusszahlen im Vorfeld der Abschlusserstellung eine Berücksichtigung aller wertaufhellenden Ereignisse nicht gewährleisten.

---

213 *Moxter, Adolf* (Verlustantizipation, 1996), S. 172 (beide Zitate). Vgl. auch *Ciric, Dejan* (Wertaufhellung, 1995), S. 138 – 149.

214 *Moxter, Adolf* (Verlustantizipation, 1996), S. 172.

Der Konkurs eines Schuldners, der dem Bilanzierenden erst gegen Ende des maximal zulässigen Aufstellungszeitraums bekannt wird, bliebe im Fast Close-Abschluss aufgrund der Verkürzung des Aufhellungszeitraums außer Acht, so dass die entsprechende Forderung objektiv zu hoch ausgewiesen würde. Die sich hieraus ergebenden negativen Effekte auf die Abschlussqualität sind nach der objektiven Aufhellungskonzeption zunächst unvermeidbar. In den nachfolgenden Fast Close-Abschlüssen führen die Vergangenheitserfahrungen aber zu einer höheren Pauschalwertberichtigung[215] der Forderungen.

Wird ein Gewährleistungsfall nach dem Bilanzstichtag aber vor der Bilanzerstellung gemeldet oder (endgültig) abgewickelt, so konkretisiert dieser Vorgang eine am Bilanzstichtag objektiv bestehende Verpflichtung zur Gewährleistung und ist damit nach der objektiven Aufhellungskonzeption als wertaufhellendes Ereignis in die Bewertung einzubeziehen. Infolge der Verkürzung des Aufhellungszeitraums können wertaufhellende Ereignisse in die Stichtagsschätzungen nicht mehr einbezogen werden, mit der Konsequenz, dass die Genauigkeit der Schätzungen leiden kann.

Wenn der Aufstellungszeitraum für die nachfolgenden Fast Close-Abschlüsse konstant ist, könnte man anführen, dass die Fast Close-Abschlüsse im Zeitablauf die gleiche schlechtere Qualität aufweisen und folglich die Vergleichbarkeit der Abschlüsse gewährleistet ist. Allerdings kann auch bei einem konstanten Aufstellungszeitraum die Fülle der unberücksichtigten (wertaufhellenden) Informationen von Bilanzstichtag zu Bilanzstichtag deutlich variieren. Da die Abschlussadressaten die mutmaßliche Abweichung der berichteten Daten von den objektiv richtigen Daten dann nicht einschätzen können, leidet die Vergleichbarkeit der Abschlussinformationen auch für einen konstanten Aufstellungszeitraum. Wird auf den Korrekturfaktor

Zeit eines konventionellen Abschlusses verzichtet, können Stichtagsschätzungen nur durch die Anwendung von Verfahren, die eine hinreichend hohe Schätzgenauigkeit versprechen, zuverlässig ermittelt werden.

215 Vgl. *Jutz, Manfred/Zündorf, Horst* (Beck'sche HdR, Loseblatt), B 215, Rz. 22.

2.2. *Vereinbarkeit einer Verkürzung des Aufhellungszeitraums mit dem Aufhellungsverständnis nach US-GAAP und IAS/IFRS*

2.2.1. *Grundsätze der Berücksichtigung von Ereignissen nach dem Bilanzstichtag*

2.2.1.1. *US-GAAP*

Im Schrifttum wird für das Stichtagsprinzip nach US-GAAP regelmäßig auf SFAS 5 „Accounting for Contingencies", der die Bilanzierung von Eventualverbindlichkeiten („loss contingencies") regelt, verwiesen.[216]

Nach SFAS 5 sind Informationen, die dem Unternehmen zwischen dem Bilanzstichtag und der Veröffentlichung des Abschlusses bekannt werden, in den Ansatz und die Bewertung von Eventualverbindlichkeiten einzubeziehen, wenn sie die Verhältnisse am Abschlussstichtag konkretisieren.[217] Dagegen müssen nach dem Bilanzstichtag zugegangene Informationen, die eine Wertminderung eines Vermögensgegenstands oder die Entstehung einer Verbindlichkeit nach dem Bilanzstichtag anzeigen oder zumindest möglich erkennbar („reasonably possible") erscheinen lassen, grundsätzlich unberücksichtigt bleiben.[218] Allerdings besteht für derartige Ereignisse eine Angabepflicht im Anhang, wenn der Abschluss ohne deren Bekanntgabe irreführend[219], d. h „die Urteils- und Entscheidungsfindung der Rechnungslegungsadressaten beeinträchtigt wäre."[220]

Im Sinne des SFAS 5 regelt das AICPA die Berücksichtigung von Ereignissen, die dem Unternehmen zwischen dem Bilanzstichtag und der Veröffentlichung des Abschlusses bekannt werden („subsequent events").[221] Danach werden die Ereignisse nach dem Bilanzstichtag in wertaufhellende Ereignisse, die zusätzliche Informationen über die am Bilanzstichtag vorlie-

---

216 Vgl. *Siegel, Theodor/ Schmidt, Matthias* (Beck'sche HdR, Loseblatt), B 161, Rz. 127; *KPMG* (Rechnungslegung, 2003), S. 168; *Kreutzer, Gerhard* (Wertaufhellungszeitpunkte, 2001), S. 28.

217 „An estimated loss from a loss contingency [...] shall be accrued by a charge to income if [...] Information available prior to issuance of the financial statements indicates that it is probable that an asset had been impaired or a liability had been incurred at the date of the financial statements. It is implicit in this condition that it must be probable that one or more future events will occur confirming the fact of the loss." SFAS 5 par. 8. Vgl. auch *Schmotz, Thomas* (Pro-Forma-Abschlüsse, 2004), S. 93.

218 „After the date of an enterprise's financial statements but before those financial statements are issued, information may come available indicating that an asset was impaired or a liability was incurred after the date of the financial statements or that there is at least a reasonable possibility that an asset was impaired or a liability was incurred after that date. [...] In none of the cases cited in this paragraph was an asset impaired or a liability incurred at the date of the financial statements, and the condition for accrual in paragraph 8(a) is, therefore, not met." SFAS 5 par. 11.

219 „Disclosure of those kinds of losses of loss contigenies may be necessary, however, to keep the financial statements from being misleading." SFAS 5 par. 11.

220 *KPMG* (Rechnungslegung, 2003), S. 168.

221 Vgl. AICPA, Statement on Auditing Standard No. 1. Die Prüfungsstandards des AICPA regeln nicht direkt die Bilanzierung nach US-GAAP, besitzen aber einen mittelbaren Einfluss auf die Rechnungslegung in den USA.

genden Gegebenheiten liefern[222], und in wertbeeinflussende Ereignisse, die Informationen über die nach dem Bilanzstichtag existierenden Gegebenheiten vermitteln, unterschieden.[223] Die wertaufhellenden Ereignisse sind zwingend in den Ansatz und die Bewertung der Abschlussposten einzubeziehen[224], wohingegen die wertbeeinflussenden Ereignisse den Abschluss der abgelaufenen Periode nicht mehr beeinflussen dürfen.[225] Allerdings ist für wertbeeinflussende Ereignisse auch hier eine Angabe im Anhang geboten, wenn der Abschluss anderenfalls irreführend wäre.[226] Aus der Definition der wertaufhellenden und wertbeeinflussenden Ereignisse geht nicht explizit hervor, ob die US-GAAP der subjektiven oder der objektiven Aufhellungskonzeption folgen.

2.2.1.2. IAS/IFRS

Nach IAS/IFRS leitet sich das Stichtagsprinzip aus IAS 10 (2003) ab, der die Bilanzierung und die Berichterstattung für Ereignisse nach dem Bilanzstichtag („events after the balance sheet date") regelt. In IAS 10 sind Ereignisse nach dem Bilanzstichtag als vorteilhafte und nachteilige Ereignisse definiert, die zwischen dem Bilanzstichtag und dem Tag der Freigabe des Abschlusses zur Veröffentlichung[227] eintreten.[228]

Auch nach IAS/IFRS wird eine Differenzierung in wertaufhellende Ereignisse, die substanzielle Hinweise über die Gegebenheiten am Bilanzstichtag liefern („adjusting events after balance sheet date")[229], und wertbeeinflussende Ereignisse, die nach dem Bilanzstichtag eingetretene Gegebenheiten anzeigen („non-adjusting events after balance sheet date")[230], vorgenommen. Während die wertaufhellenden Ereignisse eine Anpassung der entsprechenden Ab-

---

222 „...that provide additional evidence with respect to conditions that existed at the date of the balance sheet and affect the estimates inherent in the process of preparing financial statements." AICPA, Statement on Auditing Standard No. 1, par. 03.

223 „...that provide evidence with respect to conditions that did not exist at the date of the balance sheet being reported on but arose subsequent to that date." AICPA, Statement on Auditing Standard No. 1, par. 05.

224 „The financial statements should be adjusted for any changes in estimates resulting from the use of such evidence." AICPA, Statement on Auditing Standard No. 1, par. 03.

225 „These events should not result in adjustments of the financial statements"AICPA, Statement on Auditing Standard No. 1, par. 05.

226 „Some of the events, however, may be of such a nature that disclosure to them is required to keep the financial statements from being misleading." AICPA, Statement on Auditing Standard No. 1, par. 05.

227 Vgl. *Ernst & Young* (GAAP, 2004), S. 1861 – 1862. Zur Diskussion des Wertaufhellungszeitraums nach IAS/IFRS auch vor dem Hintergrund des deutschen Rechtssystems vgl. *Bischof, Stefan/ Doleczik, Günter* (Kommentierung IAS 10, Loseblatt), Rz. 6 – 16.

228 „Events after the balance sheet date are those events, favourable and unfavourable, that occur between the balance sheet date and the date when the financial statements are authorised for issue." IAS 10.3.

229 "...those that provide evidence of conditions that existed at the balance sheet date (adjusting events after the balance sheet date)" IAS 10.3.

230 "...those that are indicative of conditions that arose after the balance sheet date (non-adjusting events after the balance sheet date)" IAS 10.3.

schlussposition gebieten[231], dürfen wertbeeinflussende Ereignisse im Abschluss der abgelaufenen Periode keine Berücksichtigung finden[232]. Da der Verzicht auf die Bekanntgabe von wesentlichen („material") wertbeeinflussenden Ereignissen die wirtschaftlichen Entscheidungen der Nutzer beeinflussen kann, besteht für diese eine Angabepflicht im Anhang.[233] Die zu Grunde liegende Aufhellungskonzeption kann auch nach IAS/IFRS der Definition nicht explizit entnommen werden.

2.2.1.3. *Unmaßgeblichkeit der subjektiv bekannten Verhältnisse am Bilanzstichtag*

Sowohl nach US-GAAP als auch nach IAS/IFRS sind bestimmte Ereignisse nach dem Bilanzstichtag in die Abschlusserstellung einzubeziehen. Zunächst ist festzustellen, dass es für die Abschlusserstellung nach US-GAAP und nach IAS/IFRS „nicht auf die dem Bilanzierenden (subjektiv) am Bilanzstichtag tatsächlich bekannten Verhältnisse" ankommt, sondern die „zum Stichtag objektiv gegebenen Umstände, die u. U. erst bis zum Bilanzaufstellungstag bekannt werden"[234], maßgeblich sind.

Wie nach deutschem Handelsrecht können auch nach US-GAAP und IAS/IFRS aber nur solche Ereignisse nach dem Bilanzstichtag die Gegebenheiten am Bilanzstichtag erhellen, deren Wurzel vor dem Bilanzstichtag liegt. Im Gegensatz zu den handelsrechtlichen Vorschriften sehen die allgemeinen Regelungen der US-GAAP und IAS/IFRS keine Differenzierung der Ereignisse nach dem Bilanzstichtag im Sinne der Aufhellungskonzeptionen vor. Die Abgrenzung zwischen wertaufhellenden und wertbeeinflussenden Ereignissen beschränkt sich hier auf die Wurzeltheorie, erfährt aber durch die in den Standards dargestellten Einzelsachverhalte eine Konkretisierung.

2.2.2. *Einzelsachverhalte*

2.2.2.1. *US-GAAP*

Ein wertaufhellendes Ereignis liegt vor, wenn die sich laufend verschlechternde finanzielle Situation eines Schuldners erst nach dem Bilanzstichtag zur Insolvenz führt. Die Insolvenz nach dem Bilanzstichtag zeigt, dass der Schuldner bereits am Bilanzstichtag in Zahlungs-

---

231 „An entity shall adjust the amounts recognised is its financial statements to reflect adjusting events after the balance sheet date." IAS 10.8. Die Berücksichtigung von ansatzaufhellenden Ereignissen ist in IAS 10.9 explizit kodifiziert: "to recognise items that were not previously recognised".

232 „An entity shall not adjust the amounts recognised is its financial statements to reflect non-adjusting events after the balance sheet date." IAS 10.10.

233 „If non-adjusting events after the balance sheet date are material, non-disclosure could influence the economic decision of users taken on the basis of the financial statements. Accordingly, an entity shall disclose the following for each material category of non-adjusting events after the balance sheet date." IAS 10.21. Dabei sind die Art des Ereignissen sowie dessen geschätzten finanziellen Auswirkungen anzugeben.

234 *Engel-Ciric, Dejan* (Ereignisse, 2004), Rz. 2 (im Original teilweise hervorgehoben, beide Zitate).

schwierigkeiten war und folglich eine Wertberichtigung der Forderung geboten ist.[235] Dagegen stellt die Insolvenz nach dem Bilanzstichtag ein wertbeeinflussendes Ereignis dar, wenn sie auf ein Ereignis nach dem Bilanzstichtag (z. B. Lagerbrand, Maschinenschaden durch Flut) zurückzuführen ist.[236] Im Ergebnis bestehen hier keine Unterschiede zum Aufhellungsverständnis nach deutschem Handelsrecht. Da aus dem Sachverhalt nicht eindeutig hervorgeht, ob eine nach dem Bilanzstichtag eingetretene Insolvenz die Gegebenheiten am Bilanzstichtag auch dann konkretisiert, wenn das Unternehmen die am Bilanzstichtag objektiv bestehende Zahlungsschwierigkeit des Schuldners nicht erkennen konnte, bleibt die zu Grunde gelegte Aufhellungskonzeption hier offen.

Im Gegensatz zur subjektiven und zur objektiven Aufhellungskonzeption erfordert die endgültige Entscheidung einer Rechtsstreitigkeit nach dem Bilanzstichtag eine betragsmäßige Anpassung der betreffenden Abschlusspositionen, wenn der Ursprung der Rechtsstreitigkeit (Personenschaden, Patentverletzung) vor dem Bilanzstichtag liegt.[237] Dementsprechend sind Ereignisse nach dem Bilanzstichtag, deren Wurzel vor dem Bilanzstichtag liegt, wohl auch nach US-GAAP dann auf den Bilanzstichtag zurück zu beziehen, wenn sie am Bilanzstichtag noch nicht eingetreten oder noch nicht erkennbar waren.

Hierfür sprechen auch noch weitere Einzelsachverhalte, die nach US-GAAP wertaufhellende Ereignisse darstellen. „Subsequent events affecting the realization of assets such as receivables and inventories or the settlement of estimated liabilities ordinarily will require adjustment of the financial statement [...] because such events typically represent the culmination of conditions that existed over a relatively long period of time."[238] Schließlich können derartige Ereignisse auch aus rechtsgestaltenden Vorgängen resultieren[239], die u. U. am Bilanzstichtag weder eingetreten noch erkennbar waren.

Dagegen dürfen Ereignisse nach dem Bilanzstichtag, deren Wurzel nach dem Bilanzstichtag liegt und die folglich in keinem Zusammenhang mit den am Bilanzstichtag vorhandenen

---

[235] „a loss on an uncollectable trade account receivable as a result of a customer's deteriorating financial condition leading to bankruptcy subsequent to the balance-sheet date would be indicative of conditions existing at the balance sheet date, thereby calling for adjustments of the financial statements before their issuance." AICPA, Statement on Auditing Standard No. 1, par. 04.

[236] „On the other hand, a similiar loss resulting from a customer's major casualty such as a fire or flood subsequent to the balance-sheet date and adjustment of the financial statements would not be appropriate." AICPA, Statement on Auditing Standard No. 1, par. 04.

[237] „The settlement of litigation for an amount different from the liability recorded in the accounts would require adjustment of the financial statements, if the events, such as personal injury or patent infringement, that gave rise to the litigation had taken place prior to the balance sheet date." AICPA, Statement on Auditing Standard No. 1, par. 04.

[238] AICPA, Statement on Auditing Standard No. 1, par. 07.

[239] Vgl. *Moxter, Adolf* (Wertaufhellungsverständnis, 2003), S. 2563.

Vermögensgegenständen und Schulden stehen, die Erstellung des Abschlusses nicht mehr beeinflussen.[240] Dementsprechend zählt das FASB den Kauf eines Unternehmens oder den Verlust eines Fabrikgebäudes durch Feuer oder Flut zu den wertbeeinflussenden Ereignissen.[241] Nach dem Bilanzstichtag eingetretene Veränderungen in den Marktpreisen von Wertpapieren dürfen ebenfalls in die Abschlusserstellung nicht einbezogen werden, „because such changes typically reflect a concurrent evaluation of new conditions."[242] Diese Ereignisse sind zwar, wie das Gerichtsurteil, erst nach dem Bilanzstichtag eingetreten, aber ihr Ursprung liegt im Unterschied zum Gerichtsurteil ebenfalls nach dem Bilanzstichtag.

Zur Abgrenzung zwischen wertaufhellenden und wertbeeinflussenden Ereignissen scheinen die US-GAAP streng an der Wurzeltheorie ausgerichtet zu sein. Solange die wertaufhellenden Ereignisse bis zur Veröffentlichung des Abschlusses bekannt werden, sind diese in die Abschlusserstellung einzubeziehen.[243] Die Regelungen der US-GAAP stellen i. S. d. objektiven Stichtagsverhältnisse darauf ab, welche Kenntnisse das Unternehmen bis zum Tag der Aufstellung des Abschlusses über die am Bilanzstichtag existierenden Vermögensgegenstände und Schulden erlangt hat.

2.2.2.2. IAS/IFRS

Das IASB vertritt auch die Auffassung, dass der nach dem Bilanzstichtag eingetretene Konkurs eines Schuldners regelmäßig zeigt, dass die Forderung bereits am Bilanzstichtag im Wert gemindert war und daher eine Abschreibung vorzunehmen ist.[244] Obwohl dies aus dem Wortlaut nicht explizit hervorgeht, liegt auch nach IAS/IFRS ein wertbeeinflussendes Ereignis vor, wenn die Insolvenz auf ein Ereignis nach dem Bilanzstichtag (z. B. Lagerbrand, Maschinenschaden durch Flut) zurückzuführen ist.[245]

Ein nach dem Bilanzstichtag rechtskräftig gewordenes Gerichtsurteil, das bestätigt, dass bereits am Bilanzstichtag eine gegenwärtige Verpflichtung vorlag, ist nach IAS/IFRS ein wert-

---

240 "Second, the event may not affect the valuations at the balance sheet date, because the event is not associated with assets or liabilities that existed at the balance sheet date." *Bailey, Larry P.* (GAAS Guide, 2002), S. 426.

241 „Examples of events of the second type that require disclosures to the financial statemens (but should not result in adjustment) are: a. Sale of a bond or capital stock issue. b. Purchase of a Business. c. Settlement of a litigation when the event giving rise to the claim took place subsequent to the balance sheet date . d. Loss of plant or inventories as a result of fire or flood. e. Losses on receivables resulting from condition (such a customer`s major casualty) arising subsequent to the balance-sheet date." AICPA, Statement on Auditing Standard No. 1, par. 06.

242 AICPA, Statement on Auditing Standard No. 1, par. 07.

243 Vgl. *Schmotz, Thomas* (Pro-forma-Abschlüsse, 2004), S. 94.

244 „the bankruptcy of a customer that occurs after the balance sheet date usually confirms that a loss existed at the balance sheet date on a trade receivable and that the entity needs to adjust the carrying amount of the trade receivable;" IAS 10 par. 8 (b), (i).

245 Vgl. *Bischof, Stefan/ Doleczik, Günter* (Kommentierung IAS 10, Loseblatt), Rz. 17.

aufhellendes Ereignis.[246] Sämtliche Rückstellungen, die mit dem Gerichtsverfahren in einem Zusammenhang stehen, sind dann in Einklang mit den Vorschriften des IAS 37 der Höhe nach anzupassen oder es ist eine neue Rückstellung zu bilden.[247]

Schon nach den Regelungen des IAS 37 sind alle zusätzlichen substanziellen Hinweise, die sich aus Ereignissen nach dem Bilanzstichtag ergeben, in die Bewertung der Rückstellung einzubeziehen.[248] Der Wortlaut differenziert zwar nicht zwischen wertaufhellenden Ereignissen und wertbeeinflussenden Ereignissen, aber unter Berücksichtigung der Definition des IAS 10 können hiermit nur wertaufhellende Ereignisse, nicht jedoch wertbeeinflussende Ereignisse gemeint sein.[249]

Wie die US-GAAP, scheinen sich auch die IAS/IFRS zur Abgrenzung zwischen wertaufhellenden und wertbeeinflussenden Ereignissen stark an der Wurzeltheorie zu orientieren. Diese Vermutung findet in weiteren (wertaufhellenden) Einzelsachverhalten, denen rechtsgestaltende Vorgänge (z. B. ein Vergleich) zu Grunde liegen könnten[250], ihre Bestätigung. Auch werden die Gegebenheiten am Bilanzstichtag erhellt, wenn die Ermittlung der Kosten für erworbene Vermögenswerte nach dem Bilanzstichtag erfolgt oder die Erlöse für vor dem Bilanzstichtag verkaufte Vermögenswerte erst nach dem Bilanzstichtag ermittelt werden.[251]

Im Gegensatz zu den US-GAAP kann der Verkauf von Vorräten nach dem Bilanzstichtag den Nachweis über den Nettoveräußerungswert am Bilanzstichtag erbringen.[252] Dagegen stellt der zwischen dem Bilanzstichtag und der Freigabe des Abschlusses zur Veröffentlichung gesunkene Marktwert einer Finanzinvestition ein wertbeeinflussendes Ereignis dar; denn regelmäßig hängt der sinkende Marktwert einer Finanzinvestition nicht mit ihrer Beschaffenheit am Bilanzstichtag zusammen, sondern spiegelt erst nach dem Bilanzstichtag eingetretene Umstände wieder.[253] Wäre der gesunkene Marktwert aber auf ein Ereignis vor dem Bilanzstichtag zurückzuführen, läge nach IAS/IFRS wohl auch ein wertaufhellendes Ereignis vor.

---

246 „the settlement after the balance sheet date of a court case that confirms that the entity had a present obligation at the balance sheet date." IAS 10 par. 9 (a).

247 „The entity adjusts any previously recognised provisions related to this court case in accordance with IAS 37 *Provisions, Contigent Liabilities and Contigent Assets* or recognises a new provision." IAS 10 par. 9 (a), (Hervorhebungen im Original).

248 „The evidence considered includes any additional evidence provided by events after the balance sheet date." IAS 37 par. 38.

249 Vgl. *Förschle, Gerhart/ Kroner, Matthias/ Heddäus, Birgit* (Verpflichtungen, 1999), S. 48.

250 Vgl. *Moxter, Adolf* (Wertaufhellungsverständnis, 2003), S. 2563.

251 „the determination after the balance sheet date of the cost of assets purchased, or the proceeds from assets sold, before the balance sheet date." IAS 10 par. 9, (c).

252 „the sale of inventories after the balance sheet date may give evidence about their net realisable value at the balance sheet date." IAS 10 par. 9, (b), (ii).

253 „The decline in market value does not normally relate to the condition of the investments at the balance sheet date, but reflects circumstances that have arisen subsequently." IAS 10 par. 11.

Nach den Regelungen der IAS/IFRS sind Ereignisse nach dem Bilanzstichtag in die Abschlusserstellung einzubeziehen, wenn ihre Wurzel vor dem Bilanzstichtag liegt und sie den Ansatz oder die Bewertung der am Bilanzstichtag existierenden Vermögensgegenstände und Schulden konkretisieren. Hierbei stellen die IAS/IFRS ausschließlich auf die „Verfügbarkeit der Informationen"[254] bis zum Tag der Aufstellung des Abschlusses ab.

2.2.3. Verkürzung des Aufhellungszeitraums

2.2.3.1. Vereinbarkeit einer Verkürzung des Aufhellungszeitraums mit dem Aufhellungsverständnis nach US-GAAP und IAS/IFRS

Die zeitnahe Veröffentlichung von Periodenabschlüssen steht mit dem Aufhellungsverständnis nach US-GAAP und nach IAS/IFRS im potenziellen Konflikt. Hier sind wertaufhellende Ereignisse zu berücksichtigen, wenn diese am Bilanzstichtag nicht erkennbar waren, so dass mit einer intensiven Analyse der Abschlusszahlen im Vorfeld des Bilanzstichtages die Erfassung sämtlicher wertaufhellenden Ereignisse nicht erreicht werden kann.

Aufgrund der Verkürzung des Aufhellungszeitraums können wertaufhellende Ereignisse, die bei einer Ausnutzung der geforderten Aufstellungsfristen in die Abschlusserstellung einzubeziehen wären, in Fast Close-Abschlüssen keine Berücksichtigung finden. Hierunter kann die Zuverlässigkeit der Abschlussdaten, insbesondere der zur Abschlusserstellung erforderlichen Stichtagsschätzungen leiden.

Nach US-GAAP und IAS/IFRS stehen Fast Close-Abschlüsse im Spannungsverhältnis zwischen der Vermittlung entscheidungsrelevanter (da zeitnah) Abschlussinformationen und der Vermittlung zuverlässiger Abschlussinformationen. Inwieweit eine Verkürzung des Aufhellungszeitraums aber mit dem Aufhellungsverständnis der US-GAAP und IAS/IFRS vereinbar ist, ergibt sich aus der gebotenen Balance zwischen den beiden qualitativen Kriterien entscheidungsnützlicher Abschlussinformationen.

2.2.3.2. Balance zwischen zeitnahen und zuverlässigen Abschlussinformationen

Nach Ansicht des FASB kann es in einigen Situationen wünschenswert sein, dass präzise Abschlussdaten (Ist-Werte) zwecks zeitnaher Veröffentlichung des Abschlusses durch geschätzte Abschlussdaten ersetzt werden: „It may sometimes be desirable, for example, to sacrifice precision for timelines, for an approximation produced quickly is often more useful than precise information that take longer to get out."[255]

---

[254] *Schmotz, Thomas* (Pro-Forma-Abschlüsse, 2004), S. 96.
[255] SFAC 2 par. 57.

Dies darf aber nicht zu einer wesentlichen Minderung der Zuverlässigkeit der Abschlussdaten führen, da ansonsten auch die Entscheidungsnützlichkeit der Abschlussdaten eingeschränkt würde.[256] Zwar mindern Einschränkungen in der Zuverlässigkeit von Abschlussdaten immer auch die Entscheidungsnützlichkeit der Abschlussdaten, dennoch besteht nach Ansicht des FASB die Möglichkeit, bestimmte Abschlussdaten mittels Schätzungen zeitnah zu ermitteln, ohne hierdurch ihre Zuverlässigkeit wesentlich einzuschränken.[257]

Wenn dem Unternehmen mittels genauer Schätzverfahren eine präzise Ermittlung der Stichtagsschätzungen zeitnah zum Bilanzstichtag gelingt, erhöht dies die Entscheidungsnützlichkeit der Abschlussinformationen.[258] Unter diesen Voraussetzungen scheint nach US-GAAP die Berücksichtigung geschätzter Abschlussdaten zur zeitnahen Veröffentlichung der Abschlüsse nicht nur möglich, sondern sogar geboten.

Das IASB sieht nicht explizit vor, dass genaue Abschlussdaten zwecks zeitnaher Veröffentlichung des Abschlusses durch geschätzte Daten ersetzt werden dürfen (sollen). Allerdings ist auch nach IAS/IFRS für die Balance zwischen den qualitativen Kriterien maßgeblich, ob sich die Entscheidungsnützlichkeit im Ergebnis erhöht oder verringert: „In achieving a balance between relevance and reliability , the overriding consideration is how best to satisfy the economic decision-making needs of users."[259]

Die zeitnahe Veröffentlichung von Abschlüssen durch die Verwendung geschätzter Daten scheint nach IAS/IFRS zulässig, wenn die hierdurch gewonnene Relevanz die gegenläufige Entwicklung der Zuverlässigkeit der Abschlussinformationen kompensiert. Ob eine zeitnahe Veröffentlichung ggf. zu Lasten der Zuverlässigkeit die Relevanz der Abschlussinformationen erhöht, liegt im Ermessen des berichtenden Unternehmens, so dass sich ein erheblicher bilanzpolitischer Spielraum eröffnet. Können die Stichtagsschätzungen mittels entsprechender Schätzverfahren hinreichend genau ermittelt werden, ist die Verkürzung des Aufhellungszeitraums auch mit den Regelungen der IAS/IFRS vereinbar.

Allerdings bleiben die Anforderungen an die Schätzverfahren oder die geschätzten Abschlussdaten völlig unklar, so dass sich die Vorgaben der US-GAAP und der IAS/IFRS zur Balance zwischen Zeitnähe und Zuverlässigkeit als unscharf erweisen.

---

256 „Of course, if, in the interest of timeliness, the reliability of the information is sacrificed to a material degree, the result may be to rob the information of much of its usefulness." SFAC 2 par. 57.

257 „...it will often be possible to approximate an accounting number to make it available more quickly without making it materially unreliable. As a result, its overall usefulness may be enhanced." SFAC 2 par. 57.

258 „... its overall usefulness may be enhanced." SFAC 2 par. 57.

259 IAS Framework par. 43.

II. Bilanzierung der Schadenrückstellungen in der internationalen Rechnungslegung

A. Grundlagen des Versicherungsgeschäfts

1. Leistung und Leistungserstellung des Versicherungsunternehmens

1.1. Leistung des Versicherungsunternehmens

1.1.1. Die Leistung des Versicherungsunternehmens nach dem Versicherungschutzkonzept

Die externe Rechnungslegung verschafft den Rechnungslegungsadressaten „mittels standardisierter Abbildungsregeln einen Einblick in die wirtschaftliche Lage des Unternehmens“[260] und stellt ihnen auf diese Weise Informationen, die zur Entscheidungsfindung dienen können, zur Verfügung.[261] Dieser grundlegende Zweck der externen Rechnungslegung wird in den einzelnen Rechnungslegungssystemen durch bestimmte Aufgabenstellungen, wie die Ausschüttungsbemessungsfunktion nach deutschem Handelsrecht oder die Vermittlung entscheidungsnützlicher Informationen für Investoren nach US-GAAP bzw. IAS/ IFRS, konkretisiert.[262]

Während sich die Abbildungsregeln aus der Aufgabe der Rechnungslegung, d. h. aus dem Gesetz bzw. den Standards, ableiten, ergeben sich die abzubildenden Geschäftsvorfälle aus der Geschäftstätigkeit des Unternehmens. Damit setzt die Beurteilung der durch den Jahresabschluss zur Verfügung gestellten Informationen, aufgrund der Besonderheiten des Versicherungsgeschäfts, eine vertiefte Kenntnis der abzubildenden Geschäftsvorfälle voraus.[263] Insoweit bilden die Leistung und die Leistungserstellung von Versicherungsunternehmen die Basis der externen Rechnungslegung von Versicherungsunternehmen.

Ein Versicherungsgeschäft liegt vor, wenn dem Versicherungsnehmer gegen Zahlung eines Entgelts eine bestimmte Leistung bei Eintritt eines ungewissen Ereignisses zugesagt wird und bestimmte risikotheoretische Prinzipien beachtet werden[264]. Auf eine eindeutige Kodifizierung der Leistung des Versicherungsunternehmens aus dem Versicherungsvertrag hat der Gesetzgeber verzichtet[265].

---

260 *Hinz, Michael* (Beck'sche HdR, Loseblatt), B 100, Rz. 1; vgl. *Krönert, Björn* (Grundsätze, 2001), S. 7.
261 Vgl. *Lauer, Christine E.* (Interdependenzen, 1995), S. 1.
262 Vgl. *Hinz, Michael* (Beck'sche HdR, Loseblatt), B 100, Rz. 2; *Lauer , Christine E.*(Interdependenzen, 1995), S. 1.
263 Vgl. *Farny, Dieter* (Versicherungsbilanzen, 1975), S. 13.
264 Vgl. *Müller, Helmut* (Vorschriften, 2001), Rz. 2.
265 Vgl. *Schmidt, Reimer* (Gedanken, 1994), S. 4; *Rückle, Dieter* (Rechnungslegung, 2001), S. 565.

Die Rechtsprechung[266] und auch die h. M.[267] im Schrifttum vertreten die auf *Farny* zurückgehende Auffassung, dass die Leistung von Versicherungsunternehmen im Rahmen des Versicherungsgeschäfts in dem immateriellen Wirtschaftsgut „Gewährung von Versicherungsschutz"[268] besteht (Versicherungsschutzkonzept[269]). Hierunter wird das abstrakte Versprechen des Versicherers verstanden, nach dem Eintritt des Versicherungsfalls die vereinbarte Versicherungsleistung zu erbringen.[270] Das Schutzversprechen bezieht sich auf die gesamte Laufzeit des Versicherungsvertrags, so dass „diesem Ansatz die Vorstellung eines zeitraumbezogenen Schutzversprechens"[271] zu Grunde liegt. Nach *Farny* gewährt das Versicherungsunternehmen den Versicherungsschutz in den drei Teilleistungen Risikogeschäft, Spar-/ Entspargeschäft und Dienstleistungsgeschäft.[272]

Im Rahmen des Risikogeschäfts, das den „Kern des Versicherungsgeschäfts"[273] bildet, wird ein Risiko, d. h. eine Wahrscheinlichkeitsverteilung von Schäden[274], vom Versicherungsnehmer auf das Versicherungsunternehmen übertragen.[275] Der Risikotransfer erfolgt durch die Abgabe des Versicherungsschutzversprechens, das beim Versicherungsnehmer die „Sicherung seiner wirtschaftlichen Lage" nach dem Eintritt des versicherten Ereignisses bewirkt, da

---

266 Vgl. BFH-Urteil vom 19. Januar 1972, I 114/65, BStBl. II 1972, S. 397.

267 Vgl. *Höke, Bernd* (Leistung, 2004), Rdnr. 1; *Boetius, Jan* (Handbuch, 1996), Anm. 106; *Engels, Wolfram* (Rentabilität, 1969), S. 82.

268 *Farny, Dieter* (Versicherungsbilanzen, 1975), S. 13; vgl. auch *Farny, Dieter* (Produktion- und Kostentheorie, 1965), S. 8; *Farny, Dieter* (Entwicklungen, 1999), S. 591 - 592; *Farny, Dieter* (Versicherungsbetriebslehre, 2000), S. 8.

269 In der Literatur werden verschiedene Erklärungsansätze für die Leistung des Versicherungsunternehmens diskutiert. Einen Überblick der Erklärungsansätze geben *Farny, Dieter* (Versicherungsbetriebslehre, 2000), S. 7 – 10; *Farny, Dieter* (Entwicklungen, 1999), S. 591 – 597; *Löw, Sabine* (Gewinnrealisierung, 2003), S. 7 – 13; *Riege, Jürgen* (Versicherungsprodukt, 1990), S. 7 – 14; *Köhne, Thomas* (deregulierten Markt, 1998), S. 143 - 191; *Corsten, Hans* (Versicherungsproduktion, 1994), S. 63 – 85; *Mordi, Obi* (Produktkonzept, 1985), S. 81 – 93. Im Besonderen für das Gefahrengemeinschaftskonzept vgl. *Wirth, Karl/ Fromm, Erich* (Versicherungsgeschäft, 1935), S. 28 – 38; *Karten, Walter* (Versicherung, 1981), S. 1605 – 1606. Im Besonderen für die Geldleistungstheorie vgl. Lucius, Ralph-Rene (Versicherbarkeit, 1977), S. 108 - 110; *Bachmann, Winfried* (Leistung, 1988), S. 98 – 99. Im Besonderen für die Gefahrtragungstheorie vgl. *Braeß, Paul* (Versicherungen, 1960), B 25, S. 11 – 14; *Möller, Hans* (Versicherung, 1962), S. 281 – 282. Im Besonderen für das Informationskonzept vgl. *Müller, Wolfgang* (Produkt, 1981), S. 155 – 171; *Müller, Wolfgang* (informationstheoretischen Erweiterung, 1987), S. 119 – 135; *Müller, Wolfgang* (Informationsprodukte, 1987), S. 1017 – 1044. Im Besonderen für das Optionskonzept vgl. *Maneth, Matthias F. F.* (Versicherungsschutz, 1996), S. 401 – 441.

270 Vgl. *Farny, Dieter* (Produktion- und Kostentheorie, 1965), S. 8.

271 *Corsten, Hans* (Versicherungsproduktion, 1994), S. 67. Vgl. auch *Müller, Wolfgang* (Produkt, 1981), S. 158 – 159.

272 Vgl. *Farny, Dieter* (Versicherungsbetriebslehre, 2000), S. 22; *Farny, Dieter* (Neuere Entwicklungen, 1989), S. 77.

273 Vgl. *Farny, Dieter* (Versicherungsbetriebslehre, 2000), S. 22.

274 Vgl. für eine weitergehende Darstellung *Riege, Jürgen* (Versicherungsprodukt, 1990), S. 417 – 420.

275 Vgl. *Farny, Dieter* (Versicherung, 1993), Sp. 4581 – 4598; *Corsten, Hans* (Versicherungsproduktion, 1994), S. 68.

„die Schäden bzw. sich daraus ergebende Mittelbedarfe durch Versicherungsleistungen ganz oder teilweise ausgeglichen werden."[276]

Das Risikogeschäft ist in einigen Versicherungszweigen (Lebens-, Kranken- und Unfallversicherung mit Prämienrückgewähr) rechtlich und/oder faktisch mit der „Durchführung von planmäßigen verzinslichen Spar- und Entsparprozessen verbunden"[277]. Der Versicherungsnehmer entrichtet bei einem Spargeschäft einmalig oder laufend Sparbeiträge an das Versicherungsunternehmen, das sich zur Verzinsung und einmaligen oder laufenden Rückzahlung des hieraus gebildeten Sparkapitals verpflichtet.[278] Dagegen wird bei einem Entspargeschäft das dem Versicherungsunternehmen überlassene Kapital während eines bestimmten oder unbestimmten Zeitraums in Form von Rentenzahlungen verzehrt.[279] Das Spar-/ Entspargeschäft stimmt mit dem Aktiv- und Passivgeschäft der Banken überein und stellt insofern keine versicherungsspezifische Tätigkeit dar.[280]

Das Dienstleistungsgeschäft umfasst externe Dienstleistungen gegenüber dem Kunden und innerbetriebliche Leistungen, die dazu notwendig sind, dass das Risikogeschäft und Spar-/Entspargeschäft am Markt handelbare Wirtschaftsgüter werden.[281] Dazu gehören die „Beratung des Kunden vor Beginn und während der Laufzeit des Versicherungsverhältnisses sowie die tatsächliche Abwicklung von Risiko- und Spar-/Entspargeschäft beim Absatz der Versicherungsprodukte, bei der Erst-, Folge- und Schlussbearbeitung sowie bei der Schadenbearbeitung nach Eintritt des Versicherungsfalls."[282]

Im Rahmen des Kapitalanlagegeschäfts werden die „durch Prämienvorauszahlungen, Einzahlungen von Sparbeiträgen und Außenfinanzierungen gebildeten Geldbestände in rentable Kapitalanlagen"[283] überführt. Im sonstigen Geschäft werden Nichtversicherungsgeschäfte „im Rahmen der rechtlichen Zulässigkeit bzw. in Konzernen oder in Kooperationen mit anderen Unternehmen"[284] zusammengefasst.

---

276 *Farny, Dieter* (Versicherungsbetriebslehre, 2000), S. 22 (beide Zitate).

277 *Farny, Dieter* (Neuere Entwicklungen, 1989), S. 77; vgl. *Farny, Dieter* (Versicherungsbetriebslehre, 2000), S. 22.

278 Vgl. *Farny, Dieter* (Versicherungsbetriebslehre, 2000), S. 54.

279 Vgl. *Farny, Dieter* (Versicherungsbetriebslehre, 2000), S. 54.

280 Vgl. *Corsten, Hans* (Versicherungsproduktion, 1994), S. 68.

281 Vgl. *Farny, Dieter* (Versicherungsbetriebslehre, 2000), S. 22.

282 *Farny, Dieter* (Versicherungsbetriebslehre, 2000), S. 22.

283 *Farny, Dieter* (Neuere Entwicklungen, 1989), S. 77.

284 *Farny, Dieter* (Neuere Entwicklungen, 1989), S. 77.

1.1.2. Gewährung von Versicherungsschutz ein Nachleistungsgeschäft

Nach dem Versicherungsschutzkonzept kann die Geschäftstätigkeit von Versicherungsunternehmen vereinfachend als „the development, the production, and the distribution of the intangible asset insurance cover“[285] beschrieben werden. Aufgrund der Besonderheiten der Leistung und Leistungserstellung von Versicherungsunternehmen weist die Wertschöpfungskette von Versicherungsunternehmen verglichen mit Unternehmen anderer Branchen nennenswerte Unterschiede auf. Nach der Entwicklung seiner Produkte schließt das Versicherungsunternehmen mit den Versicherungsnehmern die Versicherungsverträge ab. Der Versicherungsschutz wird erst nach dem Vertragsabschluss gewährt, so dass im Gegensatz zu anderen Branchen in der Versicherungsbranche die zeitliche Folge Absatz vor Produktion gilt.[286] Die nachfolgende Abbildung verdeutlicht die Wertschöpfungskette von Versicherungsunternehmen:

Abbildung 1: Wertschöpfungskette von Versicherungsunternehmen[287]

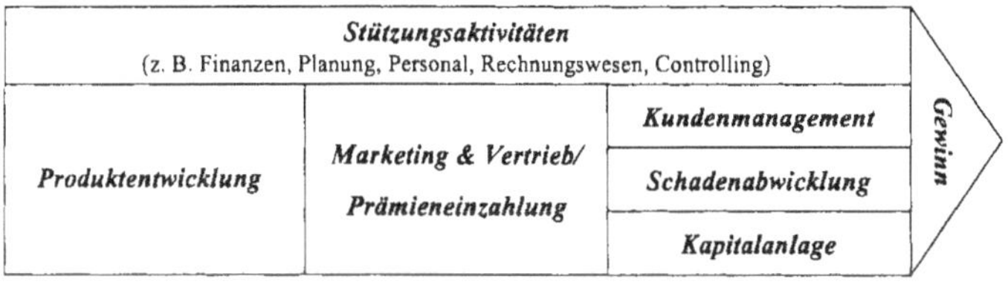

Die Wertschöpfungskette verdeutlicht den verglichen mit anderen Branchen umgekehrten „cash flow cycle“ in der Versicherungsbranche. In Industrieunternehmen gilt üblicherweise die zeitliche Folge der Kapitalbindung im Produktionsprozess und Kapitalfreisetzung mit dem Verkauf der Produkte oder Dienstleistungen, so dass die Unternehmen in Vorleistung gehen. Dagegen zeichnet das Versicherungsgeschäft eine umgekehrte zeitliche Abfolge aus. Die Kapitalfreisetzung durch die im Voraus erhaltene Prämie ist der Kapitalbindung im Betriebsprozess durch Betriebs- und Verwaltungskosten sowie Schadenzahlungen (Kundenmanagement und Schadenabwicklung) zeitlich vorgelagert.[288] Insofern ist das Versicherungsgeschäft ein Nachleistungsgeschäft. Aufgrund der Zeitdifferenz zwischen der Prämieneinzahlung und den Auszahlungen für Betriebs- und Schadenkosten verfügt das Versicherungsunternehmen über Kapital, das zwecks Erwirtschaftung einer Rendite am Kapitalmarkt angelegt wird (Kapitalanlage).[289] Wenn die externe Rechnungslegung einen Einblick in die wirtschaftliche Lage ge-

285 *Schöllhammer, Rainer* (Insurers, 2003), S. 14 – 15.
286 Vgl. *Kromschröder, Bernhard* (Besonderheiten, 1994), S. 772.
287 In Anlehnung an *Schöllhammer, Rainer* (Insurers, 2003), S. 15.
288 Vgl. *Kromschröder, Bernhard* (Besonderheiten, 1994), S. 772; *Schöllhammer, Rainer* (Insurers, 2003), S. 15.
289 Vgl. *Kromschröder, Bernhard* (Besonderheiten, 1994), S. 772.

währen soll, wirken sich die Besonderheiten des „cash flow cycle" im Versicherungsgeschäft zwangsläufig auch auf die externe Rechnungslegung aus.

1.1.3. Der Versicherungsvertrag – ein Dauerschuldverhältnis

Die Gewährung von Versicherungsschutz erfolgt nach dem Versicherungsschutzkonzept durch „das Versicherungsschutzversprechen und dessen Einlösung in Form von Versicherungsleistungen nach Eintritt exakt definierter Versicherungsfälle."[290] Dabei wird der Versicherungsschutz nach *Sasse/Boetius* in zwei Leistungsstufen gewährt:

Auf der ersten Stufe besteht die Leistung in der „latente[n] Versicherungsschutzbereitschaft", d. h. in der Herstellung der ständigen Leistungsbereitschaft des Versicherers, die auf der zweiten Stufe in die „Gewährung des konkreten Versicherungsschutzes" [291] übergeht. Das Versicherungsunternehmen muss in der ersten Stufe durch die „Bereitstellung entsprechender Beträge" sicherstellen, dass es zur Erbringung der tatsächlichen Versicherungsleistung fähig ist und „der insgesamt wahrscheinliche Schaden gedeckt werden kann."[292] Während die latente Versicherungsschutzbereitschaft unbedingt über die gesamte Vertragslaufzeit erbracht wird, bedingt die Erfüllung der versprochenen Versicherungsleistung auf der zweiten Stufe den Eintritt des Versicherungsfalls.[293]

Nach dem Versicherungsschutzkonzept stehen sich im Versicherungsvertrag die Gewährung von Versicherungsschutz durch das Versicherungsunternehmen und die Zahlung der vereinbarten Prämie durch den Versicherungsnehmer als Leistungen gegenüber.[294] Das Versicherungsunternehmen erbringt ein „Leistungspaket", wobei die nach dem Eintritt des Versicherungsfalls erbrachte Versicherungsleistung auf der zweiten Stufe die Gewährung von Versicherungsschutz auf der ersten Leistungsstufe lediglich konkretisiert und folglich keine eigenständige Leistung des Versicherungsunternehmens darstellt.[295]

Die Gewährung von Versicherungsschutz ist damit eine „kontinuierliche und zeitraumbezogen zu erbringende Dauerleistung"[296] und der Versicherungsvertrag als „ein zweiseitig ver-

---

290 Vgl. *Farny, Dieter* (Versicherungsbetriebslehre, 2000), S. 8.
291 *Sasse, Jürgen/Boetius, Jan* (Rückstellungen, 1973), S. 18 (beide Zitate).
292 *Boetius, Jan* (Handbuch, 1996), Anm. 107. So auch *Schmidt-Salzer, Joachim* (IBNR, 1984), S. 11.
293 Vgl. *Sasse, Jürgen/Boetius, Jan* (Rückstellungen, 1973), S. 19.
294 Vgl. *Farny, Dieter* (Entwicklungen, 1999), S. 591 – 592.
295 Vgl. *Sasse, Jürgen/Boetius, Jan* (Rückstellungen, 1973), S. 19.
296 *Perlet, Helmut* (Rückstellungen, 1986), S. 31; Vgl. BFH-Urteil vom 10. Juli 1970, III R 112/69, BStBl. II 1970, S. 780 – 781.

pflichtender, schuldrechtlicher Vertrag (mit dem Charakter eines Dauerschuldverhältnisses)"[297] zu klassifizieren.

Neben der Gewährung von Versicherungsschutz erbringt das Versicherungsunternehmen noch einige (Neben-)Leistungen, die im Zusammenhang mit dem Versicherungsvertrag stehen, aber nicht als Dauerleistung klassifiziert werden können. Diese bestehen bspw. in der Beratung und Aufklärung des Versicherungsnehmers, der Anfertigung von Dokumenten, der Bereitstellung und Aushändigung von Allgemeinen Versicherungsbedingungen, der Ausstellung von Sicherungsbestätigungen.[298] Diesen Leistungen steht der in den Prämien enthaltene Betriebskostenzuschlag gegenüber, so dass eine von der Hauptleistung getrennte Betrachtung möglich ist.[299]

1.2. *Leistungserstellung des Versicherungsunternehmens*

1.2.1. *Risikoausgleich im Kollektiv*

Die Versicherungsnehmer schließen einen Versicherungsvertrag ab, weil sie durch Zufallsereignisse (z. B. Blitzschlag, Hagel, Feuer, Diebstahl, Todesfall) bedroht werden und der Eintritt eines solchen Ereignisses ihr finanzielles Gleichgewicht unter Umständen erheblich stören kann.[300] Im Versicherungsschutzkonzept wird der Abschluss eines Versicherungsvertrags als „Übertragung von Risiken – darstellbar als Wahrscheinlichkeitsverteilung von Zufallsvariablen – zwischen Versicherungsschutz nachfragenden und anbietenden Wirtschaftssubjekten"[301] verstanden. Dabei verhindert der Abschluss des Versicherungsvertrags nicht den Eintritt der Risiken, sondern überträgt lediglich die daraus resultierenden negativen finanziellen Folgen auf das Versicherungsunternehmen.[302]

Jedes einzelne versicherte Risiko entspricht einer Wahrscheinlichkeitsverteilung von Schäden und weist einen individuellen Schadenerwartungswert und eine individuelle Streuung auf.[303] Der Schadenerwartungswert entspricht dann den Schadenzahlungen aus den Versicherungs-

---

297 *Prölss, Jürgen* (Kommentierung § 1 VVG, 2004), Rz. 17; vgl. auch *Löw, Sabine* (Gewinnrealisierung, 2003), S. 99; *Jäger, Bernd* (Rückstellungen, 1991), S. 21 m. w. N.

298 Vgl. *Sasse, Jürgen/ Boetius, Jan* (Rückstellungen, 1973), S. 18; *Boetius, Jan* (Handbuch, 1996), Anm. 106.

299 Vgl. *Löw, Sabine* (Gewinnrealisierung, 2003), S. 97.

300 Vgl. *Gürtler, Max* (Versicherungsbetrieb, 1929), S. 209.

301 Vgl. *Karten, Walter* (Solidaritätsprinzip, 1977), S. 185. Diese allgemeine Definition von Risiko umfasst sowohl negative als auch positive Ergebnisausprägungen der Entscheidungen des potentiellen Versicherungsnehmers. Da der Versicherungsnehmer eine positive Ergebnisausprägung, d. h. hier einen nicht eingetretenen Schadenfall, wohl kaum als Risiko bezeichnen wird, engt die versicherungstheoretische Literatur den Risikobegriff auf die negativen Ergebnisausprägungen ein. „Risiko ist dann die Wahrscheinlichkeitsverteilung von ungünstigen Ergebnisausprägungen." *Farny* (Versicherungsbetriebslehre, 2000), S. 30.

302 Vgl. *Albrecht, Peter/ Schwake, Edmund* (HdV, 1988), S. 651.

303 Vgl. *Farny, Dieter* (Versicherungsbetriebslehre, 2000), S. 46; *Karten, Walter* (Solidaritätsprinzip, 1977), S. 155.

fällen einer Versicherungsperiode, die mit den Eintrittswahrscheinlichkeiten gewichtet werden.[304] Die Streuung gibt die Abweichung der Zahlungsströme aus dem einzelnen Schadenfall vom Erwartungswert an und kann als Varianz, Standardabweichung oder Varianzkoeffizient gemessen werden.[305] In den einzelnen Versicherungsperioden kommt es bezogen auf das Einzelrisiko zum Nichteintritt oder zum Eintritt eines (oder mehrerer) Versicherungsfalls (oder -fälle). Diese tatsächliche Ausprägung der Zufallsvariablen Schadenfälle führt zur Entstehung eines Über- oder Unterschadens[306], d. h. einer positiven oder negativen Differenz zwischen dem Erwartungswert und den tatsächlichen Schadenzahlungen.

Das Versicherungsunternehmen übernimmt nicht nur die Risiken eines Versicherungsnehmers, sondern die Risiken einer Vielzahl von Versicherungsnehmern und fasst diese in einem Risikokollektiv zusammen. Die Zusammenfassung der einzelnen Risiken in einem Risikokollektiv bewirkt dann unter bestimmten Voraussetzungen einen Risikoausgleich im Kollektiv.[307] Durch Zusammenfassung einer großen Anzahl gleicher oder ungleicher Risiken in einem Portefeuille erreicht das Versicherungsunternehmen, dass sich die individuellen Über- und Unterschäden teilweise oder ganz ausgleichen, ohne dass jedoch der kollektive Erwartungswert der Schäden genau mit dem kollektiven Effektivwert der Schäden übereinstimmen muss.[308]

Somit werden die einzelnen Risiken nicht nur vom Versicherungsnehmer auf das Versicherungsunternehmen transferiert, sondern vom Versicherungsunternehmen transformiert.[309] Im Idealfall gelingt dem Versicherungsunternehmen dabei eine Transformation zu null, d. h. das Risiko verschwindet vollständig.[310] Insofern führt die Risikominderung beim Versicherungsnehmer nicht zu einer entsprechenden Risikoerhöhung beim Versicherungsunternehmen.[311]

1.2.2. Das Gesetz der großen Zahlen

Der Risikoausgleich im Kollektiv führt mit wachsendem Versicherungsbestand zu besseren

---

304 Vgl. *Farny, Dieter* (Versicherungsbetriebslehre, 2000), S. 27.
305 Vgl. *Karten, Walter* (Solidaritätsprinzip, 1977), S. 155.
306 Vgl. *Farny, Dieter* (Versicherungsbetriebslehre, 2000), S. 46.
307 Der Risikoausgleich ist kein Automatismus, sondern funktioniert nur unter bestimmten Bedingungen. Vgl. *Albrecht, Peter* (Risikoausgleich, 1982), S. 503.
308 Vgl. *Farny, Dieter* (Versicherungsbetriebslehre, 2000), S. 45 – 46.
309 Vgl. *Lucius, Ralph-Rene* (Versicherbarkeit, 1977), S. 158; *Meyer, Ulrich* (Risikotransformation, 1997), S. 14.
310 Vgl. *Meyer, Ulrich* (Risikotransformation, 1997), S. 14 mit einem anschaulichen Beispiel.
311 Vgl. *Bachmann, Winfried* (Leistung, 1988), S. 188.

Ergebnissen und ist somit eng mit dem „Gesetz der großen Zahlen“[312] verknüpft.[313] Nach dem Gesetz der großen Zahlen wird „die Abweichung zwischen dem arithmetischen Mittel der Ausprägungen einer Folge von Zufallsvariablen und dem zugehörigen Erwartungswert beliebig klein, wenn die Anzahl der Ausprägungen gegen unendlich geht.“[314] Dies bedeutet im Bezug auf Versicherungen, dass die Abweichung zwischen dem tatsächlichen auf ein versichertes Risiko entfallenden Schaden und dem Erwartungswert des Schadens mit wachsendem Risikokollektiv geringer ausfällt.[315] Wenn der Gesamtschaden eines Kollektivs mit

$S_n = X_1 + X_2 + X_3 + \ldots + X_n$ für $n = 1,2,3,\ldots$

bezeichnet wird, dann stellt

$$\overline{S_n} = \frac{1}{n} \times S_n$$

den durchschnittlich auf ein Risiko entfallenden Anteil am Gesamtschaden dar.[316] Die Gesetze der großen Zahlen treffen Aussagen über das Konvergenzverhalten dieses arithmetischen Mittels.

Dabei ist das schwache und das starke Gesetz der großen Zahlen zu unterscheiden. Eine Menge von stochastisch unabhängigen Zufallsvariablen (Schäden), die alle dieselbe Verteilungsfunktion haben[317], genügt dann dem schwachen Gesetz der großen Zahlen, wenn

$$P(|\overline{S_n} - E(\overline{S_n})| > c) \xrightarrow{n \to \infty} 0 \text{ für alle } c > 0$$

---

312 Hinsichtlich der Gesetze der großen Zahlen sind die empirische und die mathematische Betrachtungsebene zu unterscheiden. „Die empirischen Gesetze der großen Zahlen drücken die Erfahrung aus, dass Zufallsschwankungen um so unbedeutender sind, je größer die Menge der Elemente ist, bei denen diese Zufallsschwankungen beobachtet werden.“ *Helten, Elmar* (Risikos, 1991), S. 175 Dagegen sind die mathematischen Gesetze der großen Zahlen aus Axiomen abgeleitete Aussagen der Wahrscheinlichkeitstheorie und besitzen somit zunächst keinen empirischen Gehalt. Vgl. *Helten, Elmar* (Risikos, 1991), S. 175. Deshalb können deren Aussagen auf empirische stochastische Phänomene nur in Form von Konditionalaussagen angewendet werden. Wenn die Annahmen des Modells zur Ableitung von wahrscheinlichkeitstheoretischen Aussagen für das in der Empirie abgebildete Objekt hinreichend erfüllt sind, dann besitzen die mathematischen Gesetze der großen Zahlen auch eine hinreichende empirische Signifikanz. Eine Darstellung der Bedingungen unter denen eine Folge von Zufallsvariablen die Gesetze der großen Zahlen erfüllt, findet sich in *Albrecht, Peter* (Risikoausgleich, 1982), S. 501 – 519. Insofern kann u. U. nicht jedes empirisch stochastische Phänomen der Versicherungspraxis mit der mathematischen Wahrscheinlichkeitstheorie erklärt werden, so dass eine strikte Trennung zwischen empirischen und mathematischen Aussagen der Gesetze der großen Zahlen erforderlich ist. Vgl. *Albrecht, Peter* (Risikoausgleich, 1982), S. 503; *Helten, Elmar* (Risikos, 1991), S. 175.

313 Vgl. *Meyer, Ulrich* (Risikotransformation, 1997), S. 14.

314 *Höller, Jürgen* (Versicherungstechnologie, 1997), S. 10.

315 Vgl. *Höller, Jürgen* (Versicherungstechnologie, 1997), S. 10 – 11.

316 Vgl. *Löw, Sabine* (Gewinnrealisierung, 2003), S. 24; *Bachmann, Winfried* (Leistung, 1988), S. 44.

317 Vgl. *Helten, Elmar* (Risikos, 1991), S. 176.

Somit besagt das schwache Gesetz der großen Zahlen, dass die Wahrscheinlichkeit einer Abweichung der Zufallsvariable $\overline{S_n}$ von ihrem Erwartungswert $E(\overline{S_n})$ absolut um mehr als den Betrag c mit steigendem n gegen null geht.[318] Dagegen setzt das starke Gesetz der großen Zahlen voraus, dass die Abweichung zwischen $\overline{S_n}$ von ihrem Erwartungswert $E(\overline{S_n})$ bei einem wachsenden Versicherungsbestand mit einer Wahrscheinlichkeit von eins gegen null geht.[319]

$$P(\overline{S_n} - E(\overline{S_n}) \xrightarrow{n \to \infty} 0) = 1$$

Aus beiden Gesetzen der großen Zahlen folgt, dass die Varianz der Zufallsvariable $\overline{S_n}$ mit steigendem Versicherungsbestand gegen null konvergiert. Mit anderen Worten geht S_n gegen eine Konstante und verliert seine Variationsmöglichkeit.[320] Dabei stellt das schwache Gesetz der großen Zahlen niedrigere Anforderungen an das Konvergenzverhalten des arithmetischen Mittels als das starke Gesetz der großen Zahlen.

1.2.3. Risikoausgleich in der Zeit

Der Risikoausgleich im Kollektiv ist für einen begrenzten, als Rechnungsperiode bezeichneten Zeitraum (bspw. Kalenderjahr) modelliert, wohingegen der Risikoprozess einen permanenten Vorgang darstellt.[321] Da der Risikoprozess am Ende der einzelnen Rechnungsperioden regelmäßig noch nicht abgeschlossen ist, gelingt auch der Risikoausgleich im Kollektiv nur unvollkommen[322], so dass für die einzelnen Rechnungsperioden der tatsächliche Schaden vom Erwartungswert des Schadens (Über- oder Unterschaden) abweichen kann. Die individuellen und kollektiven Über- und Unterschäden treten dann „nicht nur innerhalb einer einzigen Rechnungsperiode, sondern auch im Zeitablauf ein."[323]

Die im Zeitablauf zu beobachtenden einperiodischen Über- und Unterschäden werden durch den zufällig schwankenden Gesamtschadenbedarf einzelner Rechnungsperioden bestimmt

318 Vgl. *Albrecht, Peter* (Risikoausgleich, 1982), S. 503; *Löw, Sabine* (Gewinnrealisierung, 2003), S. 24; *Bachmann, Winfried* (Leistung, 1988), S. 44; *Höller, Jürgen* (Versicherungstechnologie, 1997), S. 11.

319 Vgl. *Helten, Elmar* (Risikos, 1991), S. 176; *Albrecht, Peter* (Risikoausgleich, 1982), S. 503; *Löw, Sabine* (Gewinnrealisierung, 2003), S. 24; *Bachmann, Winfried* (Leistung, 1988), S. 44; *Höller, Jürgen* (Versicherungstechnologie, 1997), S. 11.

320 Vgl. *Albrecht, Peter* (Risikoausgleich, 1982), S. 507.

321 Vgl. *Farny, Dieter* (Versicherungsbetriebslehre, 2000), S. 50.

322 Ursachen für einen unzureichenden einperiodischen Risikoausgleich im Kollektiv bestehen in einer geringen Anzahl oder einer extremen Inhomogenität der in einem Risikokollektiv zusammengefassten Einzelrisiken.

323 *Farny, Dieter* (Versicherungsbetriebslehre, 2000), S. 51.

und können, wie dieser selbst, als Zufallsvariable interpretiert werden.[324] Beim Risikoausgleich im Kollektiv und in der Zeit werden die aufeinander folgenden einperiodischen Über- und Unterschäden „im mehrperiodischen Ausgleichskollektiv zusammengefasst mit der Folge, daß sie sich langfristig ganz oder teilweise ausgleichen."[325] Dabei ist die Streuung der Gesamtschadenwahrscheinlichkeit im Vergleich zu den einzelnen Rechnungsperioden auf lange Sicht geringer.[326] Eine besondere Bedeutung entfaltet der Risikoausgleich in der Zeit vor allem für Großrisiken, bei extremen Schwankungen im langfristigen Schadenverlauf sowie bei Naturkatastrophen.[327] Ein Risikoausgleich in der Zeit kann indes nur gelingen, wenn in Rechnungsperioden mit einem Überschaden auf „einen variablen Fonds von Mitteln"[328] zurückgegriffen werden kann, der in Rechnungsperioden mit einem Unterschaden wieder aufgefüllt wird.

1.3. Versicherungstechnische Risiken

1.3.1. Komponenten des versicherungstechnischen Risikos

Das versicherungstechnische Risiko bezeichnet die Gefahr, dass „für einen bestimmten Zeitraum der Gesamtschaden des versicherten Bestandes die Summe der für die reine Risikoübernahme zur Verfügung stehenden Gesamtprämie und des vorhandenen Sicherheitskapitals übersteigt."[329] Diese Definition bezieht sich auf das versicherungstechnische Gesamtrisiko, d. h. auf das die Existenz des Versicherungsunternehmens bedrohende Risiko. Wenn die versicherungstechnischen Teilrisiken ermittelt werden, bleibt dagegen das Sicherheitskapital außer Acht, so dass hier lediglich die Gefahr der Abweichung des tatsächlichen vom erwarteten Schaden für einen Versicherungsbestand in einer bestimmten Rechnungsperiode betrachtet wird. Zur Deckung eines technischen Verlustes (Unterschaden) im Risikogeschäft stehen zunächst die in der Rechnungsperiode erzielten Erträge aus dem Kapitalanlagegeschäft zur Verfügung.[330] Darüber hinausgehende Verluste werden aus der Risikoreserve gedeckt.

---

324 Vgl. *Korn, Heinrich Jochen* (Schwankungsreserven, 1997), S. 48; *Brands, Heinrich* (Schadenschwankungen, 1979), S. 63 – 67.

325 Der Risikoausgleich in der Zeit ist an einige Voraussetzungen geknüpft. So sollten sich die Eigenschaften der Einzelrisiken bzgl. des Schadenerwartungswerts und der Streuung bzw. die Schadenhäufigkeit und Schadengröße im Zeitablauf möglichst nicht ändern. Darüber hinaus sollte das Risikokollektiv im Zeitablauf unverändert weiterbestehen. Letztens sollten die Einzelrisiken voneinander unabhängig sein. Vgl. *Farny, Dieter* (Versicherungsbetriebslehre, 2000), S. 51 – 52; *Helten, Elmar* (Risikos, 1991), S. 180.

326 Vgl. *Farny, Dieter* (Versicherungsbetriebslehre, 2000), S. 51.

327 Vgl. *Boetius, Jan* (Handbuch, 1996), Anm. 99; *Farny, Dieter* (Versicherungsbetriebslehre, 2000), S. 52 – 53.

328 *Korn, Heinrich Jochen* (Schwankungsreserven, 1997), S. 51.

329 *Albrecht, Peter/ Schwake, Edmund* (HdV, 1988), S. 651. Eine Übersicht verschiedener Definitionen des versicherungstechnischen Risikos gibt *Schwake, Edmund* (versicherungstechnische Risiko, 1988), S. 63 – 68.

330 Vgl. *Bittl, Andreas/Müller, Bernd* (versicherungstechnische Risiko, 1998), S. 393.

Da der Eintritt des Schadenfalls und die Höhe der zur Abwicklung erforderlichen Schadenzahlung zufallsabhängig sind, besteht die Hauptursache eines versicherungstechnischen Risikos „vor allem in der Indeterminiertheit der zu leistenden Entschädigung."[331] Das versicherungstechnische Gesamtrisiko und die versicherungstechnischen Teilrisiken setzen sich aus verschiedenen Komponenten zusammen, die in das Zufallsrisiko, Änderungsrisiko und Irrtumsrisiko unterschieden werden können.[332]

Das Zufallsrisiko bezeichnet Abweichungen zwischen dem tatsächlichen und dem erwarteten Schaden, die sich aus „zufälligen Ausprägungen von Anzahl und Größe der eingetretenen Schäden ergeben."[333] Dabei bleibt das Zufallsrisiko auch unter den realitätsfernen Annahmen von vollständigen Informationen (Anzahl und Größe der Schäden bekannt und richtig ausgewertet) und konstanten Grundwahrscheinlichkeiten (unveränderte Bestands- und Risikoverhältnisse) bestehen.[334]

In der Realität sind die Wahrscheinlichkeitsverteilungen der Schäden für die versicherten Einzelrisiken und das Risikokollektiv in der Regel nicht konstant; vielmehr ist das Risikogeschäft ein dynamischer Vorgang.[335] Das Änderungsrisiko bezeichnet „Änderungen des zu erwartenden Schadens, die darauf zurückzuführen sind, daß sich im Zeitablauf Änderungen der versicherten Risiken als Folge nicht vorhersehbarer Änderungen bei den Risikoursachen ergeben."[336] Hierunter fallen bspw. eine Zunahme von Naturkatastrophen aufgrund von weltweiten Klimaveränderungen, höhere Schadenpotentiale die durch technische Entwicklungen oder neue Gesetze bzw. Rechtsprechungen verursacht werden und neue Analyseverfahren, die den Nachweis neuer Kausalitäten zwischen Umweltschäden oder Gesundheitsbeeinträchtigungen ermöglichen und bisher unbekannte Schadenbilder zur Folge haben.[337] Das Änderungsrisiko ist insbesondere in Versicherungszweigen von Bedeutung, in denen zwischen der Prämienfeststellung und der Schadenzahlung eine längere Zeitspanne besteht. Während das Änderungsrisiko kurzfristig durch das Versicherungsunternehmen getragen wird, ist langfristig durch die Anpassung der Prämie eine Übertragung auf den Versicherungsnehmer möglich.[338]

---

331 *Albrecht, Peter/ Schwake, Edmund* (HdV, 1988), S. 651.

332 Vgl. *Meyer, Ulrich* (Risikotransformation, 1997), S. 18; *Boetius, Jan* (Handbuch, 1996), Anm. 110; *Farny, Dieter* (Versicherungsbetriebslehre, 2000), S. 86 – 95; *Janott, Horst, K.* (Zufallsrisiko, 1976), S. 408 – 417; für eine andere Aufteilung vgl. *Albrecht, Peter/ Schwake, Edmund* (HdV, 1988), S. 652 – 654; *Bittl, Andreas/ Müller, Bernd* (versicherungstechnische Risiko, 1998), S. 387.

333 *Farny, Dieter* (Versicherungsbetriebslehre, 2000), S. 86. Vgl. auch *Meyer, Ulrich* (Risikotransformation, 1997), S. 18

334 Vgl. *Boetius, Jan* (Handbuch, 1996), Anm. 110.

335 Vgl. *Farny, Dieter* (Versicherungsbetriebslehre, 2000), S. 90.

336 *Meyer, Ulrich* (Risikotransformation, 1997), S. 19.

337 Vgl. *Boetius, Jan* (Handbuch, 1996), Anm. 110.

338 Vgl. *Meyer, Ulrich* (Risikotransformation, 1997), S. 20 – 21.

Als dritter Bestandteil des versicherungstechnischen Risikos ist das Irrtumsrisiko zu nennen. Da in der Realität regelmäßig keine vollständigen Informationen der Wahrscheinlichkeitsverteilung der Schäden für die versicherten Einzelrisiken und das Risikokollektiv (d. h. Anzahl und Größe der Schäden) vorliegen, können die Berechungen der erwarteten Schäden fehlerhaft sein.[339] Derartige Abweichungen zwischen dem tatsächlichen und dem erwarteten Schaden, die auf eine Verwendung der falschen Wahrscheinlichkeitsverteilung für die Ermittlung des Erwartungswerts zurückzuführen sind, werden als Irrtumsrisiko bezeichnet.[340] Dabei können die Auswirkungen des Irrtumsrisikos häufig nur schwer vom Zufallsrisiko getrennt werden, es sei denn das Versicherungsunternehmen erlangt im Zeitablauf bessere Informationen.

1.3.2. Reduktion des versicherungstechnischen Risikos

Zur Reduktion des versicherungstechnischen Risikos kann das Versicherungsunternehmen auf verschiedene risikopolitische Instrumente zurückgreifen. Diese bestehen in der Organisation von Risikokollektiven, der Risikopreispolitik, der Risikoreservepolitik und der Rückversicherungspolitik.[341]

Die Organisation von Risikokollektiven hat die Mischung und Größe der Risikokollektive zum Gegenstand.[342] Nach den Gesetzen der großen Zahlen bewirkt der Risikoausgleich im Kollektiv „mit wachsendem Kollektiv einen immer besser funktionierenden Ausgleich der zufällig auftretenden Schadenschwankungen, insoweit insbesondere eine Reduktion des Zufallsrisikos."[343] Zur Vermeidung von Schätzfehlern sollten die Risikokollektive auf den gleichen oder zumindest ähnlichen Schadengesetzmäßigkeiten basieren.[344] Wenn möglichst große und zugleich homogene Risikokollektive gebildet werden können, lässt sich auch das Irrtumsrisiko vermindern.

Indem das Versicherungsunternehmen im Rahmen der Risikopreispolitik einen Sicherheitszuschlag auf die Nettorisikoprämie[345] erhebt, können die finanziellen Folgen der periodischen Schadenschwankungen, d. h. ein technischer Verlust, kompensiert werden.[346] Der Sicher-

---

339 Vgl. *Boetius, Jan* (Handbuch, 1996), Anm. 110.

340 Vgl. *Farny, Dieter* (Versicherungsbetriebslehre, 2000), S. 94; *Meyer, Ulrich* (Risikotransformation, 1997), S. 20.

341 Vgl. *Albrecht, Peter/ Schwake, Edmund* (HdV, 1988), S. 655; *Löw, Sabine* (Gewinnrealisierung, 2003), S. 37 m. w. N.

342 Vgl. *Farny, Dieter* (Versicherungsbetriebslehre, 2000), S. 413.

343 *Löw, Sabine* (Gewinnrealisierung, 2003), S. 37.

344 Vgl. *Albrecht, Peter/ Schwake, Edmund* (HdV, 1988), S. 655; *Löw, Sabine* (Gewinnrealisierung, 2003), S. 37.

345 Die Nettorisikoprämie ist der „Erwartungswert des aus dem Versicherungsvertrag resultierenden Gesamtschadens in der Versicherungsperiode." *Albrecht, Peter/ Lippe, Stefan* (HdV, 1988), S. 526.

346 Vgl. *Albrecht, Peter/ Lippe, Stefan* (HdV, 1988), S. 526.

heitszuschlag zielt auf eine Minderung des Zufallsrisikos, wobei nur die finanziellen Folgen des Zufallrisikos und nicht das Zufallsrisiko selbst reduziert werden.[347]

Die Risikoreservepolitik hat den Aufbau einer Risikoreserve (oder Sicherheitsmittel) zum Gegenstand. Wie die Risikopreispolitik nimmt die Risikoreservepolitik keinen Einfluss auf das versicherungstechnische Risiko, sondern vermindert lediglich dessen finanzielle Folgen. Durch den Augleich technischer Verluste einer Rechnungsperiode mit der Risikoreserve und die „Vermeidung schadenschwankungsbedingter Liquiditätsprobleme für den Regelfall fester Prämienvorauserhebung"[348], wird der Fortbestand des Versicherungsunternehmens gesichert.[349] Aus welchen Komponenten sich die Risikoreserve zusammensetzt, ist in der Literatur umstritten.[350] Im weitesten Sinne gehören hierzu das bilanzielle Eigenkapital (das gezeichnete Kapital, Kapitalrücklagen und Gewinnrücklagen), die Schwankungsrückstellungen und ähnliche Rückstellungen, die Rückstellung für drohende Verluste sowie bestimmte Voraussetzungen erfüllende stille Reserven in den Vermögensgegenständen.[351]

In der Rückversicherung transferiert der Erstversicherer entsprechend den vertraglichen Vereinbarungen einen Teil der Schadenverteilung auf einen oder mehrere Rückversicherer und zahlt hierfür eine Prämie. Insofern entspricht die Zahlung der Rückversicherungsprämie einer „Weitergabe eines Teils der vom Versicherungsnehmer bezogenen Originalprämie"[352]. Die Auswirkungen einer Rückversicherung auf das Irrtums- und Zufallsrisiko werden entscheidend durch die genaue Ausgestaltung der vertraglichen Vereinbarungen (z. B. Wahl der Rückversicherungsform) und der zu entrichtenden Prämie bestimmt.[353]

Hinsichtlich der Rückversicherungsform können zwei Grundtypen unterschieden werden: Während der Rückversicherer in der proportionalen Rückversicherung einen bestimmten Anteil (z. B. 50%) der Schäden unabhängig von deren Größe übernimmt, ist der Rückversicherer in der nichtproportionalen Rückversicherung nur dann an einzelnen Schäden oder Schadenaggregaten beteiligt, wenn diese eine bestimmte Grenze (z. B. 1.000.000 €) überschreiten.[354] Da die proportionale Rückversicherung eine prozentuale Verringerung der absoluten Schadenbelastung des Erstversicherers bewirkt, vermindert sie primär das Irrtumsrisiko.[355] Dagegen be-

347 Vgl. *Jäger-v. Ehrenstein, Bernd* (Versicherungsunternehmen, 1996), S. 15.
348 *Jäger-v. Ehrenstein, Bernd* (Versicherungsunternehmen, 1996), S. 16.
349 Vgl. *Löw, Sabine* (Gewinnrealisierung, 2003), S. 39.
350 Vgl. *Flemming, Klaus* (HdV, 1988), S. 667 – 670; *Höller, Jürgen* (Versicherungstechnologie, 1997), S. 184 – 185; *Korn, Jochen Heinrich* (Schwankungsreserven, 1997), S. 24 – 25.
351 Vgl. ausführlich *Bittl, Andreas/ Müller, Bernd* (versicherungstechnische Risiko, 1998), S. 393 – 396.
352 *Farny, Dieter* (Versicherungsbetriebslehre, 2000), S. 415.
353 Vgl. *Albrecht, Peter/ Schwake, Edmund* (HdV, 1988), S. 657.
354 Vgl. *Farny, Dieter* (Versicherungsbetriebslehre, 2000), S. 416.
355 Vgl. *Albrecht, Peter/ Schwake, Edmund* (HdV, 1988), S. 657.

grenzt die nichtproportionale Rückversicherung eine Abweichung zwischen dem tatsächlichen und dem erwarteten Schaden und verringert insofern eher das Zufallsrisiko.[356]

B. Bilanzierung der Schadenrückstellungen in der internationalen Rechnungslegung

1. Bilanzierung der Schadenrückstellungen nach deutschem Handelsrecht

1.1. Gewinnrealisation im Versicherungsgeschäft

1.1.1. Ertragsrealisation nach dem Versicherungsschutzkonzept

Das in § 252 Abs. 1 Nr. 4 HGB kodifizierte Realisationsprinzip bindet die Gewinnrealisation „an den Umsatzakt im Sinne des so gut wie sicheren Zugangs einer Forderung aus Lieferung oder sonstiger Leistung."[357] Dagegen bleiben Reinvermögensmehrungen am ruhenden Vermögen, die sich aus Wertsteigerungen von Vermögensgegenständen oder Wertminderungen von Schulden ergeben, zum Zweck der Ausschüttungsbemessung unberücksichtigt.[358] Nach dem Realisationsprinzip sind die Erträge erst realisiert, wenn die (eigene) „vereinbarte Lieferung und Leistung erbracht"[359] wurde und im wesentlichen nur noch Forderungsausfall- und Gewährleistungsrisiken[360] bestehen („Lieferung und Leistung im Rechtssinne").[361] Aufgrund der dem Bilanzrecht immanenten wirtschaftlichen Betrachtungsweise[362] ist der Zeitpunkt der Lieferung und Leistung unter wirtschaftlichen (und nicht unter formaljuristischen) Gesichts-

---

356 Vgl. *Albrecht, Peter/ Schwake, Edmund* (HdV, 1988), S. 657.

357 *Moxter, Adolf* (Rechnungslegung, 2003), S. 41; vgl. auch *Moxter, Adolf* (wirtschaftliche Betrachtungsweise, 1989), S. 233; *Moxter, Adolf* (Bilanzlehre II, 1986), S. 38 – 39; *Euler, Roland* (Gewinnrealisierung, 1988), S. 70; *Hommel, Michael* (Dauerschuldverhältnisse, 1992), S. 10 m. w. N.

358 Vgl. *Moxter, Adolf* (Realisationsprinzip, 1984), S. 1783.

359 BFH-Urteil vom 22. August 1984, I R 198/80, BStBl. II 1985, S. 128.

360 Vgl. BFH-Urteil vom 29. November 1973, IV R 181/71, BStBl. II 1974, S. 204 – 205.

361 Vgl. BFH-Urteil vom 22. August 1984, I R 198/80, BStBl. II 1985, S. 128 – 129; BFH-Urteil vom 27. Februar 1986, IV R 52/83, BStBl. II 1986, S. 553; *Adler/ Düring/ Schmaltz* (Rechnungslegung und Prüfung, 1996), § 252 HGB, Rz. 82; *Döllerer, Georg* (Schwebender Vertrag, 1974), S. 1543. Grundsätzlich kommen innerhalb des Umsatzakts mehrere Zeitpunkte als Gewinnrealisationszeitpunkte in Frage. Vgl. hierzu *Hense, Burkhard/ Geißler, Horst* (Kommentierung § 252 HGB, 2003), Rz. 44; *Lüders, Jürgen* (Gewinnrealisierung, 1987), S. 21. Diese reichen vom Vertragsabschluss bis hin zum Geldeingang und unterscheiden sich hinsichtlich des Sicherheitsgrads der dem Eingang der Forderung in diesem Zeitpunkt beigemessen wird. Vgl. *Wohlgemuth, Michael* (Kommentierung § 252 HGB, Loseblatt), Rz. 39. Der bloße Vertragsabschluss kann aber die Realisation des Gewinns noch nicht begründen; denn „vor erbrachter Lieferung oder vergleichbarer Leistung sind die Risiken eines Geschäfts im allgemeinen noch nicht soweit abgebaut, sind Ertrag und Aufwand aus dem Geschäft also nicht derart konkretisiert, daß der Gewinn dem Grunde nach »so gut wie sicher« genannt werden dürfte." *Moxter, Adolf* (Bilanzrechtsprechung, 1999), S. 49 (Hervorhebungen im Original). Der gleichen Ansicht sind auch *Hense, Burkhard/ Geißler, Horst* (Kommentierung § 252 HGB, 2003), Rz. 44; *Wohlgemuth, Michael* (Kommentierung § 252 HGB, Loseblatt), Rz. 39; *Knobbe-Keuk, Brigitte* (Bilanz- und Unternehmenssteuerrecht, 1993), S. 245. Nach *Schneider* „kann realisierter Gewinn erst vorliegen, wenn ein Wirtschaftsgut abgegangen *und* die Einnahmen zugeflossen sind." *Dieter Schneider* (ausschüttungsfähiger Betrag, 1971), S. 609 (Hervorhebung im Original); a.A. *Euler, Roland* (Gewinnrealisierung, 1989), S. 68 – 69; *Hommel, Michael* (Dauerschuldverhältnisse, 1992), S. 33 – 34.

362 Vgl. *Moxter, Adolf* (wirtschaftliche Betrachtungsweise, 1989), S. 232 – 241.

punkten zu beurteilen.[363] Daher markiert nach der h. M. im Schrifttum[364] bei einfachen Schuldverhältnissen der Übergang der Preisgefahr[365] regelmäßig den Zeitpunkt der Ertragsrealisation.

Solange die Lieferung und Leistung im Rechtssinne zum Bilanzstichtag noch nicht erfolgte, liegt ein schwebender Vertrag vor, der nach dem Realisationsprinzip grundsätzlich nicht erfolgswirksam erfasst werden darf.[366] Wenn aber bei einem schwebenden Vertrag vertragliche Vor- oder Nachleistungen bestehen, ist das vertragliche Gleichgewicht von Leistung und Gegenleistung in diesem Zeitpunkt gestört.[367] Das Realisationsprinzip gebietet dann die Passivierung der eigenen Nachleistungsverpflichtung bzw. die Aktivierung einer eigenen Vorleistung[368], da ohnedies die Vor- oder die Nachleistung im jeweiligen Zahlungszeitpunkt gewinnwirksam würde[369].

Im Gegensatz zu einfachen Schuldverhältnissen werden Dauerschuldverhältnisse „nicht zu einem bestimmten Zeitpunkt, sondern innerhalb eines gewissen Zeitraums [...] erfüllt“[370]. Die Dauerschuldverhältnisse sind durch den „essentiellen Zeitmoment“ und der damit einhergehenden „permanenten Pflichtanspannung“[371] gekennzeichnet. Der Umfang der Gesamtleistung ist hier untrennbar mit dem Zeitraum verknüpft, in dem die Leistung bewirkt wird[372], wobei die erbrachte Gesamtleistung innerhalb dieses Zeitraums im Zeitablauf anwächst.[373] Da bei einem Dauerschuldverhältnis „die Erfüllung des Vertrags fortlaufend über die Vertragsdauer stattfindet,“[374] wird der Ertrag hieraus nicht in einem Zeitpunkt, sondern grds. pro rata parte, d. h. in „Abhängigkeit der im Zeitablauf fortschreitenden Leistungshandlung reali-

363 Vgl. BFH-Urteil vom 14. Dezember 1982, VIII R 53/81, BStBl. II 1983, S. 304 - 305; BFH-Urteil vom 27. Februar 1986, IV R 52/83, BStBl. II 1986, S. 553.

364 Vgl. *Moxter, Adolf* (Rechnungslegung, 2003), S. 41; *Gelhausen, Hans Friedrich* (Realisationsprinzip, 1985), S. 162 – 166; *Woerner, Lothar* (Gewinnrealisierung, 1988), S. 774 – 777; *Lüders, Jürgen* (Gewinnrealisierung, 1987), S. 72 – 84; *Herzig, Norbert* (Realisationsprinzips, 1993), S. 211.

365 Die Preisgefahr umfasst die Gefahr des Untergangs der Sache oder der zufälligen Verschlechterung der Sache.

366 Vgl. *Hommel, Michael* (Dauerschuldverhältnisse, 1992), S. 35 – 36; *Crezelius, Georg* (schwebende Geschäfte, 1988), S. 85; *Woerner, Lothar* (Bilanzierung, 1984), S. 489.

367 Vgl. *Woerner, Lothar* (Bilanzierung, 1984), S. 489; *Moxter, Adolf* (Rechnungslegung, 2003), S. 51.

368 Vgl. *Moxter, Adolf* (Rechnungslegung, 2003), S. 51; *Schön, Wolfgang* (Rückstellungen, 1994), S. 9; *Weber-Grellet, Heinrich* (Realisationsprinzip, 1996), S. 904 – 905.

369 Vgl. *Moxter, Adolf* (Rechnungslegung, 2003), S. 51.

370 *Groh, Manfred* (Verbindlichkeitsrückstellung, 1988), S. 28. Vgl. auch *Knobbe-Keuk, Brigitte* (Bilanz- und Unternehmenssteuerrecht, 1993), S. 253.

371 *Hommel, Michael* (Dauerschuldverhältnisse, 1992), S. 49 (beide Zitate).

372 Vgl. *Crezelius, Georg* (schwebende Geschäfte, 1988), S. 49.

373 Vgl. *Fuchs, Michael* (Rechnungsabgrenzungsposten, 1987), S. 67; *Crezelius, Georg* (schwebende Geschäfte, 1988), S. 84, *Hommel, Michael* (Dauerschuldverhältnisse, 1992), S. 49.

374 *Knobbe-Keuk, Brigitte* (Bilanz- und Unternehmenssteuerrecht, 1993), S. 253.

siert."[375] Das „Restgeschäft bleibt ein schwebendes Geschäft"[376], das grundsätzlich nicht bilanziert wird. Soweit das erhaltene Entgelt aber auf das noch schwebende Geschäft entfällt, wird es durch die Bildung eines passiven Rechnungsabgrenzungspostens auf die Abschlussperiode der Leistungserbringung übertragen.[377]

Nach dem Versicherungsschutzkonzept erbringt das Versicherungsunternehmen „eine kontinuierliche und zeitraumbezogen zu erbringende Dauerleistung"[378]. Solange die Vertragslaufzeit in die Abschlussperiode fällt, ist die Ertragsrealisation grds. unproblematisch.[379] Erstreckt sie sich aber über einen Bilanzstichtag, ist eine Aufteilung der vereinnahmten Prämien auf den bereits abgewickelten Geschäftsteil und den noch schwebenden Geschäftsteil nach dem Realisationsprinzip vorzunehmen. Da die Leistung „Gewährung von Versicherungsschutz" in der Regel gleichmäßig über die Vertragslaufzeit erbracht wird[380], sind die Prämien zeitproportional (pro rata temporis) zu erfassen.[381] Somit darf das Versicherungsunternehmen für den abgewickelten Geschäftsteil nur den Teil der erhaltenen Prämien erfolgswirksam vereinnahmen, der dem Umfang des bereits gewährten Versicherungsschutzes entspricht.[382] Dazu sind die Prämien „in dem Verhältnis auf die einzelnen Rechnungsperioden zu verteilen, in dem die Vertragsdauer auf die einzelnen Perioden entfällt."[383]

Wenn „eine zeitliche[n] Proportionalität zwischen Risikoverlauf und Betrag" fehlt, schreibt § 24 Satz 2 RechVersV vor, „den Bruttobetrag der Beitragsüberträge nach Verfahren zu ermitteln, die der im Zeitablauf unterschiedlichen Entwicklung des Risikos Rechnung tragen." Unterliegt der Gesamtschadenverlauf über die Vertragslaufzeit (starken) Schwankungen, bildet eine zeitproportionale Gewinnrealisation die Leistungserbringung des Versicherungsunternehmens unzutreffend ab.[384] In diesem Fall ist eine leistungsproportionale Gewinnrealisation geboten, d. h. „die Versicherungseinnahmen sind dann im Verhältnis der Erwartungswert-

[375] *Hommel, Michael* (Dauerschuldverhältnisse, 1992), S. 49.

[376] *Crezelius, Georg* (schwebende Geschäfte, 1988), S. 88; ebenso *Knobbe-Keuk, Brigitte* (Bilanz- und Unternehmenssteuerrecht, 1993), S. 253.

[377] Vgl. *Hommel, Michael* (Dauerschuldverhältnisse, 1992), S. 50.

[378] *Perlet, Helmut* (Rückstellungen, 1986), S. 31.

[379] Vgl. *Baur, Wolfgang* (Periodisierung, 1984), S. 28.

[380] Vgl. *Gürtler, Max* (Versicherungsbetriebe, 1958), S. 18; *Boetius, Jan* (Handbuch, 1996), Anm. 557.

[381] Vgl. *Brands, Heinrich* (Schadenschwankungen, 1979), S. 95; *Wels, Justus* (Beitragsüberträge, 1973), S. 47, *Löw, Sabine* (Gewinnrealisierung, 2003), S. 99 – 100.

[382] Vgl. *Baur, Wolfgang* (Periodisierung, 1984), S. 29.

[383] *Gürtler, Max* (Versicherungsbetriebe, 1958), S. 18.

[384] Vgl. *Baur, Wolfgang* (Periodisierung, 1984), S. 33; *Brands, Heinrich* (Schadenschwankungen, 1979), S. 97; *Boetius, Jan* (Handbuch, 1996), Anm. 557.

ausgaben pro Zeiteinheit zur Summe der Erwartungswertausgaben in der Versicherungsperiode zu verteilen."[385]

Soweit die erhaltene Prämie auf die noch ausstehenden Leistungen des Versicherungsunternehmens bzw. den noch schwebenden Geschäftsteil entfällt, der Versicherungsnehmer also in Vorleistung gegangen ist, werden diese durch die Bildung eines passiven Rechnungsabgrenzungspostens („Beitragsüberträge"[386]) auf die Abschlussperiode der Leistungserbringung transferiert.[387] Schließlich handelt es sich hierbei um eine Einnahme vor dem Bilanzstichtag, die Ertrag für eine bestimmte Zeit nach dem Bilanzstichtag verkörpert und damit der handelsrechtlichen Definition eines passiven Rechnungsabgrenzungspostens (§ 250 Abs. 2 HGB) entspricht.[388]

1.1.2. Aufwandsperiodisierung

Der „Gewinn, also der Unterschiedsbetrag von Ertrag und Aufwand, ist erst realisiert, wenn von den Erträgen sämtliche greifbar zugehörigen (auch künftigen) Aufwendungen abgesetzt sind."[389] Anderenfalls würde sich der Kaufmann reich rechnen, da nur die realisierten Vermögenszugänge aus einem Geschäftsvorfall, aber nicht die sich zukünftig realisierenden Vermögensabgänge aus dem gleichen Geschäftsvorfall berücksichtigt wären.[390] Das Realisationsprinzip regelt nicht nur die Ertragsrealisation, sondern ist auch für die Aufwandsperiodisierung zu beachten.[391] Danach werden Aufwendungen „grundsätzlich in dem Geschäftsjahr im Jahresabschluß erfaßt, in dem auch die diesen Aufwendungen zurechenbaren Erträge (Umsätze) erfaßt wurden."[392] Insofern regelt das Realisationsprinzip die Ansatzvoraussetzungen für Rückstellungen und den Passivierungszeitpunkt.

---

385 *Baur, Wolfgang* (Periodisierung, 1984), S. 34; a.A. ausführlich *Löw, Sabine* (Gewinnrealisierung, 2003), S. 101 – 106.

386 Zur Ermittlung der Beitragsüberträge ist die Beitragseinnahme nach Ansicht der Finanzverwaltung um nicht übertragungsfähige Einnahmeteile (Kostenabzug) und den Ratenzuschlag zu kürzen.

387 Vgl. für Dauerschuldverhältnisse im allgemeinen *Hommel, Michael* (Dauerschuldverhältnisse, 1992), S. 49.

388 Vgl. *Jäger, Bernd* (Rückstellungen, 1991), S. 180; *Baur, Wolfgang* (Periodisierung, 1984), S. 30.

389 *Moxter, Adolf* (Umweltschutzrückstellungen, 1992), S. 433; vgl. auch *Böcking, Hans-Joachim* (Verbindlichkeitsbilanzierung, 1994), S. 136; *Herzig, Norbert* (Realisationsprinzips, 1993), S. 212.

390 Vgl. *Moxter, Adolf* (Umweltschutzrückstellungen, 1992), S. 433; *Böcking, Hans-Joachim* (Verbindlichkeitsbilanzierung, 1994), S. 136.

391 Vgl. *Moxter, Adolf* (Rückstellungskriterien, 1995), S. 317; *Moxter, Adolf* (wirtschaftliche Betrachtungsweise, 1989), S. 234; *Moxter, Adolf* (Bilanzrechtsprechung, 1999), S. 109; *Moxter, Adolf* (Gewinnermittlung, 1988), S. 449; *Eibelshäuser, Manfred* (Rückstellungsbildung, 1987), S. 861 – 862; *Böcking, Hans-Joachim* (Finanzierungsleasing, 1989), S 505 – 506; *Gail, Winfried* (Rückstellungen, 1987), S. 51; *Groh, Manfred* (Verbindlichkeitsrückstellung, 1988), S. 37; a.A. *Adler/ Düring/ Schmaltz* (Rechnungslegung und Prüfung, 1996), § 252 HGB, Rz. 82; *Siegel, Theodor* (Metamorphosen, 1994), S. 599; *Siegel, Theodor* (Realisationsprinzip, 1994), S. 7; *Schulze-Osterloh, Joachim* (Aufwendungen, 1992), S. 656.

392 *Moxter, Adolf* (wirtschaftliche Betrachtungsweise, 1989), S. 234.

Ein Dauerschuldverhältnis setzt sich in der Regel aus mehreren Leistungen zusammen, die „zivilrechtlich als eine Einheit im Sinne einer Dauerleistungspflicht“ [393] anzusehen sind. Gemäß § 362 Abs. 1 BGB erlischt das Dauerschuldverhältnis grundsätzlich erst, wenn sämtliche Leistungen (Gesamtschuld) erbracht wurden.[394] Wenn sich das Dauerschuldverhältnis über einen Bilanzstichtag erstreckt, zerfällt die Leistungspflicht bilanzrechtlich[395] „in einen abgewickelten“ nicht mehr schwebenden und „einen erst noch abzuwickelnden schwebenden Geschäftsteil.“[396]

Nach dem Realisationsprinzip sind „von den realisierten Umsatzerträgen die diesen zurechenbaren Aufwendungen als Aufwand des betreffenden Geschäftsjahres abzusetzen.“[397] Soweit diese Aufwendungen erst in der Zukunft zahlungswirksam werden, ist bei „konkretisierte[r] Zugehörigkeit zukünftiger Ausgaben zu bereits realisierten Erträgen“[398] die Bildung einer Rückstellung für ungewisse Verbindlichkeiten (§ 249 Abs. 1 Satz 1 HGB), sog. Verbindlichkeitsrückstellungen, geboten. Eine konkretisierte Zugehörigkeit ist gegeben, wenn „die künftigen Aufwendungen greifbar bereits realisierte (statt erst künftig zu realisierende) Umsätze (Erträge) alimentieren.“[399] Soweit zukünftige Ausgaben bereits realisierten Erträgen im abgewickelten Geschäftsteil zuzurechnen sind, erzwingt das Realisationsprinzip somit die Bildung einer Verbindlichkeitsrückstellung.

Im Rahmen von Dauerschuldverhältnissen kommt die Bildung einer Verbindlichkeitsrückstellung folglich nur für den bereits abgewickelten Geschäftsteil in Betracht.[400] Die Verbindlichkeitsrückstellungen werden hier für „Restverpflichtungen“ gebildet, wenn das Unternehmen „seine Hauptverpflichtung erfüllt“[401] hat, d. h. seine Lieferung und Leistung bereits erbracht hat. In der Belastung der realisierten Erträge mit Nachleistungsverpflichtungen konkretisiert sich die Zugehörigkeit der zukünftigen Ausgaben zu bereits realisierten Erträgen. Insofern bezieht sich die Verbindlichkeitsrückstellung auf die Vergangenheit[402], in dem „die erfolgs-

---

393 *Thies, Angelika* (Rückstellungen, 1996), S. 170.

394 Vgl. *Kessler, Harald* (Rückstellungen, 1992), S. 200.

395 Dagegen werden die einzelnen Leistungen eines Dauerschuldverhältnisses im Zivilrecht als eine Einheit im Sinne einer Dauerleistungspflicht gesehen. Nach § 362 Abs. 1 BGB erlischt ein Dauerschuldverhältnis erst mit der Erfüllung der gesamten Schuld.

396 *Groh, Manfred* (Verbindlichkeitsrückstellung, 1988), S. 28 (beide Zitate); vgl. auch Moxter, Adolf (Bilanzlehre II, 1986), S. 69; *Knobbe-Keuk, Brigitte* (Bilanz- und Unternehmenssteuerrecht, 1993), S. 253.

397 *Moxter, Adolf* (Rechnungslegung, 2003), S. 46; vgl. auch *Moxter, Adolf* (Gewinnermittlung, 1988), S. 449.

398 BFH-Urteil vom 25. August 1989, III R 95/87, BStBl. II 1989, S. 895. Vgl. auch BGH-Urteil vom 28. Januar 1991, II ZR 20/90, in: BB, 46. Jg. (1991), S. 508.

399 *Moxter, Adolf* (Bilanzrechtsprechung, 1999), S. 108; vgl. auch *Moxter, Adolf* (Gewinnermittlung, 1988), S. 449 – 450; *Moxter, Adolf* (Rückstellungskriterien, 1995), S. 316; *Moxter, Adolf* (Realisationsprinzip, 1984), S. 1783 – 1784; *Hommel, Michael* (Dauerschuldverhältnisse, 1992), S. 22 – 23 m. w. N.

400 Vgl. *Groh, Manfred* (Verbindlichkeitsrückstellung, 1988), S. 28.

401 *Groh, Manfred* (Verbindlichkeitsrückstellung, 1988), S. 27 (beide Zitate).

402 Vgl. *Groh, Manfred* (Verbindlichkeitsrückstellung, 1988), S. 27.

wirksam gewordenen (künftigen) Ausgabennachleistungen umsatzbezogen"[403] periodisiert werden.

Nach § 1 Abs. 1 VVG ist das Versicherungsunternehmen mit dem Eintritt des Versicherungsfalls dazu verpflichtet, dem Versicherungsnehmer den dadurch verursachten Vermögensschaden zu ersetzen (Schadenversicherung) bzw. den vereinbarten Betrag an Kapital oder Rente zu zahlen oder die sonst vereinbarte Leistung zu bewirken (Lebens-, Unfall- und andere Arten von Personenversicherungen). In diesem Zeitpunkt geht die abstrakte Leistungsverpflichtung des Versicherungsunternehmens zur Gewährung von Versicherungsschutz in eine konkrete Leistungsverpflichtung zur Erbringung der vertraglich vereinbarten Versicherungsleistung über.[404] Der Eintritt des Versicherungsfalls sowie die hieraus resultierende Versicherungsleistung konkretisieren aber lediglich die Gewährung von Versicherungsschutz auf der ersten Leistungsstufe.[405] So ist eine „Eintrittspflicht des Unternehmens für einen eingetretenen Versicherungsfall [...] nur gegeben, wenn [...] die Beitragszahlung für den betreffenden Zeitraum erbracht wurde."[406] Insofern sind die Schadenausgaben aus dem Eintritt des Versicherungsfalls eine direkte Folge der Gewährung von Versicherungsschutz in der abgeschlossenen Periode.[407] Demnach besteht in dem Eintritt des Versicherungsfalls die Verknüpfung zwischen den zur Abwicklung des Versicherungsfalls erforderlichen Ausgaben und den Prämieneinnahmen.

Wenn Aufwendungen für in der Abschlussperiode, d. h. im bereits abgewickelten Geschäftsteil, eingetretene Versicherungsfälle erst in der Zukunft anfallen, alimentieren sie die für diese Abschlussperiode bereits realisierten Prämien derart, dass die vereinnahmten Prämien ohne Inkaufnahme dieser (zukünftigen) Ausgaben nicht erzielbar gewesen wären.[408] Demzufolge ist für diese zukünftigen Ausgaben nach dem Realisationsprinzip die Bildung einer Verbindlichkeitsrückstellung geboten. Blieben die wirtschaftlichen Nachleistungsverpflichtungen unpassiviert, führte dies zum Ausweis von Scheingewinnen („unrealisierte Gewinne"), da die künftigen Ausgaben nicht durch künftige (erwartete) Prämienerträge kompensiert würden.

---

403 *Böcking, Hans-Joachim* (Verbindlichkeitsbilanzierung, 1994), S. 146.

404 Vgl. *Farny, Dieter* (Versicherungsbilanzen, 1975), S. 13 - 14; *Molnar, Hans* (Schadenrückstellungen, 1986), S. 47 – 48; *Buck, Heiko* (versicherungstechnische Rückstellungen, 1995), S. 139; *Boetius, Jan* (Handbuch, 1996), Anm. 931.

405 *Sasse, Jürgen/ Boetius, Jan* (Rückstellungen, 1973), S. 19; vgl. *Farny, Dieter* (Versicherungsbilanzen, 1975), S. 13 – 14.

406 *Molnar, Hans* (Schadenrückstellungen, 1986), S. 122.

407 Vgl. *Molnar, Hans* (Schadenrückstellungen, 1986), S. 122.

408 Vgl. *Moxter, Adolf* (Rechnungslegung, 2003), S. 102.

Das Realisationsprinzip konkretisiert den „wirtschaftlichen Bezugspunkt der Rückstellungen ohne kausale Versursachungsüberlegungen". Hierdurch werden „die Unschärfen betriebswirtschaftlicher Kausalzusammenhänge zwischen einzelnen Ereignissen und dem Entstehen der Verpflichtung"[409] vermieden. Aber auch die Bestimmung des Passivierungszeitpunkts der Rückstellungen nach dem Realisationsprinzip beinhaltet „eine gewisse Unschärfe."[410] Diese ist darauf zurückzuführen, dass künftige Ausgaben „in dem Sinne umsatzunabhängig anfallen, daß sie weder bereits realisierte noch erst künftig zu realisierende Umsätze alimentieren"[411] (z. B. Schadenersatzverpflichtungen). Allerdings dürfen derartige (künftige) Ausgaben nicht als durch erwartete Erträge überkompensiert gelten, so dass sie am Bilanzstichtag eine wirtschaftliche Last („unkompensierte Last") bilden.[412] Da diesen künftigen Ausgaben „die Deckung durch zuordnenbare künftige Erträge fehlt"[413], besteht nach dem Vorsichtsprinzip eine Passivierungspflicht, wodurch der Ausweis unrealisierter Gewinne verhindert wird.[414]

Nach dem Realisationsprinzip besteht für künftige Ausgaben, die künftige Erträge alimentieren, selbst dann ein Passivierungsverbot, wenn sie am Bilanzstichtag bereits rechtlich voll entstanden sind.[415] Die Literatur spricht in diesem Zusammenhang von der „rückstellungsbegrenzenden Wirkung des Realisationsprinzips."[416] Dagegen wird im Schrifttum mit dem Verweis auf das Vorsichtsprinzip und das Vollständigkeitsprinzip (§ 246 Abs. 1 HGB) oftmals eine Passivierungspflicht für rechtlich entstandene Verpflichtungen gefordert.[417] Dem ist entgegen zu halten, dass die Konkretisierung der bilanzrechtlichen (gewissen und ungewissen) Verbindlichkeiten dem Vollständigkeitsgebot logisch vorgelagert ist[418] und mit einem vollständigen Schuldenausweis nicht der Ausweis sämtlicher Rechtsverpflichtungen gemeint ist[419]. Dies ergibt sich bereits aus dem Grundsatz der Nichtbilanzierung schwebender Geschäfte, wonach für Rechtsverpflichtungen aus schwebenden Geschäften grundsätzlich ein

---

409 *Rüdinger, Andreas* (Regelungsschärfe, 2003), S. 93 (beide Zitate).

410 *Ballwieser, Wolfgang* (Kommentierung § 249 HGB, 2001), Rz. 20; vgl. auch *Müller, Welf* (Rückstellungsbegriff, 1981), S. 129.

411 *Moxter, Adolf* (Bilanzrechtsprechung, 1999), S. 108. Vgl. auch *Hommel, Michael* (Dauerschuldverhältnisse, 1992), S. 22 – 23 m. w. N.

412 Vgl. *Hommel, Michael* (Kommentierung § 249 HGB, 2002), Rz. 81; *Böcking, Hans-Joachim* (Verbindlichkeitsbilanzierung, 1994), S. 50 – 55; *Ballwieser, Wolfgang* (Kommentierung § 249 HGB, 2001), Rdnr. 18.

413 *Moxter, Adolf* (Bilanzrechtsprechung, 1999), S. 108 – 109.

414 Vgl. *Hommel, Michael* (Kommentierung § 249 HGB, 2002), Rz. 81.

415 Vgl. *Thies, Angelika* (Rückstellungen, 1996), S. 184.

416 *Herzig, Norbert* (Realisationsprinzips, 1993), S. 209 – 226.

417 Vgl. *Scheffler, Eberhard* (Beck'sche HdR, Loseblatt), B 233, Rdnr. 57a m. w. N.

418 Vgl. *Weber-Grellet, Heinrich* (Realisationsprinzip, 1996), S. 904.

419 Vgl. *Hommel, Michael* (Kommentierung § 249 HGB, 2002), Rz. 82.

Passivierungsverbot besteht, da diese „als durch die aus dem schwebenden Geschäft resultierenden Erträge (über)kompensiert gelten"[420] dürfen.

Nach dem Grundsatz der Nichtbilanzierung schwebender Geschäfte dürfen Vermögensgegenstände und Schulden aus schwebenden Verträgen grundsätzlich keine bilanzielle Berücksichtigung finden.[421] Werden die für einen schwebenden Geschäftsteil erwarteten Schadenausgaben aber nicht durch die zugehörigen erwarteten bzw. abgegrenzten Prämieneinnahmen kompensiert, ist nach dem Imparitätsprinzip, welches „den Misserfolg eines Geschäfts, seinen negativen Erfolgsbeitrag, d. h. seinen Mehraufwand, frühestmöglich erfasst sehen will"[422], die Bildung einer Rückstellung für drohende Verluste aus dem Versicherungsgeschäft (Drohverlustrückstellung) geboten.[423]

Da sich die Verbindlichkeitsrückstellung und die Drohverlustrückstellung in ihrem Zweck und Zeitbezug unterscheiden, können sie „bei ein und demselben Sachverhalt nicht nebeneinander bestehen."[424] Die bestehende Gesetzeskonkurrenz ist durch die „Rangordnung der Fundementalprinzipien" eindeutig entschieden: „Das ranghöhere Realisationsprinzip erzwingt zunächst die vollständige Erfassung aller umsatzbezogenen Aufwendungen im abgelaufenen Geschäftsjahr; erst danach erzwingt das insoweit rangniedrigere Imparitätsprinzip zusätzlich die Antizipation der künftigen Mehraufwendungen und bewirkt in diesem Sinne eine einseitige Ergänzung des vorgelagerten Realisationsprinzips."[425]

1.1.3. Charakterisierung der Schadenrückstellungen und Abgrenzung zu anderen versicherungstechnischen Rückstellungen

Nach 341g Abs. 1 Satz 1 HGB sind Rückstellungen für noch nicht abgewickelte Versicherungsfälle (kurz: Schadenrückstellungen) für „die Verpflichtungen aus bis zum Ende des Geschäftsjahres eingetretenen, aber noch nicht abgewickelten Versicherungsfällen zu bilden." Die Schadenrückstellungen werden für (Nachleistungs-)Verpflichtungen aus in der Abschlussperiode eingetretenen Versicherungsfällen (zweite Leistungsstufe) gebildet[426], wenn das Versicherungsunternehmen den Versicherungsschutz bereits gewährt hat (erste Leistungsstufe), so dass sich die Schadenrückstellung „als eine Bilanzposition mit *Vergangenheitsbe-*

420 *Hommel, Michael* (Kommentierung § 249 HGB, 2002), Rz. 82.
421 Vgl. *Woerner, Lothar* (Dauerschuldverhältnisse, 1985), S. 178.
422 *Groh, Manfred* (Verbindlichkeitsrückstellung, 1988), S. 27.
423 Vgl. *Zimmermann, Jochen/ Schweinberger, Stefan* (Gestaltungsformen, 2005), S. 63.
424 *Groh, Manfred* (Verbindlichkeitsrückstellung, 1988), S. 27.
425 *Böcking, Hans-Joachim* (Verbindlichkeitsbilanzierung, 1994), S. 146 (beide Zitate). So auch *Löw, Sabine* (Gewinnrealisierung, 2003), S. 100.
426 Vgl. *Buck, Heiko* (versicherungstechnische Rückstellungen, 1995), S. 81.

zug"[427] erweist. Dabei steht für die Vergangenheit zumindest (objektiv) fest, inwieweit „die Gefahr sich zum konkreten Schaden verwirklicht hat."[428] Die Schadenrückstellungen werden somit für den „konkret eingetretenen Schaden" [429] gebildet und dienen einer periodengerechten Gewinnermittlung im Sinne des Realisationsprinzips[430]; Es handelt sich bei dieser Bilanzposition um Rückstellungen für ungewisse Verbindlichkeiten (§ 249 Abs. 1 Satz 1 HGB).[431]

Die Schadenrückstellungen werden für dem Grunde und/oder der Höhe nach ungewisse Verbindlichkeiten gebildet.[432] Darüber hinaus kann eine Ungewissheit auch im Bezug auf den Fälligkeitstermin der Leistungsverpflichtungen bestehen. In der Abschlussperiode eingetretene, aber noch nicht abgewickelte Versicherungsfälle lassen sich nach den Kenntnissen, die dem Versicherungsunternehmen am Bilanzstichtag über diese vorliegen, in bekannte Versicherungsfälle und Spätschäden unterscheiden.

- Die ***bekannten Versicherungsfälle*** sind dem Versicherungsunternehmen am Bilanzstichtag bereits gemeldet[433], so dass die zugehörige Verbindlichkeit dem Grunde nach bekannt, aber der Höhe nach ungewiss ist. Das Bestehen einer Verbindlichkeit kann für bekannte Versicherungsfälle aber zum Bilanzstichtag dann ungewiss sein, wenn für einen bereits gemeldeten Versicherungsfall zwischen dem Versicherungsunternehmen und dem Versicherungsnehmer (noch) umstritten ist, ob eine Leistungspflicht überhaupt besteht.[434]

- Dagegen liegt ein ***Spätschaden*** vor, wenn der Versicherungsfall erst nach dem Bilanzstichtag gemeldet wird, wobei zwischen bekannten und unbekannten Versicherungsfällen unterschieden wird. Ein Versicherungsfall wird als bekannter Spätschaden bezeichnet, wenn die Meldung zwischen dem Bilanzstichtag und der Schließung des Schadenregisters erfolgt.[435] Im Schadenregister erfasst das Versicherungsunternehmen die gemeldeten Versicherungsfälle. Mit der Schließung des Schadenregisters wird die Erfassung der Schadenmeldungen

---

427 *Jäger, Bernd* (Rückstellungen, 1991), S. 184 (Hervorhebungen im Original).

428 *Boetius, Jan* (Handbuch, 1996), Anm. 663.

429 *Schmidt-Salzer, Joachim* (IBNR, 1984), S. 12.

430 Vgl. *Jäger, Bernd* (Rückstellungen, 1991), S. 184; *Buck, Heiko* (versicherungstechnische Rückstellungen, 1995), S. 46.

431 Vgl. *Buck, Heiko* (versicherungstechnische Rückstellungen, 1995), S. 139; *Jäger, Bernd* (Rückstellungen, 1991), S. 187.

432 Vgl. *Buck, Heiko* (versicherungstechnische Rückstellungen, 1995), S. 159; *Perlet, Helmut* (Rückstellungen, 1986), S. 40; *Geib, Gerd/ Telgenbüscher, Franz R.* (Schaden- und Unfallversicherungsunternehmen, Loseblatt), Kapitel B IV, Rdnr. 90; *Ziegler, Günter* (Schadenrückstellungen, 1973), 100.

433 Vgl. *Koch, Alfons/ Krause, Hans-Josef* (Beck'scher Versicherungsbilanz-Kommentar, 1998), § 341g HGB, Rdnr. 12.

434 Vgl. *Perlet, Helmut* (Rückstellungen, 1986), S. 40.

435 Vgl. *Geib, Gerd/ Telgenbüscher, Franz R.* (Schaden- und Unfallversicherungsunternehmen, Loseblatt), Kapitel B IV, Rdnr. 132; *Koch, Alfons/ Krause, Hans-Josef* (Beck'scher Versicherungsbilanz-Kommentar, 1998), § 341g HGB, Rdnr. 15.

für einen bestimmten Zeitraum (z. B. Abschlussperiode, Kalenderjahr) abgeschlossen, so dass die Schließung des Schadenregisters eine notwendige Voraussetzung für die Inventur der noch nicht abgewickelten Versicherungsfälle bildet. Die zugehörige Verbindlichkeit ist mit den für bekannte Versicherungsfälle geltenden Einschränkungen dem Grunde nach bekannt, aber der Höhe nach ungewiss. Wenn der Versicherungsfall bis zur Schließung des Schadenregisters noch nicht gemeldet wurde, handelt es sich um einen unbekannten Spätschaden.[436] Somit ist für unbekannte Spätschäden sowohl die Existenz als auch die Höhe der jeweiligen Verbindlichkeit ungewiss. Die Anzahl und der Umfang der für einen Versicherungsbestand anfallenden Spätschäden werden durch den Zeitfaktor und den Änderungsfaktor determiniert. Der Zeitfaktor wird aus Vergangenheitserfahrungen abgeleitet und erlaubt für den jeweiligen Versicherungsbestand eine „quantitative Aussage über die zeitliche Verteilung der Spätschäden"[437] bezogen auf die einzelnen Abschlussperioden. Dagegen beschreibt der Änderungsfaktor die Auswirkungen, die sich aus einem qualitativen Wandel der Risikofaktoren auf die Anzahl und die Höhe der unbekannten Spätschäden ergeben. Der Wandel der Risikofaktoren kann bspw. in Änderungen in der Rechtsprechung zu Gunsten einer höheren Priorität des Opfer- und Verbraucherschutzes, in Änderungen im Anspruchsverhalten der Versicherungsnehmer oder in der Entstehung neuer bzw. Entdeckung latenter Schadenbilder bestehen.[438]

Darüber hinaus können sich dem Grunde und/oder der Höhe nach ungewisse Verbindlichkeiten aus Versicherungsfällen ergeben, die aufgrund eines Irrtums oder mangelnder Informationen seitens des Versicherungsunternehmens am Bilanzstichtag als bereits abgewickelt gelten und wofür folglich keine Schadenrückstellung gebildet wird, obwohl nach dem Bilanzstichtag noch Ausgaben für diesen Versicherungsfall anfallen (sog. wiederauflebende Versicherungsfälle).[439] Soweit die zusätzlichen Schadenausgaben zwischen dem Bilanzstichtag und der Schließung des Schadenregisters bekannt werden, ist nur die Höhe der Verbindlichkeit unsicher. Wenn das Versicherungsunternehmen erst nach der Schließung des Schadenregisters von dem wiederauflebenden Versicherungsfall Kenntnis erlangt, ist die Verbindlichkeit sowohl dem Grunde als auch der Höhe nach ungewiss.

---

436 Vgl. *Geib, Gerd/ Telgenbüscher, Franz R.* (Schaden- und Unfallversicherungsunternehmen, Loseblatt), Kapitel B IV, Rdnr. 132; *Koch, Alfons/ Krause, Hans-Josef* (Beck'scher Versicherungsbilanz-Kommentar, 1998), § 341g HGB, Rdnr. 15.

437 *Boetius, Jan* (Handbuch, 1996), Anm. 984.

438 Vgl. ausführlich *Boetius, Jan* (Handbuch, 1996), Anm. 985.

439 Vgl. *Molnar, Hans* (Schadenrückstellungen, 1986), S. 50.

Soweit künftige Ausgaben, die für noch nicht eingetretene Versicherungsfälle erwartet werden, die bereits erhaltenen (und abgegrenzten) oder die noch erwarteten Prämieneinnahmen übersteigen[440], ist nach dem Imparitätsprinzip die Bildung einer Drohverlustrückstellung geboten. Im schwebenden Geschäftsteil befindet sich der Versicherungsvertrag noch auf der ersten Leistungsstufe, so dass die Drohverlustrückstellung im Unterschied zur Verbindlichkeitsrückstellung nicht für konkrete Versicherungsfälle gebildet wird. Aufgrund des versicherungstechnischen Produktionsprinzips des Risikoausgleichs im Kollektiv und den Gesetzen der großen Zahlen kann ein drohender Verlust nur für eine Gefahrengemeinschaft beurteilt werden.[441] Diese tritt zur Ermittlung der Rückstellung für drohende Verluste aus dem Versicherungsgeschäft an die Stelle des einzelnen Versicherungsvertrags.[442]

Nach § 341h Abs. 1 HGB sind Schwankungsrückstellungen „zum Ausgleich der Schwankungen im Schadenverlauf künftiger Jahre zu bilden".[443] Wie die Drohverlustrückstellung, bezieht sich auch die Schwankungsrückstellung auf die Zukunft und unterscheidet sich hierdurch von der Verbindlichkeitsrückstellung. Im Gegensatz zur Drohverlustrückstellung wird die Schwankungsrückstellung aber nicht für Verpflichtungsüberschüsse aus bereits bestehenden Versicherungsverträgen gebildet, sondern soll die „aus dem Zufalls-/ Schwankungsrisiko[s] resultierenden Überschäden"[444] abdecken. Durch Entnahmen aus oder Zuführungen zur Schwankungsrückstellung bei Vorliegen eines Über- bzw. Unterschadens[445] sollen die Schwankungen zwischen den einzelnen Geschäftsjahren geglättet werden.[446] Auf diese Weise ermöglicht die Schwankungsrückstellung dem Versicherungsunternehmen einen Risikoausgleich in der Zeit.[447]

---

440 Zum Saldierungsbereich der Rückstellung für drohende Verluste aus dem Versicherungsgeschäft vgl. *Telgenbüscher, Franz R.* (Rückstellungen, 1995), S. 585 – 586; *Kühnberger, Manfred* (Drohverlustrückstellungen, 1990), S. 695.

441 Vgl. *Kühnberger, Manfred* (Drohverlustrückstellungen, 1990), S. 698; *Jäger, Bernd* (Rückstellungen, 1991), S. 78.

442 Vgl. *Wiedmann, Harald* (Kommentierung § 341e HGB, 1999), Rdnr. 61.

443 Vgl. 341h Abs. 1 Nr. 1 bis 3 HGB für die notwendigen Ansatzvoraussetzungen.

444 *Buck, Heiko* (versicherungstechnische Rückstellungen, 1995), S. 139.

445 Ein Unter- oder Überschaden tritt ein, wenn für ein Risikokollektiv der Geschäftsjahresschaden negativ oder positiv von dem hierfür erwarteten Durchschnittsschaden abweicht.

446 Vgl. *Jäger, Bernd* (Rückstellungen, 1991), S. 162.

447 Vgl. *Korn, Jochen Heinrich* (Schwankungsreserven, 1997), S. 51 - 52.

1.2. Ansatznormen

1.2.1. Prinzip der wirtschaftlichen Vermögensbelastung

1.2.1.1. Passivierung rein wirtschaftlicher Verpflichtungen

Im Prinzip der wirtschaftlichen Vermögensbelastung konkretisiert sich die „wirtschaftliche Betrachtungsweise für den Begriff und den Passivierungszeitpunkt der (gewissen und ungewissen) bilanzrechtlichen Verbindlichkeiten.“[448] Die Ermittlung einer gerade noch vertretbaren, d. h. die Unternehmenssubstanz erhaltenden, Ausschüttung[449] und die Unterstützung der Abschlussadressaten beim Treffen wirtschaftlich sinnvoller Entscheidungen[450] erfordern, im handelsrechtlichen Jahresabschluss das wirtschaftliche Vermögen abzubilden.[451] Deshalb beurteilt sich die Passivierungsfähigkeit von Rückstellungen nach „wirtschaftlichen Kriterien.“[452] Insoweit setzt die Passivierung einer Rückstellung voraus, dass eine Leistungsverpflichtung besteht, die sich für das Unternehmen als eine wirtschaftliche Last darstellt.[453]

Eine Rechtsverpflichtung ist somit „weder eine hinreichende noch eine notwendige Passivierungsvoraussetzung“[454] für Verbindlichkeiten. Sie ist keine hinreichende Voraussetzung, da eine Rechtsverpflichtung nicht zwingend mit einer wirtschaftlichen Belastung des Unternehmens einhergeht.[455] Wenn die Rechtsverpflichtung infolge der voraussichtlich ausbleibenden Inanspruchnahme „keinerlei wirtschaftliche Bedeutung mehr hat“[456], verkörpert sie keine Verbindlichkeit im bilanzrechtlichen Sinne. Im Umkehrschluss können auch rein faktische Verpflichtungen, die aus wirtschaftlichen, sozialen oder sittlichen Gründen erfüllt werden, eine Verbindlichkeit bilden, wenn sie „sich bis zum Bilanzstichtag hinreichend konkretisiert“[457] haben, so dass die Rechtsverpflichtung auch keine notwendige Passivierungsvoraussetzung darstellt[458].

Rechtliche oder faktische Leistungsverpflichtungen verkörpern eine wirtschaftliche Last, wenn sie zukünftig noch zu Ausgaben führen, die „nicht durch (künftige) Einnahmen bzw. Erträge wirtschaftlich ausgeglichen“ werden und folglich einen „(künftigen) Ausgabenüber-

---

448 *Moxter, Adolf* (Rechnungslegung, 2003), S. 97.
449 Vgl. *Böcking, Hans-Joachim* (Verbindlichkeitsbilanzierung, 1994), S. 33.
450 Vgl. *Moxter, Adolf* (Rückstellungskriterien, 1995), S. 319.
451 Vgl. *Moxter, Adolf* (Rechnungslegung, 2003), S. 97.
452 *Rüdinger, Andreas* (Regelungsschärfe, 2003), S. 55.
453 Vgl. *Löw, Sabine* (Gewinnrealisierung, 2003), S. 77.
454 *Moxter, Adolf* (Bilanzrechtsprechung, 1999), S. 82.
455 Vgl. *Hommel, Michael* (Kommentierung § 249 HGB, 2002), Rz. 32; *Wiedmann, Harald* (Kommentierung § 249 HGB, 1999), Rz. 23.
456 BFH-Urteil vom 22. November 1988, VIII R 62/85, BStBl. II 1989, S. 361.
457 *Hommel, Michael* (Kommentierung § 249 HGB, 2002), Rz. 33.
458 Vgl. *Moxter, Adolf* (Bilanzrechtsprechung, 1999), S. 82; *Moxter, Adolf* (Rechnungslegung, 2003), S. 98.

schuss darstellen."[459] Nur solche unkompensierten Verbindlichkeiten sind in einer Bilanz, die das „Vermögen im wirtschaftlichen Sinne abbilden soll"[460], passivierungspflichtig. Lediglich durch unentbehrliche Objektivierungsprinzipien, wie das Außenverpflichtungsprinzip, das Prinzip der objektivierten Mindestwahrscheinlichkeit und das Prinzip der selbstständigen Bewertbarkeit, wird die Passivierungspflicht für unkompensierte Verbindlichkeiten eingeschränkt.[461]

1.2.1.2. Bildung der Schadenrückstellungen in wirtschaftlicher Betrachtungsweise

a) Rechtsverpflichtungen aus dem Eintritt des Versicherungsfalls

Mit dem Eintritt des Versicherungsfalls entsteht die rechtliche Verpflichtung des Versicherungsunternehmens, die im Versicherungsvertrag und den AVB für diesen Fall vereinbarte Leistung zu erbringen.[462] Diese werden an den Versicherungsnehmer oder eine geschädigte dritte Person als Geldleistung, Naturalersatz oder in Form von direkten Dienstleistungen erbracht.[463] Die Leistungen umfassen auch Beträge für Rückkäufe, Rückgewährbeiträge und Austrittsvergütungen aufgrund von gekündigten oder abgelaufenen Verträgen.[464]

Die Bildung einer Schadenrückstellung ist nur ausgeschlossen, wenn die Inanspruchnahme des Versicherungsunternehmens durch den Versicherungsnehmer aufgrund der bestehenden rechtlichen Leistungsverpflichtung aber „so gut wie sicher ausgeschlossen werden"[465] kann, so dass der eingetretene Versicherungsfall voraussichtlich keine (zukünftigen) Ausgaben mehr verursacht. Solange mit dem Eintritt des Versicherungsfalls eine wirtschaftliche Belastung des Versicherungsunternehmens einhergeht, ist die Bildung einer Schadenrückstellung unabhängig davon geboten, ob das Versicherungsunternehmen oder der Versicherungsnehmer zum Bilanzstichtag bereits Kenntnis vom Eintritt des Versicherungsfalls erlangt haben. Die Schadenrückstellung ist dann (pauschal) zu schätzen und anhand von Vergangenheits- und Branchenerfahrungen zu objektivieren.

---

459 *Moxter, Adolf* („matching principle", 1995), S. 442 (beide Zitate). So auch *Löw, Sabine* (Gewinnrealisierung, 2003), S. 78.

460 *Löw, Sabine* (Gewinnrealisierung, 2003), S. 78.

461 *Moxter, Adolf* (Rechnungslegung, 2003), S. 97.

462 Vgl. *Molnar, Hans* (Schadenrückstellungen, 1986), S. 47.

463 Vgl. für Einzelheiten der Versicherungsleistung *Höke, Bernd* (Leistung, 2004), Rdnr. 8 – 13.

464 Nach § 41 RechVersV umfassen die Zahlungen für Versicherungsfälle auch „...gezahlte Rückkäufe und Rückgewährbeiträge..."; vgl. *Hesberg, Dieter* (Beck'sche HdR, Loseblatt), B 910, Rz. 149; *Treuberg, Hubertus Graf von/ Angermeyer, Birgit* (Versicherungsunternehmen, 1995), S. 299.

465 *Moxter, Adolf* (Rechnungslegung, 2003), S. 97; vgl. auch BFH-Urteil vom 27. März 1996, I R 3/95, BStBl. II 1996, S. 471.

b) Faktische Leistungsverpflichtungen aus dem Eintritt eines Schadens

Wenn dem Versicherungsnehmer in der Abschlussperiode ein Schaden entstanden ist, aber die vertraglich vereinbarten Voraussetzungen für eine Leistungsverpflichtung des Versicherungsunternehmens jedoch nicht vorliegen, ist die Bildung einer Schadenrückstellung dennoch nicht zwingend ausgeschlossen. Auch rein wirtschaftliche Lasten aus eingetretenen, aber noch nicht abgewickelten Schäden können die Bildung einer Schadenrückstellung begründen. Nach dem Prinzip der wirtschaftlichen Vermögensbelastung ist die „Einklagbarkeit der Leistungsverpflichtung"[466], also das Vorliegen eines „zur Gewährung von Versicherungsschutz verpflichtenden Versicherungsfalls"[467], keine zwingende Passivierungsvoraussetzung.

Die faktischen Leistungsverpflichtungen umfassen sämtliche Schadenzahlungen, die das Versicherungsunternehmen leisten will, obwohl seitens des Versicherungsnehmers kein Anspruch auf die Versicherungsleistung besteht und „die Gerichte dementsprechend im Fall einer Klage gegenüber dem Versicherungsunternehmen einen Anspruch des Versicherungsnehmers negieren würden"[468] (Kulanzleistungen). Eine Kulanzleistung liegt insb. vor, wenn der Versicherungsnehmer eine Schadenzahlung einfordert, das Versicherungsunternehmen zur Leistung „nicht verpflichtet zu sein glaubt"[469], die Schadenzahlung aber dennoch erbringen will.[470] In diesen Fällen ist die Existenz und/oder Höhe der Leistungsverpflichtung zwischen dem Versicherungsunternehmen und dem Versicherungsnehmer strittig, bspw. bei Fragen der Auslegung der AVB und einschlägigen Vorschriften. Da sich diese Zahlungen regelmäßig aus einem Vergleich ergeben, umfassen die Kulanzleistungen somit auch typische Vergleichszahlungen.[471]

466 *Hommel, Michael* (Kommentierung § 249 HGB, 2002), Rz. 34.

467 *Boetius, Jan* (Handbuch, 1996), Anm. 934.

468 *Lenz, Tobias* (Kulanzleistungen, 1992), S. 66.

469 *Lenz, Tobias* (Kulanzleistungen, 1992), S. 64 m. w. N.

470 „Eine Kulanzzahlung ist demgegenüber keine Zahlung eines Versicherers aufgrund eines bestehenden Anspruchs des VN aus dem Versicherungsvertrag, sondern eine Zahlung aufgrund einer besonderen – neben dem Versicherungsvertrag liegenden - Abrede zwischen dem Versicherer und dem VN. Ein Streit über die – unter Umständen problematische – Frage einer Verpflichtung des Versicherers zu einer Ersatzleistung soll dadurch gerade vermieden werden, daß der Versicherer dem VN die Zahlung eines – meist geringeren als des geforderten – Betrags anbietet." LG Hagen-Urteil vom 28. Oktober 1982, 16 O 28/82, in: VersR-R, 34. Jg. (1983), S. 1147; vgl. auch OLG Hamm, Urteil vom 11. März 1994, 20 U 334/93, in: NJW-RR, 48. Jg. (1995), S. 1501: „Nicht jede Zahlungsankündigung eines Berufsunfähigkeits-Zusatzversicherers stellt ohne weiteres ein bedingungsgemäßes Anerkenntnis nach § BB-BUZ dar. Im Wege der Auslegung der Erklärung kann sich vielmehr ergeben, daß der Versicherer nur eine (befristete) Kulanzleistung erbringen will." Im Schrifttum vgl. stellvertretend *Gerathewohl, Klaus* (Rückversicherung, 1976), S. 803; *Schloén, Manfred* (Personenschäden, 1978), Rn. 101. Im Schrifttum wird aber auch die Auffassung vertreten, dass nur Schadenleistungen ohne rechtliche Verpflichtung eine Kulanzleistung darstellen. Danach verkörpern Schadenzahlungen, die für strittige Schäden erbracht werden, keine Kulanzleistung. Vgl. hierzu stellvertretend *Ehrenzweig, Albert* (Versicherungsvertragsrecht, 1952), S. 169.

471 Vgl. *Lenz, Tobias* (Kulanzleistungen, 1992), S. 62 – 63.

Sobald der Versicherungsnehmer die vom Versicherungsunternehmen angebotene Kulanzleistung „etwa durch vorbehaltlose Annahme der Zahlung“[472] annimmt, beruht die Schadenzahlung bzw. die hierfür zu bildende Schadenrückstellung auf einer rechtlichen Leistungsverpflichtung. Die Leistung wird dann aber nicht „aufgrund eines Anspruches des VN [Versicherungsnehmers, Einfg. des Verf.] aus dem Versicherungsvertrag, sondern aufgrund dieser neuen Vereinbarung“[473] (Vergleichs- oder Kulanzangebot) erbracht. Somit kann eine faktische Leistungsverpflichtung nur vor der Annahme des Vergleichs- oder Kulanzangebots durch den Versicherungsnehmer bestehen.

c) *Rentenversicherungsfälle*

Wenn am Abschlussstichtag gemeldete, aber nicht abgewickelte Versicherungsfälle in Form einer Rente zu erbringen sind, wird hierfür eine Renten-Deckungsrückstellung gebildet. Nach § 25 Abs. 6 Satz 2 RechVersV haben Schaden- und Unfallversicherungsunternehmen sowie Rückversicherungsunternehmen die für Rentenversicherungsfälle zu bildende Renten-Deckungsrückstellungen im Posten „Rückstellung für noch nicht abgewickelte Versicherungsfälle“ auszuweisen. Damit stellt diese Vorschrift klar, dass die Renten-Deckungsrückstellung eine Teilrückstellung der Schadenrückstellung darstellt und nicht unter den Deckungsrückstellungen im Sinne des § 341 f HGB, der die Bilanzierung der Deckungsrückstellung „für die Verpflichtungen aus dem Lebensversicherungs- und dem nach Art der Lebensversicherung betriebenen Geschäft“ regelt, auszuweisen ist.[474]

Eine Renten-Deckungsrückstellung ist nur für solche Versicherungsfälle zu bilden, die auf Grund eines rechtskräftigen Urteils, eines Vergleichs oder einer Anerkenntnis in Form einer Rente zu erbringen sind.[475] Wenn die Rentenleistungsverpflichtung festgestellt wurde, haben Schaden- und Unfallversicherungsunternehmen sowie Rückversicherungsunternehmen die Verbindlichkeit unverzüglich in die Renten-Deckungsrückstellung zu überführen. Dies gilt auch dann, wenn der Versicherungsfall zwischen dem Abschlussstichtag und der Schließung des Schadenregisters gemeldet oder die Rentenleistungspflicht in diesem Zeitraum festgestellt wurde. Eine zeitnahe Überführung ist insbesondere deshalb geboten, da nach § 11 e i.V.m. 11 a VAG in Höhe der Rückstellung ein Sondervermögen in Form eines Deckungsstocks auf-

---

472 LG Hagen-Urteil vom 28. Oktober 1982, 16 O 28/82, in: VersR, 34. Jg. (1983), S. 1147.
473 LG Hagen-Urteil vom 28. Oktober 1982, 16 O 28/82, in: VersR, 34. Jg. (1983), S. 1147.
474 *Koch, Alfons/ Krause, Hans-Josef* (Beck'scher Versicherungsbilanz-Kommentar, 1998), § 341g HGB, Rdnr. 25.
475 Vgl. 341g Abs. 5 HGB.

gebaut werden muss.[476] In die Renten-Deckungsrückstellung eingestellte ungewisse Verbindlichkeiten verbleiben bis zur endgültigen Abwicklung des Versicherungsfalls oder der Verjährung des Rentenanspruchs in dieser Teilrückstellung.

1.2.2. Objektivierungsprinzipien

1.2.2.1. Außenverpflichtungsprinzip

a) Schadenaufwendungen

Nach dem Außenverpflichtungsprinzip dürfen Schadenrückstellungen nur für Leistungsverpflichtungen gebildet werden, „die gegenüber einem Dritten bestehen und diesem einen Anspruch gewähren, dem sich der Kaufmann nicht entziehen kann.“[477] Der Dritte kann eine einzelne Person, eine Personengruppe oder die gesamte Öffentlichkeit sein.[478] Die Existenz einer Außenverpflichtung setzt zwar nicht voraus, dass „die Person des Dritten im einzelnen“ feststeht, erfordert aber, dass zumindest der „Kreis der möglichen Anspruchsberechtigten“[479] bekannt ist. Dagegen besteht für reine Innenverpflichtungen, d. h. „betriebswirtschaftliche Verpflichtungen des Kaufmanns gegen sich selbst“[480], grundsätzlich ein Passivierungsverbot.[481] Das Außenverpflichtungsprinzip ist für rechtliche Verpflichtungen, die zivilrechtlicher oder öffentlichrechtlicher Natur seien können[482], stets erfüllt, da hier der jeweils Anspruchsberechtigte auch der außenstehende Dritte ist.[483]

Die (rechtliche) Verpflichtung zur Schadenzahlung ergibt sich dem Grunde und der Höhe nach aus dem Versicherungsvertrag, so dass die hierfür gebildete Schadenrückstellung auf einer zivilrechtlichen Verpflichtung beruht. Einer Passivierung steht nicht entgegen, dass der Versicherungsfall u. U. noch nicht gemeldet wurde und folglich der einzelne anspruchsberechtigte Versicherungsnehmer bzw. geschädigte Dritte nicht bekannt ist. Vielmehr lässt sich der Kreis der möglichen Anspruchsberechtigten anhand der Anzahl an Versicherungs-

---

476 Zur Anwendung des §§ 65 und 66 VAG vgl. *Kölschbach, Joachim* (Kommentierung § 65 VAG, 2005), Rn. 1 – 41; *Lipowsky, Ursula* (Kommentierung § 66 VAG, 2005), Rn. 1 – 38.

477 *Moxter, Adolf* (Verbindlichkeitsrückstellungen, 2004), S. 1057.

478 Vgl. *Rüdinger, Andreas* (Regelungsschärfe, 2003), S. 58.

479 *Scheffler, Eberhard* (Beck'sche HdR, Loseblatt), B 233, Rz. 44 (beide Zitate). So auch *Ballwieser, Wolfgang* (Kommentierung § 249 HGB, 2001), Rdnr. 11; *Hommel, Michael* (Kommentierung § 249 HGB, 2002), Rz. 37.

480 BFH-Urteil vom 19. Januar 1972, I 114/65, BStBl. II 1972, S. 396.

481 Nach § 249 Abs. 1 Satz 2 Nr. 1 HGB besteht eine Ausnahme für Rückstellungen für „unterlassene Instandhaltungsaufwendungen, die innerhalb von drei Monaten, oder für Abraumbeseitigung, die im folgenden Geschäftsjahr nachgeholt werden“. Ferner gewährt § 249 Abs. 1 Satz 3 und Abs. 3 HGB für weitere explizit genannte Aufwandsrückstellungen ein Passivierungswahlrecht.

482 Vgl. *Scheffler, Eberhard* (Beck'sche HdR, Loseblatt), B 233, Rz. 44.

483 Vgl. *Moxter, Adolf* (Rechnungslegung, 2003), S. 114; *Förschle, Gerhart/ Kroner, Matthias/ Heddäus, Birgit* (Verpflichtungen, 1999), S. 45.

verträgen, die zum Bilanzstichtag bestehen, eindeutig bestimmen.

Wenn Schadenzahlungen aus Kulanz erbracht werden (sollen), ist das Außenverpflichtungsprinzip weniger eindeutig. Ist der (wirtschaftliche) Sachzwang zur Erfüllung einer Kulanzleistung aber objektiviert erkennbar so groß, dass ihm das Versicherungsunternehmen auch ohne rechtliche Verpflichtung nachkommen wird (aber nicht muss), besteht der außenstehende Dritte in dem anspruchsberechtigten Versicherungsnehmer oder geschädigten Dritten, so dass auch hier in der Regel auch eine Außenverpflichtung gegeben ist.[484]

b) Schadenregulierungsaufwendungen

(1) Gegenstand der Schadenregulierungskosten

Im Zusammenhang mit der Abwicklung eines Versicherungsfalls oder der Erbringung einer Kulanzleistung entstehen dem Versicherungsunternehmen nicht nur externe Aufwendungen aus der Schadenzahlung an den Versicherungsnehmer bzw. an den geschädigten Dritten, sondern auch (externe und interne) Aufwendungen aus der Regulierung des Versicherungsfalls („Schadenregulierungsaufwendungen"). Die Regulierung des Versicherungsfalls umfasst nach h. M. die Ermittlung und die Bearbeitung des Schadens.[485] Dementsprechend lassen sich auch die Kosten der Schadenregulierung in Schadenermittlungskosten und Schadenbearbeitungskosten unterteilen.

Die Schadenermittlungskosten sind speziell durch den einzelnen Versicherungsfall veranlasst und entstehen dem Versicherungsunternehmen aus der Feststellung der Leistungsverpflichtung dem Grunde und der Höhe nach.[486] Zu ihnen gehören grundsätzlich alle Kosten, die auch auf den Versicherungsnehmer zukämen, „wenn er nicht versichert wäre", und die „ihm beim Vorliegen eines Versicherungsvertragsverhältnisses eine Versicherungsgesellschaft gemäß § 66 VVG zu erstatten hätte."[487] Hierzu zählen insbesondere die Kosten für Gutachten, Behördenauskünfte und Materialunterlagen sowie die Gehalts-, Reise- und Gemeinkostenanteile, die im Rahmen der Schadenermittlung, -behebung und -regulierung entstehen.[488]

Demgegenüber resultieren Schadenbearbeitungskosten aus Dienstleistungen, die zwar mit dem Versicherungsfall in Zusammenhang stehen und auch zu dessen Regulierung notwendig

---

484 Vgl. *Hommel, Michael* (Anlagewerte, 1998), S. 151 – 152.

485 Vgl. *Boetius, Jan* (Handbuch, 1996), Anm. 935; *Prüßmann, Otto/ Uhrmann, Karl* (Schadenregulierungskosten, 1975), S. 390.

486 Vgl. *Prüßmann, Otto/ Uhrmann, Karl* (Schadenregulierungskosten, 1975), S. 389; *Perlet, Helmut* (Rückstellungen, 1986), S. 29; *Molnar, Hans* (Schadenrückstellungen, 1986), S. 53.

487 *Prüßmann, Otto/ Uhrmann, Karl* (Schadenregulierungskosten, 1975), S. 389 (beide Zitate).

488 Vgl. *Boetius, Jan* (Handbuch, 1996), Anm. 1011; *Prüßmann, Otto/ Uhrmann, Karl* (Schadenregulierungskosten, 1975), S. 390.

sind, aber der Schadenermittlung und der Schadenzahlung nicht zugerechnet werden können.[489] Sie verursachen beim Versicherungsunternehmen zusätzliche Kosten, die dem Versicherungsnehmer selbst nicht entstehen würden, wenn er nicht versichert wäre. Hierunter fallen insbesondere Kosten aus der Prüfung des Versicherungsverhältnisses und daraus entstehende Deckungsprozesse, Kosten der Anlage und Führung der Schadenakte, der Kartei- und Listenführung, der Statistik, der Abrechnung mit Rück- und Mitversicherern, der Bearbeitung von Regressen und Ausgleichsansprüchen gegen Dritte bzw. deren Versicherer, Bearbeitung von Teilungsabkommen mit anderen Versicherern und der Verwaltung von Renten.[490]

(2) Auffassung der Rechtsprechung und Finanzverwaltung

Nach 341g Abs. 1 Satz 2 HGB sind bei der Bildung der Schadenrückstellung die „gesamten Schadenregulierungsaufwendungen" zu berücksichtigen. Diese Vorschrift setzt Art. 60 Abs. 1 c Versicherungsbilanzrichtlinie in deutsches Recht um[491], wonach „Schadenregulierungsaufwendungen, gleich welchen Ursprungs" in die Berechnung der Schadenrückstellung einzubeziehen sind. Nach dem Willen des Gesetzgebers soll die bis zur Umsetzung der Versicherungsbilanzrichtlinie geltende Rechtslage mit der Formulierung „die gesamten Schadenregulierungsaufwendungen" aber nicht verändert werden.[492]

Die bis dahin geltende Rechtslage geht auf ein BFH-Urteil vom 19. Januar 1972 zurück, wonach die Bildung einer Schadenrückstellung nur für die Schadenermittlungsaufwendungen, nicht aber für die Schadenbearbeitungsaufwendungen zulässig ist. Nach Ansicht der Rechtsprechung „enthält das VVG [...] keine Vorschrift, aus der sich eine Verpflichtung des Versicherers zur Schadenbearbeitung ergibt, die gegenüber der Verpflichtung zur Schadenermittlung und zur Leistung des Schadenersatzes in Geld mit einer hinreichenden Selbstständigkeit ausgestattet ist."[493] Die Schadenbearbeitungsaufwendungen stehen zwar „im Zusammenhang mit der Vertragserfüllung im Schadenfall, [...] die rechtliche und wirtschaftliche Ursache

---

[489] Vgl. *Prüßmann, Otto/ Uhrmann, Karl* (Schadenregulierungskosten, 1975), S. 389; *Jäger, Alfred* (versicherungstechnische Rückstellungen, 1970), S. 664; *Molnar, Hans* (Schadenrückstellungen, 1986), S. 54.

[490] Vgl. BMF-Schreiben vom 2. Februar 1973, in: DStZ Eildienst 10/1973, S. 75; *Boetius, Jan* (Handbuch, 1996), Anm. 1011; *Geib, Gerd/ Telgenbüscher, Franz R.*(Schaden- und Unfallversicherungsunternehmen, Loseblatt), Kapitel B IV, Rdnr. 151.

[491] Vgl. Gesetzentwurf der Bundesregierung zur Durchführung der Richtlinie des Rates der Europäischen Gemeinschaft über den Jahresabschluß und den konsolidierten Abschluß von Versicherungsunternehmen (Versicherungsbilanzrichtlinien-Gesetz – VersRiLiG) vom 26 August 1993, BT-Drucksache 12/5587, S. 28.

[492] Vgl. Gesetzentwurf der Bundesregierung zur Durchführung der Richtlinie des Rates der Europäischen Gemeinschaft über den Jahresabschluß und den konsolidierten Abschluß von Versicherungsunternehmen (Versicherungsbilanzrichtlinien-Gesetz – VersRiLiG) vom 26. August 1993, BT-Drucksache 12/5587, S. 28.

[493] BFH-Urteil vom 19. Januar 1972, I 114/65, BStBl. II 1972, S. 395.

dieser Kosten" liegt jedoch nicht im einzelnen Versicherungsfall begründet, „sondern in der Tatsache, dass ein Unternehmen besteht und die Schadenversicherung betreibt."[494] Da eine „Verbindlichkeit gegenüber einem Dritten" nicht besteht, führte die Passivierung der Schadenbearbeitungsaufwendungen „zur Bildung einer Aufwandsrückstellung, [...], die – von hier nicht vorliegenden Ausnahmen abgesehen – dem geltenden Recht widerspricht."[495]

(3) Unselbstständige Nebenleistung der Hauptleistung

Das Versicherungsunternehmen ist bei Eintreten des Versicherungsfalls zur Regulierung des Schadenfalls verpflichtet. Aus Sicht des Versicherungsnehmers besteht die geschuldete Leistung zwar lediglich in der Auszahlung des Geldbetrags.[496] Da die vertraglich vereinbarte Leistung jedoch nicht ohne Ermittlung und Bearbeitung des Schadens erbracht werden kann[497], umfasst die Leistungsverpflichtung aus Sicht des Versicherungsunternehmens auch die Ermittlung und die Bearbeitung des Versicherungsfalls[498]. Die Versicherungsleistung ist folglich eine kombinierte Geld- und Dienstleistungsverpflichtung, wobei die Schadenermittlung und die Schadenbearbeitung als „unselbstständige Teilleistungen der Schadenregulierung ... untrennbar mit der Hauptleistung Entschädigung verbunden sind."[499]

Die Schadenrückstellungen werden in Höhe des Betrages gebildet, den das Versicherungsunternehmen zur Erfüllung der Außenverpflichtung gegenüber dem Versicherungsnehmer aufbringen muss. Dabei ist grundsätzlich die Sicht des Versicherungsunternehmens und nicht die Sicht des Versicherungsnehmers ausschlaggebend. Demzufolge besteht eine Passivierungspflichtung auch für unselbstständige Nebenleistungen, die zwar nicht selbstständig einklagbar, aber zur Erfüllung einer Hauptleistungsverpflichtung notwendig sind. Eine Passivierungspflicht besteht dann auch für die zur Erfüllung der Leistungsverpflichtung gegenüber dem Versicherungsnehmer erforderlichen Schadenregulierungssaufwendungen aus eingetretenen, aber am Bilanzstichtag noch nicht abgewickelten Versicherungsfällen, da diese wirtschaftlich untrennbar mit der geschuldeten Hauptleistung, der Schadenszahlung, verbunden sind.[500]

---

494 BFH-Urteil vom 19. Januar 1972, I 114/65, BStBl. II 1972, S. 396 (alle Zitate).

495 BFH-Urteil vom 19. Januar 1972, I 114/65, BStBl. II 1972, S. 396 (alle Zitate).

496 Vgl. *Perlet, Helmut* (Rückstellungen, 1986), S. 77 bzw. Naturalersatz oder in der Erbringung der zugesagten Dienstleistung.

497 Vgl. *Buck, Heiko* (versicherungstechnische Rückstellungen, 1995), S. 162; *Molnar, Hans* (Schadenrückstellungen, 1986), S. 52.

498 Vgl. *Perlet, Helmut* (Rückstellungen, 1986) S. 77.

499 *Perlet, Helmut* (Rückstellungen, 1986) S. 77.

500 Vgl. *Perlet, Helmut* (Rückstellungen, 1986), S. 77; *Boetius, Jan* (Handbuch, 1996), Anm. 1016.

Die Schadenregulierungsaufwendungen können sowohl Einzelkosten, die sich dem einzelnen Versicherungsfall unmittelbar zurechnen lassen, als auch Gemeinkosten darstellen, die sich dem Versicherungsfall nur mittelbar zurechnen lassen.[501] Die Zuordnung der angefallenen Kosten zu den Einzelkosten und den Gemeinkosten hängt vom angewandten Kostenrechnungssystem und den dazugehörigen Definitionsgrundsätzen ab. Die Einzelkosten umfassen aber regelmäßig die direkten Schadenregulierungsaufwendungen wie Gerichtskosten, Anwaltskosten, Honorare für betriebsfremde Schadenregulierer und Reisekosten. Dagegen ergeben sich die Gemeinkosten aus den indirekten Schadenregulierungsaufwendungen. Hierzu gehören bspw. die Aufwendungen für betriebseigene Schadenbüros und Schadenabteilungen (z.B. anteilige Abschreibung des Bürogebäudes). In der Praxis treten die Schadenermittlungsaufwendungen als Einzelkosten (z.B. Kosten für Behördenauskünfte) und als Gemeinkosten (z.B. betriebseigene, festangestellte Schadensachverständige) auf. Dagegen werden die Schadenbearbeitungsaufwendungen überwiegend als Gemeinkosten (z.B. Sach- und Personalkosten für die Schadenabteilung) klassifiziert, können jedoch auch Einzelkosten darstellen.

Da die Regulierung des Schadens eine unselbstständige Nebenleistung der Hauptleistung Schadenzahlung ist, besteht eine Passivierungspflicht für die gesamten Schadenregulierungsaufwendungen, die zur Abwicklung der eingetretenen, aber am Bilanzstichtag noch nicht abgewickelten Versicherungsfälle künftig noch anfallen. Die Berücksichtigung der Schadenbearbeitungsaufwendungen, soweit diese Gemeinkosten darstellen, ist aber keine Ansatz-, sondern eine Bewertungsfrage auf die noch einzugehen sein wird.

1.2.2.2. Prinzip der objektivierten Mindestwahrscheinlichkeit

a) Konkretisierung einer hinreichenden Wahrscheinlichkeit für das Bestehen bzw. Entstehen der Verbindlichkeit und für die Inanspruchnahme

(1) Objektivierungsmaßstäbe

Aufgrund der mitunter sehr langen Abwicklungszeiträume ist die Bildung der Schadenrückstellungen mit erheblichen Ungewissheiten verbunden, die „wirksame Objektivierungskriterien“[502] erfordern. Das Prinzip der objektivierten Mindestwahrscheinlichkeit schränkt die Bildung der Schadenrückstellungen ein, indem es verlangt, dass objektive Anhaltspunkte für das Bestehen bzw. Entstehen der Verbindlichkeit und die Inanspruchnahme des Versicherungsunternehmens durch den Versicherungsnehmer sprechen müssen:

---

501 Vgl. *Geib, Gerd/ Telgenbüscher, Franz R.* (Schaden- und Unfallversicherungsunternehmen, Loseblatt), Kapitel B IV, Rdnr. 154.

502 *Hommel, Michael* (Kommentierung § 249 HGB, 2002), Rz. 43.

Die „bloße Möglichkeit des Bestehens oder Entstehens einer Verbindlichkeit“[503] reicht für eine Passivierung genauso wenig aus, wie „bloße Vermutungen oder pessimistische Beurteilungen der künftigen Entwicklungen, die in den Tatsachen keinen greifbaren Anhalt finden“[504]. Vielmehr muss mit der Entstehung der Verbindlichkeit „ernsthaft [...] zu rechnen“[505] sein. Auf die „subjektiven Erwartungen“ des Unternehmers kommt es bei der Beurteilung indessen nicht an. Die Wahrscheinlichkeit ist vielmehr anhand „objektiver, am Bilanzstichtag vorliegender und spätestens bei der Aufstellung der Bilanz erkennbarer Tatsachen aus Sicht eines sorgfältigen und gewissenhaften Kaufmanns zu beurteilen.“[506]

Eine hinreichende Wahrscheinlichkeit ist gegeben, wenn „mehr Gründe für als gegen das Be- oder Entstehen einer Verbindlichkeit und eine künftige Inanspruchnahme sprechen.“[507] Zunächst könnte dies im Sinne einer mathematischen Wahrscheinlichkeit dahingehend verstanden werden, dass für eine Passivierungspflicht die Existenz der Verbindlichkeit und die Inanspruchnahme des Versicherungsunternehmens „überwiegend wahrscheinlich“[508] sein muss (51 %-Regel).[509] Diese Interpretation ist aber mit dem Vorsichtsprinzip unvereinbar, da sie eine risikoneutrale oder risikofreudige Beurteilung des Sachverhalts unterstellt.[510] Daher müssen für die Existenz der Verbindlichkeit und die Inanspruchnahme „gute (stichhaltige) Gründe“[511] vorliegen. Entscheidend ist aber nicht die Anzahl, sondern das Gewicht der Gründe, so dass eine Passivierung auch dann geboten sein kann, wenn die mathematische Wahrscheinlichkeit für die Existenz der Verbindlichkeit und der daraus resultierenden Inanspruchnahme deutlich unter 50% liegt.[512]

Häufig ergeben sich objektive Anhaltspunkte für das Be- bzw. Entstehen der Verbindlichkeit und die Inanspruchnahme des Unternehmens aus branchen- und betriebsspezifischen Vergan-

---

503 BFH-Urteil vom 17. Juli 1980, IV R 10/76, BStBl. II 1981, S. 671; vgl. auch *Böcking, Hans-Joachim* (Verbindlichkeitsbilanzierung, 1994), S. 91; *Daub, Sebastian* (Rückstellungen, 2000), S. 75.

504 BFH-Urteil vom 27. April 1965, I 324/62 S, BStBl. III 1965, S. 410; vgl. auch *Mayer-Wegelin, Eberhard/ Kessler, Harald/ Höfer, Reinhold* (Kommentierung § 249 HGB, Loseblatt), Rz. 53.

505 BFH-Urteil vom 17. Juli 1980, IV R 10/76, BStBl. II 1981, S. 671; vgl. auch *Eibelshäuser, Manfred* (Rückstellungsbildung ,1987), S. 862.

506 BFH-Urteil vom 1. August 1984 I R 88/80, BStBl. II 1985, S. 46 m. w. N.

507 BFH-Urteil vom 1. August 1984 I R 88/80, BStBl. II 1985, S. 46; vgl. auch *Berger, Axel/ Ring, Maximilian* (Beck'scher Bilanzkommentar, 2003), § 249 HGB, Anm. 43.

508 *Moxter, Adolf* (Wahrscheinlichkeitsschwellen, 1998), S. 2464.

509 Vgl. *Hommel, Michael* (Kommentierung § 249 HGB, 2002), Rz. 44.

510 Vgl. *Eibelshäuser, Manfred* (Rückstellungsbildung ,1987), S. 863; *Böcking, Hans-Joachim* (Verbindlichkeitsbilanzierung, 1994), S. 90.

511 *Eibelshäuser, Manfred* (Rückstellungsbildung ,1987), S. 863; vgl. auch *Pisoke, Marc* (Ungewisse Verbindlichkeiten, 2004), S. 69 – 70.

512 Vgl. *Ballwieser, Wolfgang* (Kommentierung § 249 HGB, 2001), Rdnr. 13; *Mayer-Wegelin, Eberhard/ Kessler, Harald/ Höfer, Reinhold* (Kommentierung § 249 HGB, Loseblatt), Rn. 54.

genheitserfahrungen.[513] Allerdings darf die Vergangenheit nicht einfach reproduziert werden, sondern es ist zu prüfen, „inwieweit sich aus veränderten Verhältnissen das Risiko von neuen Verpflichtungen konkretisiert hat."[514] Aufgrund der gebotenen wirtschaftlichen Betrachtungsweise gelten wirtschaftliche Belastungen dann als nicht hinreichend konkretisiert, wenn ein gedachter Erwerber des ganzen Unternehmens diese in seinen Kaufpreisüberlegungen nicht berücksichtigen würde.[515] Im Umkehrschluss gelten wirtschaftliche Belastungen als konkretisiert, wenn ein gedachter Erwerber die Verpflichtung kaufpreismindernd in sein Kaufpreiskalkül einfließen lässt.

Darüber hinaus ist die Wahrscheinlichkeit der Inanspruchnahme an das zu Grunde liegende Rechtsverhältnis gebunden.[516] So ist bei Industrie- und klassischen Dienstleistungsunternehmen die Passivierung einer Schadenersatzverpflichtung an engere Voraussetzungen geknüpft als die Bildung einer Rückstellung für Garantie-/ Gewährleistungsverpflichtungen.[517] Da die Haftpflichtverpflichtungen „im allgemeinen selten und vereinzelt" auftreten, ist die Bildung einer Rückstellung nur in Fällen zulässig, „in denen spätestens bis zum Tag der Bilanzaufstellung ein Schadenersatz gegenüber dem Verpflichtenden geltend gemacht wird oder wenigstens die den Anspruch begründenden Tatsachen im einzelnen bekannt geworden sind."[518] Dagegen dürfen (Pauschal-)Rückstellungen für Garantie-/ Gewährleistungspflichten auch dann gebildet werden, wenn zum Bilanzstichtag noch keine Garantiefälle bekannt geworden sind, der Rechnungslegende „aber auf mit einer gewissen Regelmäßigkeit nach Grund und Höhe auftretende tatsächliche Garantieinanspruchnahmen hinweisen kann"[519].

Die Wahrscheinlichkeit der Inanspruchnahme kann schließlich auch davon abhängen, ob der Gläubiger bereits Kenntnis von seinen Ansprüchen erlangt hat.[520] Hierbei unterscheidet die Rechtsprechung zwischen einseitigen und vertraglichen (zweiseitigen) Verpflichtungen. Während für vertragliche Verpflichtungen angenommen werden kann, dass „der Gläubiger als Vertragspartner seine Rechte kennt und deshalb zur gegebenen Zeit von seinen Rechten

---

513 Vgl. *Böcking, Hans-Joachim* (Verbindlichkeitsbilanzierung, 1994), S. 91; *Pisoke, Marc* (Ungewisse Verbindlichkeiten, 2004), S. 70.

514 *Moxter, Adolf* (Bilanzrechtsprechung, 1999), S. 84.

515 Vgl. *Böcking, Hans-Joachim* (Verbindlichkeitsbilanzierung, 1994), S. 91; *Pisoke, Marc* (Ungewisse Verbindlichkeiten, 2004), S. 70; *Berger, Axel/ Ring, Maximilian* (Beck'scher Bilanzkommentar, 2003), § 249 HGB, Anm. 44; *Moxter, Adolf* (Umweltschutzrückstellungen, 1992), S. 430.

516 Vgl. *Rüdinger, Andreas* (Regelungsschärfe, 2003), S. 71.

517 Vgl. *Hommel, Michael* (Kommentierung § 249 HGB, 2002), Rz. 49.

518 BFH-Urteil vom 17. Januar 1963, IV 165/59, BStBl. III 1963, S. 238 (alle Zitate); vgl. BFH-Urteil vom 30. Juni 1983, IV R 41/81, BStBl. II 1984, S. 265.

519 BFH-Urteil vom 17. Januar 1963, IV 165/59, BStBl. III 1963, S. 238; vgl. auch *Rüdinger, Andreas* (Regelungsschärfe, 2003), S. 72.

520 Vgl. *Mayer-Wegelin, Eberhard/ Kessler, Harald/ Höfer, Reinhold* (Kommentierung § 249 HGB, Loseblatt), Rn. 55; *Hommel, Michael* (Kommentierung § 249 HGB, 2002), Rz. 49.

Gebrauch machen wird"[521], zeichnen sich einseitige Verpflichtungen dadurch aus, dass die Anspruchsberechtigen häufig noch nicht wissen, dass die anspruchsbegründenden Tatsachen eingetreten sind.[522] Daher kann typischerweise für vertragliche Verpflichtungen von einer höheren Wahrscheinlichkeit der Inanspruchnahme als für einseitige Verpflichtungen ausgegangen werden.[523]

(2) Beurteilung der objektivierten Mindestwahrscheinlichkeit für Verpflichtungen aus Versicherungsfällen

(i) Rechtsverpflichtungen

Die Rechtsprechung geht für dem Grunde nach gewisse Verbindlichkeiten von einer hinreichend wahrscheinlichen Inanspruchnahme aus, wenn „nicht konkrete Anhaltspunkte für das Gegenteil bestehen."[524] Insoweit kann für Verbindlichkeiten, die sich aus bekannten Versicherungsfällen[525] ergeben und somit dem Grunde nach bekannt sind, grundsätzlich eine hinreichende Wahrscheinlichkeit für das Bestehen und die Inanspruchnahme angenommen werden. Hierfür spricht insbesondere auch die Tatsache, dass der Versicherungsnehmer seinen Anspruch bereits kennt und mit der Meldung des Versicherungsfalls bereits geltend gemacht hat. Dennoch wäre die Passivierung ausgeschlossen, wenn im Einzelfall „mit 'hoher Wahrscheinlichkeit' [...] eine Inanspruchnahme nicht zu erwarten ist."[526]

Dagegen ist sowohl das Bestehen der Verbindlichkeit als auch die Wahrscheinlichkeit der Inanspruchnahme im Einzelfall zu prüfen, wenn der Versicherungsfall zwar gemeldet wurde, aber die Existenz des Schadenersatzanspruchs zwischen dem Versicherungsnehmer und dem Versicherungsunternehmen umstritten ist. Dabei erscheint das Bestehen bzw. Entstehen der Verbindlichkeit dann ausgeschlossen, wenn ein Schadenersatzanspruch des Versicherungsnehmers in dem Sinne offensichtlich nicht besteht, dass die Gerichte den Anspruch im Fall einer Klage ablehnen würden, und das Versicherungsunternehmen auch eine Kulanzleistung verweigert. Ist das Bestehen bzw. Entstehen der Verbindlichkeit hingegen hinreichend wahrscheinlich, weil der Versicherungsnehmer im Fall einer Klage wohl obsiegen würde oder das Versicherungsunternehmen zum Bilanzstichtag hinreichend dokumentiert eine Kulanzleistung

---

521 BFH-Urteil vom 28. März 2000, VIII R 13/99, BStBl. II 2000, S. 613.

522 Vgl. *Rüdinger, Andreas* (Regelungsunschärfe, 2003), S. 74.

523 Vgl. *Mayer-Wegelin, Eberhard/ Kessler, Harald/ Höfer, Reinhold* (Kommentierung § 249 HGB, Loseblatt), Rn. 56.

524 *Herzig, Norbert* (Risikovorsorge,. 1991), S. 215 m. w. N.; vgl. auch *Thies, Angelika* (Rückstellungen, 1996), S. 101.

525 Hierzu gehören Verpflichtungen aus gemeldeten Versicherungsfällen, aus Kulanzleistungen, aus bekannten Spätschäden und aus bekannten wiederauflebenden Versicherungsfällen

526 BFH-Urteil vom 22. November 1988, VII R 62/85, BStBl. II 1989, S. 363.

erbringen will, ist auch die Inanspruchnahme nahezu sicher, da der Versicherungsnehmer mit der Meldung des Versicherungsfalls die Ansprüche bereits eingefordert hat.

Auch die auf unbekannten Versicherungsfällen beruhenden Verbindlichkeiten ergeben sich aus einer rechtlichen oder faktischen Verpflichtung. Allerdings hat der Versicherungsnehmer hier entweder zum Bilanzstichtag noch keine Kenntnis vom Eintritt des konkreten Versicherungsfalls erlangt, so dass ihm seine Ansprüche noch nicht bewusst sind, oder ihm ist der Eintritt des Versicherungsfalls zwar bekannt, aber die Meldung an das Versicherungsunternehmen steht noch aus. Dies ist bspw. der Fall, wenn am Bilanzstichtag eine Flut die Gebäude und den Hausrat mehrerer Versicherungsnehmer beschädigt; aber noch keine Meldung des Versicherungsfalls erfolgte bzw. erfolgen konnte. Ein „objektiver Maßstab" für die Wahrscheinlichkeit künftiger Schaden- bzw. Schadenregulierungsaufwendungen aus unbekannten Spätschäden kann „nur aus der Erfahrung gewonnen werden"[527]. Daher ist die hinreichende Wahrscheinlichkeit der Inanspruchnahme für unbekannte Spätschäden „aus den Erfahrungen der Vergangenheit anhand von geeigneten statistischen Auswertungen zu belegen."[528] Dies bedingt eine statistische Erfassung der Anzahl und der Höhe der Versicherungsfälle, die in einer Abschlussperiode eingetreten sind, aber erst in den Folgeperioden gemeldet wurden.[529] Die Bedeutung der Vergangenheitserfahrungen für die Objektivierung der Verbindlichkeiten aus unbekannten Spätschäden wird durch § 341g Abs. 2 Satz 2 HGB hervorgehoben, wonach „die bisherigen Erfahrungen in bezug auf die Anzahl der nach dem Abschlußstichtag gemeldeten Versicherungsfälle" in die Bilanzierung der unbekannten Spätschäden einzubeziehen sind. Insofern besteht auch für die Schäden aus der Flut am Bilanzstichtag eine Passivierungspflicht, wenn sich die Höhe der Verpflichtungen anhand von Vergangenheitserfahrungen schätzen lässt.

(ii) Vorliegen eines objektivierten wirtschaftlichen Erfolgsdrucks als Passivierungsvoraussetzungen für faktische Leistungsverpflichtungen

Eine rein wirtschaftliche Last ist nur passivierungsfähig, wenn das Versicherungsunternehmen einem faktischen Leistungszwang unterliegt.[530] Das Bestehen eines faktischen Leistungszwangs ist aus „Gründen der Ermessensbeschränkung"[531] an hohe Anforderungen ge-

---

527 BFH-Urteil vom 18. Oktober 1960, I 198/60 U, BStBl. 1960 III, S. 495.
528 *Perlet, Helmut* (Rückstellungen, 1986), S. 64.
529 Vgl. *Hoffmann, Reiner* (Spätschadenreservierung, 1999), S. 76.
530 Vgl. BGH-Urteil vom 28. Januar 1991, II ZR 20/90, in: BB, 46. Jg. (1991), S. 507; vgl. auch *Hommel, Michael* (Kommentierung § 249 HGB, 2002), Rz. 34.
531 *Hommel, Michael* (Kommentierung § 249 HGB, 2002), Rz. 35.

knüpft.[532] Auf die subjektive Einschätzung des faktischen Leistungszwangs durch das Versicherungsunternehmen kommt es hierbei nicht an[533], ausschlaggebend ist vielmehr die Frage, ob „sich ein ordentlicher Kaufmann aus tatsächlichen oder wirtschaftlichen Gründen der Leistungsverpflichtung nicht entziehen kann, ohne wirtschaftliche Nachteile zu erleiden."[534] Hierfür kann bspw. die Branchenübung einen Maßstab liefern.[535] Entscheidend für die Passivierungsfähigkeit einer Kulanzleistung ist die Frage, ob das Versicherungsunternehmen aus einer Zahlungsweigerung wirtschaftliche Nachteile zu befürchten hat und „der Zwang zur Erfüllung der Verpflichtung derart groß ist, dass ihm die Kaufleute, von wenigen Ausnahmen abgesehen, allgemein nachgeben würden."[536]

Die Beweggründe von Versicherungsunternehmen zur Erbringung einer Kulanzleistung sind vielfältig[537], aber regelmäßig auf die Vermeidung wirtschaftlicher Nachteile ausgerichtet. Wenn die Leistungspflicht zwischen dem Versicherer und dem Versicherungsnehmer umstritten ist, lassen sich mit einer Kulanzleistung wirtschaftliche Nachteile für das Versicherungsunternehmen bspw. aus einem Deckungsprozess vermeiden. Die wirtschaftlichen Nachteile können bspw. durch „die mit Deckungsprozessen üblicherweise verbundene Rufschädigung," die Folgen richtungweisender, für das Versicherungsunternehmen „nachteiliger Gerichtsentscheidungen" oder durch „etwaige Kostennachteile"[538] verursacht sein. Aber auch die Einsparung von Verwaltungskosten, der Konkurrenzdruck oder die Steigerung von Prämienerträgen durch die Erweiterung des Versicherungsschutzes (bspw. bei Unterdeckungen) können eine Kulanzleistung begründen.[539] Sofern der Versicherungsnehmer gegenüber dem Versicherungsunternehmen eine starke Machtposition besitzt und ihm hierdurch einen wirtschaftlichen Schaden zufügen kann, sieht sich der Versicherer mitunter zur Leistungserbringung gezwungen, obwohl der Versicherungsnehmer seine Obliegenheiten verletzt hat. Darüber hinaus werden Kulanzleistungen aber auch zur Vermeidung einer (finanziellen) Notlage des Versicherungsnehmers erbracht und hierdurch soziale Härten ausgeglichen.

---

532 Vgl. *Ballwieser, Wolfgang* (Kommentierung § 249 HGB, 2001), Rdnr. 11.
533 Vgl. *Rüdinger, Andreas* (Regelungsunschärfe, 2003), S. 57.
534 *Hommel, Michael* (Kommentierung § 249 HGB, 2002), Rz. 35 m. w. N.
535 Vgl. BFH-Urteil vom 29. November 2000, I R 87/99, BStBl. II 2000, S. 656. So auch *Rüdinger, Andreas* (Regelungsschärfe, 2003), S. 57.
536 BFH-Urteil vom 29. Mai 1956, I 224/55 U, BStBl. III 1956, S. 212; so auch *Rüdinger, Andreas* (Regelungsschärfe, 2003), S. 57.
537 Vgl. ausführlich *Lenz, Tobias* (Kulanzleistungen, 1992), S. 35 – 58.
538 *Lenz, Tobias* (Kulanzleistungen, 1992), S. 62 – 63 (alle Zitate).
539 Vgl. ausführlich *Lenz, Tobias* (Kulanzleistungen, 1992), S. 47 – 57.

Der Nachweis für das Bestehen eines faktischen Leistungszwangs ist durch das Versicherungsunternehmen für den Einzelfall anhand „objektiver Gegebenheiten“[540] zu erbringen. So müssen nachprüfbare Anhaltspunkte dafür vorliegen, dass „das Unternehmen diesen Verpflichtungen tatsächlich nachkommen will.“[541] Diese können bspw. in dem konkreten Angebot zur Kulanzleistung gegenüber dem Versicherungsnehmer bzw. geschädigten Dritten bestehen.[542] Die Tatsache allein, dass der Versicherer in der Vergangenheit eine kulante Abwicklung bestimmter Schäden für die Zukunft angekündigt hat oder in der Vergangenheit auch bereits Kulanzleistungen für bestimmte Schäden erbracht hat, reicht für eine Passivierungspflicht aber nicht aus.[543]

b) Regresse, Provenues und Teilungsabkommen

In die Beurteilung der Wahrscheinlichkeit der Inanspruchnahme sind auch mögliche Ansprüche des Versicherungsunternehmens aus Regressen, Provenues und Teilungsabkommen einzubeziehen, die am Bilanzstichtag gegenüber Dritten bestehen. Regresse sind zivilrechtliche (Schadenersatz-)Ansprüche des Versicherungsnehmers gegenüber einem Dritten, die aufgrund von gesetzlichen Vorschriften (§ 67 VVG) oder vertraglichen Vereinbarungen im Zeitpunkt der Schadenregulierung auf das Versicherungsunternehmen übergegangen sind oder abgetreten wurden.[544] Provenues verkörpern Ansprüche des Versicherungsunternehmens auf ein Objekt für das bereits Ersatz geleistet wurde (z. B. Anspruch auf Verwertung).[545] Wenn mehrere Versicherungsunternehmen für einen Versicherungsfall zur Schadenersatzleistung verpflichtet sind, legen Teilungsabkommen die anteilige Schadenersatzverpflichtung des einzelnen Versicherungsunternehmens fest, so dass nach Erbringung der Schadenleistung hieraus Ansprüche gegenüber anderen Erstversicherern bestehen können.

Nach § 253 Abs. 1 Satz 2 HGB sind Rückstellungen „nur in Höhe des Betrags anzusetzen, der nach vernünftiger kaufmännischer Beurteilung notwendig ist.“ Dabei ist es nach vernünftiger kaufmännischer Beurteilung geboten, „den rückstellungsbegründenden Sachverhalt nicht nur in seinen negativen Aspekten zu erfassen, sondern *auch die positiven Merkmale* zu berücksichtigen, die die *Wahrscheinlichkeit der Inanspruchnahme mindern* oder – günstigstenfalls – aufheben, weil der Bilanzierende insoweit wirtschaftlich und rechtlich nicht belastet ist.“[546]

---

540 *Hommel, Michael* (Kommentierung § 249 HGB, 2002), Rz. 35.
541 *Ballwieser, Wolfgang* (Kommentierung § 249 HGB, 2001), Rdnr. 11.
542 Vgl. *Ballwieser, Wolfgang* (Kommentierung § 249 HGB, 2001), Rdnr. 11.
543 Vgl. *Rüdinger, Andreas* (Regelungsschärfe, 2003), S. 57.
544 Vgl *Boetius, Jan* (Handbuch, 1996), Anm. 954. In der Rechtsschutzversicherung gehören hierzu auch die Forderungen gegenüber Prozessgegnern auf Kostenerstattung (§ 26 Abs. 2 S. 1 RechVersV).
545 Vgl. *Perlet, Helmut* (Rückstellungen, 1986), S. 64.
546 BFH-Urteil vom 17. Februar 1993, X R 60/89, BStBl. II 1993, S. 439 (Hervorhebungen im Original).

Wenn mit einer Kompensation von Rückgriffsanspruch und Verbindlichkeit zu rechnen ist, „liegt keine wirtschaftliche Belastung vor, so dass insoweit ein Rückstellungsansatz entfällt.“[547] Objektivierungsbedingt ist eine Saldierung der Rückgriffsansprüche mit der Verbindlichkeitsrückstellung nur zulässig, wenn die Rückgriffsansprüche „in einem unmittelbaren Zusammenhang mit der drohenden Inanspruchnahme stehen, in rechtlich verbindlicher Weise der Entstehung oder Erfüllung der Verbindlichkeit zwangsläufig nachfolgen und vollwertig sind, weil sie vom Rückgriffsschuldner nicht bestritten werden und dessen Bonität nicht zweifelhaft ist.“[548] Wenn diese Voraussetzungen am Bilanzstichtag vorliegen, sind auch Ansprüche aus Regressen, Provenues und Teilungsabkommen mit der korrespondierenden Verbindlichkeit aus eingetretenen, aber noch nicht abgewickelten Versicherungsfällen zu saldieren. Hierfür ist es erforderlich, dass die künftigen Erträge „nach objektiven Anhaltspunkten mit hoher Wahrscheinlichkeit anfallen werden.“[549] Die bloße Möglichkeit, dass das Versicherungsunternehmen entsprechende Erlöse in der Zukunft erzielen wird, reicht indessen nicht aus, ebenso wenig eine darauf gerichtete objektive, aber mit wirtschaftlichen Risiken belastete Wahrscheinlichkeit.

Nach § 26 Abs. 2 Satz 1 RechVersV sind Forderungen aus Regressen, Provenues und Teilungsabkommen von der Rückstellung für noch nicht abgewickelte Versicherungsfälle abzusetzen. Nach dem Realisationsprinzip liegt eine Forderung vor, wenn die Ansprüche aus Regressen, Provenues und Teilungsabkommen am Bilanzstichtag dem Grunde nach quasi sicher sind. Da bei Regressen die Zahlungsbereitschaft des in Regress genommenen Dritten häufig mit Durchsetzungsschwierigkeiten verbunden ist, setzt das Entstehen der Forderung regelmäßig ein rechtkräftiges Urteil, Anerkenntnis oder Vergleichsangebot sowie die Bonität des Regresspflichtigen voraus.[550] Bei einem Teilungsabkommen muss hierfür die Eintrittspflicht des Vertragspartners ebenso zweifelsfrei feststehen wie seine Bonität.[551] Auch für Provenues muss der zivilrechtliche Anspruch zweifelsfrei feststehen. Dabei sind Provenues mit dem vorsichtig geschätzten Wert anzusetzen, der durch einen Sachverständigen ermittelt wurde.[552]

---

547 *Thies, Angelika* (Rückstellungen, 1996), S. 107.

548 BFH-Urteil vom 8. Februar 1995, I R 72/94, BStBl. II 1995, S. 412; vgl. auch BFH-Urteil vom 17. Februar 1993, X R 60/89, BStBl. II 1993, S. 440; BFH-Urteil vom 3. August 1993, VIII R 37/92, BStBl. II 1994, S. 448.

549 *Moxter, Adolf* (Rückstellungkriterien, 1995), S. 320.

550 Vgl. BFH-Urteil vom 11. Oktober 1973, VIII R 1/69, BStBl. II 1974, S. 91; BFH-Urteil vom 27. Mai 1964, IV 352/62, BStBl. III 1964, S. 479 – 480; Vgl. auch *Liedmeier, Norbert* (Rückstellungen, 1989), S. 2133 – 2136; *Fürst, Walter/ Angerer, Hans-Peter* (Rückstellungsbildung, 1993), S. 426; *Boetius, Jan* (Handbuch, 1996), Anm. 956.

551 Vgl. *Buck, Heiko* (versicherungstechnische Rückstellungen, 1995), S. 147.

552 Vgl. *Buck, Heiko* (versicherungstechnische Rückstellungen, 1995), S. 147 – 148.

Der Einzelbewertungsgrundsatz und das Saldierungsverbot (§ 246 Abs. 2 HGB) gebieten dann eine von der Verbindlichkeitsrückstellung unabhängige Aktivierung der Ansprüche.

Die uneingeschränkte Saldierung der Forderungen aus Regressen, Provenues und Teilungsabkommen mit der Schadenrückstellung verstößt in den meisten Fällen gegen das handelsrechtliche Saldierungsverbot.[553] Eine Saldierung ist nur in Ausnahmefällen zulässig, wenn es sich „um gleichartige und aufrechenbare Forderungen resp. Verbindlichkeiten zwischen denselben Personen und um im wesentlichen identische Fälligkeitstermine handelt."[554] Demnach kommt eine Saldierung nur für Verbindlichkeiten aus bekannten, aber noch nicht abgewickelten Versicherungsfällen in Frage und setzt voraus, dass die Forderungen aus Regressen, Provenues und Teilungsabkommen gegenüber dem Versicherungsnehmer bestehen und kausal mit dem Versicherungsfall verknüpft sind.[555] Zudem darf die Forderung nicht bestritten und die Bonität des Schuldners nicht zweifelhaft sein.[556]

Offen ist jedoch, ob die Rückstellung für noch nicht abgewickelte Versicherungsfälle nach § 26 Abs. 2 Satz 1 RechVersV in Einklang mit Art. 60 Abs. 1d VersBirRiLi auch um die Forderungen aus Regressen, Provenues und Teilungsabkommen zu vermindern ist, die aus bereits vollständig abgewickelten Schadenfällen resultieren. Zumindest hat der Gesetzgeber von dem in Art. 60 Abs. 1e VersBirRiLi verankerten Wahlrecht, die beitreibbaren Forderungen aktivisch zu berücksichtigen, keinen Gebrauch gemacht. Nach der h. M. im Schrifttum ist eine Saldierung dieser Forderungen mit der Schadenrückstellung nicht sachgerecht.[557] Da zwischen den Forderungen und der Schadenrückstellung keinerlei Zusammenhang besteht, werden die wirtschaftlichen Belastungen aus eingetretenen, aber noch nicht abgewickelten Versicherungsfällen wegen des Abzugs der Höhe nach nicht vollständig abgebildet.[558] Insofern ist die Forderung unter der Position sonstige Forderungen aktivisch auszuweisen. Die uneingeschränkte Saldierung der Forderungen aus Regressen, Provenues und Teilungsabkommen mit den Schadenrückstellungen wird spätestens dann problematisch, wenn dadurch insgesamt eine

---

553 Vgl. *Boetius, Jan* (Handbuch, 1996), Anm. 956; wohl auch *Ziegler, Günter* (Schadenrückstellungen, 1973), S. 111. Dagegen sehen Koch/Kraus hierin eine „versicherungsspezifische Ausnahme vom Saldierungsverbot". *Koch, Alfons/ Krause, Hans-Josef* (Beck`scher Versicherungsbilanz-Kommentar, 1998), § 341g HGB, Rdnr. 40; vgl. auch *Geib, Gerd/ Telgenbüscher, Franz R.* (Schaden- und Unfallversicherungsunternehmen, Loseblatt), Kapitel B IV, Rdnr. 173.

554 *Buck, Heiko* (versicherungstechnische Rückstellungen, 1995), S. 148.

555 Vgl. *Buck, Heiko* (versicherungstechnische Rückstellungen, 1995), S. 148.

556 Vgl. *Buck, Heiko* (versicherungstechnische Rückstellungen, 1995), S. 148.

557 Vgl. *Buck, Heiko* (versicherungstechnische Rückstellungen, 1995), S. 148; *Boetius, Jan* (Handbuch, 1996), Anm. 956; a.A. *Jäger, Bernd* (Rückstellungen, 1999), S. 181.

558 Vgl. *Boetius, Jan* (Handbuch, 1996), Anm. 956; *Buck, Heiko* (versicherungstechnische Rückstellungen, 1995), S. 149.

negative Schadenrückstellung entsteht[559]; denn eine solche Bilanzposition ist den allgemeinen Vorschriften des Handelsbilanzrechts fremd.

Mit dem Abschluss eines Rückversicherungsvertrags überträgt das Versicherungsunternehmen einen Teil des Risikos auf den Rückversicherer und zahlt hierfür eine Prämie.[560] Das Versicherungsunternehmen „bleibt jedoch im Außenverhältnis alleiniger Vertragspartner des Versicherungsnehmers und deshalb in vollem Umfang Schuldner der vereinbarten Leistung"[561], so dass der Abschluss eines Rückversicherungsvertrags die Wahrscheinlichkeit der Inanspruchnahme aus dem Versicherungsvertrag nicht mindert. In diesem Sinne fordert das Bruttoprinzip einen unsaldierten Ausweis der Erträge, Aufwendungen, Aktiva und Passiva aus dem Gesamtgeschäft, wobei die Anteile der Rückversicherer an dem Gesamtgeschäft dann als Forderungen bzw. Verbindlichkeiten gesondert ausgewiesen werden. Wenn bspw. die Schadenrückstellung für das Gesamtgeschäft 100 GE und der Anteil der Rückversicherer 50% beträgt, wird eine Schadenrückstellung in Höhe von 100 GE und eine Forderung wegen Anteil Rückversicherer in Höhe von 50 GE bilanziert.

Zwar ist der Erstversicherer gegenüber dem Versicherungsnehmer (rechtlich) zur Erbringung der vollen Leistung verpflichtet, „braucht aber wegen der Beteiligung des Rückversicherers regelmäßig doch nur die um den Anteil des Rückversicherers geminderte Leistung zu erstellen."[562] Aufgrund dieses Zusammenhangs erscheint die Verrechnung der Forderung wegen Anteil Rückversicherer mit der Schadenrückstellung in einer wirtschaftlichen Betrachtungsweise gerechtfertigt. Dementsprechend werden nach dem Nettoprinzip die Größen des Gesamtgeschäfts mit den Anteilen der Rückversicherer saldiert und der Saldo als Größe „für eigene Rechnung" ausgewiesen. Im Beispiel wird folglich eine Schadenrückstellung für eigene Rechnung in Höhe von 50 GE passiviert.

Nach den handelsrechtlichen Vorschriften wird die Schadenrückstellung netto, d. h. abzüglich des Rückversicherungsanteils ausgewiesen. Allerdings sind der Bruttobetrag der Schadenrückstellung und die Anteile der Rückversicherer in der Vorspalte anzugeben (modifiziertes

559 Vgl. *Koch, Alfons/ Krause, Hans-Josef* (Beck'scher Versicherungsbilanz-Kommentar, 1998), § 341g HGB, Rdnr. 15.

560 Vgl. *Farny, Dieter* (Versicherungsbetriebslehre, 2000), S. 415. Zum Ausweis der passiven Rückversicherung vgl. ausführlich *Hesberg, Dieter* (Ausweis, 1979), 361 – 375 und *Oos, Johannes* (Ausweis, 1979), S. 604 – 613.

561 *Perlet, Helmut* (Rückstellungen, 1986), S. 66 – 67.

562 *Oos, Johannes* (Ausweis, 1979), S. 612.

Nettoprinzip[563]).[564] Das modifizierte Nettoprinzip ist eine Kompromisslösung, die das Brutto- und das Nettoprinzip angemessen kombiniert.[565]

1.2.2.3. Prinzip der selbstständigen Bewertbarkeit

Die Passivierungspflicht einer wirtschaftlichen Last setzt neben der Existenz einer Verpflichtung gegenüber einem Dritten und einer hinreichenden Wahrscheinlichkeit der Inanspruchnahme auch voraus, dass diese Verpflichtung selbstständig bewertbar ist. Dazu muss sie „einen vom allgemeinen Geschäfts- und Firmenwert abgrenzbaren Erfüllungsbetrag aufweisen."[566] Daher scheidet eine Passivierung von allgemeinen Risiken, wie bspw. das Unternehmerrisiko, mangels hinreichender selbstständiger Bewertbarkeit aus.[567]

Da Rückstellungen definitionsgemäß zumindest der Höhe nach unsicher sind, darf die selbstständige Bewertbarkeit nicht im Sinne einer punktgenauen Quantifizierung der wirtschaftlichen Last verstanden werden.[568] Vielmehr ist das Kriterium der selbstständigen Bewertbarkeit bereits erfüllt, wenn für den Erfüllungsbetrag ein gewisser Schätzrahmen ermittelt werden kann.[569] Dabei darf sich die Schätzung „nicht nur in einer unbestimmten Bandbreite bewegen"[570], sondern muss „in einem objektiv nachprüfbaren Rahmen liegen"[571], und nicht auf bloßen Vermutungen oder pessimistischen Beurteilungen des Unternehmens basieren.[572]

Soweit der Versicherungsfall bis zur Schließung des Schadenregisters gemeldet wurde, ist dem Versicherungsunternehmen die Existenz der einzelnen Verpflichtung bekannt und eine Schätzung des Erfüllungsbetrags in einer objektivierten Bandbreite möglich. Mangels Kenntnis der einzelnen Verpflichtung aus unbekannten Versicherungsfällen lässt sich der Erfüllungsbetrag dieser Verpflichtung hingegen nur aufgrund von Vergangenheitserfahrungen für ein Risikokollektiv hinreichend zuverlässig bestimmen. Da nur die Vergangenheitserfahrungen eine hinreichende Objektivierung der Bewertungseinheit erlauben[573], sind die Verpflichtungen in Bewertungseinheiten zusammenzufassen, auf die sich die Vergangenheitserfahrungen beziehen.

---

563 Vgl. *Buck, Heiko* (versicherungstechnische Rückstellungen, 1995), S. 38. Dagegen spricht *Wetzel* vom modifizierten Bruttosystem. Vgl. *Wetzel, Hans-Joachim* (Versicherungsbilanzen, 1988), S. 608.

564 Vgl. RechVersV, Formblatt 1.

565 Vgl. *Farny, Dieter* (Buchführung, 1985), S. 109.

566 *Hommel, Michael* (Kommentierung § 249 HGB, 2002), Rz. 49.

567 Vgl. *Rüdinger, Andreas* (Regelungsschärfe, 2003), S. 80.

568 Vgl. *Ballwieser, Wolfgang* (Kommentierung § 249 HGB, 2001), Rdnr. 13.

569 Vgl. *Moxter, Adolf* (Pauschalrückstellungen, 1998), S. 271.

570 *Hommel, Michael* (Kommentierung § 249 HGB, 2002), Rz. 63.

571 BFH-Urteil vom 17. Januar 1963, IV 165/59, BStBl. III 1963, S. 238.

572 Vgl. BFH-Urteil vom 27. April 1965, I 324/62 S, BStBl. III 1965, S. 410.

573 Vgl. *Rüdinger, Andreas* (Regelungsschärfe, 2003), S. 83 – 84.

1.2.3. Passivierungszeitpunkt nach der Rechtsprechung

1.2.3.1. Wirtschaftlicher Erfüllungsrückstand bei Dauerschuldverhältnissen

Nach Ansicht der Rechtsprechung darf für den bereits abgewickelten Geschäftsteil eines Dauerschuldverhältnisses eine Verbindlichkeitsrückstellung nur gebildet werden, wenn ein Erfüllungsrückstand besteht.[574] Dies ist nach der älteren Rechtsprechung dann der Fall, „wenn eine Schuld, die im abgelaufenen Wirtschaftsjahr (oder früher) hätte erfüllt werden müssen, von einer der beiden Vertragsparteien nicht erfüllt worden ist."[575] In neueren Urteilen beurteilt der BFH den Erfüllungsrückstand hingegen nicht mehr nach der Fälligkeit der Verpflichtung, sondern nach der „wirtschaftlichen Verursachung der rückständigen Leistung"[576]. Danach liegt ein wirtschaftlicher Erfüllungsrückstand vor, wenn „Leistung und Gegenleistung in der Weise phasenverschoben stattfinden, dass die andere Seite eine Leistung erbracht hat, für die die eigene Gegenleistungsverpflichtung erst zu einem späteren Zeitpunkt geleistet werden kann bzw. soll."[577] Allein die „Nichterfüllung einer bereits fälligen Schuld" ist hier nicht gemeint, sondern „in Betracht kommt auch die Nichterfüllung einer noch nicht fälligen Schuld."[578] In diesem Sinne handelt es sich hierbei um „eine wirtschaftliche Nachleistungsverpflichtung des Kaufmanns."[579]

Das Versicherungsunternehmen hat für den bereits abgewickelten Geschäftsteil des Versicherungsvertrags den Versicherungsschutz gewährt (erste Leistungsstufe) und der Versicherungsnehmer die vereinbarte Prämie im Voraus entrichtet. Wenn in der Abschlussperiode der Versicherungsfall eingetreten ist, besteht eine Leistungsverpflichtung des Versicherungsunternehmens auf der zweiten Leistungsstufe. Das Versicherungsunternehmen kann aber den Schadenersatz erst nach der Meldung des Versicherungsfalls leisten, so dass die Gegenleistung für die erhaltene Prämie erst zu einem späteren Zeitpunkt erbracht werden kann. Demnach befindet sich das Versicherungsunternehmen am Bilanzstichtag im Erfüllungsrückstand.[580]

---

574 Vgl. BFH-Urteil vom 24. August 1983, I R 16/79, BStBl. II 1984, S. 276.

575 BFH-Urteil vom 3. Dezember 1991, VIII R 88/87, BStBl. II 1993, S. 92.

576 *Kessler, Harald* (Rückstellungen, 1992), S. 304. Vgl. auch *Woerner, Lothar* (Zeitpunkt, 1994), S. 491. So ist bspw. die Bildung einer Rückstellung für ungewisse Verbindlichkeiten für rechtsverbindlich zugesagte Jubiläumszuwendungen geboten, wenn eine „ungewisse Verbindlichkeit im abgelaufenen Wirtschaftjahr oder in der davor liegenden Zeit wirtschaftlich verursacht worden ist [...] Dies ist im Falle eines Arbeitsverhältnisses anzunehmen, wenn eine künftige Leistung des Arbeitgebers im Hinblick auf eine schon bewirkte Leistung des Arbeitnehmers geschuldet wird." BFH-Urteil vom 5. Februar 1987, IV R 81/84, BStBl. II 1987, S. 845 - 848; vgl. auch BFH-Urteil vom 8. Oktober 1987, IV R 18/86, BStBl. II 1988, S. 57 – 62.

577 *Hommel, Michael* (Kommentierung § 249 HGB, 2002), Rz. 83.

578 BFH-Urteil vom 3. Dezember 1991, VIII R 88/87, BStBl. II 1993, S. 92 (beide Zitate).

579 *Hommel, Michael* (Kommentierung § 249 HGB, 2002), Rz. 83.

580 Vgl. *Jäger, Bernd* (Rückstellungen, 1991), S. 184.

1.2.3.2. Rechtliche Entstehung der Verbindlichkeit

a) Phasen eines Versicherungsfalls

Im Versicherungsvertragsrecht bezeichnet der Eintritt des Versicherungsfalls das Ereignis, das die abstrakte Leistungsverpflichtung des Versicherers in eine konkrete Leistungsverpflichtung transferiert.[581] Welches Ereignis den Eintritt der bedingten Leistungspflicht des Versicherers markiert, bestimmen die allgemeinen Versicherungsbedingungen (AVB) i. V. m. dem einzelnen Versicherungsvertrag.[582] Das Versicherungsunternehmen ist aber nur dann zur Leistung verpflichtet, wenn der Versicherungsfall innerhalb der Vertragslaufzeit eingetreten ist.[583] Der Eintritt des Versicherungsfalls muss nicht notwendigerweise mit der Entstehung des Schadens zusammenfallen. In den AVB und im Versicherungsvertrag kann als Versicherungsfall auch ein Ereignis festgelegt werden, dass dem Eintritt des Schadens vor- oder nachgelagert ist. Im Laufe der Entwicklung eines Versicherungsfalls kommen somit mehrere Ereignisse als Zeitpunkt des Eintritts des Versicherungsfalls in Frage.

Ein Versicherungsfall durchläuft in der Regel verschiedene Phasen. Am Beispiel eines Haftpflichtfalls können die folgenden Phasen eines Versicherungsfalls unterschieden werden[584]:

Abbildung 2: Phasen eines Versicherungsfalls in der Haftpflichtversicherung

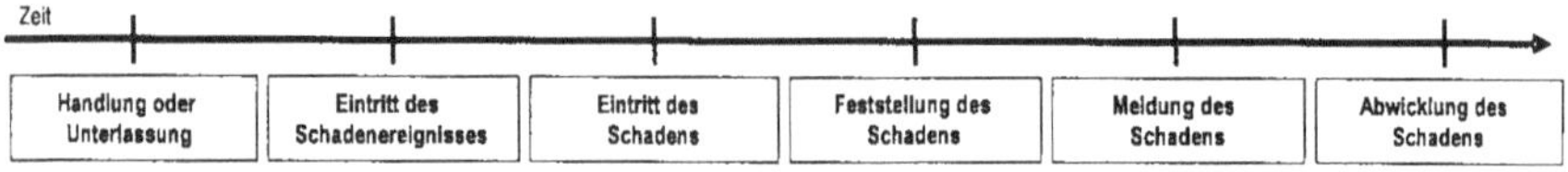

- Den Ausgangspunkt des Versicherungsfalls bildet in der Haftpflichtversicherung regelmäßig eine Handlung (Verstoß gegen eine Rechts-/ Verwaltungsvorschrift oder technische/medizinische/naturwissenschaftliche Regeln; Entweichen giftiger Stoffe im Produktionsprozess) oder Unterlassung des Versicherungsnehmers, die in der Folge ein Ereignis verursacht, das im weiteren Verlauf bei einem Dritten zu einem Schaden führt.[585]

---

581 Vgl. *Schwintoski, Hans-Peter* (Kommentierung § 1 VVG, 1999), Rdnr. 45; *Deutsch, Erwin* (Versicherungsvertragsrecht, 2005), S. 109; *Weyers, Hans-Leo/ Wandt, Manfred* (Versicherungsvertragsrecht, 2003), Rdnr. 659; *Farny, Dieter* (Versicherungsbilanzen, 1975), S. 13 - 14; *Molnar, Hans* (Schadenrückstellungen, 1986), S. 47 – 48; *Buck, Heiko* (versicherungstechnische Rückstellungen, 1995), S. 139; *Boetius, Jan* (Handbuch, 1996), Anm. 931.

582 Vgl. *Molnar, Hans* (Schadenrückstellungen, 1986), S. 111; *Deutsch, Erwin* (Versicherungsvertragsrecht, 2005), S. 109.

583 Vgl. *Prölss, Jürgen* (Kommentierung § 1 VVG, 2004), Rn. 31; *Schwintoski, Hans-Peter* (Kommentierung § 1 VVG, 1999), Rz. 45.

584 In enger Anlehnung *Boetius, Jan* (Handbuch, 1996), Anm. 932 und *Hoffmann, Reiner* (Spätschadenreservierung, 1999), S. 64.

585 Vgl. *Boetius, Jan* (Handbuch, 1996), Anm. 932; *Hoffmann, Reiner* (Spätschadenreservierung, 1999), S. 64.

- In der zweiten Phase tritt das durch die Handlung oder Unterlassung ausgelöste Ereignis tatsächlich ein (Bau eines Gebäudes mit fehlerhaft berechneter Statik; Ausbreitung giftiger Stoffe in der Umwelt).
- In der dritten Phase führt der Eintritt des Schadenereignisses dann bei einem Dritten zu einem Schaden (Einsturz des Gebäudes; Schäden an Personen und Sachen durch Einwirkungen der giftigen Stoffe).
- In der vierten Phase stellt der Versicherungsnehmer oder der geschädigte Dritte den Schaden fest. Während der Einsturz des Gebäudes unmittelbar mit dem Schadenereignis erkannt wird, kann zwischen dem Einwirken giftiger Stoffe auf Personen und der Feststellung der Gesundheitsschäden noch ein längerer Zeitraum vergehen (z. B. Asbest, Tabakkonsum, Silikon-Brustimplantate).
- In der fünften Phase wird der Schaden dem Versicherungsunternehmen gemeldet.
- Die Abwicklung des Versicherungsfalls durch das Versicherungsunternehmen markiert die letzte Phase des Versicherungsfalls.

b) Definitionen für den Eintritt des Versicherungsfalls

Die AVB in der Sachversicherung bestimmen in der Regel, dass der Versicherungsfall mit dem Schaden und nicht mit dem hierfür ursächlichen Ereignis eintritt. So sehen die AVB und der Versicherungsvertrag in den Zweigen der Elementarversicherung üblicherweise vor, dass der Versicherungsfall eintritt, wenn die versicherte Gefahr (z. B. Feuer, Leitungswasser, Sturm, Hagel) auf das versicherte Objekt einwirkt.[586] Wenn eine Flut am 31. Dezember 2005 beginnt, das versicherte Gebäude jedoch erst am 1. Januar 2006 erreicht und beschädigt, ist auch der Versicherungsfall erst am 1. Januar 2006 eingetreten. Sofern sich das Naturereignis über das Vertragsende hinausstreckt, ist es für den Eintritt des Versicherungsfalls regelmäßig ausreichend, dass das Naturereignis noch innerhalb der Vertragsdauer ausgebrochen ist und die versicherte Sache erfasst hat.[587] Obwohl sich die Entstehung des Schadens über einen Zeitraum erstrecken kann, ist der Eintritt des Versicherungsfalls und mithin die Bildung einer Schadenrückstellung hier zeitpunktbezogen definiert. Dagegen ist der Umfang des zu berücksichtigenden Schadens eine Frage der Bewertung der Schadenrückstellung. Diese erfolgt dann nach Maßgabe des am Bilanzstichtag eingetretenen Schadens.

586 Vgl. *Schwintoski, Hans-Peter* (Kommentierung § 1 VVG, 1999), Rz. 46.
587 Vgl. *Kollhosser, Helmut* (Kommentierung § 82 VVG, 2004), Rn. 1a.

Die Allgemeinen Bedingungen für die Haftpflichtversicherung (AHB) definieren als Versicherungsfall das „Schadenereignis, das Haftpflichtansprüche gegen das Versicherungsunternehmen zur Folge haben könnte."[588] Somit ist für den Eintritt des Versicherungsfalls der Zeitpunkt entscheidend, an dem „die Verletzung des geschützten Rechtsgutes eines Dritten erfolgt."[589] Auch in der Produkthaftpflichtversicherung ist nicht der Zeitpunkt, indem das schadenverursachende Produkt in den Verkehr gebracht wurde, maßgeblich, sondern der Versicherungsfall tritt in der Regel erst mit der Schädigung des Anspruchsberechtigen ein.[590] Dagegen tritt der Versicherungsfall in anderen Zweigen der Haftpflichtversicherung mit dem für den Schaden ursächlichen (Kausal-)Ereignis oder Verstoß ein. Nach den AVB und dem Versicherungsvertrag in der Berufshaftpflichtversicherung (bspw. für Architekten oder Notare) begründet häufig der Verstoß gegen eine Rechts- oder Verwaltungsvorschrift sowie technische, medizinische oder naturwissenschaftliche Regeln den Eintritt des Versicherungsfalls.[591] Die AVB und der Versicherungsvertrag in der Umwelthaftpflichtversicherung definieren als Versicherungsfall ein Ereignis nach der Entstehung des Schadens. Das sog. Umwelthaftpflichtmodell des Verbands der Haftpflichtversicherer, Unfallversicherer, Autoversicherer und Rechtschutzversicherer (HUK-Verband) legt fest, dass der Versicherungsfall eintritt, wenn ein durch die Handlung oder Unterlassung des Versicherungsnehmers verursachter Personen- oder Sachschaden erstmalig objektiv festgestellt werden kann.[592]

Nach den Allgemeinen Unfallversicherungsbedingungen (AUB) in der Unfallversicherung tritt der Versicherungsfall mit dem Unfall ein. Auf die Handlung oder Unterlassung, die den Unfall zur Folge hat, oder die aus dem Unfall resultierenden Schäden (z. B. Arbeitsunfähigkeit, gesundheitliche Beeinträchtigungen, Tod) kommt es somit nicht an.

In einigen Versicherungszweigen wird der Eintritt des Versicherungsfalls auch als Zeitpunkt der Anspruchserhebung durch den Versicherungsnehmer definiert („claims made").[593] Hiernach beschränkt sich die Deckungspflicht des Versicherungsunternehmens auf Versicherungsfälle, die innerhalb der Vertragslaufzeit gemeldet wurden. Häufig sehen die vertraglichen Regelungen dann auch eine first claim made-Deckung vor. Der Versicherungsfall tritt hier zwar

---

588 § 5 Ziff. 1 AHB; Vgl. auch *Weyers, Hans-Leo/ Wandt, Manfred* (Versicherungsvertragsrecht, 2003), Rdnr. 668.

589 *Hoffmann, Reiner* (Spätschadenreservierung, 1999), S. 65; vgl. *Voit, Wolfgang/ Knappmann, Ulrich* (Kommentierung § 149 VVG, 2004), Rn. 2 A.

590 Vgl. *Schmidt-Salzer* (IBNR, 1984), S. 21.

591 Vgl. *Boetius, Jan* (Handbuch, 1996), Anm. 932; *Schimikowski, Peter* (Versicherungsvertragsrecht, 2004), Rdnr. 295.

592 Vgl. *Weyers, Hans-Leo/ Wandt, Manfred* (Versicherungsvertragsrecht, 2003), Rdnr. 668; *Wagner, Gerhard* (Umwelthaftpflichtversicherung, 1992), S. 267.

593 Vgl. *Hoffmann, Reiner* (Spätschadenreservierung, 1999), S. 69.

auch erst mit der Meldung des Versicherungsfalls ein, aber die Leistungsverpflichtung des Versicherungsunternehmens umfasst sämtliche Ansprüche, die „auf die gleiche Ursache zurückzuführen sind“[594], selbst wenn diese erst nach Vertragsende gemeldet werden.

Der Versicherungsfall muss nicht zwingend auf einen Zeitpunkt fixiert sein, sondern kann sich über einen Zeitraum erstrecken („gedehnter Versicherungsfall“). Einen gedehnten Versicherungsfall zeichnet aber „nicht das schrittweise Eintreten eines Ereignisses“ aus, sondern „die den Umfang der Versicherungsleistung bestimmende Fortdauer eines eingetretenen Zustandes.“[595] Ein gedehnter Versicherungsfall liegt regelmäßig in der Krankenversicherung vor.[596] Gemäß § 1 Abs. 2 MBKK tritt der Versicherungsfall hier mit dem Beginn der Heilbehandlung ein und endet mit der Feststellung, dass keine Behandlungsnotwendigkeit mehr besteht.[597] Das versicherte Ereignis besteht hier in den Kosten für die Heilbehandlung und diese fallen häufig nicht zeitpunkt- sondern zeitraumbezogen an. Liegt ein gedehnter Versicherungsfall vor, ist das Versicherungsunternehmen grundsätzlich zur Leistung verpflichtet, wenn der Beginn des Versicherungsfalls in den Versicherungszeitraum fällt.[598] Wenn sich der Versicherungsfall über das Ende der Vertragslaufzeit hinausstreckt, umfasst die Leistungsverpflichtung auch solche Schäden, die das Geschehen nach Vertragsende mit sich bringt.[599] Hiervon ist die Krankenversicherung aber nach § 7 MBKK ausgenommen: „Der Versicherungsschutz endet – auch für schwebende Versicherungsfälle – mit der Beendigung des Vertragsverhältnisses.“ Demnach sind nur die Kosten der Heilbehandlung zu ersetzen, die bis zum Ablauf des Vertrags entstanden sind.[600]

c) *Rechtliche Entstehung mit dem Eintritt des Versicherungsfalls*

Wenn auch im Einzelfall Schwierigkeiten in der Sachverhaltsermittlung bestehen können[601], lässt sich der Zeitpunkt der rechtlichen Entstehung eines Schuldverhältnisses im Regelfall bestimmen. Danach ist ein Schuldverhältnis rechtlich entstanden, wenn der Tatbestand, der

---

594 *Schmidt-Salzer, Joachim* (IBNR, 1984), S. 94.
595 Vgl. BGH-Urteil vom 12. April 1989, IVa ZR 21/88, in: VersR-R, 40 Jg. (1989), S. 588.
596 Vgl. *Weyers, Hans-Leo/ Wandt, Manfred* (Versicherungsvertragsrecht, 2003), Rdnr. 662; so auch BFH-Urteil vom 19. Januar 1972, I 114/65, BStBl. II 1972, S. 394.
597 Vgl. auch *Koch, Alfons/ Krause, Hans-Josef* (Beck'scher Versicherungsbilanz-Kommentar, 1998), § 341g HGB, Rdnr. 49.
598 Vgl. BGH-Urteil vom 13. März 1974, IV ZR 36/73, in: VersR-R, 25. Jg. (1974), S. 741.
599 Vgl. *Prölss, Jürgen* (Kommentierung § 1 VVG, 2004), Rz. 33.
600 Vgl. *Perlet, Helmut* (Rückstellungen, 1986), S. 48.
601 Vgl. *Müller, Welf* (Rückstellungsbegriff, 1981), S. 126 – 144.

die Ansprüche des Gläubigers nach bürgerlichem oder öffentlichem Recht begründet, am Abschlussstichtag verwirklicht ist.[602]

In der Regel setzt sich der Tatbestand aus mehreren Merkmalen zusammen, wobei nach formalrechtlicher Betrachtungsweise der Grundsatz der Gleichwertigkeit aller Tatbestandsmerkmale gilt. Demzufolge setzt eine „Vollentstehung der Verpflichtung"[603] die Verwirklichung sämtlicher Tatbestandsmerkmale voraus.[604] Wenn ein Tatbestandsmerkmal noch fehlt, ist die Verpflichtung unabhängig von der wirtschaftlichen Bedeutung dieses Merkmals rechtlich nicht entstanden.[605]

Der Tatbestand, der einen Anspruch des Versicherungsnehmers auf Schadenersatz begründet, ist erst mit dem Eintritt des als Versicherungsfall definierten Ereignisses (d. h. Kausalereignis bzw. Verstoß, Schadenereignis, Feststellung oder Meldung des Schadens) vollständig verwirklicht. In diesem Zeitpunkt ist die Verbindlichkeit des Versicherungsunternehmens rechtlich voll entstanden. Bei einem gedehnten Versicherungsfall ist die Verbindlichkeit grundsätzlich bereits mit dem Beginn des Versicherungsfalls rechtlich voll entstanden. In der Krankenversicherung setzt die rechtliche Vollentstehung der Verbindlichkeit voraus, dass Kosten für die Heilbehandlung entstanden sind.

Wenn jedoch ein „Ausschlußtatbestand"[606] vorliegt, d. h. der Versicherungsnehmer die ihm gesetzlich oder versicherungsvertraglich auferlegten Obliegenheiten schuldhaft verletzt oder die Prämie nicht ordnungsgemäß gezahlt hat, ist das Versicherungsunternehmen von der Leistung befreit.[607] Die Obliegenheiten des Versicherungsnehmers können in Anzeigen, Mitteilungen, Auskünften oder sonstige Handlungen bzw. Unterlassungen sowohl vor als auch nach dem Eintritt des Versicherungsfalls bestehen.[608] Somit setzt die rechtliche Vollentstehung der Verbindlichkeit und mithin eine Passivierungspflicht für die Schadenrückstellung voraus, dass der Versicherungsfall am Bilanzstichtag eingetreten ist und kein Ausschlusstatbestand für die Leistungserbringung besteht.

---

602 Vgl. *Naumann, Klaus-Peter* (Rückstellungsbilanzierung, 1991), S. 529; *Tischbierek, Armin* (Verursachungszeitpunkt, 1994), S. 47; *Schön, Wolfgang* (Rückstellungen, 1994), S. 4.

603 BFH-Urteil vom 20. März 1980, IV R 89/79, BStBl. II 1980, S. 299.

604 Vgl. *Naumann, Klaus-Peter* (Rückstellungsbilanzierung, 1991), S. 529; *Tischbierek, Armin* (Verursachungszeitpunkt, 1994), S. 47.

605 Vgl. *Döllerer, Georg* (Rückstellung, 1975), S. 294.

606 *Mlynski, Manfred* (Versicherungsbetrieb, 1996), S. 10.

607 Vgl. *Winter, Gerrit* (HdV, 1988), S. 1204.

608 Vgl. *Honsell, Thomas* (HdV, 1988), S. 1198 – 1200.

1.2.3.3. Wirtschaftliche Verursachung der Verbindlichkeit

a) Wirtschaftliche Verursachung als Erfüllung der wirtschaftlich wesentlichen Tatbestandsmerkmale

Nach Auffassung der Rechtsprechung sind Rückstellungen für ungewisse Verbindlichkeiten auch dann zu bilden, wenn die Verpflichtung zum Bilanzstichtag wirtschaftlich verursacht, aber rechtlich noch nicht voll entstanden ist.[609] Hierzu ist es erforderlich, dass die Verpflichtung „so eng mit dem betrieblichen Geschehen des vergangenen Jahres verknüpft ist, dass es gerechtfertigt scheint, sie wirtschaftlich als eine bereits am Bilanzstichtag bestehende Last anzusehen."[610] Dies ist der Fall, wenn „ – ungeachtet der rechtlichen Gleichwertigkeit aller Tatbestandsmerkmale einer Verbindlichkeit – die wirtschaftlich wesentlichen Tatbestandsmerkmale erfüllt sind und die Entstehung der Verbindlichkeit nur noch von wirtschaftlich unwesentlichen Tatbestandsmerkmalen abhängt." Auf „das in der Betriebswirtschaftlehre entwickelte Verursachungsprinzip im Sinne der Verwirklichung einzelner Umstände, die eine spätere Entstehung der Verbindlichkeit nach sich ziehen können", kommt es somit nicht an, sondern auf „die wirtschaftliche Wertung des Einzelfalls im Lichte der rechtlichen Struktur des Tatbestandes, mit dessen Erfüllung die Verbindlichkeit entsteht."[611]

Das Kriterium der wirtschaftlichen Verursachung ist für die Bestimmung des Passivierungszeitpunkts nur bedeutsam, wenn die zur rechtlichen Entstehung erforderlichen Tatbestandsmerkmale am Abschlussstichtag nicht vollständig verwirklicht sind, sondern sukzessiv über mehrere Abschlussperioden erfüllt werden[612]; dann ist für die Passivierung der frühere der beiden Zeitpunkte maßgebend.[613] Im Gegensatz zur rechtlichen Betrachtungsweise werden die Tatbestandsmerkmale dann nicht mehr gleichgewichtet, sondern nach ihrer wirtschaftlichen Bedeutung geordnet sowie in „wirtschaftlich wesentlich" und „wirtschaftlich unwesentlich" unterschieden.[614] Dabei gestaltet sich die Abgrenzung der wirtschaftlich wesentlichen von den unwesentlichen Tatbestandsmerkmalen als problematisch.[615] Eine Konkretisierung

---

609 Vgl. BFH-Urteil vom 24 Juni 1969, I R 15/68, BStBl. II 1969, S. 582; BFH-Urteil vom 23. September 1969, I R 22/66, BStBl. II 1970, S. 106; BFH-Urteil vom 28. April 1971, I R 39, BStBl. II 1971, S.603.

610 BFH-Urteil vom 24. Juni 1969, I R 15/68, BStBl. II 1969, S. 582.

611 BFH-Urteil vom 19. Mai 1987, VIII R 327/83, BStBl. II 1987, S. 849 (alle Zitate). So auch *Böcking, Hans-Joachim* (Verbindlichkeitsbilanzierung, 1994), S. 111.

612 Vgl. *Thies, Angelika* (Rückstellungen, 1996), S. 166 m. w. N.

613 Vgl. BFH-Urteil vom 24 Juni 1969, I R 15/68, BStBl. II 1969, 581; BFH-Urteil vom 23. September 1969, I R 22/66, BStBl. II 1970, S. 106; BFH-Urteil vom 28. April 1971, I R 39 40/70, BStBl. II 1971, S. 603.

614 Vgl. *Thies, Angelika* (Rückstellungen, 1996), S. 165 – 166.

615 Vgl. *Döllerer, Georg* (Rückstellung, 1975), S. 294; *Moxter, Adolf* (Gewinnermittlung, 1988), S. 456; *Moxter, Adolf* (Umweltschutzrückstellungen, 1992), S. 431.

durch den BFH erfolgte bis zum heutigen Zeitpunkt nicht in allgemeiner Form, sondern nur in Einzelfallentscheidungen.[616]

Die wirtschaftliche Verursachung stellt nach dem Doppelkriterium der Rechtsprechung eine Vorstufe der rechtlichen Entstehung dar, in dem „die Erfüllung wirtschaftlich wesentlicher Tatbestandsmerkmale aus der Summe aller rechtlichen Tatbestandsmerkmale"[617] zur Passivierung der Verpflichtung ausreicht.[618] Da die wirtschaftliche Verursachung „nur vor, aber nicht nach der Erfüllung sämtlicher (auch wirtschaftlich unwesentlicher) Tatbestandsmerkmale liegen kann, ist die rechtliche Vollentstehung der spätestmögliche Passivierungszeitpunkt."[619] Entgegen der These, dass der frühere der beiden Zeitpunkte maßgebend sei, setzt das Doppelkriterium der Rechtsprechung implizit voraus, dass die wirtschaftliche Verursachung der rechtlichen Entstehung einer Verbindlichkeit nicht nachgelagert sein kann.[620]

b) Keine Passivierung der Schadenrückstellung vor dem Eintritt des Versicherungsfalls

Der Tatbestand, der einen Anspruch des Versicherungsnehmers auf Schadenersatz begründet, ist mit dem Eintritt des als Versicherungsfall definierten Ereignisses vollständig verwirklicht. Mit Ausnahme des gedehnten Versicherungsfalls ist dieses Ereignis auf einen Zeitpunkt fixiert. Aufgrund der zeitlichen Fixierung werden die Tatbestandsmerkmale für den Eintritt des Versicherungsfalls nicht sukzessiv über mehrere Abschlussperioden, sondern in einem Zeitpunkt verwirklicht. Hier ist für eine frühere Erfüllung der wirtschaftlich wesentlichen Tatbestandsmerkmale kein Raum, sondern die Verbindlichkeit ist mit dem Eintritt des Versicherungsfalls wirtschaftlich verursacht und rechtlich entstanden.[621]

---

616 Für eine umfassende Würdigung verschiedener Einzelfälle zur Konkretisierung der wirtschaftlich wesentlichen Tatbestandsmerkmale vgl. *Moxter, Adolf* (Bilanzrechtsprechung, 1999), S. 105 - 132; *Thies, Angelika* (Rückstellungen, 1996), S. 167 – 170.

617 *Böcking, Hans-Joachim* (Verbindlichkeitsbilanzierung, 1994), S. 111.

618 Vgl. *Thies, Angelika* (Rückstellungen, 1996), S. 166; *Tischbierek, Armin* (Verursachungszeitpunkt, 1994), S. 52.

619 *Hommel, Michael* (Kommentierung § 249 HGB, 2002), Rz. 76.

620 Vgl. *Moxter, Adolf* (Bilanzrechtsprechung, 1999), S. 108; *Ballwieser, Wolfgang* (Kommentierung § 249 HGB, 2001), Rdnr. 18.

621 In diesem Sinne hat die Rechtssprechung eine wirtschaftliche Verursachung vor der rechtlichen Entstehung grundsätzlich für die Verpflichtung zur Überholung von Hubschraubern abgelehnt. Gemäß § 6 LuftBO war der Bilanzierende verpflichtet, seine Hubschrauber einer Überholung zu unterziehen, wenn eine bestimmte Anzahl an Flugstunden erreicht war. Das Erreichen der zulässigen Betriebszeit markiert folglich den Zeitpunkt der rechtlichen Entstehung der Verpflichtung. Da „- vom Fall der Überholung aufgrund festgestellter Mängel abgesehen – das Erreichen der zulässigen Betriebszeit" ein „wesentliches Merkmal der Überholungsverpflichtung" darstellt, sei eine wirtschaftliche Verursachung vor der rechtlichen Entstehung ausgeschlossen. „Über die rechtliche Strukur der Verbindlichkeit, die nicht in Teilschritten entsteht, sondern bis zum Ablauf der Betriebszeit ihrer Entstehung harrt, kann sich die Beurteilung der wirtschaftlichen Verursachung nicht hinwegsetzen, sondern diese ist vielmehr in jene einzubetten." BFH-Urteil vom 19. Mai 1987, VIII R 327/83, BStBl. II 1987, S. 848.

Dies gilt auch für einen gedehnten Versicherungsfall. So hat die Rechtsprechung in der Krankenversicherung eine der rechtlichen Entstehung vorgelagerte wirtschaftliche Verursachung der Leistungsverpflichtung mit dem Eintritt der Krankheit grundsätzlich abgelehnt. Nach Auffassung der Rechtsprechung gehören zum Tatbestand der Leistungsverpflichtung des Krankenversicherers „neben dem Eintritt der Krankheit auch die Inanspruchnahme des Arztes, der Apotheke und des Krankenhauses“. Ohne eine Inanspruchnahme medizinischer Versorgung ist deshalb der „Tatbestand der Ersatzpflicht des Versicherers nicht 'im wesentlichen' vor dem Bilanzstichtag verwirklicht.“[622]

Demnach bedingt die Verwirklichung der wirtschaftlich wesentlichen Tatbestandsmerkmale nach Ansicht der Rechtsprechung den Eintritt des Versicherungsfalls. Zwar liege in der Krankenversicherung ein gedehnter Versicherungsfall vor, hieraus folgt aber nicht, dass „der Ersatz aller Kosten, der im vergangenen Jahr eingetretenen Krankheiten, auch soweit sie erst nach dem Bilanzstichtag anfallen werden, rückstellungsfähig sei.“[623] Aus diesem Urteil wird in der Literatur eine Maßgeblichkeit der rechtlichen Entstehung für den Passivierungszeitpunkt der Schadenrückstellungen auch in anderen Versicherungszweigen abgeleitet: „Da der Versicherungsfall, abgesehen von der Krankenversicherung, grundsätzlich zeitpunktbezogen ist, erscheint nach dieser Argumentation in anderen Versicherungszweigen eine wirtschaftliche Verursachung der Verbindlichkeit des Versicherers vor ihrer rechtlichen Entstehung erst recht ausgeschlossen.“[624]

Hiergegen könnte eingewendet werden, dass in der Krankenversicherung und auch in anderen Versicherungszweigen, die für den Eintritt des Versicherungsfalls nicht auf das ursächliche Ereignis abstellen, das Kausalereignis bzw. der Verstoß bereits vor dem Eintritt des Versicherungsfalls bekannt ist. In der Krankenversicherung wäre hier an Dialysepatienten zu denken, für die aufgrund ihrer Krankheit über viele Jahre Behandlungskosten anfallen werden. In diesem Zeitpunkt kann das Versicherungsunternehmen den Versicherungsvertrag aufgrund der eingetretenen Krankheit nicht (mehr) kündigen und auch der Versicherungsnehmer wird den Versicherungsvertrag nicht kündigen, da ihn ein anderes Versicherungsunternehmen nicht aufnehmen wird. Insofern kann sich das Versicherungsunternehmen den zukünftigen Kosten für den Dialysepatienten in diesem Zeitpunkt aber nicht mehr einseitig entziehen, so dass das eine wirtschaftliche Verursachung der Verbindlichkeit vor dem Eintritt des Versicherungsfalls

---

622 BFH-Urteil vom 19. Januar 1972, I 114/65, BStBl. II 1972, S. 394 (beide Zitate).

623 BFH-Urteil vom 19. Januar 1972, I 114/65, BStBl. II 1972, S. 394.

624 *Perlet, Helmut* (Rückstellungen, 1986), S. 48; vgl. auch *Koch, Alfons/ Krause, Hans-Josef* (Beck`scher Versicherungsbilanz-Kommentar, 1998), § 341g HGB, Rdnr. 4.

nahe liegt.

Aber auch hieraus wird sich keine Begründung für eine wirtschaftliche Verursachung vor dem Eintritt des Versicherungsfalls ableiten lassen. Nach Ansicht der Rechtsprechung setzt eine wirtschaftliche Verursachung voraus, dass „die Erfüllung der – entstandenen – Verpflichtung ihren wirtschaftlichen und rechtlichen Bezugspunkt in der Vergangenheit findet. Gerade hieran scheitert eine wirtschaftliche Verursachung der Verbindlichkeit des Versicherungsunternehmens vor dem Eintritt des Versicherungsfalls.[625] Das zeigt sich an dem nachfolgenden Beispiel:

Das Unternehmen X hat eine Umwelthaftpflichtversicherung mit dem Versicherungsunternehmen A abgeschlossen, die zum Ende des Kalenderjahres ausläuft. Der Versicherungsvertrag für das nachfolgende Jahr wurde mit dem Versicherungsunternehmen B abgeschlossen. Der Versicherungsfall durchläuft die folgende Entwicklung:

Abbildung 3: Passivierungszeitpunkt eines Versicherungsfalls in der Umweltschadenhaftpflichtversicherung

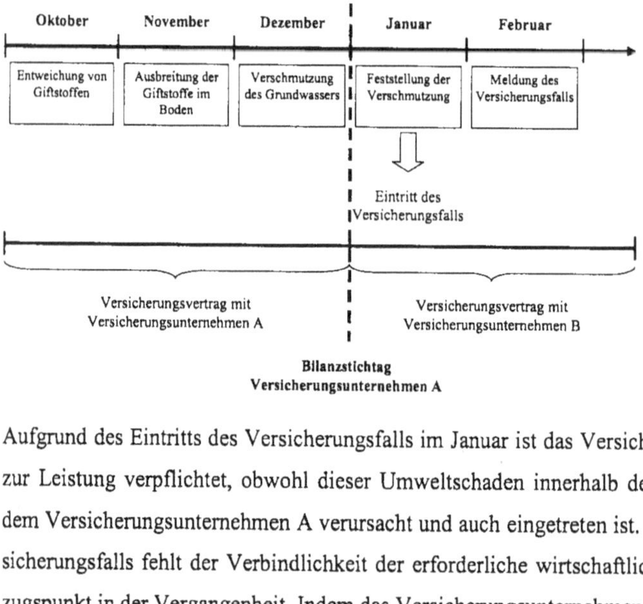

Aufgrund des Eintritts des Versicherungsfalls im Januar ist das Versicherungsunternehmen B zur Leistung verpflichtet, obwohl dieser Umweltschaden innerhalb der Vertragslaufzeit mit dem Versicherungsunternehmen A verursacht und auch eingetreten ist. Ohne Eintritt des Versicherungsfalls fehlt der Verbindlichkeit der erforderliche wirtschaftliche und rechtliche Bezugspunkt in der Vergangenheit. Indem das Versicherungsunternehmen A den Vertrag nicht

625 Aus diesem Grund ist auch eine vorgelagerte wirtschaftliche Verursachung der Überholungsverpflichtung ausgeschlossen: „Denn bis zum Erreichen der zulässigen Betriebszeit entspricht ihr Betrieb den luftfahrtechnischen Bestimmungen. Erst wenn die Klägerin über diesen Zeitraum hinaus den Betrieb der Luftfahrtgeräte fortsetzen will, muß sie die genannten Kontrollen durchführen." BFH-Urteil vom 19. Mai 1987, VIII R 327/83, BStBl. II 1987, S. 850.

verlängert oder den Betrieb einstellt, kann es sich der Leistungsverpflichtung entziehen, so dass weder das Kausalereignis noch der Eintritt des Schadenereignisses und auch nicht der Eintritt des Schadens das Vermögen des Versicherungsunternehmens A zum Bilanzstichtag belasten. Nur im Fall einer Vertragsverlängerung müsste das Versicherungsunternehmen A die Schadenausgaben auch tatsächlich erbringen; dann sind die Schadenausgaben aber auch den in der nachfolgenden Abschlussperiode erfolgswirksam vereinnahmten Prämien zuzurechnen.

Somit liegt der wirtschaftliche und rechtliche Bezugspunkt der Verbindlichkeit des Versicherungsunternehmens im Eintritt des Versicherungsfalls, so dass eine Passivierung der Schadenrückstellung vor dem Eintritt des Versicherungsfalls ausgeschlossen ist. Die wirtschaftliche Verursachung und rechtliche Entstehung der Verbindlichkeit fallen auf den Eintritt des Versicherungsfalls. Allerdings werden in der Praxis häufig Leistungen für bestimmte Versicherungsfälle vertraglich ausgeschlossen. So sieht der Versicherungsvertrag in der Krankenversicherung häufig eine Karenzzeit vor, in der bestimmte Leistungen nicht versichert sind (z. B. Nicht-Leistung für Kieferbehandlungen in den ersten 6 Monaten nach Vertragsbeginn). Insofern können in der Praxis auch Sachverhaltkonstellationen auftretenen, in denen keines der beiden Versicherungsunternehmen zur Leistung verpflichtet ist.

Eine Passivierung der Schadenrückstellung vor dem Eintritt des Versicherungsfalls ist aber auch mit dem Realisationsprinzip unvereinbar. Während die zukünftigen Ausgaben für bereits erfolgte Heilbehandlungen im Fall des Dialysepatienten die in der Vergangenheit vereinnahmten Prämien alimentieren, stehen den zukünftigen Ausgaben für noch nicht erbrachte Heilbehandlungen die noch zu vereinnahmenden Prämien gegenüber. Eine Passivierung der Schadenrückstellung vor dem Eintritt des Versicherungsfalls hätte zur Folge, dass die (zukünftigen) Prämieneinnahmen ohne die zugehörigen Schadenausgaben erfolgswirksam berücksichtigt würden. Allerdings kommt eine Passivierung der zukünftigen Ausgaben vor dem Eintritt des Versicherungsfalls nach dem Imparitätsprinzip in Frage, wenn die Gesamtheit der (Kranken-)Versicherungsverträge per Saldo einen Verlust erwarten lassen.

c) Passivierungszeitpunkt faktischer Leistungsverpflichtungen

Da die wirtschaftliche Verursachung in den „rechtliche Entstehungsablauf“[626] der Verpflichtung eingebettet ist, kann dieses Kriterium zur Bestimmung des Passivierungszeitpunkts von faktischen Verpflichtungen mangels späterer rechtlicher Entstehung nicht herangezogen wer-

[626] *Tischbierek, Armin* (Verursachungszeitpunkt, 1994), S. 52.

den.[627] Die Passivierung einer Schadenrückstellung für eine faktische Leistungsverpflichtung bedingt daher die Unausweichlichkeit der Leistungserbringung.[628] „Rein tatsächliche – wirtschaftlich oder sittlich motivierte – Leistungspflichten zählen nur als Verbindlichkeiten (bzw. Verbindlichkeitsrückstellungen), wenn der Kaufmann insoweit einem Leistungsdruck unterliegt, der den zivilrechtlichen Verbindlichkeiten vergleichbar ist, wenn er also mit der Erfüllung ernsthaft zu rechnen hat."[629] Eine unausweichliche Verpflichtung liegt nicht vor, wenn „die künftige Inanspruchnahme von der Entscheidung des Bilanzierenden abhängt, eine bestimmte Maßnahme durchzuführen bzw. seinen Geschäftsbetrieb fortzuführen."[630]

Für das Vorliegen einer faktischen Leistungsverpflichtung des Versicherungsunternehmens genügt somit, dass zum Bilanzstichtag der Beschluss zur Erbringung einer Kulanzleistung durch die hierfür berechtigten Personen gefasst wurde. In diesem Zeitpunkt kann sich das Versicherungsunternehmen der Leistungserbringung jedoch durch eine Änderung der Entscheidung einseitig entziehen, so dass es eben nicht „nur noch in der Hand des Gläubigers liegt, ob die Verbindlichkeit zur vollen rechtlichen Wirkung kommt."[631] Eine unausweichliche Verpflichtung zur Kulanzleistung liegt folglich erst vor, wenn das Versicherungsunternehmen die Erbringung der Kulanzleistung gegenüber dem Versicherungsnehmer bzw. anspruchsberechtigten Dritten angekündigt hat und nur noch die Annahme des Angebots durch den Versicherungsnehmer bzw. anspruchsberechtigten Dritten aussteht.[632]

1.3. Bewertungsnormen

1.3.1. Einzelbewertungsprinzip

1.3.1.1. Einzelrückstellungen

Nach § 252 Abs. 1 Nr. 3 HGB sind Vermögensgegenstände und Schulden einzeln zu bewerten. Das hierin kodifizierte Einzelbewertungsprinzip besagt, dass jeder Vermögensgegenstand und jede Schuld einzeln zu erfassen und der Wert unabhängig von den Werten anderer Ver-

---

627 Vgl. *Thies, Angelika* (Rückstellungen, 1996), S. 166; *Hommel, Michael* (Kommentierung § 249 HGB, 2002), Rz. 74; *Tischbierek, Armin* (Verursachungszeitpunkt, 1994), S. 50.

628 Vgl. *Roese, Bernd* (Verbindlichkeiten, 1999), S. 97.

629 *Böcking, Hans-Joachim* (Verbindlichkeitsbilanzierung, 1994), S. 107 – 108.

630 *Roese, Bernd* (Verbindlichkeiten, 1999), S. 97. In diesem Sinne versagte die Rechtsprechung die Bildung einer Rückstellung für die Auflage zur Nachanalyse von Arzneimitteln (Vgl. BFH-Urteil vom 25. August 1989, III R 95/87, BStBl. II 1989, S. 895) oder die Überholung eines Hubschraubers (Vgl. BFH-Urteil vom 19. Mai 1987, VIII R 327/83, BStBl. II 1987, S. 848), da sich das Unternehmen der Leistungsverpflichtung durch Einstellung der Geschäftstätigkeit entziehen könne. Vgl. hierzu auch *Schön, Wolfgang* (Rückstellungen, 1994), S. 5.

631 *Schön, Wolfgang* (Rückstellungen, 1994), S. 4

632 In diesem Sinne knüpft auch das IASB die Passivierung einer faktischen Verpflichtung an folgende Voraussetzung: „the enterprise has created a valid exspectation on the part of those other parties that it will discharge this responsibilities." IAS 37 par. 10.

mögensgegenstände und Schulden zu ermitteln ist; der Bilanzwert einer Abschlussposition ergibt sich dann durch Addition der Einzelwerte.[633]

Das Einzelbewertungsprinzip verbietet grds. „die Aggregation von mehreren Vermögensgegenständen, Schulden und schwebenden Verträgen zu Bewertungseinheiten"[634] und vermeidet hierdurch subjektive Ermessensspielräume, die mit einer (Gesamt-)Bewertung mehrerer Vermögensgegenstände bzw. Schulden oder gar des gesamten Unternehmens einhergehen. Auf diese Weise leistet es einen wesentlichen Beitrag zur Objektivierung der handelsrechtlichen Gewinnermittlung. Im Rahmen einer Gesamtbewertung werden zwangsläufig noch nicht realisierte Gewinne bei einzelnen Vermögenspositionen, die nach dem Realisationsprinzip keine Berücksichtigung finden dürfen, mit noch nicht entstandenen Verlusten bei anderen Vermögenspositionen, die nach dem Imparitätsprinzip einbezogen werden müssen, saldiert.[635] Das Einzelbewertungsprinzip ist somit auch ein Vorsichtsprinzip, da es „bestimmte Kompensationen von Verlustrisiken mit Gewinnchancen verhindert, also als Saldierungsverbot wirkt."[636]

Im Bezug auf die Rückstellungen besteht das Objekt der Einzelbewertung in der einzelnen Schuld. Der Eintritt des Versicherungsfalls begründet „eine selbstständig bewertungsfähige Verpflichtung"[637] des Versicherungsunternehmens gegenüber dem Versicherungsnehmer, so dass für die Schadenrückstellungen hinsichtlich der bekannten Versicherungsfälle soviel Bewertungsobjekte wie bis zur Schließung des Schadenregisters gemeldete Versicherungsfälle bestehen. Dies hat der BFH ausdrücklich bestätigt: „Die Schadenrückstellungen werden [...] für die einzelnen Verpflichtungen des Versicherungsunternehmens aus den Versicherungsverträgen gebildet, die sich nach Grund und Höhe und Fälligkeit, meist auch nach der Person des Gläubigers unterscheiden und deren rechtliches Eigenleben daher nicht bezweifelt werden kann. Sie sind daher in der Bilanz einzeln zu bewerten (§ 6 EStG, § 6 KStG)."[638] Die Bewertung der Schadenrückstellungen für gemeldete Versicherungsfälle erfolgt für die einzelne Verpflichtung aus dem eingetretenen Versicherungsfall.[639]

---

633 Vgl. *Moxter, Adolf* (Gewinnermittlung, 1982), S. 90; *Jüttner, Uwe* (GoB-System, 1993), S. 121.
634 *Ballwieser, Wolfgang* (Beck'sche HdR, Loseblatt), B 105, Rz. 50.
635 Vgl. *Perlet, Helmut/ Baumgärtel, Martina* (Pauschalbewertung, 1997), S. 56.
636 *Moxter, Adolf* (Rechnungslegung, 2003), S. 23; vgl. *Knobbe-Keuk, B.* (Unternehmenssteuerrecht, 1993), S. 156.
637 *Perlet, Helmut* (Rückstellungen, 1986), S. 56.
638 BFH-Urteil vom 12. Juni 1968, BStBl. II 1968, S. 716; vgl. auch BFH-Urteil vom 30. September 1970, I 124/65, BStBl. II 1971, S. 66 – 68.
639 Vgl. *Ziegler, Günter* (Schadenrückstellungen, 1973), S. 102.

1.3.1.2. Pauschalrückstellungen

a) Unsicherheitsbedingte Pauschalbewertung

Die Bildung einer Pauschalrückstellung ist aus technischen Gründen zwingend erforderlich, „wenn sich mehrere Bewertungsobjekte lediglich insgesamt, aber noch nicht im einzelnen hinreichend konkretisiert haben“[640], so dass eine Einzelbewertung aufgrund fehlender Informationen im Aufstellungszeitpunkt noch nicht möglich ist.[641] Dies ist der Fall, wenn sich einzelne Vermögensgegenstände oder Schulden als solche im Gesamtvermögen des Kaufmanns isolieren lassen, aber „hinreichend objektivierte Anhaltspunkte für die isolierte Wertfindung fehlen.“[642]

Die Verpflichtungen aus unbekannten Versicherungsfällen stehen zwar am Bilanzstichtag objektiv fest, aber mangels subjektiver Kenntnis des Versicherungsfalls im Aufstellungszeitpunkt scheidet eine Einzelbewertung der Schadenrückstellung für unbekannte Versicherungsfälle aus. Eine Einzelbewertung scheitert somit nicht an der Isolierbarkeit der (unbekannten) Verbindlichkeiten im Gesamtvermögen, sondern an der noch ausstehenden, die Einzelbewertung erst ermöglichenden, Meldung des Versicherungsfalls. Folgerichtig sind nach § 341g Abs. 2 Satz 1 HGB die Schadenrückstellungen für aus in der Abschlussperiode eingetretenen, aber bis zur Schließung des Schadenregisters noch nicht gemeldeten Versicherungsfällen (unbekannte Versicherungsfälle), pauschal zu bewerten. Hierfür sind möglichst gleichartige Verpflichtungen zu einer Bewertungseinheit zusammenzufassen, so dass die pauschalen Schadenrückstellungen für jeden Versicherungszweig oder jede Versicherungsart getrennt zu bilden sind.[643] Wenn im Bezug auf den Zeitfaktor oder Änderungsfaktor innerhalb einer Versicherungsart Unterschiede bestehen, ist eine nach Zeitintervallen oder Risikomerkmalen differenzierte Passivierung der unbekannten Versicherungsfälle geboten.[644]

Die Bildung einer Pauschalrückstellung für unbekannte Versicherungsfälle steht im Spannungsverhältnis zwischen dem Vorsichtsprinzip und dem Objektivierungsprinzip. Wenn Aufwendungen, die zur Abwicklung unbekannter Versicherungsfälle zukünftig anfallen, in der Schadenrückstellung unberücksichtigt blieben, würden sie unter Missachtung des Realisationsprinzips zukünftige Erträge belasten und folglich „zu einer Überbewertung des Vermö-

640 *Perlet, Helmut/ Baumgärtel, Martina* (Pauschalbewertung, 1997), S. 394.
641 Vgl. *Moxter, Adolf* (Pauschalrückstellungen, 1998), S. 270.
642 *Moxter, Adolf* (Rechnungslegung, 2003), S. 26.
643 Vgl. *Perlet, Helmut* (Rückstellungen, 1986), S. 64.
644 Vgl. *Buck, Heiko* (versicherungstechnische Rückstellungen, 1995), S. 148; *Geib, Gerd/ Telgenbüscher, Franz R.* (Schaden- und Unfallversicherungsunternehmen, Loseblatt), Kapitel B IV, Rdnr. 136.

gens führen"[645]. Insoweit widerspricht die Nichtpassivierung der Verpflichtungen aus unbekannten Versicherungsfällen dem Vorsichtsprinzip. Allerdings eröffnet die (pauschale) Gesamtbewertung der Verpflichtungen aus unbekannten Versicherungsfällen den Rechnungslegenden mitunter erhebliche Ermessensspielräume, die das Einzelbewertungsprinzip gerade vermeiden soll. Wird „zur Objektivierung einer Einzelrückstellung wohl zu Recht eine hinreichende Konkretisierung der Verbindlichkeit gefordert, ... so besteht kein Grund, auf diese objektive Voraussetzung zu verzichten, indem stattdessen eine pauschale Rückstellung gebildet wird."[646]

Im weitesten Sinne meint Objektivierung die „Ausschaltung alles Subjektiven, aller subjektiven Willkür"[647], so dass die Bildung einer Pauschalrückstellung zunächst unzulässig erscheint. Die Objektivierung ist jedoch „kein Selbstzweck, sondern nur eine Restriktion oder Nebenbedingung, die sich erst im Zusammenhang mit einer Zielvorgabe inhaltlich bestimmen lässt."[648] Das deutsche Bilanzrecht wird entscheidend durch das Prinzip der wirtschaftlichen Betrachtungsweise geprägt, so dass diese Zielvorgabe in der „Forderung nach wirtschaftlichen Rechnungslegungsinhalten"[649] besteht. In diesem Sinne bedeutet Objektivierung die „Herausarbeitung klarer Kriterien und Maßstäbe, die praktikabel sind und einer wohlverstandenen wirtschaftlichen Betrachtungsweise entsprechen."[650]

Das Objektivierungsprinzip begrenzt den Anwendungsbereich des Vorsichtsprinzips dahingehend, dass eine „unbeschränkte, grenzenlose Vorsicht" und hieraus folgend „willkürliche Überbewertungen der Passiva"[651] unzulässig ist. Darüber hinausgehenden (objektivierungsbedingten) Passivenbeschränkungen steht das Vorsichtsprinzip aber entgegen.[652] Danach scheidet die Bildung einer Pauschalrückstellung nur für nicht hinreichend objektivierbare Verpflichtungen aus unbekannten Versicherungsfällen aus. Soweit sich die Verpflichtungen aus unbekannten Versicherungsfällen durch unternehmens- oder branchenspezifische Erfahrungswerte konkretisieren lassen, besteht für eine pauschale Schadenrückstellung ein Passivierungsgebot.

645 EuGH-Urteil vom 14. September 1999, Rs. C-275/97, in: DStR, 37. Jg. (1999), S. 1647.
646 Vorlagebeschluss FG Köln vom 16. Juli 1997, 13 K 812/97, in: DStRE, 35. Jg. (1997), S. 746.
647 *Beisse, Heinrich* (Gläubigerschutz, 1993), S. 83.
648 *Kämpfer, Georg* (Normgewinnung, 1984), S. 164.
649 *Rüdinger Andreas* (Regelungsschärfe, 2003), S. 21 – 22.
650 *Beisse, Heinrich* (Gläubigerschutz, 1993), S. 84.
651 *Berndt, Thomas* (Vorsichtsprinzip, 2001), S. 380 (beide Zitate).
652 Vgl. *Berndt, Thomas* (Vorsichtsprinzip, 2001), S. 380.

In der Rechtsprechung[653] und in der Literatur[654] werden Pauschalrückstellungen häufig auch als begründeter Ausnahmefall von den in § 252 Abs. 1 HGB kodifizierten Grundsätzen ordnungsmäßiger Buchführung nach § 252 Abs. 2 HGB gesehen. Dieser Rückgriff auf die Ausnahmefälle ist indes nicht erforderlich, wenn das Einzelbewertungsprinzip „nicht in einem streng formalen Sinne verstanden"[655] wird. Das Einzelbewertungsverfahren setzt zwingend die Abgrenzung der einzelnen Vermögensbestandteile, d. h. Bewertungseinheiten, voraus.[656] Die Anwendung einer pauschalen Rückstellung beschränkt sich auf solche Verbindlichkeiten, die am Abschlussstichtag noch nicht bekannt sind und folglich einer Einzelbewertung nicht zugänglich sind, aber deren Bestand aufgrund von betriebsindividuellen oder branchenüblichen Vergangenheitserfahrungen hinreichend konkretisiert ist.[657] Die Pauschalrückstellungen sind demnach kein Ausnahmefall vom Einzelbewertungsprinzip, sondern die unbekannten Leistungsverpflichtungen werden „in einem quasi bekannten, statistisch nachweisbaren Bewertungsobjekt zusammengefasst"[658]. Auf diese Weise werden unbekannte Verbindlichkeiten, die ansonsten unberücksichtigt blieben, in die Bewertung einbezogen, so dass eine Pauschalbewertung die Passivierung der Schadenrückstellungen dem Grunde nach erweitert und eine „Ergänzungsfunktion"[659] besitzt.

b) Vereinfachungsbedingte Pauschalbewertung

Pauschalbewertungen sind unter bestimmten Voraussetzungen aus Vereinfachungsgründen bzw. Wirtschaftlichkeitserwägungen für die Rückstellungen für bekannte Verbindlichkeiten zulässig. Nach § 240 Abs. 4 i. V. m. § 256 Satz 2 HGB dürfen gleichartige und annähernd gleichwertige Vermögensgegenstände und Schulden jeweils zu einer Gruppe zusammengefasst und mit dem gewogenen Durchschnittswert[660] angesetzt werden.

Versicherungsunternehmen dürfen eine Gruppenbewertung der bekannten Versicherungsfälle vornehmen, wenn in einzelnen Versicherungszweigen oder -arten gleichartige Risiken vorliegen und die Einzelbewertung der Versicherungsfälle mit einem unverhältnismäßig hohen

---

653 Vgl. EuGH-Urteil vom 14. Juni 1999 – Rs C-275/97 (FG Köln), Anm. 30 – 34.

654 Vgl *Adler/ Düring/ Schmaltz* (Rechnungslegung und Prüfung, 1996), § 252 HGB, Anm. 59; *Berger, Axel/ Ring, Maximilian* (Beck'scher Bilanzkommentar, 2003), 252 HGB, Anm. 26.

655 *Berndt, Thomas* (Vorsichtsprinzip, 2001), S. 382.

656 Vgl. *Moxter, Adolf* (Pauschalrückstellungen, 1998), S. 270.

657 Vgl. *Perlet, Helmut/ Baumgärtel, Martina* (Pauschalbewertung, 1997), S. 396.

658 *Perlet, Helmut/ Baumgärtel, Martina* (Pauschalbewertung, 1997), S. 396; vgl. *Berndt, Thomas* (Vorsichtsprinzip, 2001), S. 382.

659 Vgl. *Perlet, Helmut/ Baumgärtel, Martina* (Pauschalbewertung, 1997), S. 396.

660 Die Verwendung eines geschätzten oder aus sonstigen Umständen bekannten Durchschnittswerts ist nicht zulässig. Im Gegensatz zu Vermögensgegenständen haben Schulden regelmäßig keinen im voraus bekannten Wert, so dass letztlich doch eine Einzelbewertung erforderlich ist. Vgl. *Buck, Heiko* (versicherungstechnische Rückstellungen, 1995), S. 188 – 189.

wirtschaftlichen Aufwand verbunden ist.[661] Hierfür bieten sich insbesondere die in großer Zahl auftretenden Klein- und Normalschäden mit im Einzelfall niedrigen Schadenbeträgen an. Im Hinblick auf die Genauigkeit der Schätzung sind die Gruppen hinsichtlich der erwarteten Schadenzahlungen möglichst homogen zu bilden und der Versicherungsbestand möglichst tief zu gliedern.[662] Die Definition eines Klein- oder Normalschadens hängt von den tatsächlichen Verhältnissen im Versicherungsunternehmen und den Besonderheiten der einzelnen Versicherungsarten ab, so dass die Festlegung einer allgemein gültigen (absoluten) Grenze nicht möglich ist.[663] Nach *Boetius* werden Kleinschäden aufgrund eindeutiger Sachverhalte erfahrungsgemäß sofort durch Zahlung reguliert, während „mittlere oder größere Schäden wegen der Schwierigkeit von Sach- und Rechtslage in der Regel besichtigt, begutachtet und genauer geprüft werden müssen, bevor eine Zahlung erfolgen kann."[664] Die sich hieraus ergebenden Ermessenspielräume dürfen nicht unterschätzt werden, da Vereinfachungen dieser Art aufgrund der bestehenden Ermessensspielräume dem Versicherungsunternehmen „erhebliche zeitliche Gewinnverlagerungen"[665] ermöglichen.

Eine Ermittlung der Schadenrückstellungen für bekannte Versicherungsfälle mit einer vom Einzelbewertungsgrundsatz abweichenden Gruppenbewertung bzw. Durchschnittsbewertung ist nur zulässig, wenn die hierfür herangezogenen Verfahren den handelsrechtlichen Grundsätzen ordnungsmäßiger Buchführung entsprechen und nicht zu einem Wertansatz führen, der wesentlich von dem einer Einzelbewertung abweicht.[666] Deswegen ist die Gruppenbewertung so anzulegen, dass die sich aus einer Einzelbewertung zwangsläufig ergebenden Schätzreserven für die einzelnen Versicherungsfälle erhalten bleiben.[667] Der Gruppenbewertung wird regelmäßig der Durchschnittswert der vergangenen Abschlussperiode zu Grunde gelegt. Wenn sich Entwicklungen innerhalb der Abschlussperiode oder neuere Erkenntnisse (Veränderungen des Bestands oder der Abwicklungsgeschwindigkeit) in diesem Wert nur unzureichend widerspiegeln, sind entsprechende Anpassungen vorzunehmen.

---

661 Vgl. *Versicherungsfachausschuss des IDW* (Schadenrückstellungen, 2005), S. 103; BFH-Urteil vom 9. Mai 1961, I 128/60 S, BStBl. III 1961, S. 337; BFH-Urteil vom 26. März 1968, IV R 94/67, BStBl. II 1968, S. 533; BFH-Urteil vom 22. November 1988, VIII R 62/85, BStBl. II 1989, S. 362.

662 Vgl. *Geib, Gerd/ Telgenbüscher, Franz R.* (Schaden- und Unfallversicherungsunternehmen, Loseblatt), Kapitel B IV, Rdnr. 111.

663 Dagegen wird die Unterscheidung zwischen Kleinschäden sowie Mittel- bzw. Großschäden regelmäßig anhand einer je Versicherungsunternehmen festzulegenden Aufwandsgrenze erfolgen.

664 *Boetius, Jan* (Handbuch, 1996), Anm. 951.

665 *Moxter, Adolf* (Rechnungslegung, 2003), S. 27.

666 Vgl. *Versicherungsfachausschuss des IDW* (Schadenrückstellungen, 2005), S. 103; *Perlet, Helmut* (Rückstellungen, 1986), S. 59.

667 Vgl. *Koch, Alfons/ Krause, Hans-Josef* (Beck`scher Versicherungsbilanz-Kommentar, 1998), § 341g HGB, Rdnr. 81.

1.3.1.3. Pauschale Abschläge auf die Schadenrückstellung

Eine vorsichtige Schätzung des Erfüllungsbetrags der einzelnen Schadenersatzverpflichtung führt zwangsläufig zu Schätzreserven in der Schadenrückstellung. Verfügt das Versicherungsunternehmen über einen erheblichen Bestand an ungewissen Verbindlichkeiten aus bekannten Versicherungsfällen, weicht die tatsächliche Inanspruchnahme für den Gesamtbestand erfahrungsgemäß von der Summe der Einzelrückstellungen ab[668], da die zurückgestellten Schätzreserven weder in allen Versicherungsfällen noch in ihrer Summe benötigt werden. In der Steuerbilanz ist die Summe der Einzelrückstellungen daher um den „Betrag zu mindern, der wahrscheinlich insgesamt nicht zur Befriedigung der Ansprüche für die Schäden benötigt wird."[669]

Die Einzelrückstellungen werden von vornherein nur für Schadenersatzverpflichtungen mit einer hinreichenden Wahrscheinlichkeit der Inanspruchnahme gebildet.[670] Dagegen besteht ein Passivierungsverbot, wenn „mit einer Inanspruchnahme durch den Gläubiger mit an Sicherheit grenzender Wahrscheinlichkeit nicht mehr zu rechnen ist"[671]. Sind sämtliche Ansatzkriterien für eine (ungewisse) Verbindlichkeit aber einmal erfüllt, zwingt das Vorsichtsprinzip zum Ansatz der einzelnen Schadenersatzverpflichtung mit dem vollen Erfüllungsbetrag.[672] Dagegen führt ein pauschaler Abschlag auf die Summe der Einzelrückstellung dazu, dass die einzelnen Schadenrückstellungen für bekannte Versicherungsfälle mit einem niedrigeren Betrag als dem (vollen) Erfüllungsbetrag zurückgestellt werden.[673] Dabei ist die Quantifizierung des pauschalen Abschlags nur im Rahmen einer Gesamtbewertung der ungewissen Verbindlichkeiten aus bekannten Versicherungsfällen möglich, so dass hierin unrealisierte Erträge aus Wertminderungen einzelner Verpflichtungen mit den noch nicht entstandenen Wertsteigerungen anderer Verpflichtungen saldiert werden. Insofern verstößt ein pauschaler Abschlag auf die Summe der Einzelrückstellungen gegen das Vorsichtsprinzip und das Einzelbewertungsprinzip.[674]

---

668 Vgl. *Perlet, Helmut/ Baumgärtel, Martina* (Pauschalbewertung, 1997), S. 397.

669 BMF-Schreiben vom 5. Mai 2000, in: BB, 55. Jg. (2000), S. 1619.

670 Vgl. *Perlet, Helmut/ Baumgärtel, Martina* (Pauschalbewertung, 1997), S. 399.

671 BFH-Urteil vom 22. November 1988, VIII R 62/85, BStBl. II 1989, S. 361.

672 Vgl. *Moxter, Adolf* (Rückstellungsbewertung, 1997), S. 677 – 678; *Moxter, Adolf* (Bilanzrechtsprechung, 1999), S. 211 – 212.

673 Vgl. *Perlet, Helmut/ Baumgärtel, Martina* (Pauschalbewertung, 1997), S. 398.

674 Vgl. *Koch, Alfons/ Krause, Hans-Josef* (Beck'scher Versicherungsbilanz-Kommentar, 1998), § 341g HGB, Rdnr. 75.

Zur Berücksichtigung der Wahrscheinlichkeit, dass der Rechnungslegende aus einem Teil der Verpflichtungen nicht in Anspruch genommen wird, kann für Pauschalrückstellungen ein pauschaler Abschlag geboten sein. Denn das Passivierungsverbot für Verbindlichkeiten, die mit hinreichender Wahrscheinlichkeit nicht erfüllt werden müssen, besteht auch dann, wenn diese „Teil eines Gesamtbestandes gleichartiger Verpflichtungen und … nach den Umständen ihrer Begründung einer individuellen Bewertung nicht zugänglich sind.“[675] Wenn bei Jubiläumsrückstellungen „die Gewährung der Zuwendung von der weiteren Betriebszugehörigkeit des Arbeitsnehmers abhängt,“ wird das Unternehmen „nicht von allen Zusageempfängern in Anspruch genommen werden können.“[676] Diesem Umstand ist nach Auffassung der Rechtsprechung „mittels eines Fluktuationsabschlags … Rechnung zu tragen.“[677] Da die einzelnen Zusageempfänger, die das Unternehmen nicht in Anspruch nehmen, am Bilanzstichtag unbekannt sind, „wird die Gesamtheit der Verpflichtungen“ durch den Fluktuationsabschlag „pauschal gekürzt, um die Fälle, in denen eine Inanspruchnahme nicht droht und für die eine Rückstellungsbildung daher nicht in Betracht käme, auszusondern.“[678]

Die Wahrscheinlichkeit der Inanspruchnahme wird bei Verpflichtungen aus unbekannten Versicherungsfällen pauschal für ein Risikokollektiv geschätzt. Auf Basis von Vergangenheitserfahrungen werden die Anzahl und die Höhe der unbekannten Versicherungsfälle prognostiziert, so dass der Rückstellungsbetrag auch (unbekannte) Versicherungsfälle enthalten kann, für die mit einer Inanspruchnahme des Versicherungsunternehmens nicht zu rechnen ist. Zur Berücksichtigung dieser Versicherungsfälle ist in die Bewertung der Schadenrückstellungen für unbekannte Versicherungsfälle ein pauschaler Abschlag einzubeziehen. Hierfür berücksichtigen die gängigen Bewertungsverfahren sog. Nullfälle, die dann eine (pauschale) Minderung bewirken.[679]

1.3.2. Bewertungsmaßstäbe der Schadenrückstellungen

1.3.2.1. Prinzip des vollen Erfüllungsbetrags

Nach § 252 Abs. 1 Satz 1 HGB sind Verbindlichkeiten „zu ihrem Rückzahlungsbetrag“ anzusetzen. Da die Verbindlichkeiten nicht nur aus einem Geldzufluss (z. B. Darlehen) entstehen, sondern auch aus Geldleistungs- oder Sachleistungsverpflichtungen resultieren können, ist mit

---

675 BFH-Urteil vom 22. November 1988, VIII R 62/85, BStBl. II 1989, S. 362.
676 BFH-Urteil vom 5. Februar 1987, IV R 81/84 , BStBl. II 1987, S. 848 (beide Zitate).
677 BFH-Urteil vom 7. Juli 1983, IV R 47/80, BStBl. II 1983, S. 754 m. w. N.
678 *Perlet, Helmut/ Baumgärtel, Martina* (Pauschalbewertung, 1997), S. 398.
679 Vgl. *Perlet, Helmut/ Baumgärtel, Martina* (Pauschalbewertung, 1997), S. 399.

dem Rückzahlungsbetrag der Erfüllungsbetrag der Verbindlichkeit gemeint.[680] Verbindlichkeitsrückstellungen unterscheiden sich von den Verbindlichkeiten nur durch die Ungewissheit der Existenz und/oder der Höhe der Verbindlichkeit[681], so dass auch sie mit dem (ungewissen) Erfüllungsbetrag zu bewerten sind.[682]

In Analogie zu den Anschaffungskosten auf der Aktivseite wird der Erfüllungsbetrag auch als „Wegschaffungskosten"[683] bezeichnet. Gemeint ist derjenige Betrag, „den der Schuldner zur Erfüllung der (dem Grunde und/oder der Höhe nach) ungewissen Verpflichtung voraussichtlich aufbringen muss"[684]. Nach dem Realisationsprinzip sind Aufwendungen, die bereits realisierten Erträgen zuzurechnen sind, im jeweiligen Geschäftsjahr als Aufwand zu berücksichtigen.[685] Ein Ansatz der Rückstellung nur mit Teilbeträgen hätte den Ausweis unrealisierter Gewinne zur Folge und ist daher unzulässig; insoweit gilt das Prinzip des vollen Erfüllungsbetrags.[686]

Danach sind die Schadenrückstellungen mit dem (ungewissen) Erfüllungsbetrag oder (in der Folge) mit dem höheren Bilanzstichtagswert anzusetzen.[687] Dies ist für die Verpflichtungen aus bekannten Versicherungsfällen derjenige Geldbetrag, „der zur Erfüllung sämtlicher Verpflichtungen aus dem einzelnen Versicherungsfall wahrscheinlich notwendig ist."[688] Die Schätzung der wahrscheinlichen Leistungsverpflichtung basiert auf den „konkreten tatsächlichen und rechtlichen Umständen des einzelnen Versicherungsfalls."[689] Dabei ist zwischen Summenversicherungen und Interessenversicherungen zu unterscheiden. In der Summenversicherung ist der Geldbetrag häufig im Voraus vertraglich festgelegt und somit von der Höhe des eingetretenen Schadens unabhängig (z. B. Todesfallsumme in der Unfallversicherung).[690] Hier steht die Höhe der Schadenzahlung mit dem Eintritt des Versicherungsfalls fest und bedarf keiner Schätzung. Dagegen zielt die Interessenversicherung auf den Ersatz eines versi-

---

680 Vgl. *Adler/ Düring/ Schmaltz* (Rechnungslegung und Prüfung, 1996), § 253 HGB, Rz. 72; *Moxter, Adolf* (Bilanzrechtsprechung, 1999), S. 210.

681 Vgl. BFH-Urteil vom 24. Juni 1969, I R 15/68, BStBl. II 1969, S. 582.

682 Vgl. *Döllerer, Georg* (Rechtsprechung, 1976), S. 349; *Moxter, Adolf* (Bilanzrechtsprechung, 1999), S. 211; *Scheffler, Eberhard* (Beck'sche HdR, Loseblatt), B 233, Rdnr. 28.

683 *Knobbe-Keuk, Brigitte* (Unternehmenssteuerrecht, 1993), S. 231.

684 *Berger, Axel/ Ring, Maximilian* (Beck'scher Bilanzkommentar, 2003), 253 HGB, Anm. 151.

685 Vgl. *Moxter, Adolf* (Rechnungslegung, 2003), S. 46.

686 Vgl. *Rüdinger, Andreas* (Regelungsunschärfe, 2003), S. 97.

687 Vgl. *Perlet, Helmut* (Rückstellungen, 1986), S. 70; *Wiedmann, Harald* (Kommentierung § 341g HGB, 1999), Rz. 32; *Koch, Alfons/ Krause, Hans-Josef* (Beck'scher Versicherungsbilanz-Kommentar, 1998), § 341g HGB, Rdnr. 70; *Geib, Gerd/ Telgenbüscher, Franz R.* (Schaden- und Unfallversicherungsunternehmen, Loseblatt), Kapitel B IV, Rdnr. 102.

688 *Boetius, Jan* (Handbuch, 1996), Anm. 948; vgl. auch *Perlet, Helmut* (Rückstellungen, 1986), S. 71; *Koch, Alfons/ Krause, Hans-Josef* (Beck'scher Versicherungsbilanz-Kommentar, 1998), § 341g HGB, Rdnr. 70.

689 *Boetius, Jan* (Handbuch, 1996), Anm. 948.

690 Vgl. *Perlet, Helmut* (Rückstellungen, 1986), S. 73.

cherten Ereignisses, so dass der eingetretene Schaden den Geldbetrag bedingt (z. B. Wert der beschädigten oder untergegangenen Sache in der Sachversicherung) und die Schadenzahlung auf Grundlage der Umstände des einzelnen Sachverhalts zu schätzen ist.[691] In die Schätzung sind die im Rahmen der Schadenregulierung bereits gewonnenen Erkenntnisse und Informationen, die sich bspw. aus der Schadenmeldung, Polizeiberichten, Sachverständigengutachten, Prozeßberichten, Schadenberichten der (externen oder internen) Schadenregulierer ergeben[692], sowie die Erfahrungen und Kenntnisse des Schadensachbearbeiters aus ähnlichen Fällen einzubeziehen[693].

Die Schadenrückstellungen für unbekannte Versicherungsfälle sind ebenfalls mit dem (ungewissen) Erfüllungsbetrag zu bewerten. Dieser ist für die einzelnen (statistisch nachweisbaren) Bewertungsobjekte zu schätzen. In der Schätzung sind nach § 341g Abs. 2 Satz 2 HGB „die bisherigen Erfahrungen in bezug auf die Anzahl der nach dem Abschlussstichtag gemeldeten Versicherungsfälle und die Höhe der damit verbundenen Aufwendungen zu berücksichtigen." In der Regel spiegelt das Schadengeschehen der Vergangenheit aufgrund von Änderungen im Zeitablauf nicht dasjenige der Zukunft wider, so dass für die Ermittlung des Erfüllungsbetrages nicht ausschließlich auf Vergangenheitserfahrungen zurückgegriffen werden kann.[694] Daher sind entsprechende Anpassungen erforderlich, wenn sich ein qualitativer Wandel der Risikofaktoren (z. B. Änderungen der Rechtsprechung oder des Anspruchsverhaltens der Versicherungsnehmer, Entdeckung neuer Schadenbilder) oder auch eine Veränderung der Abwicklungsgeschwindigkeit in der Schätzung nur unzureichend niedergeschlagen hat.[695] Da derartige Veränderungen regelmäßig erst im Zeitpunkt der Inanspruchnahme des Versicherungsunternehmens erkennbar werden, ist dem Änderungsrisiko durch einen pauschalen Sicherheitszuschlag Rechnung zu tragen.[696]

---

691 Vgl. *Perlet, Helmut* (Rückstellungen, 1986), S. 73.

692 Vgl. *Versicherungsfachausschuss des IDW* (Schadenrückstellungen, 2005), S. 102; *Geib, Gerd/ Telgenbüscher, Franz R.* (Schaden- und Unfallversicherungsunternehmen, Loseblatt), Kapitel B IV, Rdnr. 103.

693 Vgl. *Ziegler, Günter* (Schadenrückstellungen, 1973), S. 102; *Geib, Gerd/ Telgenbüscher, Franz R.* (Schaden- und Unfallversicherungsunternehmen, Loseblatt), Kapitel B IV, Rdnr. 103.

694 Vgl. *Boetius, Jan* (Handbuch, 1996), Anm. 949.

695 Vgl. *Geib, Gerd/ Telgenbüscher, Franz R.*(Schaden- und Unfallversicherungsunternehmen, Loseblatt), Kapitel B IV, Rdnr. 137; *Boetius, Jan* (Handbuch, 1996), Anm. 949.

696 Vgl. *Koch, Alfons/ Krause, Hans-Josef* (Beck'scher Versicherungsbilanz-Kommentar, 1998), § 341g HGB, Rdnr. 74; *Boetius, Jan* (Handbuch, 1996), Anm. 985.

1.3.2.2. Höchstwertprinzip

Nach dem handelsrechtlichen Höchstwertprinzip darf der Zugangswert einer Verbindlichkeitsrückstellung in der Folge nicht unterschritten werden.[697] Das Höchstwertprinzip ist Ausfluss des allgemeinen handelsrechtlichen Vorsichtsprinzips und „soll den Bewertungsspielraum des Kaufmanns zur Sicherung der Entziehbarkeit des ermittelten Gewinns rigoros beschränken."[698] Danach sind Verbindlichkeitsrückstellungen an den nachfolgenden Bilanzstichtagen entweder mit dem Zugangswert oder dem höheren Bilanzstichtagswert anzusetzen.[699] Das Festhalten an dem Zugangswert als Mindestwert beruht auf der „Wiederkehrvermutung", wonach von der „Wiederkehrmöglichkeit der den Anschaffungswert bestimmenden Faktoren"[700] auszugehen ist. So kann sich bei Fremdwährungsrückstellungen der im Zugangszeitpunkt gegebene Wechselkurs wiederum einstellen und den tatsächlichen Erfüllungsbetrag entscheidend beeinflussen.[701]

Eine Ausnahme von dem Höchstwertprinzip besteht für die Schadenrückstellungen, in denen „sich die Ungewißheit der Verbindlichkeit am Bilanzstichtag gegenüber dem Zugangstag bei objektiver Betrachtung in der Weise grundlegend verändert hat, daß die Wiederkehrvermutung und mit ihr das Festhalten am Anschaffungswert als Mindestwert offenkundig ungerechtfertigt erscheinen"[702]. Dies ist der Fall, wenn sich der (voraussichtliche) Leistungsumfang aufgrund neuer Erkenntnisse des Versicherungsunternehmens bei der Schadenregulierung (z. B. Sachverständigengutachten) vermindert hat. Nur die Änderung der subjektiven Risikoeinschätzung des Kaufmanns reicht hierfür aber nicht aus, die Veränderungen müssen sich vielmehr in hinreichend konkretisierten Kriterien niedergeschlagen haben.[703]

1.3.2.3. Bewertung bei Mehrwertigkeit

Aufgrund der Unsicherheit sind Schätzungen zur Ermittlung der Höhe der Rückstellungen in der Regel unumgänglich, so dass sich aus den erforderlichen subjektiven Beurteilungen der Rechnungslegenden eine Bandbreite möglicher Erfüllungsbeträge ergibt. Nach § 253 Abs. 1 Satz 2 HGB sind „Rückstellungen nur in Höhe des Betrags anzusetzen, der nach vernünftiger kaufmännischer Beurteilung notwendig ist". Die Bewertungsvorschrift zielt nicht auf einen

697 Vgl. *Moxter, Adolf* (Rückstellungsbewertung, 1997), S. 684; *Ballwieser, Wolfgang* (Kommentierung § 253 HGB, 2001), Rz. 118.
698 *Moxter, Adolf* (Höchstwertprinzip, 1989), S. 947.
699 Vgl. *Pisoke, Marc* (Ungewisse Verbindlichkeiten, 2004), S. 142.
700 *Moxter, Adolf* (Höchstwertprinzip, 1989), S. 947.
701 Vgl. *Moxter, Adolf* (Höchstwertprinzip, 1989), S. 947; *Pisoke, Marc* (Ungewisse Verbindlichkeiten, 2004), S. 143; *Ballwieser, Wolfgang* (Kommentierung § 253 HGB, 2001), Rz. 118.
702 *Moxter, Adolf* (Höchstwertprinzip, 1989), S. 948.
703 Vgl. *Moxter, Adolf* (Höchstwertprinzip, 1989), S. 948.

„rückstellungsspezifischen (vom Erfüllungsbetrag abweichenden) Bewertungsmaßstab, sondern lediglich auf ein (wegen der bei Rückstellungen gegebenen Unsicherheit des Erfüllungsbetrags bedeutsamen) Überbewertungsverbot (Ausschluss fiktiver Passiven).“[704] Sie „enthält keinen Wertmaßstab, nur eine Wertbegrenzung.“[705] Aus einer Bandbreite möglicher Verpflichtungsbeträge kommen für den Wertansatz nur diejenigen in Betracht, die innerhalb der durch die vernünftige kaufmännische Beurteilung bestimmten Bandbreite liegen.[706] Somit ist für die Festlegung der Bandbreite nicht „das subjektive, mehr oder weniger optimistische oder vorsichtige Ermessen des einzelnen Kaufmanns“[707], sondern die „allgemeine Verkehrsauffassung (ordentlicher) Kaufleute“[708] entscheidend. Aufgrund der hierdurch gebotenen Konkretisierung der „Beträge anhand objektiver Anhaltspunkte“[709] wird der Schätzungsrahmen des Rechnungslegenden „objektiv eingegrenzt“[710]. Aus der so ermittelten Bandbreite möglicher Beträge ist dann der konkrete Wertansatz abzuleiten.[711] Das für die Bestimmung des konkreten Wertansatzes maßgebende Kriterium besteht im handelsrechtlichen Vorsichtsprinzip (§ 252 Abs. 1 Nr. 4 HGB).[712]

Nach § 341e Abs. 1 Satz 1 HGB haben Versicherungsunternehmen „versicherungstechnische Rückstellungen auch insoweit zu bilden, wie dies nach vernünftiger kaufmännischer Beurteilung notwendig ist, um die dauernde Erfüllbarkeit der Verpflichtungen aus den Versicherungsverträgen sicherzustellen.“ Hieraus schließt das Schrifttum auf ein besonderes Vorsichtsprinzip für Versicherungsunternehmen.[713] Aufgrund der hohen Bedeutung der (versicherungstechnischen) Rückstellungen im Versicherungsgeschäft trifft es zwar zu, dass dem handelsrechtlichen Vorsichtsprinzip in Periodenabschlüssen von Versicherungsunternehmen absolut eine höhere Bedeutung zukommt. Ein höheres Maß an Vorsicht bei Versicherungsunternehmen würde aber zu einer willkürlichen Überwertung der (versicherungstechnischen) Rückstellungen führen. Die Bildung von Willkürreserven ist auch mit dem deutschem Handelsrecht unvereinbar und deshalb abzulehnen. Vielmehr soll das Kriterium des nach vernünf-

---

[704] *Moxter, Adolf* (Bilanzrechtsprechung, 1999), S. 211; vgl. auch *Döllerer, Georg* (Handelsbilanz, 1987), S. 11; *Moxter, Adolf* (Rückstellungsbewertung, 1997), S. 677; *Knobbe-Keuk, Brigitte* (Unternehmenssteuerrecht, 1993), S. 235; *Ballwieser, Wolfgang* (Kommentierung § 253 HGB, 2001), Rdnr. 93.

[705] *Moxter, Adolf* (Höchstwertprinzip, 1989), S. 947.

[706] Vgl. *Adler/ Düring/ Schmaltz* (Rechnungslegung und Prüfung, 1996), § 253 HGB, Rz. 190.

[707] *Knobbe-Keuk, Brigitte* (Unternehmenssteuerrecht, 1993), S. 235.

[708] *Rüdinger, Andreas* (Regelungsunschärfe, 2003), S. 99 – 100.

[709] *Rüdinger, Andreas* (Regelungsunschärfe, 2003), S. 100.

[710] *Knobbe-Keuk, Brigitte* (Unternehmenssteuerrecht, 1993), S. 235.

[711] Vgl. *Berger, Axel/ Ring, Maximilian* (Beck`scher Bilanzkommentar, 2003), § 253 HGB, Rz. 154.

[712] Vgl. *Moxter, Adolf* (Rückstellungen, 1999), S. 522.

[713] Vgl. *Versicherungsfachausschuss des IDW* (Schadenrückstellungen, 2005), S. 102; *Adler/ Düring/ Schmaltz* (Rechnungslegung und Prüfung, 1996), § 253 HGB, Rz. 178; a.A. *Stöffler, Michael* (Beck`scher Versicherungsbilanz-Kommentar, 1998), Rz. 9.

tiger kaufmännischer Beurteilung notwendigen Betrags eine willkürliche Überbewertung der Schadenrückstellungen gerade ausschließen.[714]

Nach dem Vorsichtsprinzip darf die Schätzung der Schadenrückstellung nicht „risikoneutral im Sinne einer Gleichgewichtung von Chancen und Risiken durchgeführt" werden, sondern ist so vorzunehmen, dass „mit hinreichender Wahrscheinlichkeit für jeden einzelnen Versicherungsfall die späteren Ausgaben die geschätzte Schadenrückstellung nicht überschreiten."[715] Insoweit kann der Erwartungswert nur als Untergrenze der handelsrechtlichen Rückstellungsbildung verstanden werden.[716] Eine vorsichtige Bewertung der Schadenrückstellungen erfordert „den Ansatz eines Wertes oberhalb des Erwartungswertes."[717] Damit lässt sich der konkrete Wertansatz der Schadenrückstellungen mit dem Vorsichtsprinzip aber nicht eindeutig ableiten, wenn die möglichen Beträge unterschiedliche Eintrittswahrscheinlichkeiten aufweisen.[718]

Die Bewertung der Schadenrückstellung entspricht dem Vorsichtsprinzip, wenn „die späteren Ausgaben für den einzelnen Versicherungsfall die geschätzte Rückstellung nicht oder nur unwesentlich übersteigen."[719] Im Umkehrschluss sind Abwicklungsgewinne, d. h. eine positive Differenz zwischen der Rückstellung und den tatsächlichen Ausgaben, die notwendige Folge einer vorsichtigen Bewertung der Schadenrückstellungen.[720] Insofern kann aus dem Eintritt von Abwicklungsgewinnen ex post nicht auf eine übervorsichtige Rückstellungsbildung geschlossen werden.[721] „Nicht die Vorsicht, nur die (unnötige) Übervorsicht, die willkürliche Überbewertung sollen mit der Beschränkung auf den nach vernünftiger kaufmännischer Beurteilung notwendigen Betrag ausgeschaltet werden."[722] Demzufolge sind nur sehr hohe Abwicklungsgewinne, die auf „unrealistisch hohe Wertansätze"[723] zurückzuführen sind, nicht durch das Vorsichtsprinzip gedeckt. Daher erfordert das Vorsichtsprinzip für die Bewertung der Schadenrückstellungen, dass die Schätzung in sich schlüssig ist und aus den objekti-

---

714 Vgl. *Moxter, Adolf* (Höchstwertprinzip, 1989), S. 947.

715 *Geib, Gerd/ Telgenbüscher, Franz R.* (Schaden- und Unfallversicherungsunternehmen, Loseblatt), Kapitel B IV, Rdnr. 104 (beide Zitate).

716 Vgl. *Perlet, Helmut* (Rückstellungen, 1986), S. 100.

717 *Ballwieser, Wolfgang* (Beck'sche HdR, Loseblatt), B 105, Rz. 22.

718 Vgl. *Rüdinger, Andreas* (Regelungsunschärfe, 2003), S. 100.

719 *Koch, Alfons/ Krause, Hans-Josef* (Beck'scher Versicherungsbilanz-Kommentar, 1998), § 341g HGB, Rdnr. 73.

720 Vgl. *Perlet, Helmut* (Rückstellungen, 1986), S. 110.

721 Vgl. *Ziegler, Günter* (Schadenrückstellungen, 1973), S. 104; *Boetius, Jan* (Handbuch, 1996), Anm. 949.

722 *Moxter, Adolf* (Höchstwertprinzip, 1989), S. 947.

723 *Ballwieser, Wolfgang* (Kommentierung § 253 HGB, 2001), Rz. 93.

ven Umständen des einzelnen (Versicherungs-)falls oder zusammengefasster Versicherungsfälle abgeleitet werden kann.[724]

1.3.2.4. Kostenzuordnung

Die Bewertung der Rückstellungen für Sach- und Dienstleistungsverpflichtungen erfordert eine Regelung, in welchem Umfang die Kosten der Leistungserbringung in der Rückstellung zu berücksichtigen sind. In diesem Zusammenhang hat die Rechtsprechung für die Bewertung der Rückstellung für interne Jahresabschlusskosten die Einrechnung der Gehälter der Buchhalter zugelassen.[725] Für solche internen Gemeinkosten ist anzunehmen, dass „diese anteilig nicht entstehen würden, wenn der Abschluß und die Steuererklärung nicht erstellt werden müssten. Für interne Gemeinkosten, wie z. B. die anteilige Absetzung für Abnutzung (AfA) für das Bürogebäude, ist dagegen anzunehmen, daß diese nicht durch den Abschluß bzw. das Erstellen der Steuererklärungen veranlasst sind."[726] Dies lässt sich dadurch begründen, dass im Allgemeinen eine „zeitmäßige Zuordnung"[727] der Gehälter zur Erstellung des Jahresabschlusses immerhin „in halbwegs objektivierbarer Weise geschehen kann"[728].

Da die Versicherungsleistung eine kombinierte Geld- und Dienstleistungsverpflichtung ist, stellt sich die Frage, in welchem Umfang die Schadenregulierungskosten in die Bewertung der Schadenrückstellungen einzubeziehen sind. In der Regel bestehen die Schadenregulierungskosten in den Einzelkosten, die dem einzelnen Versicherungsfall direkt zugeordnet werden können, und den Gemeinkosten, die den einzelnen Versicherungsfällen nur „aufgrund bestimmter Annahmen"[729] (indirekt) zugerechnet werden können. Dabei umfassen die Gemeinkosten häufig auch solche Kosten, die dem einzelnen Versicherungsfall zwar theoretisch eindeutig zurechenbar sind, aber aus Vereinfachungsgründen als Gemeinkosten erfasst werden (sog. unechte Gemeinkosten).[730] Somit ist zu klären, ob auch die indirekten Schadenregulierungskosten in die Bewertung der Schadenrückstellung einzubeziehen sind.

Die Abwicklung des Versicherungsfalls kann als Spiegelbild der „industriellen Vorleistung Herstellung von Fertigungserzeugnissen"[731] interpretiert werden. In diesem Sinne verkörpern

---

[724] Vgl. *Geib, Gerd/ Telgenbüscher, Franz R.* (Schaden- und Unfallversicherungsunternehmen, Loseblatt), Kapitel B IV, Rdnr. 104; *Koch, Alfons/ Krause, Hans-Josef* (Beck'scher Versicherungsbilanz-Kommentar, 1998), § 341g HGB, Rdnr. 74.

[725] Vgl. BFH-Urteil vom 24. November 1983, IV R 22/81, BStBl. II 1984, S. 301 - 303.

[726] BFH-Urteil vom 24. November 1983, IV R 22/81, BStBl. II 1984, S. 302.

[727] *Rüdinger, Andreas* (Regelungsunschärfe, 2003), S. 108.

[728] *Moxter, Adolf* (Bilanzrechtsprechung, 1999), S. 216.

[729] Vgl. BFH-Urteil vom 11. Februar 1988 IV R 191/ 85, BStBl. II 1988, S. 661.

[730] Vgl. *Buck, Heiko* (versicherungstechnische Rückstellungen, 1995), S. 160.

[731] *Perlet, Helmut* (Rückstellungen, 1986), S. 79; vgl. *Buck, Heiko* (versicherungstechnische Rückstellungen, 1995), S. 159.

die Schadenzahlungen und die Schadenregulierungskosten die Produktionskosten des Versicherungsunternehmens für den gewährten Versicherungsschutz. Als Vermögensgegenstände werden die Fertigungserzeugnisse gemäß § 253 Abs. 1 Satz 1 HGB mit den Herstellungskosten aktiviert. Dabei folgt die Bewertung der Vermögensgegenstände mit den Herstellungskosten aus dem Realisationsprinzip.[732] Dieses bindet die Gewinnrealisation an „den Umsatzakt, an die vertragsgemäße Leistung des Bilanzierenden und gebietet bis zu diesem Zeitpunkt die erfolgsneutrale (lediglich vermögensumschichtende) Behandlung getätigter Ausgaben."[733]

Nach einer im Schrifttum vertretenen Auffassung erfordert die Erfolgsneutralität des Herstellungsvorgangs, dass sämtliche im Rahmen der Produktion anfallenden Kosten auf die einzelnen Produkte verteilt werden, da „das einzelne Erzeugnis seine Existenz nicht nur dem Einsatz von Einzelkosten, sondern auch dem der Gemeinkosten verdankt."[734] Hiernach müssen neben den Einzelkosten auch die Gemeinkosten als Herstellungskosten aktiviert werden.[735] Jedoch ist eine Bewertung der Vermögensgegenstände mit den Vollkosten (verstanden als Einzelkosten und Gemeinkosten) nach dem Realisationsprinzip nicht zwingend. Ein Teil der Literatur lehnt die Berücksichtigung der Gemeinkosten sogar mit Rückgriff auf das Realisationsprinzip ab. So führt Mellwig aus, dass die (echten) Gemeinkosten „unabhängig von der Zahl einzelner Produkte lediglich die Betriebsbereitschaft sichern" und „nach dem Realisationsprinzip (in der Ausprägung des Prinzips erfolgsneutraler Behandlung des Herstellungsprozesses) [...] nicht zu den handelsrechtlichen Herstellungskosten"[736] zählen; denn die Gemeinkosten wären auch dann angefallen, wenn das Unternehmen in der vergangenen Abschlussperiode keine Produkte hergestellt hätte.[737]

Diese Problematik besteht spiegelbildlich bei der Bewertung der Rückstellungen, mithin auch bei den Schadenrückstellungen. So findet sich in der Literatur die These, dass die Bewertung der Schadenrückstellung nur in Höhe der Einzelkosten dem Realisationsprinzip zuwiderläuft, da die Nicht-Passivierung künftiger Ausgaben (Gemeinkosten), die bereits realisierten Prämien zuzurechnen sind, „zu einem Verstoß gegen das Realisationsprinzip in Form eines über-

---

[732] Vgl. *Mellwig, Winfried* (Herstellungskosten, 1995), S. 403; *Siegel, Theodor* (Herstellungskosten, 1995), S. 639 – 640.

[733] *Mellwig, Winfried* (Herstellungskosten, 1995), S. 403.

[734] *Schulze-Osterloh, Joachim* (Herstellungskosten, 1989), S. 245.

[735] Vgl. *Schulze-Osterloh, Joachim* (Herstellungskosten, 1989), S. 245. Vgl. auch *Döllerer, Georg* (Anschaffungskosten, 1966), S. 1408.

[736] *Mellwig, Winfried* (Herstellungskosten, 1995), S. 406 (beide Zitate).

[737] Vgl. *Kraus-Grünewald, Marion* (Herstellungskosten, 1994), S. 45; *Siegel* zeigt am Silvesterbeispiel, dass die Einrechnung der Gemeinkosten in die Herstellungskosten zum Ausweis unrealisierter Gewinne führen kann. Vgl. hierzu *Siegel, Theodor* (Herstellungskosten, 1995), S. 660 – 664; a.A. *Baetge, Jörg/ Kirsch, Hans-Jürgen/ Thiele, Stefan* (Bilanzen, 2005), S. 211 – 212.

höhten Ergebnisses"[738] führe. In diesem Sinne hat die Rechtsprechung klargestellt, dass „Verbindlichkeiten, die nicht in Geld zu erfüllen sind, grundsätzlich mit den gesamten Kosten (Einzelkosten und Gemeinkosten) zu bewerten sind."[739] Demzufolge besteht eine Passivierungspflicht für die vollen direkt und indirekt zurechenbaren Herstellungskosten.[740], d. h. auch für die gesamten Schadenregulierungskosten. Dem ist aber auch hier engegenzuhalten, dass die Schadenregulierungskosten grundsätzlich unabhängig von der Anzahl der abzuwickelnden Versicherungsfälle anfallen und lediglich die Leistungsbereitschaft des Versicherungsunternehmens sicherstellen. So folgt aus der Abwicklung eines zusätzlichen (eingetretenen) Versicherungsfalls in der Regel keine Erhöhung der Schadenregulierungskosten.[741]

Darüber hinaus ist zu beachten, dass die Gemeinkosten „für eine Mehrzahl von Kostenträgern" entstehen und daher nur auf Basis „bestimmter Annahmen"[742] auf diese verteilt werden können. Da ein objektiver Kostenschlüssel zur Verteilung der Gemeinkosten nicht existiert, kann die Zurechnung „nur willkürlich, nach keinem intersubjektiv nachprüfbaren Maßstab"[743] erfolgen. Insoweit sprechen auch Objektivierungserwägungen dafür, dass die indirekt zurechenbarenbaren Gemeinkosten in den Herstellungskosten und in der Bewertung der Rückstellungen unberücksichtigt bleiben.

Während ansatzbegrenzende, strenge Objektivierungskriterien auf der Aktivseite im Sinne des Vorsichtsprinzips wirken, schränken sie auf der Passivseite das Vorsichtsprinzip ein, so dass eine imparitätische Objektivierung geboten ist.[744] Nach § 253 Abs. 1 Satz 1 HGB bestehen die Herstellungskosten aus einem Pflichtbestandteil und einem Wahlbestandteil.[745] Die Wahlbestandteile der Herstellungskosten für Vermögensgegenstände leiten sich aus dem handelsrechtlichen Vorsichtsprinzip ab und bewirken für den Fall des Verzichts auf eine Aktivierung bestimmter Gemeinkosten eine niedrigere Bewertung der Vermögensgegenstände und einen geringeren Gewinnausweis.[746] Da eine explizite Vorschrift für die Bewertung der Rückstellungen nicht besteht, wird im Schrifttum mitunter hieraus auf ein entsprechendes Wahlrecht zur Bewertung von Rückstellungen mit den Teilkosten (im Sinne von Einzelkosten) oder mit

738 *Perlet, Helmut* (Rückstellungen, 1986), S. 80.
739 BFH-Urteil vom 25. Februar 1986 VIII R 134/80, BStBl. II 1986, S. 788; Vgl. auch *Naumann, Klaus-Peter* (Rückstellungen, 1989), S. 326 m. w. N.
740 Vgl. BFH-Urteil vom 19. Juli 1983 VIII R 160/79, BStBl. II 1984, S. 56.
741 Allerdings können eine Vielzahl zusätzlicher Versicherungsfälle eine Erhöhung der Schadenregulierungskosten bewirken, bspw. durch die Einstellung weiterer Schadensachbearbeiter.
742 Vgl. BFH-Urteil vom 11. Februar 1988, IV R 191/85, BStBl. II 1988, S. 661.
743 *Moxter, Adolf* (Rückstellungsbewertung, 1997), S. 678.
744 Vgl. *Hommel, Michael/ Berndt, Thomas* (Wertaufhellung, 2000), S. 1746.
745 Vgl. *Naumann, Klaus-Peter/ Breker, Norbert* (2003), Rdnr. 294 – 295.
746 Vgl. *Perlet, Helmut* (Rückstellungen, 1986), S. 80.

den Vollkosten (verstanden als Einzelkosten und Gemeinkosten) geschlossen.[747] Dies widerspricht aber dem Konzept der imparitätischen Objektivierung, aus dem sich für die Aktivseite ein Wahlrecht zur Einbeziehung der Gemeinkosten in den Herstellungskosten und für die Passivseite eine Pflicht zur Berücksichtigung der Gemeinkosten in den Rückstellungen ableitet. Danach sind auch indirekte Schadenregulierungskosten in die Bewertung der Schadenrückstellung einzubeziehen. Entsprechend der Rechtsprechung zur Einrechnung der Gehälter der Buchhalter in die Rückstellung für interne Jahresabschlusskosten[748], beschränkt sich die Passivierungspflicht aber auf solche Schadenregulierungskosten, die dem einzelnen Versicherungsfall halbwegs objektivierbar zugerechnet werden können. Daher ist die Berücksichtigung von internen Kosten objektivierungsbedingt auf den Betrag zu beschränken, „der für die gleiche Leistung an Dritte zu bezahlen wäre."[749]

1.3.3. Abschlussstichtagsprinzip

1.3.3.1. Berücksichtigung von Lohn- und Preissteigerungen

Die Schadenrückstellungen können auf Seiten des Versicherungsunternehmens sowohl Geldsummenschulden als auch Wertschulden begründen. Im Fall der Geldsummenschulden schuldet der Versicherer dem Versicherungsnehmer einen bestimmten Geldbetrag, der in Abhängigkeit der vertraglichen Gestaltung entweder nach dem Eintritt des Versicherungsfalls keinen Änderungen mehr unterliegt (unveränderliche Geldsummenschulden)[750] oder an die Entwicklung bestimmter außerhalb des Schuldverhältnisses liegender Bezugsgrößen angepasst wird (wertgesicherte Geldsummenschulden)[751]. In der Unfallversicherung liegt bspw. eine unveränderliche Geldsummenschuld vor, wenn für den Eintritt des Versicherungsfalls die Zahlung einer bestimmen Geldsumme (z. B. 500.000 €) vereinbart ist. Wenn diese Geldsumme noch an die Inflationsentwicklung zwischen Beginn des Versicherungsverhältnisses und Eintritt des Versicherungsfalls angepasst wird, handelt es sich um eine wertgesicherte Geldsummenschuld.

Bei Wertschulden ist das Versicherungsunternehmen verpflichtet, durch Geld- oder Sachleistungen den Zustand wiederherzustellen, der ohne den Eintritt des Versicherungsfalls bestehen würde.[752] Die Leistungsverpflichtung des Versicherungsunternehmens besteht somit entweder

---

747 Vgl. *Adler/ Düring/ Schmaltz* (Rechnungslegung und Prüfung, 1996), § 253, Rz. 254; *Kupsch, Peter* (Entwicklung, 1989), S. 60.

748 Vgl. BFH-Urteil vom 24. November 1983, IV R 22/81, BStBl. II 1984, S. 301 – 303.

749 BFH-Urteil vom 24. November 1983, IV R 22/81, BStBl. II 1984, S. 303.

750 Vgl. *Buck, Heiko* (versicherungstechnische Rückstellungen, 1995), S. 171; *Boetius, Jan* (Handbuch, 1996), Anm. 1032.

751 Vgl. *Boetius, Jan* (Handbuch, 1996), Anm. 1034.

752 Vgl. *Boetius, Jan* (Handbuch, 1996), Anm. 1033.

im Ersatzwert am Schadentag oder den zukünftigen Wiederbeschaffungskosten (z. B. Kfz-Haftpflichtversicherung, Hausratversicherung oder Krankenversicherung). Wenn das Versicherungsunternehmen dazu verpflichtet ist, dem Versicherungsnehmer bzw. einem geschädigten Dritten den Betrag zu ersetzen, den dieser aufwenden muss, um nach dem Bilanzstichtag den ursprünglichen bzw. versicherten Zustand wiederherzustellen, so kann sich die Höhe des geschuldeten Geldwerts aufgrund von Lohn- oder Preissteigerungen nach dem Eintritt des Versicherungsfalls noch verändern.[753]

Die Schadenrückstellungen sind nach dem Realisationsprinzip mit dem vollen Erfüllungsbetrag zu bewerten. Dem entspricht es, bei veränderlichen Geldsummenschulden und Wertschulden die bis zum Erfüllungszeitpunkt eingetretenen Lohn- und Preissteigerungen in die Bewertung einzubeziehen.[754] Dagegen fordert das Abschlussstichtagsprinzip, den voraussichtlichen Erfüllungsbetrag auf Basis der am Abschlussstichtag geltenden (Preis-)Verhältnisse zu ermitteln[755], so dass künftige Lohn- und Preissteigerungen unberücksichtigt bleiben müssen. Am Abschlussstichtag hinreichend konkretisierte Lohn- und Preissteigerungen sind dagegen sofort und vollständig nachzuholen.[756] So würde eine Nicht-Passivierung künftiger Lohnsteigerungen, die durch entsprechende Tarifverhandlungen hinreichend konkretisiert sind, dem Vorsichtprinzip widersprechen.[757] Indem künftige Lohn- und Preissteigerungen, die nicht objektiviert ermittelbar sind, unberücksichtigt bleiben, soll eine von „subjektiven Vermutungen geprägte Beurteilung der künftigen Preisentwicklung“[758] vermieden werden. Das Prinzip des vollen Erfüllungsbetrags „erfährt insoweit eine – objektivierungsbedingte – Ausnahme.“[759]

Die Bewertung der Schadenrückstellungen mit den Wertverhältnissen am Bilanzstichtag hat bei langfristigen Schadenrückstellungen (long tail-Geschäft) für wertgesicherte Geldsummenschulden und Wertschulden eine systematische Unterbewertung der Rückstellung, im Sinne einer Abweichung zwischen dem zurückgestellten Erfüllungsbetrag und dem mutmaßlich tatsächlichen Erfüllungsbetrag, zur Folge.[760] Die durch künftige Lohn- und Preissteigerungen

---

753 Vgl. *Buck, Heiko* (versicherungstechnische Rückstellungen, 1995), S. 170.

754 Vgl. *Adler/ Düring/ Schmaltz* (Rechnungslegung und Prüfung, 1996), § 253 HGB, Rz. 196; *Berger, Axel/ Ring, Maximilian* (Beck'scher Bilanzkommentar, 2003), § 253 HGB, Anm. 160.

755 Vgl. BFH-Urteil vom 16. September 1970, I R 184/67, BStBl. II 1971, S. 87; BFH-Urteil vom 13. Dezember 1972, I R 78/70, BStBl. II 1973, S. 217; BFH-Urteil vom 13. November 1975, IV R 170/73, BStBl. II 1976, S. 142; *Moxter, Adolf* (Rückstellungen, 1999), S. 523 – 524; *Förschle, Gerhart/ Kroner, Matthias/ Heddäus, Birgit* (Verpflichtungen, 1999), S. 49.

756 Vgl. *Moxter, Adolf* (Rückstellungsbewertung, 1997), S. 683.

757 Vgl. *Naumann, Klaus-Peter* (Rückstellungen, 1989), S. 277 – 278.

758 *Rüdinger, Andreas* (Regelungsschärfe, 2003), S. 109.

759 *Moxter, Adolf* (Bilanzrechtsprechung, 1999), S. 212.

760 Vgl. *Moxter, Adolf* (Rückstellungsbewertung, 1997), S. 678; *Schulze-Osterloh, Joachim* (Rückzahlungsbetrag, 2003), S. 352.

verursachten Aufwendungen, die den Erträgen der Abschlussperiode zuzurechnen sind, mindern unter Missachtung des Realisationsprinzips den Gewinn der nachfolgenden Perioden. Die Belastung zukünftiger Erträge durch den Aufwand der einzelnen Rückstellungserhöhungen verstößt erkennbar gegen das Realisationsprinzip. Nach der Rechtsprechung sind diese Verzerrungen „objektivierungsbedingt in Kauf zu nehmen.“[761] Somit ist ein Ansatz der Rückstellungen mit dem „vollen zu erwartenden Erfüllungsbetrag“[762] nicht geboten.

Dagegen sind die Schadenrückstellungen nach dem Vorsichtsprinzip so zu bemessen, dass im Erfüllungszeitpunkt mit hinreichender Wahrscheinlichkeit keine Abwicklungsverluste eintreten[763]. Allerdings ist auch mit der Berücksichtigung zukünfter Lohn- und Preissteigerungen am Bilanzstichtag nicht gewährleistet, dass die Schadenrückstellung den tatsächlichen voraussichtlichen Erfüllungsbetrag im Erfüllungszeitpunkt mindestens erreichen.

Die zurückgestellten Schadenausgaben reichen lediglich dazu aus, die Verbindlichkeit am Bilanzstichtag und nicht im Erfüllungszeitpunkt zu erfüllen.[764] Damit im Erfüllungszeitpunkt keine Abwicklungsverluste (aus unberücksichtigten Lohn- und Preissteigerungen) auftreten, müssen die Schadenrückstellungen dann in Abhängigkeit der in den jeweiligen Abschlussperioden eingetretenen Lohn- und Preissteigerungen im Zeitablauf ansteigen.

Das Passivierungsverbot für zukünftige Preissteigerungen wurde von der Rechtsprechung auch mit dem Nominalwertprinzip begründet.[765] Das Nominalwertprinzip legt lediglich fest, dass eine Schuld mit dem nominalen Wert (Nennbetrag) und nicht mit dem realen Wert (Kaufkraft) zu passivieren ist.[766] Die Berücksichtigung künftiger Lohn- und Preissteigerungen betrifft dagegen ausschließlich die Frage, ob „die nominelle Höhe der Geldschuld selbst durch Dynamisierung bzw. Preissteigerung beeinflußt und damit erst bestimmt wird.“[767] Da die

---

761 *Pisoke, Marc* (Ungewisse Verbindlichkeiten, 2004), S. 156.

762 *Moxter, Adolf* (Bilanzrechtsprechung, 1999), S. 215.

763 Vgl. *Wiedmann, Harald* (Kommentierung § 341g HGB, 1999), Rz. 32.

764 So sind nach den von der Rechtsprechung für die sog. Wiederauffüllungsverpflichtungen entwickelten Bewertungsgrundsätzen die Rückstellung mit dem Betrag anzusetzten, den der „Kläger nach den Verhältnissen am Bilanzstichtag aufwenden müßte, um den im laufenden Geschäftsjahr ausgebaggerten Teil der Gruben wieder aufzufüllen.“ Nach diesen Bewertungsgrundsätzen wächst die Rückstellung für Wiederauffüllungsverpflichtungen „nach Maßgabe der durch den Abbau im jeweiligen Wirtschaftsjahr zugewachsenen Verpflichtung so kontinuierlich an, daß sich schließlich Rückstellung und tatsächlich anfallende Kosten im Zeitpunkt der Fälligkeit im großen und ganzen decken.“ BFH-Urteil vom 19. Februar 1975, I R 28/73, BStBl. II 1975, S. 482 (alle Zitate).

765 Vgl. BFH-Urteil vom 26. September 1975, III R 15/74, BStBl. II 1976, S. 110; BFH-Urteil vom 14. Mai 1974, VIII R 95/72, BStBl. II 1974, S. 572 – 582.

766 Das Nominalwertprinzip ist nicht explizit kodifiziert (Vgl. hierzu *Perlet, Helmut* (Rückstellungen, 1986), S. 129 – 130), aber nach der h. M. ist eine Umrechnung der Währungseinheiten in Kaufkrafteinheiten unzulässig. Vgl. *Boetius, Jan* (Handbuch, 1996), Anm. 1033; *Buck, Heiko* (versicherungstechnische Rückstellungen, 1995), S. 170.

767 *Boetius, Jan* (Handbuch, 1996), Anm. 1045 m. w. N.

zukünftigen Lohn- und Preissteigerungen den Nominalbetrag der veränderlichen Geldsummenschulden und Wertschulden verändern, hat das Nominalwertprinzip hier aber keinen Regelungsgehalt. Das Passivierungsverbot der Lohn- und Preissteigerungen für die veränderliche Geldsummenschulden und Wertschulden ergibt sich dann aus dem Abschlussstichtagsprinzip und nicht dem Nominalwertprinzip.[768]

In Versicherungsverträgen wird zum Schutz der Versicherungsnehmer vor einer Entwertung der Forderung für Rentenzahlung häufig eine Wertsicherungsklausel vereinbart. Auf diese Weise wird die Höhe der Geldschuld mit verschiedenen Bezugsgrößen (z. B. Lohn- oder Gehaltserhöhung, Erhöhung der Lebenshaltungskosten) verknüpft. Nach Ansicht der Rechtsprechung dürfen Rentenerhöhungen erst mit dem Eintritt des Ereignisses, das die Rentenerhöhung begründet (bspw. Lohn- oder Gehaltserhöhung, Erhöhung der Lebenshaltungskosten), in die Bewertung der Schadenrückstellungen einbezogen werden.[769] Hieraus folgt, dass zukünftige Erträge mit den zusätzlichen Aufwendungen aus künftigen Rentenanpassungen belastet werden, obwohl diese der Abschlussperiode des Eintritts des Versicherungsfalls zuzurechnen sind. Da sich diese Aufwendungen aber erst mit dem Eintritt der Wertsicherungsbedingung hinreichend konkretisieren, erfährt das Realisationsprinzip auch hier eine objektivierungsbedingte Einschränkung.

Im Rahmen einer indexbezogenen Wertsicherungsklausel (z. B. Lebenshaltungskostenindex) sehen die vertraglichen Vereinbarungen aus Vereinfachungsgründen häufig vor, dass die Anpassung des geschuldeten Geldbetrags erst erfolgt, wenn der Preisindex eine bestimmte Mindestspanne (z. B. 5 %) überschreitet oder unterschreitet.[770] Wenn sich der Preisindex zum Bilanzstichtag verändert (z. B. 3 %), aber die entscheidende Schwelle noch nicht erreicht hat, wird im Schrifttum die Auffassung vertreten, dass „dem durch die eingetretene Indexsteigerung nunmehr konkretisierten Risiko [...] durch die Bildung einer Rückstellung für ungewisse Verbindlichkeiten Rechnung zu tragen“[771] sei. Insofern wären auch die Schadenrückstellun-

---

768 Vgl. *Boetius, Jan* (Handbuch, 1996), Anm. 1045; Nach Naumann widerspricht die Bewertung der Rückstellung mit den künftigen Preisen dem Nominalwertprinzip vgl. *Naumann, Klaus-Peter* (Rückstellungen, 1989), S. 277.

769 Vgl. BFH-Urteil vom 13. November 1975, IV R 170/73, BStBl. II 1976, S. 142; BFH-Urteil zum 11. August 1967, BStBl. III 1967, S. 699; *Wohlgemuth, Michael* (Kommentierung § 253 HGB, Loseblatt), Rz. 83; *Adler/ Düring/ Schmaltz* (Rechnungslegung und Prüfung, 1996), § 253 HGB, Rz. 129; a.A. *Boetius, Jan* (Handbuch, 1996), Anm. 1049.

770 Vgl. *Adler/ Düring/ Schmaltz* (Rechnungslegung und Prüfung, 1996), § 253 HGB, Rz. 127; *Berger, Axel/ Ring, Maximilian* (Beck'scher Bilanzkommentar, 2003), § 253 HGB, Anm. 58.

771 *Adler/ Düring/ Schmaltz* (Rechnungslegung und Prüfung, 1996), § 253 HGB, Rz. 133 (beide Zitate); gl.A. *Berger, Axel/ Ring, Maximilian* (Beck'scher Bilanzkommentar, 2003), § 253 HGB, Anm. 58.

gen an die Indexveränderung anzupassen. Dies sei aber nicht geboten, wenn am Bilanzstichtag feststeht, dass „die vereinbarte Stufe nicht mehr erreicht werden kann."[772]

Wie bei einer wertgesicherten Rentenverpflichtung ohne Mindestspanne, ist der Eintritt der Wertsicherungsbedingung bei einer wertgesicherte Rentenverpflichtung mit Mindestspanne auch dann unsicher, wenn der Schwellenwert zum Bilanzstichtag annährend erreicht ist. Eine Indexveränderung ohne Eintritt der Wertsicherungsbedingung konkretisiert nicht die künftige Rentenanpassung. Wenn aber für wertgesicherte Rentenverpflichtungen ohne Mindestspanne gefordert wird, dass die zusätzlichen Aufwendungen aus der Rentenanpassung vor dem Eintritt der Wertsicherungsbedingung objektivierungsbedingt unberücksichtigt bleiben müssen, kann für solche mit Mindestspanne nichts anderes gelten. Somit ist bei wertgesicherten Rentenverpflichtungen mit Mindestspanne die Anpassung der Schadenrückstellung erst mit dem Erreichen des Schwellenwerts geboten.

1.3.3.2. Abzinsung der Schadenrückstellung

a) Abzinsungsverbot

Nach § 253 Abs. 1 Satz 2 HGB dürfen Rückstellungen nur abgezinst werden, soweit die ihnen zu Grunde liegenden Verbindlichkeiten einen Zinsanteil enthalten.[773] Im Umkehrschluss gilt für sämtliche Rückstellungen, deren Erfüllungsbeträge keinen Zinsanteil enthalten, ein uneingeschränktes Abzinsungsverbot. Eine ungewisse Verbindlichkeit enthält einen Zinsanteil, wenn diese „auf einem Rechtsgeschäft beruht und der Gläubiger neben seiner Sach- oder Dienstleistung auch noch einen Kredit gewährt."[774]

In der Literatur[775] werden Verbindlichkeiten mit einem offenen Zinsanteil und Verbindlichkeiten mit einem verdeckten Zinsanteil unterschieden.[776] So liegt eine Verbindlichkeit mit einem offenen Zinsanteil bspw. vor, wenn bei einem Darlehen der Rückzahlungsbetrag den Auszahlungsbetrag übersteigt (Disagio).[777] Wann eine Verbindlichkeit einen verdeckten Zinsanteil enthält, ist hingegen weniger eindeutig. Im Zusammenhang mit der Abzinsung einer

---

772 *Adler/ Düring/ Schmaltz* (Rechnungslegung und Prüfung, 1996), § 253 HGB, Rz. 133.

773 Vgl. dazu BFH-Urteil vom 15. Juli 1998, I R 24/96, BStBl. II 1998, S. 730.

774 *Groh, Manfred* (Abzinsung, 1988), S. 1921; Vgl. auch BFH-Urteil vom 7. Juli 1983, IV R 47/80, BStBl. II 1983, S. 755; BFH-Urteil vom 5. Februar 1987, IV R 81/84, BStBl. II 1987, S. 848.

775 Vgl. *Berger, Axel/ Ring, Maximilian* (Beck'scher Bilanzkommentar, 2003), § 253 HGB, Anm. 51; *Strobl, Elisabeth* (Abzinsung, 1988), S. 615; *Groh, Manfred* (Abzinsung, 1988), S. 1919; *Geib, Gerd/ Wiedmann, Harald* (Abzinsung, 1994), S. 371; *Naumann, Klaus-Peter* (Rückstellungen, 1989), S. 281 – 290.

776 *Geib, Gerd/ Wiedmann, Harald* (Abzinsung, 1994), S. 373.

777 Zur Bilanzierung eines Disagios vgl. *Moxter, Adolf* (Abzinsungsgebote und –verbote, 1993), S. 202 – 203; *Geib, Gerd/ Wiedmann, Harald* (Abzinsung, 1994), S. 371 – 372; *Naumann, Klaus-Peter* (Rückstellungen, 1989), S. 282 – 284.

Rückstellung für Arbeitnehmergratifikationen vertritt die Rechtsprechung die Auffassung, dass „eine aus Anschaffungsgeschäften herrührende Verbindlichkeit, die erst nach geraumer Zeit oder in Raten zu tilgen ist, auch ohne besondere Absprache einen Zinsbetrag enthält."[778] Der Gesamtbetrag der Verbindlichkeit wäre dann durch die Abzinsung im Verhältnis der Verkehrswerte auf den erworbenen Gegenstand und das Entgelt für den Kredit aufzuteilen.[779] Bei verzinslichen Verbindlichkeiten entspricht der Barwert der Verpflichtung dem Erfüllungsbetrag im Zugangszeitpunkt, wohingegen die zukünftigen Zinsaufwendungen nach dem Realisationsprinzip erst mit den zugehörigen (realisierten) Erträgen zurückgestellt, d. h. pro rata temporis über die Laufzeit der Kreditgewährung passiviert werden.[780] Die pauschale Unterstellung, in längerfristigen Geldleistungsverpflichtungen ohne offenen Zinsausweis, sei grundsätzlich ein verdeckter Zinsanteil enthalten, ist aber nicht sachgerecht.[781] Ein verdeckter Zinsanteil ist vielmehr anzunehmen, wenn die Höhe des Ablösebeitrags vom Erfüllungszeitpunkt abhängt. So hat der BFH auch für die Arbeitnehmergratifikationen unterstellt, dass „der Arbeitgeber bei alsbaldiger Auszahlung einen geringeren Betrag entrichtet hätte, daß die später zu zahlende Summe bei wirtschaftlicher Betrachtung also einen Zinsanteil enthält."[782] Dagegen besteht ein Abzinsungsverbot, wenn „die Möglichkeit einer vorzeitigen Ablösung mit einem niedrigeren Betrag ausgeschlossen"[783] ist.

Die Schadenrückstellungen beinhalten keinen offenen Zinsanteil, da weder eine Zinsvereinbarung zwischen dem Versicherer und dem Versicherungsnehmer besteht noch der Erfüllungsbetrag und der Auszahlungsbetrag der Leistungsverpflichtung voneinander abweichen. In der Regel vergeht zwischen dem Eintritt und der Abwicklung des Versicherungsfalls ein längerer Zeitraum, so dass in der Leistungsverpflichtung des Versicherungsunternehmens aber ein verdeckter Zinsanteil vermutet werden könnte. Die Verzögerung der Erfüllung der bestehenden Leistungsverpflichtung ist aber auf die Besonderheiten des Versicherungsgeschäfts zurückzuführen. Der erforderliche Abwicklungszeitraum resultiert aus der verzögerten Meldung des Versicherungsfalls durch den Versicherungsnehmer und dem beim Versicherungsunterneh-

778 BFH-Urteil vom 7. Juli 1983, IV R 47/80, BStBl. II 1983, S. 755.

779 Wenn für einen Gesamtkaufpreis mehrere Gegenstände erworben werden, besteht auch dann die Notwendigkeit zur Aufteilung des Gesamtentgelts auf die verschiedenen Gegenstände, wenn die Vertragspartner vereinbaren, dass der Kaufpreis vollständig auf einen Gegenstand entfällt und der andere Gegenstand kostenlos ist. In diesem Sinne ist auch nach §§ 471 und 472 Abs. 2 BGB der Gesamtkaufpreis nach den Verhältnis der Verkehrswerte auf die einzelnen Vermögensgegenstände aufzuteilen.

780 Vgl. *Böcking, Hans-Joachim* (Verzinslichkeit, 1988), S. 273.

781 Vgl. *Schroeder, Kai Uwe* (Abzinsung, 1990), S. 130.

782 BFH-Urteil vom 7. Juli 1983, IV R 47/80, BStBl. II 1983, S. 755; vgl. auch *Moxter, Adolf* (Abzinsungsgebote und -verbote, 1993), S. 205 – 206.

783 *Geib, Gerd/ Wiedmann, Harald* (Abzinsung, 1994), S. 373.

men erforderlichen Zeitraum zur Regulierung des Versicherungsfalls.[784] Ferner ist die Höhe der Verbindlichkeit des Versicherers unabhängig vom Zeitpunkt der Erbringung der Versicherungsleistung, sondern leitet sich im Rahmen der vertraglichen Vereinbarungen aus dem entstandenen Schaden ab. Darüber hinaus ist der Versicherungsnehmer „wohl in keinem Fall mit einer bewußten Hinausschiebung der Entschädigungsleistung des Versicherers einverstanden, so daß von einer Kreditierung keine Rede sein kann."[785] Insoweit enthält der Erfüllungsbetrag der Leistungsverpflichtungen aus Versicherungsfällen der Abschlussperiode weder einen offenen noch einen versteckten Zinsanteil und eine Abzinsung der Schadenrückstellung scheidet nach deutschem Handelsrecht aus.[786]

In betriebswirtschaftlicher Betrachtungsweise steht einem handelsrechtlichen Abzinsungsverbot aber entgegen, dass das Versicherungsunternehmen noch Erträge aus der Anlage des zurückgestellten Betrags am Geld- oder Kapitalmarkt erwirtschaften kann. In diesem Sinne beinhaltet Art. 60 Abs. 1 g Satz 2 VersBiRiLi die Möglichkeit, dass die Mitgliedsstaaten zur Einbeziehung der Anlageerträge unter bestimmten Voraussetzungen[787] für langfristig abzuwickelnde Schadenfälle eine offene[788] Abzinsung zulassen können. Hierdurch sollen Kapitalerträge, die im Regulierungszeitraum (Abschlussstichtag bis Abwicklung des Versicherungsfalls) durch das Versicherungsunternehmen wahrscheinlich erwirtschaftet werden, in die Bewertung der Schadenrückstellungen einbezogen werden können.[789] Diese zukünftigen (wahrscheinlichen) Kapitalerträge sind am Abschlussstichtag nach dem handelsrechtlichen Verständnis nicht realisiert[790], so dass der Gesetzgeber dieses Mitgliedsstaatenwahlrecht folgerichtig nicht in deutsches Recht übernommen hat. Die Berücksichtigung unrealisierter Kapitalerträge ermöglicht einen Gewinnausweis und Ausschüttungen, die der handelsrechtlichen Ausschüttungsbemessungsfunktion zuwiderlaufen.

---

784 Vgl. *Buck, Heiko* (versicherungstechnische Rückstellungen, 1995), S. 177.

785 *Angerer, August* (Abzinsung, 1994), S. 40.

786 Vgl. *Angerer, August* (Abzinsung, 1994), S. 40; *Strobl, Elisabeth* (Abzinsung, 1988), S. 615 – 634.

787 Danach beträgt der Zeitraum zwischen Aufstellung und Abwicklung des Versicherungsfalls erwartungsgemäß mindestens vier Jahre. Der Diskontabschlag muss nach einem von der Aufsichtsbehörde anerkannten Verfahren durchgeführt werden und die vorhandenen Informationen reichen für eine zuverlässige Schätzung der zukünftigen Schadenaufwendungen aus. Darüber hinaus werden noch Grenzen für die Höhe des anzuwendenden Zinssatzes festgelegt. Vgl. Art. 60 Abs. 1 Buchstabe g Satz 2 VersBiRiLi die Punkte i) bis v).

788 Unter Angabe des Betrags der Schadenrückstellung vor Abzinsung.

789 Vgl. *Angerer, August* (Abzinsung, 1994), S. 42.

790 Vgl. *Perlet, Helmut* (Rückstellungen, 1986), S. 148 – 149; *Karrenbrock, Holger* (Abzinsung, 1994), S. 1942.

b) Passivierung der Rentenversicherungsfälle mit dem Barwert

Die Schadenrückstellungen für Rentenversicherungsfälle sind von dem Abzinsungsverbot explizit ausgenommen und gemäß 341g Abs. 5 i. V. m. 253 Abs. 1 Satz 2 HGB in der Höhe des nach anerkannten versicherungsmathematischen Methoden berechneten Barwerts der Verpflichtung zu bilden. Dabei sind die in der Verordnung zur Berechnung der Deckungsrückstellung nach § 65 VAG vorgegebenen Parameter, wie z. B. der Höchstzinssatz, in die Bewertung einzubeziehen. In der Berechnung des Barwerts sind künftige Rentenerhöhungen nur insoweit zu berücksichtigen, wie sich diese aus am Bilanzstichtag eingetretenen Ereignissen (bspw. Lohnentwicklung) ergeben.[791]

Die Bewertung der Schadenrückstellungen für Rentenversicherungsfälle mit dem Barwert zielt nicht auf eine Berücksichtigung künftiger Kapitalerträge aus der Anlage des zurückgestellten Betrags am Geld- oder Kapitalmarkt[792], sondern begründet sich mit dem in der Rentendeckungsrückstellung enthaltenen Zinsanteil. Da der Versicherungsnehmer nach der Feststellung der Rentenleistungspflicht des Versicherers nur einen Anspruch auf die regelmäßige Zahlung der Rente, nicht aber auf die einmalige Zahlung der Versicherungsleistung besitzt, werden die zukünftigen Rentenzahlungen dem Versicherer vom Versicherungsnehmer nicht gestundet und enthalten folglich auch keinen offenen Zinsanteil.[793] Im Schrifttum wird hieraus geschlossen, dass ein Zinsanteil in den Rentenzahlungen nicht erkennbar sei und die Bewertung der Rentenzahlungsverpflichtung mit dem Barwert als Ausnahmeregelung des Gesetzgebers anzusehen ist.[794] Würden das Versicherungsunternehmen und der Versicherungsnehmer aber zum Bilanzstichtag eine einmalige Zahlung der Versicherungsleistung vereinbaren, erforderte die Erfüllung der Verbindlichkeit objektiviert erkennbar einen um den Zinsanteil geminderten Geldbetrag. Das Versicherungsunternehmen müsste auch nur den Barwert der Rentenleistungsverpflichtung erbringen, wenn der Versicherungsnehmer aus gewichtigem Grund eine Kapitalabfindung für den Rentenanspruch (§ 843 Abs. 3 BGB) verlangt.[795] Demnach enthalten die Rentenzahlungen einen verdeckten Zinsanteil, so dass die Abzinsung der

---

791 Vgl. *Geib, Gerd/ Telgenbüscher, Franz R.*(Schaden- und Unfallversicherungsunternehmen, Loseblatt), Kapitel B IV, Rdnr. 124.

792 Vgl. *Koch, Alfons/ Krause, Hans-Josef* (Beck`scher Versicherungsbilanz-Kommentar, 1998), § 341g HGB, Rdnr. 81.

793 Vgl. *Perlet, Helmut* (Rückstellungen, 1986), S. 154; *Angerer, August* (Abzinsung, 1994), S. 40.

794 Vgl. *Perlet, Helmut* (Rückstellungen, 1986), S. 154; *Angerer, August* (Abzinsung, 1994), S. 41.

795 Vgl. BGH-Urteil vom 8. Januar 1981, VI ZR 128/79, in: NJW, 31. Jg. (1981), S. 819; *Voit, Wolfgang* (Kommentierung § 843, 2005), Rn. 34.

Schadenrückstellungen für Rentenversicherungsfälle mit dem Realisationsprinzip in Einklang steht.[796]

Die Rentenverpflichtungen sind aber auch dann abzuzinsen, wenn die Pflicht noch nicht durch ein rechtskräftiges Urteil, einen Vergleich oder ein Anerkenntnis festgestellt wurde. Zwar schreibt § 341g Abs. 5 HGB für solche bekannten oder unbekannten Versicherungsfälle eine Bewertung nach versicherungsmathematischen Methoden nicht explizit vor, eine Abzinsungspflicht resultiert jedoch aus der allgemeinen Vorschriften des § 253 Abs. 1 Satz 2 HGB, wonach „Rentenverpflichtungen, für die eine Gegenleistung nicht mehr zu erwarten ist, zu ihrem Barwert und Rückstellungen nur in Höhe des Betrags anzusetzen sind, der nach vernünftiger kaufmännischer Beurteilung notwendig ist“.

2. *Bilanzierung der Schadenrückstellungen nach IAS/IFRS und US-GAAP*

2.1. *IAS/IFRS*

2.1.1. *Entwicklung eines IFRS „Insurance Contracts“*

Am 31. März 2004 hat das IASB mit dem IFRS 4 erstmalig einen Standard zur Rechnungslegung von Versicherungsverträgen veröffentlicht. Diesem Standard waren bereits zwei Veröffentlichungen des Steering Committee vorausgegangen, das vom IASB mit der Erarbeitung von Vorschlägen zur Bilanzierung von Versicherungsverträgen beauftragt wurde: ein Issues Paper im Jahr 1999 und ein Draft Statement of Principles (DSOP) im Jahr 2001. Beide Veröffentlichungen sehen die Bilanzierung von Versicherungsverträgen nach dem Asset-Liability-Measurement Approach vor.[797] In diesen Veröffentlichungen hat sich das Steering Committee für verschiedene Ausprägungen der Fair Value-Bewertung[798] ausgesprochen. Während das Issues Paper noch eine Bewertung der Vermögensgegenstände und Schulden aus Versicherungsverträgen mit dem am Absatzmarkt orientierten „exit value“ vorsah, hat sich das IASB mittlerweile auf eine Bewertung mit dem am Beschaffungsmarkt orientierten „entry value“[799]

[796] a.A. *Perlet, Helmut* (Rückstellungen, 1986), S. 153; *Angerer, August* (Abzinsung, 1994), S. 41; *Böcking, Hans-Joachim* (Verzinslichkeit, 1988), S. 279.

[797] Vgl. DSOP par. 2.9.

[798] Zur theoretischen Grundlage der Fair Value-Bewertung vgl. *Barth, Mary E. / Landsmann, Wayne R.* (Fair Value Accounting, 1995), S. 97 – 107.

[799] „Current entry value ist the amount of the premium (perhaps net of acquisition costs) that the insurer would charge in current market conditions if it were to issue new contracts that created the same remaining contractual rights and obligations.“ DSOP par. 3.40.

festgelegt[800]. Im Schrifttum bestehen erhebliche Bedenken gegenüber einer Zeitwertbilanzierung für Versicherungsverträge.[801]

Auch kapitalmarktorientierte Versicherungsunternehmen sind für nach dem 1. Januar 2005 beginnende Geschäftjahre zur Aufstellung eines Konzernabschlusses nach IAS/IFRS verpflichtet.[802] Die Erkenntnis über die Notwendigkeit eines einheitlichen Standards, der die Bilanzierung von Versicherungsverträgen regelt, und die Feststellung, dass eine solche Umsetzung in der Kürze der Zeit nicht möglich ist, hat das IASB im Jahr 2002 bewogen, das Projekt in zwei Phasen zu teilen.[803] In der als Übergangslösung konzipierten ersten Phase, die mit der Veröffentlichung des IFRS 4 abgeschlossen ist, werden nur einige wenige Vorschriften für die Bilanzierung von Versicherungsverträgen und die Erläuterung der Bilanz bzw. Gewinn- und Verlustrechnung notwendigen Anhangangaben vorgegeben.[804] Mit den erläuternden Anhangangaben und einer Darstellung der erwarteten Zahlungsströme aus Versicherungsverträgen soll ein Mindestmaß an Transparenz und Vergleichbarkeit der Periodenabschlüsse von Versicherungsunternehmen gewährleistet werden.[805]

2.1.2. Regelungen des IFRS 4 Insurance Contracts

2.1.2.1. Anwendungsbereich

Der Anwendungsbereich des IFRS 4 ist bei Versicherungsunternehmen auf „(a) insurance contracts (including reinsurance contracts) that it issues and reinsurance contracts that it holds. (b) financial instruments that it issues with a discretionary participation feature"[806] begrenzt. Damit regelt IFRS nicht die Bilanzierung sämtlicher Geschäftsvorfälle in Versicherungsunternehmen, sondern lediglich die Bilanzierung von Versicherungsverträgen.[807] Auf die Bilanzierung von Versicherungsverträgen bei Versicherungsnehmern findet IFRS 4 keine Anwendung.

---

800 Vgl. IASB Update, January 2003, S. 4.

801 Zur Diskussion der verschiedenen Konzepte vgl. *Geib, Gerd* (Diskussionsstand, 2001), S. 119 - 124; *Löw, Sabine* (Gewinnrealisierung, 2003), S. 180 – 185; *Hommel, Michael* (Versicherungsverträge, 2003), S. 2116 – 2117.

802 Vgl. Verordnung (EG) Nr. 1606/2002 des Europäischen Parlaments und Rates vom 19. Juli 2002 betreffend die Anwendung internationaler Rechnungslegungsstandards, Amtsblatt der Europäischen Gemeinschaften L 243 vom 11. September 2002, S. 1 – 4.

803 Vgl. IFRS 4 „Insurance Contracts" Frequently asked questions, July 2004, Stand 19.7.2004, S. 3.

804 „this IFRS requires: (a) limited improvements to accounting by insurers for insurance contracts. (b) disclosure that identifies and explains the amounts in an insurer's financial statements arising from insurance contracts and helps users of those financial statements to understand the amount, timing and uncertainty of future cash flows from insurance contracts." IFRS 4 par. 1.

805 „An insurer shall disclose information that identifies and explains the amounts in its financial statements arising from insurance contracts." IFRS 4 par. 36; vgl. *KPMG* (IFRS aktuell, 2004), S. 133.

806 IFRS 4 par. 2.

807 Nach IFRS 4 par. 5 umfasst der Begriff Versicherungsunternehmen sämtliche Unternehmen, die Versicherungsverträge veräußern, unabhängig von der rechtlichen oder aufsichtsrechtlichen Klassifizierung.

Ein Versicherungsvertrag ist nach IFRS 4 „a contract under which one party (the insurer) accepts significant insurance risk from another party (the policyholder) by agreeing to compensate the policyholder if a specified uncertain future event (the insured event) adversely affects the policyholder."[808] Das wesentliche Merkmal eines Versicherungsvertrags besteht nach der Auffassung des IASB in dem Transfer eines signifikanten Versicherungsrisikos, wobei dieses "als jedes vom Vertragsnehmer auf den Vertragsgeber übertragenes Risiko ..., das kein Finanzrisiko darstellt"[809], definiert ist. Wann ein Versicherungsrisiko auch signifikant ist, lässt der Standard weitgehend offen.[810]

2.1.2.2. Die Beibehaltung der bisherigen Bilanzierungsmethoden als Kernaussage des IFRS 4

Die Kernaussage des IFRS 4 besteht in der Möglichkeit zur Beibehaltung der derzeitigen Bilanzierungspraxis für Versicherungsverträge.[811] Dennoch legt das IASB bestimmte Mindestanforderungen für die bisherige Bilanzierungspraxis fest. So dürfen Katastrophen- und Schwankungsrückstellungen nicht gebildet werden.[812] Darüber hinaus ist für die versicherungstechnischen Rückstellungen ein „*liability adequacy test*"[813] durchzuführen. Dieser verlangt, dass die versicherungstechnischen Rückstellungen mindestens mit dem Barwert der erwarteten Zahlungsströme passiviert werden. In die Berechnung sind sämtliche (erwartete) Zahlungsströme aus den vertraglichen Verpflichtungen und der Schadenregulierung einzubeziehen, einschließlich der Zahlungsströme aus Optionen und Garantien.[814] Ansonsten bleiben die Berechnung und die Wahl des Diskontierungssatzes ungeregelt.[815] Die versicherungstechnischen Rückstellungen sind erst aufzulösen, wenn die Schuld getilgt ist.[816] Ferner besteht ein Saldierungsverbot für Forderungen mit den zugehörigen Verbindlichkeiten aus Rückversicherungsverträgen sowie für Erträge und Aufwendungen aus Rückversicherungsverträgen mit

808 IFRS 4 Appendix A (im Original teilweise hervorgehoben). Diese Definition wird durch qualitative Beschreibungen und ein Beispiel im Appendix B konkretisiert.

809 *Ebbers, Gabi* (Insurance Contracts, 2004), S. 1379.

810 Vgl. ausführlich *Löw, Sabine* (Gewinnrealisierung, 2003), S. 148 – 150; *Ebbers, Gabi* (Insurance Contracts, 2004), S. 1379 – 1380; *Hommel, Michael* (Versicherungsverträge, 2003), S. 2115; *Rockel, Werner* (Fair Value-Bilanzierung, 2004), S. 28 – 30.

811 Vgl. IFRS 4, BC par. 78.

812 „shall not recognise as a liability any provisions for possible future claims, if those claims arise under insurance contracts that are not in existence at the reporting date (such as catastrophe provisions and equalisation provisions)" IFRS 4 par. 14 (a); vgl. hierzu kritisch *Hommel, Michael* (Versicherungsverträge, 2003), S. 2119 – 2120.

813 IFRS 4 par. 14 (b).

814 „The test considers current estimates of all contractual cash flows, and of related cash flows such as claims handling cost, as well as cash flows resulting from embedded options and guarantees." IFRS 4 par. 16 (a).

815 Vgl. *Ebbers, Gabi* (Insurance Contracts, 2004), S. 1382; *Engeländer, Stefan/ Kölschbach, Joachim* (Versicherungen, 2004), S. 575.

816 „shall remove an insurance liability ... from its balance sheet when, and only when, it is extinguished" IFRS 4 par. 14 (c).

den Erträgen und Aufwendungen der zugehörigen Erstversicherungsverträge.[817] Letztlich dürfen Wertminderungen bei aktivierten Ansprüchen aus der passiven Rückversicherung und den Rückversicherungs-Anteilen an versicherungstechnischen Rückstellungen nur berücksichtigt werden, wenn objektive Hinweise dafür bestehen, dass die vertraglichen Ansprüche nicht voll erfüllt werden können und eine zuverlässige Schätzung dieser Beträge möglich ist.[818]

2.1.2.3. Änderungen der Bilanzierungsmethoden

Nach IFRS 4 dürfen Versicherungsunternehmen von der bisherigen Bilanzierungspraxis abweichen, wenn damit den Adressaten relevantere und zuverlässigere Informationen vermittelt werden, wobei das jeweils andere Kriterium nicht beeinträchtigt werden darf.[819] Die folgenden Bilanzierungsmethoden dürfen beibehalten, aber nicht neu eingeführt werden:

- Ansatz der versicherungstechnischen Rückstellungen mit einem undiskontierten Betrag[820]
- Ansatz der zukünftigen Gewinne aus Verwaltungs- und Betriebskostenzuschlägen mit einem über dem durch andere Marktteilnehmer geforderten Betrag[821]
- Anwendung uneinheitlicher Bilanzierungsmethoden im Konzern[822]

Die Änderung der Bilanzierungsmethoden darf nicht „über ein bestehendes Maß an erforderlicher Vorsicht“[823] in der Bilanzierung von versicherungstechnischen Rückstellungen hinausgehen.[824] Ferner ist die Anwendung unternehmensindividueller Zinssätze unzulässig, wenn das Versicherungsunternehmen zur Bewertung der versicherungstechnischen Rückstellungen bisher unternehmensunabhängige Zinssätze zu Grunde gelegt hat.[825]

---

817 „shall not offset: (i) reinsurance assets against the related insurance liabilities; or income or expense from reinsurance contracts against the expense or income from the related insurance contracts." IFRS 4 par. 14 (d).

818 „A cedant's reinsurance asset is impaired if, and only if: (a) there is objective evidence, as a result of an event that occurred after initial recognition of the reinsurance asset, that the cedent may not receive all amounts due to it under the terms of contract; and (b) that event has a reliably measureable impact on the amounts that the cedant will receive from the reinsurer.“ IFRS 4 par. 20.

819 „An insurer may change its accounting policies for incurance contracts if, and only if, the change makes the financial statements more relevant to the economic decision-making needs of users and no less reliable, or more reliable and no less relevant to those needs." IFRS 4 par. 22.

820 „measuring insurance liabilities on an undiscounted basis.“ IFRS 4 par. 25 (a).

821 „measuring contractual rights to future investment management fees at an amount that exceeds their fair value as implied by a comparison with current fees charged by other market participants for similiar services." IFRS 4 par. 25 (b)

822 „using non-uniform accounting policies for the insurance contracts ... of subsidiaries“ IFRS 4 par. 25 (c).

823 *Engeländer, Stefan/ Kölschbach, Joachim* (Versicherungen, 2004), S. 575.

824 „However, if an insurer already measures its insurance contracts with sufficient prudence, it shall not introduce additional prudence." IFRS 4 par. 26.

825 Vgl. IFRS 4 par. 27 – 29.

Die versicherungstechnischen Rückstellungen nach IAS/IFRS werden also mit den dargestellten Einschränkungen weiterhin nach den handelsrechtlichen Vorschriften oder nach US-GAAP bilanziert, so dass im Rahmen dieser Arbeit eine weitergehende Diskussion der Grundsätze zur Bilanzierung von Schadenrückstellungen nach US-GAAP erforderlich ist.

2.2. US-GAAP

2.2.1. Gewinnrealisation für Versicherungsverträge

2.2.1.1. Differenzierung zwischen „short-duration contracts" und „long-duration contracts"

Wie die IAS/IFRS regeln auch die US-GAAP die Bilanzierung von Versicherungsverträgen, enthalten darüber hinaus aber keine Sondervorschriften für die Rechnungslegung von Versicherungsunternehmen. Die US-GAAP differenzieren zwischen kurzfristigen Versicherungsverträgen („short-duration contract") und langfristigen Versicherungsverträgen („long duration contracts") und schreiben je nach Fristigkeit der Versicherungsverträge unterschiedliche Bilanzierungsmethoden vor.[826]

Kurzfristige Versicherungsverträge werden für einen kurzen sowie fixen Zeitraum abgeschlossen und zeichnen sich durch die Möglichkeit für das Versicherungsunternehmen aus, die vertraglichen Regelungen (bspw. Prämie oder Deckungssumme) zu Beginn jeder neuen Vertragsperiode anzupassen oder auch zu kündigen.[827] Dagegen ist für langfristige Versicherungsverträge eine einseitige Anpassung der vertraglichen Regelungen nicht möglich, bspw. wenn der Vertrag unkündbar ist oder ein garantierter Anspruch auf eine Vertragsverlängerung besteht, und die verschiedenen Funktionalitäten sowie Dienstleistungen (incl. der Gewährung von Versicherungsschutz) über einen längeren Zeitraum erbracht werden.[828]

Da in der Schaden- und Unfallversicherung der überwiegende Anteil der Versicherungsverträge eine einseitige Anpassung der Prämien durch das Versicherungsunternehmen erlaubt

---

826 „Insurance contracts, for purposes of this Statement, shall be classified as short-duration or long-duration contracts depending on whether the contracts are expected to remain in force for an extended period." SFAS 60 par. 2.

827 „The contract provides insurance protection for a fixed period of short duration and enables the insurer to cancel the contract or to adjust the provisions of the contract at the end of any contract period, such as adjusting the amount premiums charged or coverage provided." SFAS 60 par. 7a.

828 „The contract generally is not subject to unilateral changes in its provisions, such as a noncanceable or guaranteed renewable contract, and requires the performance of various functions and services (including insurance protection) for an extended period." SFAS 60 par. 7b.

und folglich den kurzfristigen Versicherungsverträgen zuzurechnen ist[829], untersucht diese Arbeit lediglich die Bilanzierung der Schadenrückstellungen für kurzfristige Versicherungsverträge.[830]

2.2.1.2. Ertragsrealisation und Aufwandsperiodisierung für kurzfristige Versicherungsverträge

Die Gewinnermittlungsvorschriften für kurzfristige Versicherungsverträge beruhen auf dem „accrual principle". Danach sind die finanziellen Auswirkungen, die sich für das Unternehmen aus Geschäftsvorfällen und anderen Ereignissen ergeben, erfolgswirksam zu berücksichtigen, wenn der Geschäftsvorfall oder das Ereignis eingetreten ist, und nicht, wenn die Ein- oder Auszahlungen erfolgen.[831] Dem realisierten Ertrag einer Abschlussperiode ist der zugehörige Aufwand gegenüberzustellen und der Periodengewinn als Differenz dieser Größen zu ermitteln.[832] Eine Konkretisierung erfährt das „accrual principle" durch die beiden Unterprinzipien „realization principle" und „matching principle". Nach dem „realization principle" dürfen Erlöse erst erfolgswirksam vereinnahmt werden, wenn das Unternehmen die vereinbarte Leistung erbracht hat und die Zahlung bereits erfolgte oder eine Forderung entstanden ist.[833] Das „matching principle" bestimmt, dass durch die Leistungserstellung des Unternehmens

829 So führt das FASB für amerikanische Versicherungsprodukte explizit aus: „short-duration insurance contracts, such as most property and liability insurance contracts," SFAS 60 par. 3. Die vertraglichen Vereinbarungen in der deutschen und amerikanischen Schaden- und Unfallversicherung sind zwar häufig unterschiedlich ausgestaltet, so dass eine Analyse des jeweiligen Versicherungsbestands geboten ist, aber auch die meisten Versicherungsverträge in der deutschen Schaden- und Unfallversicherung sind kurzfristige Versicherungsverträge, da eine entsprechende Anpassung bzw. Kündigung der vertraglichen Vereinbarungen möglich ist. Vgl. *Mayr, Gerhard* (Versicherungsunternehmen, 1999), S. 61.

830 Die Bilanzierung der langfristigen Versicherungsverträge ist in SFAS 60, SFAS 97 und SFAS 120 geregelt. Eine Einteilung der Versicherungsverträge auf die verschiedenen Standards findet sich bei *Mayr, Gerhard* (Versicherungsunternehmen, 1999), S. 57 – 60. Für die Bilanzierung der Versicherungsverträge bei Rückversicherungsunternehmen kommt SFAS 113 zur Anwendung.

831 „Accrual accounting attempts to record the financial effect on a entity of transactions and other events and circumstances that have cash consequences for the entity in the periods in which those transactions, events, and circumstances occur rather than only in the periods in which cash is received or paid by the entity." SFAC 6 par. 139; vgl. *Haller, Axel* (Rechnungslegung, 1994), S. 256.

832 „The revenues of a particular period should be charged with the costs which are reasonably associated with the product presented by such revenue." *Paton, William A./ Littleton, Ananias C.* (Introduction, 1965), S. 48; *Zimmermann, Christoph* (Abschlusskosten, 2002), S. 24; *Löw, Sabine* (Gewinnrealisierung, 2003), S. 152 – 153.

833 „Revenues and gains are realized when products (goods or services) merchandise, or other assets are exchanged for cash or claims to cash." SFAC 5 par. 83; vgl. *Haller, Axel* (Rechnungslegung, 1994), S. 256.

bedingte Ausgaben derjenigen Abschlussperiode zuzurechnen sind, in der die Erträge realisiert werden, die sie alimentieren.[834] Insofern gilt der Grundsatz: „let the expenses follow the revenues."[835]

Die Prämien aus kurzfristigen Versicherungsverträgen werden nach SFAS 60 proportional zur Leistungserbringung realisiert, wobei die Leistung des Versicherungsunternehmens in der Gewährung von Versicherungsschutz besteht.[836] Dabei sind sämtliche Prämien, auf die das Versicherungsunternehmen am Abschlussstichtag einen Rechtsanspruch besitzt, in die Bilanzierung einzubeziehen (ultimate premium concept).[837] Sofern das Versicherungsunternehmen den Versicherungsschutz gleichmäßig über die Vertragslaufzeit erbringt, werden die Prämien zeitanteilig für den bis zum Abschlussstichtag gewährten Versicherungsschutz (pro rata temporis) realisiert. Wenn die Vertragslaufzeit und die Risikoperiode, d. h. der Zeitraum in dem die versicherten Ereignisse eintreten, aber deutlich voneinander abweichen, werden die Prämien über die Risikoperiode (und nicht die Vertragslaufzeit) proportional zum gewährten Versicherungsschutz erfolgswirksam vereinnahmt.[838] Dies ist bspw. in der Kfz-Haftpflichtversicherung für sog. „fun cars" der Fall, da die Versicherungsverträge hier üblicherweise für ein Jahr abgeschlossen werden, die Schäden jedoch nur in den Sommermonaten eintreten.[839] Soweit der Versicherungsschutz gleichmäßig über die Risikoperiode gewährt wird, erfolgt die Realisation der Prämien linear über die Risikoperiode.[840] In einigen (wenigen) Versicherungsverträgen ist die Gewährung von Versicherungsschutz dagegen im Zeitablauf planmäßig rückläufig, so dass die Prämien hier entsprechend dem Risikoverlauf realisiert werden (bspw. Restschuldversicherung).[841] In der Restschuldversicherung gewährt das Versicherungsunternehmen einem Kreditnehmer den Versicherungsschutz auf die Rückzahlung eines Darlehens. Wenn der Kreditnehmer vor der Abzahlung des Darlehens verstirbt, über-

---

834 „Some expenses, such as cost of goods sold, are matched with revenues – they are recognised upon recognition of revenues that result directly and jointly from the same transactions or other events as the expenses." SFAC 5 par. 86a; vgl. *Hendriksen, Eldon S./ van Breda, Michael F.* (Accounting Theory, 1991), S. 376; *Haller, Axel* (Rechnungslegung, 1994), S. 258; *Moxter, Adolf* (Buchführung, 2002), Spalte 1048; *Hommel, Michael* (Rechnungsabgrenzungsposten, 2002), Spalte 1971.

835 *Kieso, Donald E./ Weygandt, Jerry J./ Warfield, Terry D.* (Accounting, 2004), S. 40.

836 „Premiums from short-duration contracts ordinarily shall be recognized as revenue over the period of the contract in proportion to the amount of insurance protection provided." SFAS 60 par. 13.

837 Vgl. *Fischer, Rainer/ Hoffmann, Michael* (Paradigmenwechsel, 2002), S. 13.

838 „For those few types of contracts for which the period of risk differs significantly from the contract period, premiums shall be recognized as revenue over the period of risk in proportion to the amount of insurance protection provided." SFAS 60 par. 13.

839 Vgl. AICPA (Audits, 2003), Tz. 3.31; *Mayr, Gerhard* (Versicherungsunternehmen, 1999), S. 90.

840 „That generally results in premiums being recognized as revenue evenly over the contract period (or the period of risk, if different)" SFAS 60 par. 13.

841 „except for those few cases in which the amount of insurance protection declines according to a predetermined schedule." SFAS 60 par. 13.

nimmt das Versicherungsunternehmen die Restschuld. Aufgrund der Tilgungen durch den Versicherungsnehmer ist die Restschuld bzw. das versicherte Risiko im Zeitablauf rückläufig. Die vereinnahmten, auf den ausstehenden Versicherungsschutz entfallenden anteiligen Prämien werden erfolgsneutral in einem Abgrenzungsposten („unearned premiums") ausgewiesen.[842]

In einigen Versicherungszweigen in den USA (z. B. Arbeitsunfallversicherung)[843] sieht der Versicherungsvertrag in Abhängigkeit des tatsächlichen Schadenverlaufs eine nachträgliche Prämienanpassung vor[844], so dass die endgültige Prämie erst nach Ablauf der Vertragslaufzeit feststeht. Sofern eine zuverlässige Schätzung[845] der endgültigen Prämie möglich ist, darf in solchen Fällen die geschätzte Prämie über die Vertragslaufzeit erfolgswirksam vereinnahmt werden.[846] Anderenfalls kommen entweder die „cost recovery method" oder die „deposit method" zur Anwendung, bis eine zuverlässige Schätzung der Prämien möglich ist.[847] Während nach der „cost recovery method" die Prämien nur in Höhe des geschätzten Schadenaufwands aus bereits eingetretenen versicherten Ereignissen erfolgswirksam vereinnahmt werden[848], bleiben die Prämien und die erwarteten Schadenaufwendungen nach der „deposit method" solange unberücksichtigt, bis eine zuverlässige Schätzung der (endgültigen) Prämie möglich ist[849]. Auf diese Weise wird sowohl nach der „cost recovery method" als auch nach der „deposit method" ein Gewinn erst ausgewiesen, wenn die endgültige Prämie zuverlässig geschätzt werden kann.[850] Für die ggf. bereits vereinnahmten Prämien ist mutmaßlich ein passiver Rechnungsabgrenzungsposten zu bilden.

842 Die Abgrenzungsposten („deferred credits") dienen einer periodengerechten Gewinnermittlung im Sinne des Deferral-and-Matching Ansatzes. „Their recognition is deferred until the obligation underlying the liability is partly or wholly satisfied" SFAC 6 par. 141. Nach US-GAAP fallen auch reine Abgrenzungsposten unter die Verbindlichkeiten, so dass die „reserve for unearnd premiums" eine Verbindlichkeit ist. „For the purpose of financial reporting, the unearned premiums is a liability." Vgl. *Morgan, James L.* (Premiums, 1988), S. 102.

843 Vgl. *Willams, Jan R./ Carcello, Joseph V.* (Miller GAAP Guide, 2004), S. 50.07.

844 „If premiums are subject to adjustment (for example, retrospectively rated or other experience-rated insurance contracts for which the premium is determined after the period of the contract based on claim experience or reporting-form contracts for which the premium is adjusted after the period of the contract based on the value of insured property)..." SFAS 60 par. 14; vgl. *AICPA* (Audits, 2003), Tz. 3.32.

845 In der Schätzung müssen sich aktuelle Entwicklungen angemessen niederschlagen. Vgl. SFAS 60 par. 14 a.

846 „If [...] the ultimate premium is reasonably estimable, the estimated ultimate premium shall be recognized as revenue over the period of contract." SFAS 60 par. 14 a.

847 „If the ultimate premium cannot be reasonbly estimated, the cost recovery method or the deposit method may be used until the ultimate premium becomes reasonably estimable." SFAS 60 par. 14 b. *AICPA* (Audits, 2003), Tz. 3.32.

848 „Under the cost recovery method, premiums are recognized as revenue in an amount equal to estimated claim costs as insured events occur" SFAS 60 Glossary.

849 „Under the deposit method, premiums are not recognized as revenue and claim costs are not charged to expense" SFAS 60 Glossary.

850 „recognition of income is postponed until that time." SFAS 60 Glossary.

Nach dem „matching principle“ sind den realisierten Prämien einer Abschlussperiode diejenigen Ausgaben gegenüberzustellen, die durch den in der Abschlussperiode gewährten Versicherungsschutz bedingt sind.[851] „The problem of properly matching revenues and costs is primarily one of finding satisfactory bases of association-clues to relationships which unite revenue deductions and revenue.“[852] Da das Versicherungsunternehmen nur zur Leistung verpflichtet ist, wenn der Versicherungsfall in der Vertragslaufzeit eingetreten ist und der Versicherungsnehmer die vereinbarten Prämienzahlungen erbracht hat, verknüpft der Eintritt des Versicherungsfalls die Prämieneinnahmen mit den Ausgaben, die aus der Abwicklung des Versicherungsfalls resultieren. Wenn in der Abschlussperiode eingetretene Versicherungsfälle am Bilanzstichtag noch nicht abgewickelt sind, erfordert das „matching principle“ die Passivierung einer Schadenrückstellung („liability for unpaid claims“): „A liability for unpaid claim costs relating to insurance contracts other than title insurance contracts, including estimates of costs relating to incurred but not reported claims, shall be accrued when insured events occur.“[853] Die Passivierungspflicht besteht auch für Ausgaben aus Versicherungsfällen, die in der Abschlussperiode eingetreten sind, aber bis zur Aufstellung des Abschlusses noch nicht gemeldet wurden („incurred but not reported claims“). Wie nach deutschem Handelsrecht, wird die Schadenrückstellung nach US-GAAP für den konkret eingetretenen Versicherungsfall („claim“) gebildet und weist einen Vergangenheitsbezug auf. In diesen Grundsätzen stimmen die US-GAAP mit den handelsrechtlichen Vorschriften überein.

Die (erwarteten) Ausgaben für noch nicht eingetretene Versicherungsfälle bleiben nach dem „matching principle“ grundsätzlich unberücksichtigt. Wenn für die nach dem Bilanzstichtag verbleibende Vertragslaufzeit ein wahrscheinlicher Verlust droht, ist aber die Bildung einer Drohverlustrückstellung geboten („premium deficiency“).[854] Das „matching principle“ erfährt

---

851 Vgl. *Salzmann, Ruth E.* (Estimated liabilities, 1984), S. 3.

852 *Paton, William A./ Littleton, Ananias C.* (Introduction, 1965), S. 71.

853 SFAS 60 par. 17.

854 „A probable loss on insurance contracts exists if there is a premium deficiency relating to short-duration or long-duration contracts.“ SFAS 60 par. 32. Die Berechnung der „premium deficiency“ erfolgt für Gruppen von Versicherungsverträgen, die im Einklang mit der Einteilung gebildet werden, „in der das Versicherungsunternehmen die Verträge abschließt, verwaltet und deren Profitibilität misst“ *Ott, Peter/ Rockel, Werner* (Drohverlustrückstellungen, 2004), S. 802. Eine „premium deficiency“ liegt vor, wenn „the sum of expected claim costs and claim adjustment expenses, expected dividends to policyholders, umamortized aquisition costs, and maintenance costs exceeds related unearned premiums.“ SFAS 60 par. 33. Im Gegensatz zu den handelsrechtlichen Vorschriften sind für die Berechnung des Premiumdefizits auch die aktivierten Abschlusskosten und die erwarteten Dividenden an Versicherungsnehmer zu berücksichtigen. Während das handelsrechtliche Vorsichtsprinzip gebietet, die erwarteten Schaden- und Schadenregulierungsaufwendungen mit einem Sicherheitszuschlag in die Berechnung der Drohverlustrückstellung einzubeziehen, bleibt die Berücksichtigung eines Sicherheitszuschlags nach den Vorgaben des FASB offen. Vgl. *Ott, Peter/ Rockel, Werner* (Drohverlustrückstellungen, 2004), S. 800 – 805 für die Bilanzierung der Drohverlustrückstellung bei Versicherungsunternehmen nach US-GAAP.

hierdurch eine vorsichtsbedingte Einschränkung, da bestimmte drohende Verluste bereits den Gewinn mindern, wenn diese bekannt werden und nicht erst im Zeitpunkt der Entstehung Berücksichtigung finden.

Die beschriebene Bilanzierungsmethode für kurzfristige Versicherungsverträge wird auch als Deferral-and-Matching Ansatz bezeichnet.[855] Wie nach deutschem Handelsrecht besteht der Ausgangspunkt für die Ermittlung des Periodenerfolgs hier in der Gewinn- und Verlustrechnung.[856] Allerdings findet der Deferral-and-Matching Ansatz in den Einzelvorschriften der US-GAAP keine konsequente Anwendung, sondern wird mit Elementen einer Zeitwertbilanzierung oder dem Asset-and-Liability Measurement Approach und einem damit verbundenen Ausweis unrealisierter Gewinne kombiniert.[857]

2.2.2. Ansatznormen für die Schadenrückstellung

2.2.2.1. Der Passivierungszeitpunkt nach dem „meet the definition"-Kriterium

Die Passivierung einer Schadenrückstellung („liability for unpaid claims") setzt voraus, dass die Verpflichtungen aus eingetretenen, aber noch nicht abgewickelten Versicherungsfällen der Definition einer Verbindlichkeit („liability") genügen. Wenn die Definition am Bilanzstichtag nicht erfüllt ist, besteht ein Passivierungsverbot.[858] Nach der Definition des FASB ist eine Verbindlichkeit ein wahrscheinlicher Abfluss wirtschaftlicher Ressourcen („probable future sacrifies of economic benefits") aus einer gegenwärtigen Verpflichtung des Unternehmens („arising from present obligations of a particular entity") gegenüber einem Dritten, in der Zukunft eine Leistung zu erbringen („to transfer assets or provide services to other entities in the future"), wobei die Verpflichtung aus einem vergangenen Ereignis resultiert („as a result of past transactions or events").[859] Der Begriff „liability" umfasst sowohl die gewissen Verbindlichkeiten als auch Sachverhalte, die nach deutschem Handelsrecht eine Rückstellung begründen.[860]

---

855 Vgl. *Haller, Axel* (Rechnungslegung, 1994), S. 126; *Varain, Thomas C.* (Verpflichtungen, 2004), S. 34.

856 Vgl. *Zimmermann, Jochen/ Schweinberger, Stefan* (Gestaltungsformen, 2005), S. 58 – 59.

857 Die Ausnahmen bestehen bspw. in der percentage of completion method für langfristige Fertigung, installment method für Ratenkäufe, Fair Value Bewertung für Finanzinstrumente, Bewertung von Fremdwährungstransaktionen mit Stichtagswerten. Vgl. *Haller, Axel* (Rechnungslegung, 1994), S. 257 – 258.

858 Vgl. *Hayn, Sven/ Pilhofer, Jochen* (Rückstellungsregeln, 1998), S. 1729.

859 Vgl. SFAC 6 par. 35.

860 So führt das FASB explizit aus: „The definitions in this statement are not intended to require that the existence and amounts of items be certain for them to quality as assets, liabilities ..." SFAC 6 par. 46; vgl. *Haller, Axel* (Rechnungslegung, 1994), S. 293; *Wangemann, Birgit* (Verpflichtungen, 1997), S. 196; *Hayn, Sven/ Pilhofer, Jochen* (Rückstellungsregeln, 1998), S. 1729; *Haller, Axel* (Merkmale, 2000), S. 17; *Mellmann, Martin/ Lilien, Steven B.* (Liabilities, 1999), S. 20·4.

Das FASB konkretisiert eine Verbindlichkeit anhand drei zentraler Eigenschaften:

„(a) it embodies a present duty or responsibility to one or more other entities that entails settlement by probable future transfer or use of assets at a specified or determinable date, on occurence of a specified event, or on demand,
(b) the duty or responsibility obligates a particular entity, leaving it little or no discretion to avoid future sacrifice, and
(c) the transaction or other event obligation the entity has already happen."[861]

Hieraus lassen sich die folgenden Eigenschaften einer Verbindlichkeit ableiten:

- Außenverpflichtung
- Wahrscheinliche wirtschaftliche Belastung
- Unausweichlichkeit der Verpflichtung
- Resultat eines vergangenen Ereignisses

Nach SFAS 5 erfordert die Bildung einer Rückstellung, dass neben der Definition einer Verbindlichkeit auch noch spezielle Ansatzvoraussetzungen am Bilanzstichtag erfüllt sind. Das FASB beschreibt eine Rückstellung als eine Aufwandseventualität („loss contigency"). Danach ist eine „loss contigency" eine „existing condition, situation, or set of circumstances involving uncertainty as to possible [...] loss (hereinafter "loss contigency") to an enterprise that will ultimately be resolved when one or more future events occur or fail to occur. Resolution of the uncertainty may confirm [...] the incurrence of an liability."[862] Die Passivierung einer „loss contigency" nach SFAS 5 bedingt, dass am Bilanzstichtag neben der Definition einer Verbindlichkeit auch die folgenden Voraussetzungen kumulativ erfüllt sind:

„a. Information available prior to issuance of the financial statements indicates that it is probable that an asset has been impaired or a liability had been incurred at the date of the financial statements [...]
b. The amount of loss can be reasonably estimated."[863]

Da für die eingetretenen, aber noch nicht abgewickelten Versicherungsfälle am Bilanzstichtag noch unsicher ist, ob bzw. in welcher Höhe die zukünftigen Ausgaben auch tatsächlich eintreten werden, die bestehende Unsicherheit am Bilanzstichtag sich aber durch die Abwicklung des Versicherungsfalls nach dem Bilanzstichtag endgültig auflöst, wird die Schadenrück-

861 SFAC 6 par. 36.
862 SFAS 5 par. 1.
863 SFAS 5 par. 8.

stellung auch für „loss contingencies“ gebildet. In diesem Fall setzt die Passivierung einer Schadenrückstellung voraus, dass die allgemeinen Merkmale einer Verbindlichkeit und die speziellen Ansatzvoraussetzungen für eine „loss contingency“ am Bilanzstichtag erfüllt sind.

2.2.2.2. *Erfüllung der Definitionsmerkmale einer Verbindlichkeit*

a) *Prinzip der wirtschaftlichen Vermögensbelastung*

Die Passivierung einer Verbindlichkeit verlangt nach US-GAAP das Bestehen einer gegenwärtigen Verpflichtung, die eine wirtschaftliche Belastung des Unternehmens verkörpert.[864]

Da die Periodenabschlüsse nach US-GAAP den Jahresabschlussadressaten für wirtschaftliche Entscheidungen nützliche Informationen vermitteln sollen, ist eine wirtschaftliche Betrachtungsweise geboten. Somit beschränken sich die passivierungsfähigen Verpflichtungen nicht nur auf rechtliche Leistungsverpflichtungen, sondern umfassen auch rein faktische Leistungsverpflichtungen („equitable or constructive obligations“) des Unternehmens.[865] Hierzu gehören Verpflichtungen, die aus rein wirtschaftlichen, moralischen oder sozialen Beweggründen eingegangen werden, deren Erfüllung aber rechtlich nicht erzwungen werden kann.[866] So besteht eine Passivierungspflicht auch für freiwillig (ohne rechtliche Verpflichtung) gewährte Gratifikationen, wenn sich das Unternehmen der Leistungsverpflichtung am Bilanzstichtag nicht mehr sanktionslos entziehen kann.[867] Im Umkehrschluss besteht ein Passivierungsverbot für rechtlich entstandene Verpflichtungen, wenn diese keine wirtschaftliche Belastung verkörpern, weil mit einer Inanspruchnahme nicht mehr gerechnet werden kann.[868]

Dementsprechend wird die Schadenrückstellung für rechtliche Verpflichtungen aus eingetretenen Versicherungsfällen und faktischen Leistungsverpflichtungen aus Kulanzleistungen gebildet, die am Bilanzstichtag eine wirtschaftliche Belastung darstellen. Auch der Begriff „claim“ umfasst nicht nur die rechtlichen Leistungsverpflichtungen des Versicherungsunternehmen, sondern beinhaltet auch faktische Leistungsverpflichtungen: „Claim – A demand for

---

864 „(a) it embodies a present duty or responsibility to one or more other entities that entails settlement by probable future transfer or use of assets at a specified or determinable date, on occurence of a specified event, or on demand" SFAC 6 par. 36.

865 Vgl. SFAC 6 par. 35 und SFAC 6 par. 200; *Schildbach, Thomas* (US-GAAP, 2000), S. 68; *Mellmann, Martin/ Lilien, Steven B.* (Liabilities, 1999), S. 20·3.

866 „some liabilities rest on equitable or constructive obligations, including that some that arise in exchange transactions. Liabilities stemming from equitable or constructive obligations are commonly paid in the same way as legally binding contracts, but they lack the legal sanction that characterizes most liabilities and may be binding primarly because of social or moral sanctions or custom." SFAC 6 par. 40; vgl. auch *Kupsch, Peter* (Rückstellungen, 2000), S. 119; *Wesner, Peter* (Bilanzierungsgrundsätze, 1984), S. 114.

867 Vgl. SFAC 6 par. 203.

868 Vgl. SFAC 60 par. 36.

payment under the coverage provided by a plan or contract."[869] In diesem Grundsatz stimmen die Regelungen der US-GAAP mit den handelsrechtlichen Vorschriften überein.

Das Bestehen einer rechtlichen oder faktischen Verpflichtung ist jedoch nicht hinreichend, sondern deren Erfüllung muss wahrscheinlich („probable") zu einem Abfluss wirtschaftlicher Ressourcen („future sacrifice of economic benefits") führen.[870] Eine nähere Definition des Wahrscheinlichkeitsbegriffs gibt das FASB an dieser Stelle aber nicht, sondern verweist hierfür auf den allgemeinen Sprachgebrauch.[871] Zur Konkretisierung der erforderlichen Wahrscheinlichkeit trägt dieser Hinweis jedoch wenig bei; denn auch „unter Heranziehung der Semantik verbleibt beim Bilanzierenden ein erheblicher Ermessensspielraum, der zu Unterschieden in der bilanziellen Abbildung vergleichbarer Sachverhalte führt."[872]

b) *Objektivierungsprinzipien*

(1) Außenverpflichtung

Nach US-GAAP können nur Außenverpflichtungen, d. h. rechtliche oder faktische Verpflichtungen des Unternehmens gegenüber einem externen Dritten, die Definition einer Verbindlichkeit erfüllen. Bei rechtlichen Verpflichtungen liegt eine Außenverpflichtung immer vor, da der externe Dritte hier in dem anspruchsberechtigten Dritten besteht.[873] Das Kriterium der Außenverpflichtung kann in Form einer Verpflichtung gegenüber einem einzelnen Dritten, einer Gruppe oder der gesamten Öffentlichkeit vorliegen[874], es erfordert jedoch nicht, dass die Identität des außenstehenden Dritten bekannt ist.[875] Dagegen besitzen Innenverpflichtungen, also Verpflichtungen des Unternehmens gegen sich selbst, „keinen Schuldcharakter und sind deshalb auch nicht bilanzierungsfähig."[876]

Soweit die Verpflichtungen aus in der Abschlussperiode eingetretenen Versicherungsfällen resultieren, liegt eine Außenverpflichtung gegenüber einem Versicherungsnehmer oder einem anspruchsberechtigten Dritten vor. Auch im Fall einer Kulanzleistung, die das Versicherungs-

---

869 *Actuarial Standards Board*, ASP No. 36, par. 2.8.

870 „Liabilities are probable future sacrifices of economic benefits..." SFAC 6 par. 35; vgl. *Frankenberg, Peter* (Jahresabschlüsse, 1993), S. 58; *Schildbach, Thomas* (US-GAAP, 2000), S. 69.

871 „ Probable is used with its usual general meaning, rather than in a specific accounting or technical sense (such as that in Statement 5, par. 3) and refers to that which can reasonably expected or believed on the basis of available evidence or logic but is neither certain nor proof." SFAC 6 Fußnote 21.

872 *Roese, Bernd* (Verbindlichkeiten, 1999), S. 108.

873 Vgl. *Rüdinger, Andreas* (Regelungsschärfe, 2003), S. 58; *Förschle, Gerhart/ Kroner, Matthias/ Heddäus, Birgit* (Verpflichtungen, 1999), S. 45.

874 Vgl. *Hendrikson, Eldon S./ van Breda, Michael F.* (Accounting Theory, 1991), S. 671.

875 Vgl. SFAC 6 par. 36.

876 *Wangemann, Birgit* (Berücksichtigung, 1997), S. 197. Vgl. auch *Schildbach, Thomas* (US-GAAP, 2000), S. 68 – 69; *Frankenberg, Peter* (Jahresabschlüsse, 1993), S. 57.

unternehmen gegenüber dem Versicherungsnehmer oder einem anspruchsberechtigten Dritten erbringt, ist eine Außenverpflichtung gegeben. Da die Kenntnis der Identität des Dritten nicht erforderlich ist, besteht eine Außenverpflichtung auch bei rechtlichen oder faktischen Verpflichtungen aus Versicherungsfällen, die in der Abschlussperiode eingetreten, aber bis zur Aufstellung des Abschlusses noch nicht gemeldet wurden.

Aus dem Eintritt des Versicherungsfalls entstehen dem Versicherungsunternehmen nicht nur (externe) Aufwendungen aus der Schadenzahlung, sondern zusätzlich auch (interne oder externe) Aufwendungen aus der Ermittlung, Bearbeitung und Auszahlung des Schadens („Schadenregulierungsaufwendungen").[877] Nach US-GAAP ist eine Schadenrückstellung auch für die (erwarteten) Schadenregulierungskosten zu bilden, die im Zusammenhang mit der Abwicklung der zurückgestellten Versicherungsfälle stehen[878]: „A liability for all costs expected to be incurred in connection with the settlement of unpaid claims (claim adjustment expenses) shall be accrued when the related liability for unpaid claims is accrued."[879] Somit wird auch der Passivierungszeitpunkt der Schadenrückstellung für Schadenregulierungsaufwendungen durch den Eintritt des Versicherungsfalls bestimmt.

Die Schadenregulierungsaufwendungen bestehen zunächst in Kosten, die sich der Abwicklung eines bestimmten Versicherungsfalls unmittelbar zurechnen lassen („allocated loss adjustment expenses"), wie bspw. Rechtsanwaltskosten, Gebühren der Schadenregulierer oder Kosten für Gutachten.[880] In die Schadenregulierungsaufwendungen sind aber auch Kosten einzubeziehen, die mit der Abwicklung der Versicherungsfälle in einem engen Zusammenhang stehen, aber einem spezifischen Versicherungsfall nicht zugerechnet werden können („unallocated loss adjustment expenses").[881] „The unallocated LAE are all expenses functionalized to the LAE operation that cannot be identified by claim file. Such expenses include salaries of staff adjusters, claims examiners, and other claimsprocessing personal, plus all related overheads assigned thereto."[882]

Die Passivierungspflicht für direkte und indirekte Schadenregulierungsaufwendungen ergibt sich aus dem „matching principle", wonach die durch den Eintritt des Versicherungsfalls ver-

---

877 „In addition to the cost of the loss, significant expenses are incurred by insurers in investigating, processing, and paying losses." *Troxel, Terrie E./ Bouchie, George E.* (Property-Liability Insurance, 1990), S. 113.

878 Vgl. *Troxel, Terrie E./ Bouchie, George E.* (Property-Liability Insurance, 1990), S. 113.

879 SFAS 60 par. 20; vgl. auch *Willams, Jan R./ Carcello, Joseph V.* (Miller GAAP Guide, 2004), S. 50.15.

880 „Claim adjustment expenses include costs associated directly with specific claims paid or in the process of settlement, such as legal and adjusters's fees." SFAS 60 par. 20.

881 „Claim adjustment expenses also include other costs that cannot be associated with specific claims but are related to claims paid or in the process of settlement,..." SFAS 60 par. 20.

882 *Salzmann, Ruth E.* (Estimated Liabilities, 1984), S. 119.

ursachten Aufwendungen in derselben Periode erfolgswirksam berücksichtigt werden müssen wie die Erträge. Die indirekten Schadenregulierungsaufwendungen umfassen auch Aufwendungen, die aus der Bearbeitung des Schadens folgen. Da das Versicherungsunternehmen rechtlich nicht zur Bearbeitung des Schadens verpflichtet ist, stellt sich hier die Frage nach einer Passivierungspflicht für Schadenbearbeitungsaufwendungen.

Die Voraussetzungen für eine faktische Leistungsverpflichtung des Versicherungsunternehmens sind in diesem Fall nicht erfüllt, weil die Bearbeitung des Schadens nicht aus rein wirtschaftlichen, moralischen oder sozialen Beweggründen erfolgt. Zwar könnte das Versicherungsunternehmen einen wirtschaftlichen Schaden aus unberechtigten Ansprüchen erleiden, wenn der Schaden ohne nähere Prüfung ausgezahlt würde; der Schutz vor unberechtigten Ansprüchen ist lediglich ein Beweggrund für die Ermittlung des Schadens und kann insoweit keine Passivierungspflicht für Schadenbearbeitungsaufwendungen begründen. Auch soziale oder moralische Beweggründe lassen sich für eine Passivierung der Schadenbearbeitungsaufwendungen nicht heranziehen.

Obwohl eine eigenständige rechtliche oder faktische (Außen-)Verpflichtung zur Bearbeitung des Schadens nicht besteht, ist aber „nicht recht einzusehen, wie sich das Versicherungsunternehmen diesem Vorgang entziehen sollte.“[883] Vielmehr ist die Bearbeitung des Schadens eine zwingende Voraussetzung für die Erfüllung der (rechtlichen) Leistungsverpflichtung aus dem eingetretenen Versicherungsfall. Das FASB stellt mit der expliziten Passivierungspflicht für indirekte Schadenregulierungsaufwendungen klar, dass auch „unselbstständige Teilleistungen der Schadenregulierung, die untrennbar mit der Hauptleistung Entschädigung verbunden sind“[884], in die Bildung der Schadenrückstellungen einzubeziehen sind. Die Passivierungspflicht für Schadenbearbeitungsaufwendungen folgt demnach aus der rechtlichen oder faktischen Verpflichtung gegenüber dem Versicherungsnehmer zur Erbringung einer Schadenersatzleistung, so dass eine Außenverpflichtung gegeben ist.

(2) Unentziehbarkeitskriterium

Eine Verbindlichkeit liegt nach US-GAAP definitionsgemäß nur vor, wenn die gegenwärtige (wirtschaftliche) Verpflichtung („present obligation“) aus einem vergangenen Ereignis („past event“) folgt.[885] Die vergangenen Ereignisse bestehen häufig in eigenen Transaktionen und

---

883 *Perlet, Helmut* (Rückstellungen, 1986), S. 78.
884 *Perlet, Helmut* (Rückstellungen, 1986), S. 78.
885 „...as a result of past transaction or event.“ SFAC 6 par. 35.

Aktivitäten des Unternehmens, aber auch in Ereignissen, die das Unternehmen und sein Management nur zum Teil oder gar nicht beeinflussen (können).[886]

Die Schadenersatzverpflichtung des Versicherungsunternehmens resultiert bei rechtlichen Verpflichtungen aus dem Eintritt des Versicherungsfalls und bei faktischen Verpflichtungen aus dem Eintritt des Schadens. Indes verpflichtet nicht jeder eingetretene Schaden das Versicherungsunternehmen auch zur Erbringung einer Leistung. Insofern begründet das vergangene Ereignis nur dann auch eine rechtliche oder faktische Verpflichtung, wenn sich das Versicherungsunternehmen dem Abfluss wirtschaftlicher Ressource am Bilanzstichtag aus eigener Kraft nicht mehr sanktionslos entziehen kann (Unentziehbarkeit)[887].

Der Vergangenheitsbezug einer Verpflichtung reicht für die Passivierung somit nicht aus, „sondern erst der Charakter der Unentziehbarkeit der durch das *past event* begründeten Verpflichtung löst die Passivierungspflicht aus. Das *past event* muss in diesem Sinne überdies ein *obligating event* sein.“[888] Da sich das Versicherungsunternehmen mit dem Eintritt des Versicherungsfalls[889] der Leistungserbringung nicht mehr entziehen kann, verkörpert dieser auch das „obligating event“. Das Kriterium der Unentziehbarkeit ist für Rechtsverpflichtungen eindeutig. Besitzt der externe Dritte am Bilanzstichtag einen rechtlich durchsetzbaren („legally enforceable“[890]) Anspruch, besteht für eine (rechtliche) Verpflichtungen ein Passivierungsgebot.[891]

Sind dagegen die vertraglichen Voraussetzungen für den Eintritt des Versicherungsfalls am Bilanzstichtag (noch) nicht gegeben, lässt sich nur schwer beurteilen, ob sich das Versicherungsunternehmen der Leistungserbringung aus faktischen Gründen nicht entziehen kann.[892] Das Kriterium der Unentziehbarkeit lässt sich bei faktischen Verpflichtungen naturgemäß nicht mit rechtlichen Tatbestandsmerkmalen begründen. Entgegen den handelsrechtlichen Vorschriften, die zur Passivierungspflicht einen faktischen Leistungszwang voraussetzen[893], verzichtet das FASB hier auf weitere Ermessensbeschränkungen und stellt lediglich fest, dass

---

886 „...its transactions and activities and by events that happen to it... or other events and circumstances that may be partly or wholly beyond the control of an entity and its management." SFAC 6 par. 41.

887 „An entity is not obligated to sacrifice assets in the future if it can avoid the future sacrifices at its discretion without significant penalty.“ SFAC 6 par. 203; vgl. auch „the duty or responsibility obligates a particular entity, leaving it little or no discretion to avoid future sacrifice“ SFAC 6 par. 36.

888 *Rüdinger, Andreas* (Regelungsschärfe, 2003), S. 86.

889 Darüber hinaus bedingt die Pflicht zur Leistungserbringung, dass keine Obliegenheitsverletzung vorliegt und die Prämie ordnungsgemäß gezahlt wurde.

890 SFAC 6 par. 40.

891 Vgl. *Rüdinger, Andreas* (Regelungsschärfe, 2003), S. 89.

892 Vgl. SFAC 6 par. 40.

893 Vgl. *Hommel, Michael* (Kommentierung § 249 HGB, 2002), Rz. 34.

das Konzept der faktischen Verpflichtung mit großer Sorgfalt anzuwenden ist[894]; denn mit einer zu engen Interpretation würden signifikante gegenwärtige Verpflichtungen ausgeschlossen, wohingegen eine zu weite Interpretation die Definition einer Verbindlichkeit durch die Berücksichtigung von Sachverhalten entwertet, die ein wesentliches Merkmal von Verbindlichkeiten nicht erfüllen.[895]

Das Kriterium der Unentziehbarkeit stellt darauf ab, ob „das Unternehmen seine Leistungsverpflichtung noch durch eigene künftige Aktivitäten verhindern kann oder nicht."[896] Mit dem Eintritt des Schadens besteht für das Versicherungsunternehmen die Notwendigkeit zur Vermeidung von wirtschaftlichen Nachteilen aus einem Deckungsprozess oder einer nachteiligen Gerichtsentscheidung. In diesem Zeitpunkt kann der Versicherungsnehmer seine stärkere Machtposition oder den Konkurrenzdruck nutzen. Indes kann sich das Versicherungsunternehmen der Leistungserbringung in diesem Zeitpunkt durch die Aufgabe des Geschäfts oder von Geschäftsteilen noch entziehen.

Nach SFAC 6 reicht die Entscheidung der Unternehmensleitung über den Kauf von Rohstoffen, Ersatzbeschaffungen oder Instandhaltungsmaßnahmen zur Passivierung einer Verbindlichkeit nicht aus.[897] Dennoch können auch Managemententscheidungen auf dem Wege der Selbstbindung eine gegenwärtige Verpflichtung begründen, wenn sich das Unternehmen der Leistungserbringung nicht entziehen kann.[898] Jedoch reicht die unternehmensinterne Entscheidung des Versicherungsunternehmens zur Erbringung einer Kulanzleistung für eine Passivierungspflicht nicht aus. Da das Versicherungsunternehmen sowohl die Entscheidung zur Erbringung einer Kulanzleistung als auch das konkrete Angebot zur Kulanzleistung selbst herbeiführen kann, liegt es bei beiden Zeitpunkten aber letztlich im Ermessen des bilanzierenden Versicherungsunternehmens, ob das Kriterium der Unentziehbarkeit am Bilanzstichtag bereits erfüllt ist oder erst nach dem Bilanzstichtag erfüllt wird.

---

894 „Thus, the concept of equitable and constructive obligations must be applied with great care." SFAC 6 par. 40.

895 „To interpret equitable and constructive obligations to narrowly will tend to exclude significant actual obligations of an entity, while to interpret them too broadly will effectively nullify the definition by including items that lack an essential characteristic of liabilities." SFAC 6 par. 40.

896 *Rüdinger, Andreas* (Regelungsschärfe, 2003), S. 87.

897 „For example, an entity's need to replace merchandise sold or raw materials or equipment used up, no matter how pressing, does not by itself constitute a liability of the entity because no obligation to another entity is present." SFAC 6 par. 200 und „...the acts of budgeting the purchase of a machine and budgeting the payments required to obtain it results in neither acquiring an asset nor in incurring a liability." SFAC 6 par. 208.

898 „An entity may incur equitable or constructive obligations by actions to bind itself or by finding itself bound by circumstances rather than by making contracts or participating in exchange transactions. An entity is not obligated to sacrifice assets in the future if it can avoid the future sacrifice at its discretion without significant penalty." SFAC 6 par. 203.

2.2.2.3. *Ansatzvoraussetzungen einer „loss contingency"*

a) *Mindestwahrscheinlichkeit der Vermögensbelastung*

In SFAS 5 unterscheidet das FASB die ineinander übergehenden[899] Wahrscheinlichkeitsgrade „probable", „reasonably possible" und „remote".[900] Hiernach ist eine Vermögensbelastung wahrscheinlich („probable"), wenn die zukünftigen Ereignisse voraussichtlich eintreten werden.[901] Dazu muss das zukünftige Ereignis nicht mit nahezu vollständiger Sicherheit („virtually certain") eintreten[902], sondern ein mehr als nur erkennbar möglicher („reasonably possible") Eintritt ist ausreichend. Im Umkehrschluss besteht für Verpflichtungen, die nur erkennbar möglich eintreten, ein Passivierungsverbot. Allerdings besteht für diese Verpflichtungen eine Erläuterungspflicht im Anhang[903], wohingegen wenig wahrscheinliche Verpflichtungen („remote")[904] in der Bilanz und im Anhang unberücksichtigt bleiben müssen. Ungeachtet der erkennbaren Unterschiede zu den handelsrechtlichen Vorschriften bleibt die nach US-GAAP erforderliche Mindestwahrscheinlichkeit unklar.[905]

Das Schrifttum versucht die unterschiedlichen Wahrscheinlichkeitsgrade durch Quantifizierungen zu konkretisieren.[906] Die Festlegung einer Grenzwahrscheinlichkeit führt jedoch nur zu einer Scheingenauigkeit.[907] Zwar ermöglicht eine punktgenau festgelegte Grenzwahrscheinlichkeit für eine gegebene Eintrittswahrscheinlichkeit die klare Trennung zwischen Passivierungsgebot und -verbot, aber die Ermittlung der Eintrittswahrscheinlichkeit bleibt weiterhin ermessensbehaftet.[908] Ob die Eintrittswahrscheinlichkeit einer Verpflichtung über oder unter dem festgelegten Schwellenwert liegt, „lässt sich nur mittels subjektiver Annahmen und damit nicht intersubjektiv eindeutig beantworten."[909] In verschiedenen empirischen Untersuchungen zeigt sich, dass die Auffassungen über die erforderliche Grenzwahrscheinlichkeit in der amerikanischen Bilanzierungs- und Prüfungspraxis weit auseinander gehen. Während

---

899 Vgl. *Hayn, Sven/ Pilhofer, Jochen* (Rückstellungsregeln, 1998), S. 1731; *Kupsch, Peter* (Rückstellungen, 2000), S. 125; *Wangemann, Birgit* (Berücksichtigung, 1997), S. 197.

900 Vgl. SFAS 5 par. 3.

901 „The future event or events are likely to occur." SFAS 5 par. 3 a.

902 „Those conditions are not intended to be so rigid that they require virtual certainity before a loss is accrued." SFAS 5 par. 84.

903 „If no accruals is made for a loss contingency ... disclosure of the contingency shall be made when there is at least a reasonable possibility that a loss or an additional loss may have been incurred." SFAS 5 par. 10.

904 „*Remote.* The chance of the future event or events occuring is slight."

905 Vgl. *Rüdinger, Andreas* (Regelungsschärfe, 2003), S. 64.

906 Vgl. *Brackner, James W.* (Contingent Losses, 1985), S. 19 – 21; *Harrison, Kenneth E./ Tomassini, Lawrence A.* (contingent loss, 1989), S. 646; *Amer, Tarek/ Hackenbrack, Karl/ Nelson, Mark W.* (Context-Dependance, 1995), S. 33; *Johnson, Todd L.* (Future Events, 1994), S. 9.

907 Vgl. *Berndt, Thomas* (Umweltaspekten, 2001), S. 1731; *Eibelshäuser, Manfred* (Rückstellungsbildung, 1987), S. 863.

908 Vgl. *Rüdinger, Andreas* (Regelungsschärfe, 2003), S. 66.

909 *Rüdinger, Andreas* (Regelungsschärfe, 2003), S. 66.

einige für einen wahrscheinlichen Eintritt einer Verpflichtung eine Grenzwahrscheinlichkeit von mindestens 68 – 72% als ausreichend ansehen[910], stellen andere hierfür auf eine Grenzwahrscheinlichkeit von 80 – 90 % ab[911]. Dabei variiert die erforderliche Grenzwahrscheinlichkeit je nach Art und Höhe der Verpflichtung.[912] Obwohl die nach US-GAAP gebotene Mindestwahrscheinlichkeit nicht abschließend definiert werden kann, erlauben die aufgeführten Grenzwahrscheinlichkeiten den Rückschluss, dass die Passivierungspflicht nach US-GAAP tendenziell eine höhere Eintrittswahrscheinlichkeit der Verpflichtung als nach deutschem Handelsrecht erfordert[913]. Hierin kommt die nachrangige Bedeutung des Vorsichtsprinzips für die Bestimmung der Mindestwahrscheinlichkeit[914] zum Ausdruck.

Die Beurteilung, ob am Bilanzstichtag eine hinreichende Eintrittswahrscheinlichkeit der Vermögensbelastung gegeben ist, erfolgt nach SFAS 5 aus Sicht des bilanzierenden Unternehmens[915] und wird nicht – wie nach deutschem Handelsrecht – durch die „vernünftige kaufmännische Beurteilung"[916] objektivierend eingeschränkt. Wenn die Schätzung der Eintrittswahrscheinlichkeit jedoch ausschließlich auf den subjektiven Erwartungen des Managements beruht, eröffnen sich diesem mitunter erhebliche Ermessensspielräume.[917] Verschärfend kommt die mangelhafte definitorische Präzisierung der Wahrscheinlichkeitsbereiche hinzu.[918] so dass eine abweichende bilanzielle Abbildung vergleichbarer Sachverhalte die Folge sein kann[919].

b) Vernünftige Bewertbarkeit

Nach SFAS 5 bedingt die Passivierung einer „loss contingency", dass die Höhe der Verpflichtung vernünftig bewertet („reasonably estimated") werden kann.[920] Dazu muss die Vermögensbelastung einen vom Geschäfts- und Firmenwert abgrenzbaren Einzelwert aufweisen, so dass auch nach US-GAAP die Passivierung allgemeiner Risiken (z. B. Unternehmensrisiko)

910 Vgl. *Amer, Tarek/ Hackenbrack, Karl/ Nelson, Mark W.* (Context-Dependance, 1995), S. 33.
911 Vgl. *Johnson, Todd L.* (Future Events, 1994), S. 9.
912 Vgl. die Studie von *Harrison, Kenneth E./ Tomassini, Lawrence A.* (contingent loss, 1989), S. 642 – 648; vgl. hierauf aufbauend *Hayn, Sven/ Pilhofer, Jochen* (Rückstellungsregeln, 1998), S. 1731.
913 Vgl. *Böcking, Hans-Joachim* (Kapitalmarkt, 1998), S. 39, *Kupsch, Peter* (Rückstellungen, 2000), S. 125; *Pisoke, Marc* (Ungewisse Verbindlichkeiten, 2004), S. 74.
914 Vgl. SFAC 2 par. 90 – 97; SFAS 5 par. 82 – 83.
915 „...an enterprise must determine the degree of probability..." SFAS 5 par. 38.
916 *Moxter, Adolf* (Pauschalrückstellungen, 1998), S. 271.
917 Vgl. *Rüdinger, Andreas* (Regelungsschärfe, 2003), S. 69.
918 Kritisch zur Abgrenzung der Wahrscheinlichkeitsbereiche äußern sich Kieso/Wygandt/Warfield „Practising Accountants express concerns over the diversity that now exists in interpretation of "probable", "reasonably possible" and "remote"." *Kieso, Donald E./ Weygandt, Jerry J./ Warfield, Terry D.* (Accounting, 2004), S. 632; vgl. auch *Pisoke, Marc* (Ungewisse Verbindlichkeiten, 2004), S. 74.
919 Vgl. *Roese, Bernd* (Verbindlichkeiten, 1999), S. 108.
920 „The amount of loss can be reasonably estimated." SFAS 5 par. 8 b.

ausscheidet.[921] Eine punktgenaue Schätzung der Verpflichtungshöhe ist jedoch nicht gefordert, sondern eine vernünftige Bewertbarkeit liegt bereits vor, wenn die Höhe der künftigen Leistungsverpflichtung nur in einer Bandbreite angegeben werden kann.[922] Wenn das Intervall jedoch eine sehr große Intervallbreite aufweist,[923] besteht nur eine Erläuterungspflicht im Anhang.[924]

Der Ansatz rein willkürlicher Schätzwerte ist nicht zulässig, die Beurteilung der vernünftigen Bewertbarkeit erfolgt vielmehr unter Rückgriff auf branchenspezifische oder unternehmensindividuelle Vergangenheitserfahrungen.[925]

Insofern setzt die Passivierung der Schadenrückstellung nach US-GAAP voraus, dass sich die erwartete Höhe der Verpflichtungen aus bekannten Versicherungsfällen anhand von Informationen, die sich aus der Schadenmeldung des Versicherungsnehmers ergeben und im Rahmen der Schadenregulierung durch das Versicherungsunternehmen erlangt werden, vernünftig bewerten lässt. Die Verpflichtungen aus unbekannten Versicherungsfällen müssen sich anhand von branchenspezifischen oder unternehmensindividuellen Vergangenheitserfahrungen in einem engen Schätzungsrahmen ermitteln lassen. Da die Beurteilung aber auf den subjektiven Erwartungen des Managements beruht, eröffnen sich hier weite Ermessensspielräume.

2.2.3. Bewertungsnormen

2.2.3.1. Konzept der „estimated ultimate cost"

Nach SFAS 60 ist die Schadenrückstellung mit dem erwarteten (vollen) Erfüllungsbetrag der Verpflichtungen aus eingetretenen, aber am Bilanzstichtag noch nicht abgewickelten Versicherungsfällen anzusetzen: „The liability for unpaid claims shall be based on the estimated ultimate cost of settling the claims."[926] Somit stellen die US-GAAP auf den Betrag ab, der für die Abwicklung zurückgestellter Versicherungsfälle im Erfüllungszeitpunkt voraussichtlich

921 „General or unspecified business risks do not meet the condition for accrual ... and no accrual for loss should be made." SFAS 5 par. 14.

922 „...does not delay accrual of a loss until only a single amount can be reasonably estimated. To the contrary... and information available indicates that the estimated amount of loss is within a range of amounts, it follows that some amount of loss has occurred and can be reasonably estimated." FIN 14 par. 2.

923 „The amount of the liability must be subject of calculation or close estimation" SFAS 5 par. 72; vgl. auch *Roese, Bernd* (Verbindlichkeiten, 1999), S. 122.

924 „If no accrual ist made for a loss contingency because one or both conditions ... are not met ... disclosures of the contingency shall be made when there is at least a reasonable possibility that a loss or an additional loss may have been incurred." SFAS 5 par. 10.

925 „Satisfaction of the condition [of reasonably estimated amount, Einfg. des Verf.] ... will normally depend on the experience of an enterprise or other information. In the case of an enterprise that has no experience of its own, reference to the experience of other enterprises in the same business may be appropriate." SFAS 5 par. 25.

926 SFAS 60 par. 18; vgl. *AICPA,* Statement of Position 92-4, par. 5.

anfällt: „the total payments expected to be made."[927] Folgerichtig verlangt das FASB die (erwarteten) Effekte aus Inflation und andere wirtschaftlichen Faktoren (z. B. Lohnsteigerungen) in die Bewertung der Schadenrückstellung einzubeziehen.[928]

An den nachfolgenden Bilanzstichtagen ist die angesetzte Schadenrückstellung auf Angemessenheit zu überprüfen. Die erforderlichen Anpassungen der Schadenrückstellungen an Änderungen im Zeitablauf werden in der Abschlussperiode erfolgswirksam berücksichtigt, in der die Änderung vorgenommen wird, und die Abwicklungsgewinne und -verluste belasten das Ergebnis der Abschlussperiode, in der die Verpflichtung erfüllt wird.[929] Wenn künftige Entwicklungen, die bereits im Zeitpunkt der erstmaligen Erfassung erwartet werden, in die Schätzung der Schadenrückstellungen einbezogen werden (müssen), dürften die zu berücksichtigen Änderungen im Zeitablauf nur aus solchen Entwicklungen resultieren, die im Passivierungszeitpunkt nicht vorhersehbar waren. Inwieweit eine bestimmte Entwicklung im Passivierungszeitpunkt für das Versicherungsunternehmen erkennbar war, ist häufig intersubjektiv nicht nachprüfbar, so dass sich dem Rechnungslegenden hieraus ein mitunter erheblicher Ermessensspielraum eröffnet.

Nach US-GAAP bleibt die Schätzung des Erfüllungsbetrags der Schadenrückstellung dem „fachkundigen Ermessen"[930] der Unternehmensleitung überlassen[931], so dass „deren Kenntnisse des Unternehmens, des Marktumfeldes sowie ihre[r] Erfahrungswerte"[932] für die Bewertung der Schadenrückstellung eine besondere Bedeutung haben. Dies ermöglicht es dem Management, interne Daten gegenüber den aktuellen und potentiellen Investoren zu kommunizieren und hierdurch entscheidungsrelevante Informationen zu vermitteln.[933] Allerdings ergeben sich aus der Berücksichtigung subjektiver Erfahrungswerte und Einschätzungen erhebliche Ermessensspielräume, die einen begrenzenden Objektivierungsmaßstab erfordern. Ein solcher Maßstab ist aus den Regelungen des FASB jedoch nicht ersichtlich. Allerdings erfolgt die Schätzung des Erfüllungsbetrags für einzelne Versicherungssparten („line of business")[934] anhand versicherungsmathematischer Schätzverfahren. Mit diesen Verfahren werden in der

---

927 *AICPA*, Statement of Position 92-4, par. 5.

928 „The liability for unpaid claims shall be based on the estimated ultimate cost of settling the claims (including the effects of inflation and other social and economic factors)..." SFAS 60 par. 18; vgl. auch *Willams, Jan R./ Carcello, Joseph V.* (Miller GAAP Guide, 2004), S. 50.15.

929 „Changes in estimates of claim costs resulting from the continuous review process and differences between estimates and payments for claims shall be recognized as income of the period in which the estimates are changed or payments are made." SFAS 60 par. 18.

930 *Rüdinger, Andreas* (Regelungsschärfe, 2003), S. 99.

931 Vgl. FIN 14 par. 2.

932 *Pisoke, Marc* (Ungewisse Verbindlichkeiten, 2004), S. 138 – 139.

933 Vgl. *Böcking, Hans-Joachim* (Kapitalmarkt, 1998), S. 45.

934 Vgl. *AICPA*, Statement of Position 92-4, par. 16.

Vergangenheit beobachtete Abwicklungsmuster der Versicherungsfälle auf die Zukunft projiziert. Hierfür sind die Vergangenheitserfahrungen an aktuelle Entwicklungen und an bestimmte Einflussfaktoren, welche die Abwicklung der Versicherungsfälle beeinflussen, anzupassen[935]: „using past experience adjusted for current trends, and any other factors that would modify past experience."[936] So können Anpassungen bspw. für Änderungen in der Rechtsprechung, für Änderungen des Anspruchsverhaltens der Versicherungsnehmer oder für neue Schadenbilder geboten sein.

2.2.3.2. Grundsatz der Gesamtbewertung

a) Komponenten der Schadenrückstellungen

Zum Zweck der Bewertung werden innerhalb der Schadenrückstellung nach US-GAAP die „reserve for known claims", die „provision for development on known claims", die „reserve incurred but not reported claims" und die „reserve for reopend claims" unterschieden.

Die „reserve for known claims" (oder „case-basis reserves") ist die Summe der Beträge, die für jeden gemeldeten, aber am Bilanzstichtag noch nicht abgewickelten Versicherungsfall von einem Schadensachbearbeiter oder mit einem Vereinfachungsverfahren geschätzt werden.[937] Dabei gilt ein Schadenfall als gemeldet („recorded"), wenn das Versicherungsunternehmen am Bilanzstichtag Kenntnis vom Schadenfall erlangt hat und der Schadenfall im Bestandssystem erfasst wurde.[938] Die „reserve for known claims" werden somit für dem Grunde nach bekannte, aber der Höhe nach ungewisse Verpflichtungen gegenüber dem Versicherungsnehmer oder einem anspruchsberechtigten Dritten gebildet.

Die „provision for development on known claims" (oder „incurred but not enough reserved claims", IBNeR) erfasst eine Differenz zwischen der „reserve for known claims" und dem geschätzten (vollen) Erfüllungsbetrag der gemeldeten Versicherungsfälle: „The difference between the case-basis reserves and the estimated ultimate cost of such recorded claims."[939] Die Schätzungen der „reserve for known claims" basieren auf unvollständigen oder vorläufi-

---

935 Vgl. *Öcking, Stefan/ Sanner, Martin* (Bilanzierung, 2004), S. 32; *Willams, Jan R./ Carcello, Joseph V.* (Miller GAAP Guide, 2004), S. 50.15.

936 SFAS 60 par. 18.

937 „The sum of the values assigned by claims adjusters to specific known claims that were recorded by the insurance company but not yet paid at the financial statement date." *AICPA*, Statement of Position 92-4, par. 11; „This category includes the liability for future payments on claims that have already been reported." *Salzmann, Ruth E.* (Estimated liabilities, 1984), S. 9; vgl. *Troxel, Terrie E./ Bouchie, George E.* (Property-Liability Insurance, 1990), S. 91; *Casualty Actuarial Society's Committee on Loss Reserves* (Statement, 1979), S. 307.

938 „Insurance Accounting and statistical terminology defines a claim as being reported when the company or its' agent receives a notice of a loss." *Mele, Frank D.* (Losses, 2003), S. 7-3.

939 *AICPA*, Statement of Position 92-4, par. 11.

gen Informationen, so dass die Summe der Einzelrückstellungen für gemeldete Versicherungsfälle regelmäßig von dem tatsächlichen Erfüllungsbetrag der gesamten Verpflichtung aus gemeldeten Versicherungsfällen abweicht[940]; die Folge sind Abwicklungsgewinne oder Abwicklungsverluste im Erfüllungszeitpunkt. Das Auftreten von Abwicklungsgewinnen oder -verlusten in der Vergangenheit zeigt, dass die Summe der Einzelrückstellungen einer vernünftigen Schätzung des Erfüllungsbetrags der gemeldeten Versicherungsfälle nicht entspricht.[941] Mit der „provision for development on known claims" wird die „reserve for known claims" um die erwarteten Abwicklungsgewinne oder -verluste pauschal korrigiert.[942] Hierbei handelt es sich um einen nach deutschem Handelsrecht unzulässigen pauschalen Abschlag oder Zuschlag auf die „reserve for known claims". Dessen Ermittlung erfolgt auf Basis von in der Vergangenheit beobachteten Trends in den Abwicklungsergebnissen, die auf die zukünftigen Abschlussperioden projiziert werden.

In der Schadenrückstellung für „reserve incurred but not yet reported claims" (IBNyR) werden die Schadenzahlungen ausgewiesen, die zur Erfüllung von Ansprüchen aus am Bilanzstichtag eingetretenen, aber noch nicht gemeldeten Schadenereignissen voraussichtlich anfallen: „The estimated cost to settle claims arising from insured events that occured but were not reported to the insurance company as of the financial statement date."[943] Somit erfasst die IBNyR die Spätschäden einer Abschlussperiode. Darüber hinaus wird die IBNR für den Bearbeitungsüberhang, d. h. Ansprüche aus im Zeitpunkt der Abschlusserstellung gemeldeten, aber im Schadensystem noch nicht erfassten Versicherungsfällen („claims 'in transit'") gebildet.[944] Die IBNyR wird für dem Grunde und/oder der Höhe nach ungewisse Verpflichtungen gegenüber dem Versicherungsnehmer oder einem anspruchsberechtigten Dritten zurückgestellt.

Die „reserve for reopend claims" wird für wiederauflebende Versicherungsfälle gebildet. Ein wiederauflebender Versicherungsfall ist am Bilanzstichtag scheinbar (vollständig) abgewi-

---

940 „This component recognizes that case-basis reserves, which are estimates based on incomplete or preliminary data will probably differ from ultimate settlement amounts ." *AICPA*, Statement of Position 92-4, par. 11.

941 „Accordingly, a summation of case-basis reserve estimates may not produce the most reasonable estimate of their ultimate cost." *AICPA*, Statement of Position 92-4, par. 11.

942 „In providing for the development on known claims, an attempt is made to measure development and to compensate for the anticipated reserve inadequacy or redundancy on those claims." *Casualty Actuarial Society's Committee on Loss Reserves* (Statement, 1979), S. 308.

943 *AICPA*, Statement of Position 92-4, par. 11; vgl. *Salzmann, Ruth E.* (Estimated liabilities, 1984), S. 9.

944 „This component includes reserves fo bulk provisions or claims 'in transit,' that is, claims reported to the company but not yet recorded and included in the case-basis reserve." *AICPA*, Statement of Position 92-4, par. 11.

ckelt, so dass hierfür keine Schadenrückstellung gebildet wird, obwohl nach dem Bilanzstichtag noch weitere Aufwendungen anfallen, die am Bilanzstichtag nicht vorhersehbar waren.[945]

Neben diesen Basiskomponenten sind noch die Schadenrückstellungen für Schadenregulierungsaufwendungen und die Rückgriffsansprüche in die Bewertung der Schadenrückstellung einzubeziehen.[946]

b) *Schadenaufwendungen*

Der (volle) Erfüllungsbetrag („estimated ultimate cost“) bezieht sich jedoch nicht auf die einzelne Verpflichtung, sondern auf die Gesamtheit der Verpflichtungen aus in der Abschlussperiode eingetretenen Versicherungsfällen. Eine Einzelbewertung der Verpflichtungen aus bekannten Versicherungsfällen ist nach US-GAAP auch nicht explizit vorgeschrieben.[947] Da der Jahresabschluss nach US-GAAP keine Ausschüttungsbemessungsfunktion besitzt, sondern der Vermittlung entscheidungsnützlicher Informationen dienen soll, ist eine möglichst genaue Ermittlung der Schadenrückstellung gefordert.[948] Demnach erscheint eine vorsichtige Einzelbewertung der Schadenrückstellung für bekannte Versicherungsfälle, welche die Saldierung der Unterreservierungen von einzelnen Verpflichtungen mit den Überreservierungen von anderen Verpflichtungen vermeidet, nicht erforderlich. Vielmehr verlangt die Vermittlung entscheidungsnützlicher Informationen, dass die Schätzung der gesamten Schadenrückstellung eine möglichst zutreffende Approximation der tatsächlichen (unbekannten) Gesamtverpflichtung des Versicherungsunternehmens aus eingetretenen, aber noch nicht abgewickelten Versicherungsfällen darstellt.[949] Hieraus folgt die Forderung nach „einer realitätsnahen kollektiven Bewertung“[950] der Schadenrückstellung.

Der Ausgangspunkt der Bewertung der Schadenrückstellung nach US-GAAP besteht häufig in einer Schätzung der erwarteten (Gesamt-)Schadenkosten („ultimate dollars“) aus in der Abschlussperiode eingetretenen Versicherungsfällen.[951] Hierfür werden die Vergangenheitserfahrungen des Versicherungsunternehmens mittels versicherungsmathematischer Schätzver-

---

945 „The cost of future payments on claims closed as of the financial statment date that may be reopened due to circumstances unforeseen at the time the claims were closed.“ *AICPA*, Statement of Position 92-4, par. 11.

946 Vgl. *AICPA*, Statement of Position 92-4, par. 11.

947 So auch *Varain, Thomas C.* (Verpflichtungen, 2004), S. 82; *Mayr, Gerhard* (Versicherungsunternehmen, 1999), S. 105.

948 Vgl. *Troxel, Terrie E./ Bouchie, George E.* (Property-Liability Insurance, 1990), S. 87 – 88.

949 „The insurance company`s true liability for unpaid losses is the same regardless of the method chosen; the company`s statisticians must select reserve valuation procedures that consistently result in close approximation of the true liability." *Troxel, Terrie E./ Bouchie, George E.* (Property-Liability Insurance, 1990), S. 92; vgl. auch *Fischer, Rainer/Hoffmann, Michael* (Paradigmenwechsel, 2002), S. 30.

950 *Öcking, Stefan/ Sanner, Martin* (Bilanzierung, 2004), S. 33.

951 Vgl. *Varain, Thomas C.* (Verpflichtungen, 2004), S. 85; *Salzmann, Ruth E.* (Estimated liabilities, 1984), S. 30 und S. 45.

fahren auf die Zukunft projiziert.[952] Die Schadenrückstellung ermittelt sich dann aus der Differenz der erwarteten (Gesamt-)Schadenkosten („total liability") und den Schadenzahlungen, die für in der Abschlussperiode eingetretene Versicherungsfälle bereits geleistet wurden („paid losses").[953] Insofern basiert die Ermittlung der Schadenrückstellung auf einer pauschalen Schätzung der Schadenzahlungen aus in der Abschlussperiode eingetretenen Versicherungsfällen.

Erst im Nachhinein erfolgt eine Aufteilung der Schadenrückstellung auf die bekannten und unbekannten Versicherungsfälle.[954] Hierfür wird die Schadenrückstellung für bekannte Versicherungsfälle regelmäßig der nach dem Einzelbewertungsprinzip ermittelten „reserve for known claims" gleichgesetzt, so dass sich die Schadenrückstellung für unbekannte Versicherungsfälle aus der Differenz der erwarteten (Gesamt-)Schadenrückstellung und der Schadenrückstellung für bekannte Versicherungsfälle ergibt.[955] Nach dieser Vorgehensweise werden die „provision for development on known claims", die „reserve incurred but not reported claims" und die „reserve for reopend claims" zusammen als Schadenrückstellung für unbekannte Versicherungsfälle ermittelt.[956]

In Ausnahmefällen kann die Schadenrückstellung für unbekannte Versicherungsfälle auch einen negativen Betrag annehmen, wenn die „reserve for known claims" den pauschal geschätzten Betrag der (Gesamt-)Schadenzahlung aus in der Abschlussperiode eingetretenen Versicherungsfällen überschreitet. Ist dies darauf zurückzuführen, dass die Summe der stillen Reserven in den Einzelrückstellungen für gemeldete Versicherungsfälle die Summe der erwarteten Schadenzahlungen aus unbekannten Versicherungsfällen übersteigt[957], so ist zur Ermittlung der Schadenrückstellung für bekannte Versicherungsfälle die „reserve for known claims" um den vorsichtsbedingten Differenzbetrag zu kürzen und die Schadenrückstellung für unbekannte Versicherungsfälle mit dem entsprechenden Betrag auszuweisen.[958] Auch ein Ansatz der Schadenrückstellung für bekannte Versicherungsfälle mit dem vorsichtig ge-

---

952 Vgl. *AICPA*, Statement of Position 92-4, par. 13 – 14.

953 „The total liability for each accident year is the estimated ultimate amount less the dollars paid to date." *Salzmann, Ruth E.* (Estimated liabilities, 1984), S. 34.

954 Vgl. *Salzmann, Ruth E.* (Estimated liabilities, 1984), S. 34; *Varain, Thomas C.* (Verpflichtungen, 2004), S. 85.

955 Vgl. *Salzmann, Ruth E.* (Estimated liabilities, 1984), S. 34.

956 Vgl. *AICPA*, Statement of Position 92-4 par. 12.

957 „In some instances, a development age is reached where the redundancy in the case estimates exceeds subsequent late reported claims…a negative bulk reserve results." *Salzmann, Ruth E.* (Estimated liabilities, 1984), S. 36.

958 Vgl. *Salzmann, Ruth E.* (Estimated liabilities, 1984), S. 36.

schätzten Betrag der „reserve for known claims" ist möglich, wobei die Schadenrückstellung für unbekannte Versicherungsfälle dann gleich null gesetzt wird.[959]

Da nach dieser Vorgehensweise zunächst eine kollektive Bewertung der Schadenrückstellung vorgenommen wird, und eine Verteilung auf die bekannten und unbekannten Versicherungsfälle erst in einem zweiten Schritt erfolgt, ermittelt sich die Höhe der Schadenrückstellung für unbekannte Versicherungsfälle in Abhängigkeit der geschätzten Gesamtschadenzahlung für in der Abschlussperiode eingetretene Versicherungsfälle. Dagegen ergibt sich die Schadenrückstellung nach deutschem Handelsrecht aus der Summe der Einzelrückstellungen für bekannte Versicherungsfälle und der Pauschalrückstellungen für unbekannte Versicherungsfälle. Die Höhe der erwarteten gesamten Schadenzahlungen aus in der Abschlussperiode eingetretenen Versicherungsfällen ermittelt sich hier in Abhängigkeit der geschätzten Einzel- und Pauschalrückstellungen und nicht umgekehrt.

Allerdings darf die Schadenrückstellung für bekannte Versicherungsfälle nach Ansicht des Schrifttums auch direkt aus der „reserve for known claims" abgeleitet werden.[960] Aus Vereinfachungsgründen ist eine Bewertung der Schadenrückstellungen für bekannte Versicherungsfälle auf Basis der geschätzten Durchschnittsschäden zulässig[961], wenn in dem betreffenden Versicherungszweig überlicherweise eine schnelle Abwicklung der Versicherungsfälle erfolgt, die Versicherungsfälle nicht wiederaufleben, die Anzahl der Versicherungsfälle hoch ist, die Beträge jedoch nur gering voneinander abweichen.[962] Die Schadenrückstellung für unbekannte Versicherungsfälle ist mangels Kenntnis der einzelnen Verpflichtung im Aufstellungszeitpunkt einer Einzelbewertung nicht zugänglich, so dass diese mittels versicherungsmathematischer Schätzverfahren pauschal bewertet werden muss.[963]

c) *Schadenregulierungsaufwendungen*

Nach SFAS 60 sind sowohl die direkten als auch die indirekten Schadenregulierungsaufwendungen in die Bewertung der Schadenrückstellung einzubeziehen.[964] Somit besteht nach US-

---

959 Vgl. *Salzmann, Ruth E.* (Estimated liabilities, 1984), S. 36.

960 „The provisions for reported claims in the process of settlement may be made by estimating each reported claim individually." *Willams, Jan R./ Carcello, Joseph V.* (Miller GAAP Guide, 2004), S. 50.15; vgl. auch *Troxel, Terrie E./ Bouchie, George E.* (Property-Liability Insurance, 1990), S. 92; *Salzmann, Ruth E.* (Estimated liabilities, 1984), S.19, 37, 52.

961 Vgl. *Willams, Jan R./ Carcello, Joseph V.* (Miller GAAP Guide, 2004), S. 50.15; *Troxel, Terrie E./ Bouchie, George E.* (Propverty-Liability Insurance, 1990), S. 92.

962 „... in which losses are settled quickly, claims are not subject to reopening, the number of outstanding claims ist large, and the relative variation among loss amounts is small." *Troxel, Terrie E./ Bouchie, George E.* (Property-Liability Insurance, 1990), S. 92.

963 *Willams, Jan R./ Carcello, Joseph V.* (Miller GAAP Guide, 2004), S. 50.15; *Troxel, Terrie E./ Bouchie, George E.* (Property-Liability Insurance, 1990), S. 94.

964 Vgl. SFAS 60 par. 20.

GAAP, im Unterschied zu den handelsrechtlichen Vorschriften, auch für die Gemeinkosten der Schadenregulierung eine explizite Passivierungspflicht. Üblicherweise werden die Schadenrückstellungen für direkte und indirekte Schadenregulierungsaufwendungen getrennt ermittelt[965], wobei zwischen den Schadenregulierungsaufwendungen aus bekannten und unbekannten Versicherungsfällen nicht differenziert wird.[966]

Grundsätzlich wird die Schadenrückstellung für direkte Schadenregulierungsaufwendungen pauschal für sämtliche in der Abschlussperiode eingetretene Versicherungsfälle geschätzt. Unter Berücksichtigung von Trendüberlegungen werden die Vergangenheitserfahrungen des Versicherungsunternehmens für jeden Versicherungszweig[967] anhand einfacher Schätzverfahren auf die Berichtsperiode übertragen.[968] Allerdings ist auch eine Einzelbewertung der Schadenrückstellung für direkte Schadenregulierungsaufwendungen zulässig. In diesem Fall schätzt der zuständige Schadensachbearbeiter die für jeden einzelnen Versicherungsfall erforderlichen direkten Schadenregulierungsaufwendungen. Da nur die bekannten Versicherungsfälle einer Einzelbewertung zugänglich sind, müssen die direkten Schadenregulierungsaufwendungen aus unbekannten Versicherungsfällen dann pauschal geschätzt werden muss.[969]

Da die indirekten Schadenregulierungsaufwendungen per Definition keinem Versicherungsfall und mithin auch keiner Abschlussperiode eindeutig zurechenbar sind, werden sie den einzelnen Abschlussperioden pauschal zugeordnet.[970] Auch hierfür kommen in der Regel einfache Schätzverfahren zu Anwendung, die unter Berücksichtigung von aktuellen Entwicklungen, die Vergangenheitserfahrungen des Versicherungsunternehmens auf die Zukunft projizieren. Eine Einzelbewertung der indirekten Schadenregulierungsaufwendungen aus bekannten Versicherungsfällen ist jedoch nicht geboten, so dass eine Verteilung der indirekten Schadenregulierungsaufwendungen auf die einzelnen (bekannten) Versicherungsfälle entfällt. Insofern haben die Objektivierungserwägungen, die nach deutschem Handelsrecht gegen eine Berücksichtigung der indirekten Schadenregulierungsaufwendungen sprechen, hier keine Bedeutung.

---

965 Vgl. *Troxel, Terrie E./ Bouchie, George E.* (Property-Liability Insurance, 1990), S. 114.
966 Vgl. *Salzmann, Ruth E.* (Estimated liabilities, 1984), S.92.
967 Vgl. *AICPA*, Statement of Position 92-4 par. 33.
968 Zur Darstellung möglicher Verfahren vgl. *Institute of Actuaries* (Claims Reserving Manual, 1989), S. K 5.1 - K 5.4.
969 Vgl. *Salzmann, Ruth E.* (Estimated liabilities, 1984), S.111 - 114.
970 Vgl. *Institute of Actuaries* (Claims Reserving Manual, 1989), S. K4.1 – K4.2.

2.2.3.3. *Bewertung bei Mehrwertigkeit*

Während für den Ansatz der Schadenrückstellung die Ermittlung der Verpflichtungshöhe in einer engen Bandbreite genügt, ist im Rahmen der Bewertung eine Reduktion dieser Bandbreite auf einen einzigen Betrag erforderlich. Da der SFAS 60 keine Vorgaben enthält, wie der Bilanzwert der Schadenrückstellung aus einer Bandbreite möglicher Beträge abgeleitet werden soll, wird auf die allgemeinen Vorschriften zurückgegriffen.

Das FASB favorisiert einen Ansatz der Rückstellung mit dem wahrscheinlichsten Wert der Bandbreite: „When some amount within the range appears at the time to be a better estimate than any other amount within the range, that amount shall be accrued."[971] Wenn der wahrscheinlichste Erfüllungsbetrag aber deutlich vom Erwartungswert abweicht, folgt hieraus ein Bilanzansatz, der u. U. den Blick auf die tatsächliche Verpflichtungshöhe verstellt und damit zu irreführenden Informationen („misleading information") führen kann.[972] Das nachfolgende Beispiel soll dies verdeutlichen, wobei die erwarteten Erfüllungsbeträge und die zugehörigen Eintrittswahrscheinlichkeiten für einen bekannten Versicherungsfall in der nachfolgenden Tabelle aufgeführt sind:

Tabelle 1: Erwartungswert eines bekannten Versicherungsfalls

lfd. Nr.	Schadenhöhe	Wahrscheinlichkeit	Erwartungswert
1	1.000	0,25	250
2	2.000	0,30	600
3	3.000	0,25	750
4	5.000	0,20	1.000
Summe		1,00	2.600

Wäre der Betrag mit der höchsten Eintrittswahrscheinlichkeit (hier 30%) für die Rückstellungsbewertung maßgebend, wäre die Schadenrückstellung in Höhe von 2.000 GE zu bilden. Dagegen tritt mit einer Wahrscheinlichkeit von 45 % ein Wert von über 3.000 GE ein, so dass die Gefahr einer fehlerhaften Bewertung der Rückstellung besteht. Aus dem Ansatz der Schadenrückstellung mit dem wahrscheinlichsten Betrag folgt, dass unter Umständen ein höherer, aber weniger wahrscheinlicher Betrag unberücksichtigt bleibt.[973] Anders als das deutsche Handelsrecht sehen die US-GAAP aber eine bewusste Unterbewertung der Verpflichtung in bestimmten Fällen explizit vor.

---

971 FASB Interpretation No. 14, par. 3; vgl. auch *Varain, Thomas C.* (Verpflichtungen, 2004), S. 82; *Mayr, Gerhard* (Versicherungsunternehmen, 1999), S. 105.

972 Vgl. *Perlet, Helmut* (Rückstellungen, 1986), S. 100.

973 Vgl. *Rüdinger, Andreas* (Regelungsschärfe, 2003), S. 101.

Wenn die Beträge der Bandbreite jedoch die gleiche Wahrscheinlichkeit aufweisen, verlangt das FASB einen Ansatz der Rückstellung mit dem niedrigsten Bandbreitenwert: „Then no amount within the range is a better estimate than any other amount, however, the minimum amount in the range shall be accrued."[974] Hieraus folgt dann ein Passivierungsverbot, wenn die Bandbreite auch den Wert null beinhaltet.[975]

In dem Ansatz der Schadenrückstellung mit dem wahrscheinlichsten bzw. mit dem niedrigsten Wert zeigt sich die geringere Bedeutung des Vorsichtsprinzips nach US-GAAP. Unter sonst gleichen Voraussetzungen wird die Schadenrückstellung nach US-GAAP daher niedriger ausfallen als nach deutschem Handelsrecht.[976] Die Verdrängung des Vorsichtsprinzips zu Gunsten einer möglichst genauen Bewertung der Schadenrückstellung hat zur Folge, dass der voraussichtlich (passivierte) Erfüllungsbetrag stärker um den tatsächlichen Erfüllungsbetrag (im Erfüllungszeitpunkt) schwankt. Verglichen mit einer vorsichtigen Bewertung der Schadenrückstellung nach deutschem Handelsrecht führen diese Schwankungen in den Abwicklungsergebnissen zu einem volatileren Gewinnausweis.[977]

2.2.3.4. *Abzinsung der Schadenrückstellungen*

Die Abzinsung der Schadenrückstellung ist für kurzfristige Versicherungsverträge in SFAS 60 nur rudimentär geregelt.[978] Wenn ein Ansatz der Schadenrückstellung (incl. der Schadenregulierungsaufwendungen) mit dem diskontierten Betrag erfolgt, ist nach SFAS 60 der undiskontierte Betrag und der Diskontierungszinssatz im Anhang anzugeben.[979] Der Standard enthält jedoch keinerlei Vorgaben, unter welchen Voraussetzungen die Schadenrückstellung mit dem diskontierten Betrag angesetzt werden darf bzw. muss.

Der Ansatz der Schadenrückstellung mit dem (vollen) Erfüllungsbetrag in Kombination mit dem Deferral and Matching-Ansatz steht nur mit einem Abzinsungsverbot konzeptionell im Einklang.[980] Würde die Schadenrückstellung mit dem diskontierten Betrag ausgewiesen, erfolgt der Ansatz der Schadenrückstellung unter demjenigen Betrag, der zur Erfüllung der Verpflichtung im Erfüllungszeitpunkt (voraussichtlich) erforderlich ist.

---

974 FASB Interpretation No. 14, par. 3.

975 So auch *Pisoke, Marc* (Ungewisse Verbindlichkeiten, 2004), S. 139.

976 Vgl. *Varain, Thomas C.* (Verpflichtungen, 2004), S. 83; *Mayr, Gerhard* (Versicherungsunternehmen, 1999), S. 105 – 106.

977 Vgl. *Öcking, Stefan/ Sanner, Martin* (Bilanzierung, 2004), S. 33.

978 So auch *Varain, Thomas C.* (Verpflichtungen, 2004), S. 83.

979 „The carrying amount of liabilities for unpaid claims and claim adjustment expenses relating to short-duration contracts that are represented at present value in the financial statemens and the range of interest rates used to discount those liabilities." SFAS 60 par. 60 d.

980 Vgl. *Varain, Thomas C.* (Verpflichtungen, 2004), S. 83.

In der US-amerikanischen Literatur finden sich aber auch Stimmen, die eine Abzinsung der Schadenrückstellung unter Berufung auf das „matching principle“ fordern. Einerseits kann das Versicherungsunternehmen im Zeitraum zwischen dem Eintritt und der Abwicklung des Versicherungsfalls noch Kapitalerträge erwirtschaften und andererseits steigt der Wert des (vollen) Erfüllungsbetrags im Zeitablauf an. Letzteres beruht auf dem Grundsatz, dass eine Geldeinheit, die in der Zukunft ausgezahlt wird, weniger wert ist, als eine Geldeinheit heute.[981] Bei einem Ausweis der Schadenrückstellungen mit dem undiskontierten Betrag werden die Wertsteigerungen der Leistungsverpflichtung im Passivierungszeitpunkt erfolgswirksam berücksichtigt, wohingegen die Einnahmen aus der Kapitalanlage erst in einer späteren Abschlussperiode erfolgswirksam vereinnahmt werden. Die sich hieraus ergebende Aufwandsperiodisierung widerspreche dem „matching principle“, da den Kapitalerträgen nicht die Aufwendungen aus der Wertsteigerung des Erfüllungsbetrag gegenübergestellt werden.[982] Allerdings verkennt diese Argumentation die Kausalitäten. Der volle Erfüllungsbetrag der Schadenrückstellung wird durch den Periodenumsatz, d. h. die in der Abschlussperiode realisierten Prämienerträge, hervorgerufen. Dagegen werden die (erwarteten) Einnahmen aus der Kapitalanlage erst in einer späteren Abschlussperiode realisiert und verkörpern Umsatzerträge dieser Abschlussperiode. Demnach dürfen die (zukünftigen) Kaptialerträge erst in der Folgebewertung der Schadenrückstellung Berücksichtigung finden.

Im Fall einer Diskontierung bildet der erwartete (volle) Erfüllungsbetrag den Ausgangspunkt der Diskontierung der Schadenrückstellung.[983] Dieser Betrag ist zunächst auf die einzelnen Abschlussperioden des Abwicklungszeitraums zu verteilen, d. h. für die zurückgestellten Versicherungsfälle der Auszahlungszeitpunkt und –betrag zu schätzen.[984] Das Regelwerk der US-GAAP enthält hierzu keine konkreten Vorgaben. Nach der aktuariellen Praxis werden in der Vergangenheit beobachtbare Auszahlungsmuster mittels versicherungstechnischer Schätzverfahren auf die Zukunft projiziert und an aktuelle Entwicklungen (z. B. Veränderung der Regulierungsgeschwindigkeit) angepasst.[985] Wenn der Ermittlung der diskontierten Schadenrückstellung eine zu langsame (geschätzte) Regulierung zu Grunde liegt, also in den nahen Ab-

---

981 „The principle unterlying this subject can be stated: 'A dollar that will be paid out in the future ist worth less than a dollar today.' There should be no argument about that principle.“ *Salzmann, Ruth E.* (Estimated liabilities, 1984), S. 173.

982 Vgl. *Sutcliffe, Ian/ Greenfield, David* (US-GAAP, 2002), S. 19.

983 „The determination of a full-value reserve is generally, though not necessarily, the first step in the determination of a discounted reserve.“ *Actuarial Standards Board*, ASP No. 20, par. 5.2.

984 „In order to derive a discounted reserve, the actuary necessarily projects the timing of future payments.“ *Actuarial Standards Board*, ASP No. 20, par. 5.3.

985 „The actuary should use the entity's own historical payment data to project the timing of payments, to the extent that credible data are available.“ *Actuarial Standards Board*, ASP No. 20, par. 5.3.1.

wicklungsperioden höhere Beträge ausgezahlt werden als erwartet, ist die Schadenrückstellung zu niedrig angesetzt.[986] Nach US-GAAP ist auch die Wahl des Diskontierungszinsatzes ungeregelt. Zum Ausgleich der periodischen Erhöhungen der Schadenrückstellung ist den Kapitalbeträgen ein entsprechender Betrag zu entnehmen, wobei „die Höhe des Betrags vom Diskontsatz abhängt."[987] Wenn der Diskontsatz zu hoch gewählt bzw. die Kapitalerträge nicht in der erwarteten Höhe realisiert werden, entsteht ein Fehlbetrag und der Ausgleich der Schadenrückstellung muss aus anderen Quellen erfolgen.[988]

Nach den Vorschriften der SEC besteht für die Schadenrückstellung grundsätzlich ein Abzinsungsverbot. Eine Abzinsung der Schadenrückstellung ist jedoch ausnahmsweise zulässig, wenn „(1) the payment pattern and ultimate cost are fixed and determinable on an individual claim basis, and (2) the discount rate used is reasonable based on the facts and circumstances applicable to the registrant at the time the claims settled."[989] Da die Auszahlungszeitpunkte in der Regel nur für einige Rentenversicherungsfälle bekannt sind, beschränkt sich die Abzinsung hiernach auf die Schadenrückstellung für Rentenversicherungsfälle.[990] Die SEC beschränkt die Diskontierung auf Versicherungsfälle, für die eine Schätzung des Auszahlungsmusters nicht erforderlich ist und ein Unsicherheitsfaktor entfällt. Insofern sind wohl auch die rigiden Abzinsungsvorschriften der SEC auf Objektivierungserwägungen zurückzuführen.

2.2.3.5. *Rückgriffsansprüche*

Nach SFAS 60 ist der geschätzte Erfüllungsbetrag um Rückgriffsansprüche zu kürzen, die aus der Abwicklung zurückgestellter Versicherungsfälle erwartet werden.[991] Diese können sich bspw. aus einem Anspruch des Versicherungsunternehmens auf die bereits ersetzten Güter („salvage") oder dem Übergang einer Forderung des Versicherungsnehmers gegenüber einem Dritten auf das Versicherungsunternehmen („subrogation") ergeben.[992] Die Berücksichtigung der erwarteten Rückgriffsansprüche folgt aus dem Konzept der „estimated ultimate cost", da der zur Regulierung dieser Versicherungsfälle notwendige Betrag in Höhe der erwarteten Rückgriffsansprüche gemindert ist. Dabei schreibt der SFAS 60 eine Bewertung der Rückgriffsansprüche mit dem geschätzten realisierbaren Betrag vor.[993]

---

[986] Vgl. *Boulter, Anthony/ Grubbs, Dawson* (Spätschadenrückstellung, 2000), S. 14.
[987] *Boulter, Anthony/ Grubbs, Dawson* (Spätschadenrückstellung, 2000), S. 14.
[988] Vgl. *Boulter, Anthony/ Grubbs, Dawson* (Spätschadenrückstellung, 2000), S. 14.
[989] *Securities Exchange Commission*, Staff Accounting Bulletin No. 62.
[990] Vgl. *Sutcliffe, Ian/ Greenfield, David* (US-GAAP, 2002), S. 18. *Beaver, William H./ McNichols, Maureen F.* (Characteristics, 1998), S. 76; *Öcking, Stefan/ Sanner, Martin* (Bilanzierung, 2004), S. 33.
[991] „Estimated recoveries on unsettled claims, such as salvage, subrogation or a potential ownership interest in real estate shall be ... deducted from the liability for unpaid claims."SFAS 60 par. 18.
[992] Vgl. *Mele, Frank D.* (Losses, 2003), S. 7-7 – 7-8.
[993] „evaluated in terms of their estimated realizable value..." SFAS 60 par. 18.

Mit der Ausnahme der Hypothekenversicherung und der Eigentumsversicherung sind auch die erwarteten Rückgriffsansprüche aus bereits abgewickelten Versicherungsfällen von der Schadenrückstellung abzuziehen.[994] Da den Rückgriffsansprüchen aus bereits abgewickelten Versicherungsfällen keine Verpflichtung des Versicherungsunternehmens aus den eingetretenen Versicherungsfällen mehr gegenübersteht und der Erfüllungsbetrag nicht gemindert sein kann, setzt deren Bilanzierung voraus, dass am Bilanzstichtag eine Forderung aus Regressen und Provenues vorliegt. Da die US-GAAP keine speziellen Regelungen für Forderungen aus Regressen und Provenues vorsehen, erfolgt die Beurteilung anhand der allgemeinen Aktivierungsvoraussetzungen.[995]

Die Vermögensgegenstände und Schulden nach US-GAAP unterliegen grundsätzlich einem Saldierungsverbot, außer es besteht ein Recht zur Saldierung („right to set off").[996] Dieses liegt jedoch nur vor, wenn die beiden Vertragsparteien der jeweils anderen Vertragspartei einen bestimmbaren Betrag schulden und das bilanzierende Unternehmen einen rechtlich durchsetzbaren Anspruch zur Aufrechnung dieser Beträge besitzt und die Aufrechnung auch beabsichtigt.[997] Wenn der Versicherungsfall am Bilanzstichtag bereits abgewickelt ist, stehen den Forderungen aus Regressen und Provenues jedoch keine Verbindlichkeiten des Versicherungsunternehmens mehr gegenüber. Insofern besteht in der Verrechnung von erwarteten Rückgriffsansprüchen aus abgewickelten Versicherungsfällen mit der Schadenrückstellung eine versicherungsvertragsspezifische Ausnahme vom allgemeinen Saldierungsverbot.

---

994 „Estimated recoveries on settled claims other that mortgage guaranty and title insurance claims also shall be deducted form the liability for unpaid claims." SFAS 60 par. 18.

995 Vgl. SFAC 6 par. 25; so auch *Varain, Thomas C.* (Verpflichtungen, 2004), S. 84; *Mayr, Gerhard* (Versicherungsunternehmen, 1999), S. 105.

996 „it is a general principle of accounting that the offsetting of assets and liabilities in the balance sheet is improper except where a right of setoff exists." APB 10 par. 7

997 „A right of setoff exists when all of the following conditions are met: a. Each of two parties owes the other determinable amounts. b. The reporting party has the right to set off the amount owed with the amount owed by the other party. c. The reporting party intends to set off. d. The right to set off is enforceable at law." FIN 39 par. 5.

III. Anwendung einfacher Schätzverfahren zur Objektivierung der Schadenrückstellungen für unbekannte Versicherungsfälle

A. Ausgangsbeispiel

Die bisherigen Ausführungen haben gezeigt, dass die Bilanzierung der Schadenrückstellung nach deutschem Handelsrecht und nach US-GAAP naturgemäß eine Schätzung der zukünftigen Schadenzahlungen für eingetretene, aber am Bilanzstichtag noch nicht abgewickelte Versicherungsfälle erfordert. Hierzu verwendet die Praxis einfache Schätzverfahren, welche die Vergangenheitserfahrungen des Versicherungsunternehmens auf die Zukunft projizieren. Die zeitnahe Veröffentlichung von Fast Close-Abschlüssen, die mit einer Verkürzung des Aufhellungszeitraums einhergeht, erfordert die Anwendung von Schätzverfahren, welche die Ermittlung der Schadenrückstellung objektivieren. Nachfolgend wird untersucht, inwieweit in der Praxis angewendete Schätzverfahren auch zur Vermittlung zuverlässiger Jahresabschlussinformationen geeignet sind. Die Untersuchung der Schätzverfahren erfolgt anhand eines einfach gehaltenen Beispiels:

Die Schadenrückstellung für unbekannte Versicherungsfälle soll zum 31. Dezember 2003 gebildet werden. In den Geschäftsjahren 1998 – 2003 verdiente das Versicherungsunternehmen jährliche Prämien von 4 000 GE, wobei die Versicherungsfälle eines Geschäftsjahres innerhalb der nachfolgenden fünf Geschäftjahre abgewickelt werden. Die Schadenzahlungen, die bis zum 31. Dezember 2003 für Versicherungsfälle der Geschäftsjahre 1998 bis 2003 geleistet wurden, sind in der nachfolgenden Tabelle zusammengefasst[998]*:*

Tabelle 2: Zeitpunkt und Höhe der Schadenzahlungen

Anfalljahr	Abwicklungsjahr					
	1998	1999	2000	2001	2002	2003
1998	1.000	653	588	442	355	230
1999		969	735	635	466	333
2000			1.030	721	643	505
2001				1.066	788	631
2002					1.109	792
2003						1.114

Danach wurden im Geschäftsjahr 1998 für Versicherungsfälle, die im selben Jahr eingetreten sind, Schadenzahlungen in Höhe von 1.000 GE erbracht. Im Jahr 1999 wurden Schadenzahlungen in Höhe von 653 GE für Versicherungsfälle des Jahres 1998 und 969 GE für Versicherungsfälle des Jahres 1999 geleistet.

998 In Anlehnung an *Schmidt, Klaus D.* (Abwicklungsdreieck, 2004), S. 8.

Die Schadenzahlungen beinhalten die folgenden Inflationsraten:

Tabelle 3: Inflationsraten

Geschäftsjahr	Inflationsrate in % p. a.
1999	2,00%
2000	3,00%
2001	2,50%
2002	3,00%
2003	3,50%

In jedem Geschäftsjahr wurden auch Einzelrückstellungen für die gemeldeten Versicherungsfälle gebildet. Die nachfolgende Tabelle erfasst die Anzahl der gemeldeten Versicherungsfälle und die Summe der gebildeten Einzelrückstellungen:

Tabelle 4: Anzahl und Gesamthöhe der Einzelrückstellungen für bekannte Versicherungsfälle

	1998	1999	2000	2001	2002	2003
Rückstellung für bekannte Versicherungsfälle (in GE)	790	820	825	820	840	870
Stückzahl	950	940	960	955	945	965

B. Loss Ratio-Verfahren

Der Prämienermittlung geht regelmäßig „eine individuelle, sich idealerweise in einer adäquaten Versicherungsprämie niederschlagende Risikobeurteilung“[999] voraus, so dass die verdienten bzw. kalkulierten Jahresprämien Rückschlüsse auf das gezeichnete Risikopotential eines Geschäftsjahres zulassen. Hierbei kommt der Schadenquote, also dem Verhältnis der Schadenaufwendungen für in einer Abschlussperiode eingetretene Versicherungsfälle zur verdienten Prämie dieser Abschlussperiode, eine besondere Bedeutung zu. Die Schadenquote erlaubt nicht nur die Beurteilung der Wirtschaftlichkeit eines Versicherungsportfeuilles[1000], sondern auch auf einfache Weise eine Ermittlung der erforderlichen Rückstellung für bekannte oder unbekannte Versicherungsfälle.[1001]

Nach dem Loss Ratio-Verfahren prognostiziert das Versicherungsunternehmen die Endschadenlast für die eingetretenen Versicherungsfälle, indem es zunächst eine für alle Geschäftsjahre gültige Schadenquote schätzt und diese dann mit den verdienten Prämien des Geschäftsjah-

---

999 *Hoffmann, Reiner* (Spätschadenreservierung, 1999), S. 119.

1000 Vgl. *Hoffmann, Reiner* (Spätschadenreservierung, 1999), S. 137; *Heynckes, Hans Herbert* (Schadenrückstellungen, 1996), S. 48.

1001 Das Loss Ratio-Verfahren findet in Deutschland insbesondere bei einer Bewertung der pauschalen Gewährleistungsrückstellungen Anwendung. Aufgrund der bestehenden Gemeinsamkeiten mit den Gewährleistungsrückstellungen ist eine Anwendung für die Schadenrückstellungen denkbar. Vgl. *Troxel, Terrie E./ Bouchie, George E.* (Property-Liability Insurance, 1990), S. 93 für eine Beschreibung des Loss Ratio-Verfahrens zur Ermittlung der gemeldeten, aber noch nicht abgewickelten Versicherungsfälle. Nach *Skurnick* kann aber auch die „total loss reserve“, d. h. die Summe der Teilrückstellungen für bekannte und unbekannte Versicherungsfälle mit dem Loss Ratio-Verfahren ermittelt werden. Vgl. *Skurnick, David* (reserving methods, 1973), S. 36.

res multipliziert. Die Rückstellungshöhe ergibt sich dann durch Subtraktion der bis zum Abschlussstichtag erbrachten Schadenzahlungen von der geschätzten Endschadenlast.[1002] Sofern dem Versicherer keine besseren Erkenntnisse zugehen, ist die Schadenquote nach Maßgabe der bisherigen Schadenregulierungserfahrungen zu bestimmen. Damit liegt dem Loss-Ratio Verfahren folgender formale Ansatz zu Grunde:

$$R_G = (q_G \cdot P) - S_G$$

mit: R_G – Gesamtschadenrückstellung
q_G – Gesamtschadenquote
P – verdiente Prämie der Abschlussperiode
S_G – Summe der erbrachten Schadenzahlungen für die Abschlussperiode

Wenn auf die im Geschäftsjahr 1998 verdiente Prämie von 4.000 GE Schadenzahlungen im Wert von 3.130 GE entfielen, ermittelt sich hieraus eine Schadenquote von 78,25 %. Der Versicherer errechnet nun die Schadenrückstellung, indem er diese Schadenquote mit den verdienten Prämien der nachfolgenden Geschäftjahre multipliziert und die bis zum 31. Dezember 2003 erbrachten Schadenzahlungen hiervon abzieht. In den Jahren 1999 bis 2003 betrug die verdiente Prämie insgesamt 20.000 GE[1003], so dass der Versicherer die Endschadenlast auf 15.650 GE[1004] schätzt. Bis zum 31. Dezember 2003 wurden Schadenzahlungen in einer Höhe von 10.530 GE erbracht, so dass die zu bildende Rückstellung 5.120 GE[1005] beträgt.

Das Loss-Ratio Verfahren ist einfach zu handhaben und leicht verständlich.[1006] Zumeist greift der Versicherer zur Schätzung der Schadenquote auf eigene Schadenregulierungserfahrungen und auf Relationen zwischen verdienten Prämien und zugehörigen Schadenaufwendungen vergangener Perioden zurück. Mit der Berücksichtigung von Vergangenheitserfahrungen erfährt die subjektiv ermittelte Schadenquote und die mit ihr verknüpfte Endschadenlast eine gewisse Objektivierung, die jedoch vom Bilanzleser nicht überschätzt werden darf. Liegen dem Versicherungsunternehmen neue, plausiblere Erkenntnisse vor, nach denen der in der Vergangenheit beobachtete Schadenverlauf nicht (mehr) hinreichend prognosefähig ist, so sind die Vergangenheits- oder Branchenerfahrungen durch die „vernünftige kaufmännische Beurteilung" seitens des (vermeintlich) besser informierten Managements zu ersetzen.

1002 Vgl. *Troxel, Terrie E./ Bouchie, George E.* (Property-Liability Insurance, 1990), S. 93.
1003 20.000 GE = 4.000 GE × 5 Anfalljahre.
1004 15.650 GE = 20.000 GE × 78,25 %.
1005 5.120 GE = 15.650 GE – 10.530 GE.
1006 Vgl. *Troxel, Terrie E./ Bouchie, George E.* (Property-Liability Insurance, 1990), S. 93.

Da eine einzige Schadenquote auf sämtliche Geschäftsjahre Anwendung findet, impliziert das Loss Ratio-Verfahren, dass diese im Zeitablauf konstant bleibt.[1007] Damit vernachlässigt das Verfahren aber, dass sich die tatsächliche Schadenquote für die einzelnen Anfalljahre durch „Veränderungen der Anspruchsmentalität, der Gesetzgebung, der Rechtsprechung zum Haftungsrecht oder zu den Bedingungen des Versicherungsvertrags“[1008] mehr oder weniger stark verändern kann. Im Hinblick auf eine „best estimate“-Bewertung der Schadenrückstellung ist eine pauschale Fortschreibung der in der Vergangenheit beobachteten Schadenquote deshalb nur sinnvoll, wenn detaillierte Erfahrungswerte fehlen, ein nachweislich festes Verhältnis zwischen verdienten Prämien und Schadenaufwendungen besteht oder eine exaktere Ermittlung der Schadenrückstellungen aus Kosten-Nutzen-Überlegungen ausscheidet.

C. Objektivierung der Schadenrückstellung mit den nach US-GAAP anerkannten Schätzverfahren

1. Das Schadenabwicklungsdreieck

1.1. Definition

Die folgenden Schätzverfahren „werden bei der Ermittlung der Rückstellung für noch nicht abgewickelte Versicherungsfälle im Kompositversicherungsgeschäft von nach US-GAAP bilanzierenden und in den USA börsennotierten Versicherungsunternehmen zu jedem Bilanzstichtag angewendet:

- Chain Ladder
- Cape Code und
- Bornhuetter-Ferguson.“[1009]

Grundlegende Voraussetzung der Anwendung dieser Verfahren ist das Vorliegen einer „validen und umfassenden Datenbasis“[1010]. Die Schadenabwicklung wird hier als Prozess verstanden, wobei die Schadenreservierungsverfahren im Allgemeinen auf „die Modellierung und Prognose der Schadenabwicklung in der zeitlichen Dimension“[1011] zielen. Entsprechend sollten die zugrunde liegenden Abwicklungsdaten auch die wichtigsten zeitlichen Dimensionen

---

1007 Vgl. *Skurnick, David* (reserving methods,1973), S. 36.
1008 *Schmidt-Salzer, Joachim* (IBNR, 1984), S. 77.
1009 *Fourie, Dirk/ Müller-Arnold, Michael/ Uden, Bernhard* (Schätzungen, 2002), S. 28.
1010 *Radtke, Michael* (Abwicklungsdaten, 2004), S. 1; Vgl. auch *DAV-Arbeitsgruppe Schadenreservierung* (Schadenrückstellung, 2002), S. 4.
1011 *Radtke, Michael* (Abwicklungsdaten, 2004), S. 1.

des Prozesses der Schadenabwicklung – das Anfall- bzw. Zeichnungsjahr, das Abwicklungsjahr und das Kalender- bzw. Geschäftsjahr – angemessen abbilden.[1012]

Den Ausgangspunkt der genannten Schätzverfahren[1013] bildet zumeist sog. Schadenabwicklungsdreiecke, die Schadenabwicklungsdaten der Vergangenheit nach Anfall- oder Zeichnungsjahren[1014], den Abwicklungsjahren und den Kalenderjahren darstellen.[1015] „Entsprechende Tableaus sind das Ergebnis einer mathematischen Konvention, deren Zweck es ist, die Darstellung bzw. Anwendung derjenigen Spätschadenreservierungsverfahren zur vereinfachen, welche auf der Schadenregulierungserfahrung eines Versicherers basieren."[1016] Das Schadenabwicklungsdreieck kann wie folgt formal definiert werden[1017]:

Tabelle 5: Schadenabwicklungsdreieck – formale Darstellung

Anfalljahr i	Abwicklungsjahr j						
	0	1	2	...	k-2	k-1	k
0	c_{00}	c_{01}	c_{02}	...	c_{0k-2}	c_{0k-1}	c_{0k}
1	c_{10}	c_{11}	c_{12}	...	c_{1k-2}	c_{1k-1}	
2	c_{20}	c_{21}	c_{22}	...	c_{2k-2}		
...	...	...	...	...			
k-2	c_{k-20}	c_{k-21}	c_{k-22}				
k-1	c_{k-10}	c_{k-11}					
k	c_{k0}						

In der ersten Spalte der Tabelle sind solche Kalenderjahre oder unterjährige Perioden aufgeführt, für deren eingetretene Versicherungsfälle noch Versicherungsleistungen ausstehen und demzufolge eine Rückstellung für unbekannte Versicherungsfälle zu bilden ist. Die jeweiligen Zeilen informieren für jedes Anfalljahr über die Abwicklung der Versicherungsfälle und deren Verteilung über den Beobachtungszeitraum[1018], wobei die erste Zeile ein weitgehend abgewickeltes Anfalljahr darstellen sollte[1019]. Hier werden k+1 Jahre beobachtet, wobei das

[1012] Vgl. *Radtke, Michael* (Abwicklungsdaten, 2004), S. 1.

[1013] Einen umfassenden Überblick über verschiedene Verfahren zur Ermittlung der total loss reserve, known claims reserve und IBNR gibt *Skurnick, David* (reserving methods, 1973), S. 39 – 58; vgl. *Hoffmann, Reiner* (Spätschadenreservierung, 1999), S. 95 –238 für die bekanntesten Verfahren zur Vermittlung der IBNR.

[1014] Grundsätzlich können die Schadenfälle auch nach Meldejahren eingeteilt werden. Allerdings bezieht sich die Prognose dann nur auf die gemeldeten Versicherungsfälle und enthält keinen Unsicherheitszuschlag für die unbekannten Versicherungsfälle. Die Anwendung der statistischen Verfahren auf einen nach Meldejahren aufgebauten Schadenabwicklungsdreieck ist aber unter Verstoß gegen den Einzelbewertungsgrundsatz durchaus zur Schätzung der Rückstellung für bekannte Versicherungsfälle geeignet. Vgl. *Boulter, Anthony/ Grubbs, Dawson* (Spätschadenrückstellung, 2000), S. 10.

[1015] Vgl. *Fourie, Dirk/ Müller-Arnold, Michael/ Uden, Bernhard* (Schätzungen, 2002), S. 28.

[1016] *Hoffmann, Reiner* (Spätschadenreservierung, 1999), S. 112.

[1017] Vgl. *Eeghen, Jacob van* (Loss reserving methods, 1981), S. 30; *Schmidt, Klaus D.* (Spätschäden, 1999), S. 269.

[1018] Alternativ kann hier auch der Zeitpunkt der Meldung des Schadens zu Grunde gelegt werden. Vgl. hierzu *Schmidt-Salzer, Joachim* (IBNR, 1984), S. 77.

[1019] Vgl. *Molnar, Hans* (Schadenrückstellungen, 1986), S. 266.

0. Abwicklungsjahr dem Anfalljahr entspricht und sich hieran k Abwicklungsjahre anschließen. Der Wert c_{ij} ($0 \leq i \leq k$ und $0 \leq j \leq k-i$) repräsentiert die Schadenzahlungen[1020] für das Versicherungsjahr i, die im Abwicklungsjahr j erbracht wurden.

Die bis zum 31. Dezember 2003 gezahlten Schäden wurden in dem folgenden Schadenabwicklungsdreieck zusammengefasst:

Tabelle 6: Schadendreieck mit Schadenzahlungen

Anfalljahr	Abwicklungsjahr					
	0	1	2	3	4	5
1998	1.000	653	588	442	355	230
1999	969	735	635	466	333	
2000	1.030	721	643	505		
2001	1.066	788	631			
2002	1.109	792				
2003	1.114					

Der Versicherer hat für im Jahr 1998 eingetretene Versicherungsfälle noch im selben Jahr Schadenzahlungen in Höhe von 1.000 GE erbracht. Ein Jahr später – im 1. Abwicklungsjahr bzw. im Kalenderjahr 1999 – betrugen die für Schadenfälle des Jahres 1998 erbrachten Schadenzahlungen 653 GE. Das 0. Abwicklungsjahr entspricht immer dem Anfalljahr des Schadens, so dass die Abwicklungsjahre für die verschiedenen Anfalljahre unterschiedliche Kalenderjahre verkörpern. Die in einem Kalenderjahr erbrachten Schadenzahlungen entsprechen der Summe der Beträge in den Diagonalen des Schadendreiecks. So wurden im Jahr 1999 Schadenzahlungen von 1.622 GE erbracht, wovon 653 GE auf Schadenfälle aus dem Jahr 1998 und 969 GE auf Schadenfälle aus 1999 entfielen. Diesen Schadenzahlungen liegen dann auch dieselben Preisverhältnisse zugrunde.

Das Ziel dieser Schätzverfahren (sog. run-off techniques) besteht darin, das leere Dreieck auf der unteren rechten Seite der Tabelle zu vervollständigen. Hierzu werden mit Hilfe mathematischer Operanden aus dem in der Vergangenheit beobachteten Abwicklungsmuster Schätzgrößen c^*_{ij} ($1 \leq i \leq k$ und ($k+1-i \leq j \leq k$) abgeleitet und das Schadendreieck zu einem Schadenviereck vervollständigt.[1021] Die erforderliche Rückstellung für unbekannte Versicherungsfälle eines Anfalljahres ermittelt sich aus:

[1020] Die Schadenregulierungserfahrungen eines Versicherers können anhand einer Vielzahl verschiedener Schadengrößen dargestellt werden.

[1021] Vgl. *Hoffmann, Reiner* (Spätschadenreservierung, 1999), S. 113.

$$R_i = \sum_{j=k+1-i}^{k} c_{ij}^{*}, \; i = 1,\ldots,k,$$

mit: R_i – Schadenrückstellung für das Anfalljahr i
c_{ij}^{*} – geschätzte Schadenzahlung für Anfalljahr i im Abwicklungsjahr j.

Dabei ergibt sich die Höhe der gesamten Rückstellung für unbekannte Versicherungsfälle aus der Summe über R_i:

$$R_G = \sum_{i=1}^{k} R_i \,.$$ [1022]

1.2. Abwicklungsdaten

1.2.1. Notwendigkeit zur Aufbereitung des Datenmaterials

Die Grundidee der Schätzverfahren besteht darin, aus Erfahrungen der Vergangenheit eine Projizierung der zukünftigen Schadenzahlungen für bereits eingetretene, aber noch nicht abgewickelte Versicherungsfälle abzuleiten.[1023] Die Projektion vergangener Erfahrungen führt aber nur dann zu einer sinnvollen Schätzung der Schadenrückstellung, wenn die in der Vergangenheit beobachteten Entwicklungen in den Schadenzahlungen auch für die Zukunft relevant sind.[1024] Demnach dürfen nur solche in den Schadengrößen der Vergangenheit beobachteten Trends oder Entwicklungen projiziert werden, deren Ursache auch die zukünftigen Schadengrößen in gleichem Maße beeinflusst. Somit dürfen Entwicklungen in den beobachteten Schadengrößen, die auf ein einmaliges Ereignis zurückzuführen sind, nicht in die Zukunft fortgeschrieben werden.

Die Schadenabwicklungsdaten der Vergangenheit werden durch verschiedenste interne und externe Faktoren in der wirtschaftlichen, technischen, gesellschaftlichen, politischen oder natürlichen Umwelt des Versicherungsunternehmens beeinflusst.[1025] Mit dem Schadenabwicklungsdreieck können Trends, d. h. nicht auf einmalige Ereignisse zurückgehende Entwicklungen, dargestellt werden. Die auf unterschiedliche Ursachen zurückzuführenden Trends wirken sich innerhalb des Schadenabwicklungsdreiecks in verschiedene Richtungen auf die Datenbasis aus, wobei hier abwicklungsperiodenbezogene, kalenderperiodenbezogene und anfalljahrbezogene Trends unterschieden werden können. Die nachfolgende Abbildung verdeutlicht die Wirkungsrichtung der Trends im Schadenabwicklungsdreieck:

1022 Vgl. *Hoffmann, Reiner* (Spätschadenreservierung, 1999), S. 114.
1023 *Versicherungsfachausschuss des IDW* (Schadenrückstellungen, 2005), S. 103.
1024 Vgl. *Boulter, Anthony/ Grubbs, Dawson* (Spätschadenrückstellung, 2000), S. 9.
1025 Vgl. hierzu ausführlich *Institute of Actuaries* (Claims Reserving Manual, 1989), Section C.

Abbildung 4: Trends im Schadenabwicklungsdreieck

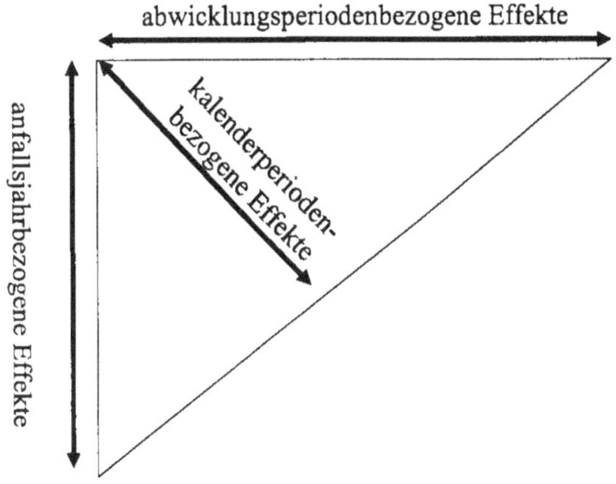

Wenn der Versicherungsbestand in den beobachteten Anfalljahren wächst (schrumpft), steigen (fallen) regelmäßig im Zeitablauf auch die verdienten Prämien und der diesen zuzurechnende Schadenaufwand. Die Veränderungen in den Schadenaufwendungen sind dann auf eine Veränderung der absoluten Schadenhäufigkeit zurückzuführen[1026], die sich im Schadenabwicklungsdreieck als Trend in den einzelnen Spalten ausdrückt. Eine Schätzung der zukünftigen Schadenaufwendungen zielt aber gerade auf die Identifikation solcher Trends, die auf eine Entwicklung im Versicherungsbestand zurückzuführen sind, sowie deren Extrapolation auf die noch offenen Abwicklungsjahre bzw. die erwartete Endschadenlast; denn letztlich schlägt sich eine über die Anfalljahre beobachtete Steigerung der Schadenhäufigkeit auch in einer Steigerung der Endschadenlast nieder und ist folglich auch in die Schätzung der Schadenrückstellungen einzubeziehen.

Ein (scheinbarer) Trend in den Spalten des Schadenabwicklungsdreiecks kann durch eine Veränderung der Abwicklungsgeschwindigkeit verursacht sein. Die Veränderung der Abwicklungsgeschwindigkeit beeinflusst die Abwicklung der Schadenfälle eines Anfalljahres in dem Sinne, dass sich die Verteilung der Schadenfälle auf die einzelnen Abwicklungsjahre verändert. Insofern bewirkt eine Veränderung der Schadenabwicklungsgeschwindigkeit im Schadenabwicklungsdreieck auch eine Veränderung in den Zeilen des Schadenabwicklungsdreiecks. Dieser Effekt wird besonders deutlich, wenn im Ausgangsbeispiel für die Anfalljahre 1998 und 1999 ein konstanter Versicherungsbestand und konstante durchschnittliche Scha-

[1026] Hierfür müssen die durchschnittlichen Schadenkosten für die beobachteten Anfalljahre als konstant angenommen werden.

denkosten angenommen werden, so dass die Anfalljahre das gleiche Auszahlungsmuster aufweisen:

Tabelle 7: Schadenzahlungen mit konstantem Auszahlungsmuster

Anfalljahr	Abwicklungsjahr					
	0	1	2	3	4	5
1998	1.000	653	588	442	355	230
1999	1.000	653	588	442	355	

Nach einer Erhöhung der Abwicklungsgeschwindigkeit zwischen dem 0. Abwicklungsjahr und dem 1. Abwicklungsjahr des Anfalljahres 1999 weisen beide Anfalljahre die folgenden Abwicklungsmuster auf:

Tabelle 8: Schadenzahlungen mit veränderter Abwicklungsgeschwindigkeit

Anfalljahr	Abwicklungsjahr					
	0	1	2	3	4	5
1998	1.000	653	588	442	355	230
1999	1.053	600	588	442	355	

Die gezahlten Schäden sind zwischen dem 0. Abwicklungsjahr des Anfalljahres 1998 und dem 0. Abwicklungsjahr des Anfalljahres 1999 von 1.000 GE auf 1.053 GE gestiegen. Allerdings ist der Anstieg nicht auf eine Veränderung der Schadenhäufigkeit, sondern auf eine angenommene Beschleunigung der Abwicklungsgeschwindigkeit zurückzuführen. Diese hat jedoch keinen Einfluss auf die tatsächliche Endschadenlast, da sich die Schadenfälle eines Anfalljahres nur unterschiedlich auf die Abwicklungsperioden verteilen. Die mutmaßliche Gesamtanzahl der Schadenfälle eines Anfalljahres bleibt hiervon unberührt. Eine Extrapolation dieser Trends auf die noch offenen Abwicklungsperioden würde aber das Prognoseergebnis der Schätzverfahren verzerren (vgl. unten).

Aufgrund von Preis- und Gehalts-/Lohnsteigerungen im Zeitablauf verursacht die Abwicklung eines Versicherungsfalls im 1. Abwicklungsjahr höhere Kosten, als wenn der identische Versicherungsfall bereits im 0. Abwicklungsjahr reguliert worden wäre. Im Ausgangsbeispiel wurde für das Jahr 1999 eine Inflationsrate von 2 % angenommen. Das Versicherungsunternehmen hat für das Anfalljahr 1998 im 1. Abwicklungsjahr (Kalenderjahr 1999) in Höhe von 653 GE Schadenzahlungen geleistet. Wären die identischen Versicherungsfälle schon im 0. Abwicklungsjahr (Kalenderjahr 1998) abgewickelt worden, betrüge die erforderliche Schadenzahlung lediglich 640 GE[1027].

[1027] 640 GE = 653 GE / 1,02.

Im Schadenabwicklungsdreieck werden die in einem Kalenderjahr erbrachten Schadenzahlungen in den Diagonalen abgebildet, so dass sich Effekte auf die Schadenhöhe aus den Veränderungen zwischen den Kalenderjahren in einem Trend in den Diagonalen niederschlagen.

Tabelle 9: Trend in den Kalenderjahren

Anfalljahr	Abwicklungsjahr					
	0	1	2	3	4	5
1998	1.000	653	588	442	***355***	230
1999	969	735	635	***466***	333	
2000	1.030	721	***643***	505		
2001	1.066	***788***	631			
2002	***1.109***	792				
2003	1.114					

Der Anstieg der gezahlten Schäden zwischen dem 0. Abwicklungsjahr der Anfalljahre 2001 und 2002 beinhaltet die Preissteigerung von 3 % im Jahr 2002. Auch die gestiegenen Schadenzahlungen zwischen dem 1. Abwicklungsjahr der Anfalljahre 2000 und 2001, dem 2. Abwicklungsjahr der Anfalljahre 1999 und 2000 sowie dem 3. Abwicklungsjahr der Anfalljahre 1998 und 1999 sind anteilig auf die Preissteigerung im Jahr 2002 zurückzuführen.

Zweifellos beeinflussen die Preissteigerungen und Gehalts-/Lohnsteigerungen den Schadenaufwand und sind insoweit für die Ermittlung der tatsächlichen Endschadenlast relevant, so dass kalenderperiodenbezogene Effekte für die Prognose der künftigen Schadenzahlungen nach US-GAAP nicht unberücksichtigt bleiben dürfen. Allerdings können die vergangenen Inflationsraten bzw. Gehalts-/Lohnsteigerungen von den zukünftigen Inflationsraten bzw. Gehalts-/Lohnsteigerungen abweichen und eine Projizierung in der Vergangenheit beobachteter Trends das Prognoseergebnis mitunter erheblich verzerren.

Die hier beispielhaft aufgeführten Effekte auf das Abwicklungsmuster beeinflussen das Prognoseergebnis der darzustellenden Schätzverfahren in einem unterschiedlichen Maße und werden für diese auch noch genauer analysiert bzw. die Auswirkungen beispielhaft aufgezeigt. Grundsätzlich dürfen die Schätzverfahren aber nicht auf Daten basieren, die durch systematische Einflüsse verzerrt werden.[1028]

Die Ausführungen verdeutlichen die Notwendigkeit einer genauen Analyse der Datenbasis. Insbesondere sind die in den Abwicklungsdaten beobachteten Trends auf ihre Ursache und Bedeutung für die tatsächliche Endschadenlast hin zu untersuchen und einmalige Ereignisse zu identifizieren. Im Rahmen der Anpassung der Datenbasis sind nicht-projizierbare Trends und einmalige Ereignisse aus der Datenbasis dann zu eliminieren.

[1028] Vgl. *Hoffmann, Reiner* (Spätschadenreservierung, 1999), S. 114.

1.2.2. Datendefinition

Das Schadenabwicklungsdreieck bietet die Möglichkeit, anhand einer Vielzahl verschiedener Schadengrößen die vergangenen Erfahrungen der Schadenabwicklung darzustellen und anhand der Schätzverfahren zu analysieren. Hierbei sind zunächst die absoluten Schadengrößen (bspw. Schadenzahlungen, Schadenreserve, Schadenaufwand und Anzahl der Schadenfälle) und relative Schadengrößen, wie Schadenquoten und Schadendurchschnittsgrößen, zu unterscheiden.[1029] Hinsichtlich der absoluten Schadengrößen kommt eine Abbildung der unkumulierten (Zuwächse je Abwicklungsjahr) oder kumulierten Schadenwerte (sukzessiv anwachsende Endschadenlast) in Frage.[1030] Die Schadengrößen können tatsächlich realisierte oder geschätzte Werte und auch deren Kombination umfassen.[1031] Dabei ist zu beachten, dass die Modellvoraussetzungen einiger statistischer Schätzverfahren bestimmte Schadengrößen voraussetzen.[1032]

Die Schadenrückstellung wird für künftige Schadenzahlungen aus am Abschlussstichtag eingetretenen, aber noch nicht gemeldeten Versicherungsfällen gebildet, so dass sich eine Schätzung auf Basis der gezahlten Schäden („paid claims") anbietet. Das Schadenabwicklungsdreieck bildet dann für die Versicherungsfälle eines Anfalljahres die Verteilung der Schadenzahlungen auf die einzelnen Abwicklungsjahre ab. Da das Versicherungsunternehmen die Höhe der Schadenzahlungen in den einzelnen Abwicklungsjahren durch eine Veränderung der Abwicklungsgeschwindigkeit nur in einem begrenzten Rahmen beeinflussen kann, liegt dem Schadenabwicklungsdreieck und der Schätzung der Schadenrückstellung „eine weitgehend objektive Datenbasis" zugrunde, so dass „die Gefahr systematischer Verzerrungen eher gering"[1033] ist.

Allerdings weist die Verwendung der gezahlten Schäden erhebliche Schwächen auf, wenn eine lange Zeitspanne zwischen dem Eintritt und der Abwicklung des Versicherungsfalls liegt. Hinsichtlich der Zeitspanne zwischen dem Eintritt des Schadenereignisses bzw. dem Verstoß des Versicherungsnehmers und der Feststellung des Schadens können das short tail-, medium tail- und long tail-Geschäft unterschieden werden.[1034] Schadenfälle der „short tail classes" (bspw. Feuerversicherung ohne Personenschäden) zeichnen sich regelmäßig durch eine sehr kurze zeitliche Verzögerung ($n < 1$ Jahr) zwischen dem Schadenereignis bzw. Ver-

---

1029 Vgl. *Radtke, Michael* (Abwicklungsdaten, 2004), S. 3 – 4.
1030 Vgl. *Hoffmann, Reiner* (Spätschadenreservierung, 1999), S. 114.
1031 Vgl. *Hoffmann, Reiner* (Spätschadenreservierung, 1999), S. 114.
1032 Vgl. *Boulter, Anthony/ Grubbs, Dawson* (Spätschadenrückstellung, 2000), S. 10.
1033 *Hoffmann, Reiner* (Spätschadenreservierung, 1999), S. 115 (beide Zitate); vgl. auch *Institute of Actuaries* (Claims Reserving Manual, 1989), Section D, S. D7.1.
1034 Vgl. *Troxel, Terrie E./ Bouchie, George E.* (Property-Liability Insurance, 1990), S. 85.

stoß und der Feststellung des Schadens aus.[1035] Dagegen werden Schadenfälle der „medium tail classes" (bspw. KFZ-Haftpflichtversicherung) spätestens 2 bis 3 Jahre nach dem Eintritt des Schadenereignisses oder des Verstoßes festgestellt sowie gemeldet.[1036] In den „long tail classes" liegen mindestens 3 Jahre zwischen dem Eintritt und der Meldung des Versicherungsfalls.

Im long tail-Geschäft (bspw. in der Vermögensschadenhaftpflicht) entfällt nur ein geringer Anteil der Gesamtschadenlast auf die Anfangsjahre der Schadenregulierung, weshalb eine realistische Schätzung der gesamten Schadenbelastung erst gegen Ende der Regulierung möglich ist.[1037] Aufgrund des langen Abwicklungszeitraums schlagen sich die Auswirkungen eines qualitativen Wandels der Risikofaktoren (z. B. Änderungen in der Rechtsprechung, Änderungen im Anspruchsverhalten der Versicherungsnehmer oder die Entstehung neuer bzw. Entdeckung latenter Schadenbilder) auf die Anzahl und Höhe der Versicherungsfälle in den Abwicklungsmustern der Vergangenheit nur unzureichend nieder, so dass die gezahlten Schäden nur eine geringe Aussagekraft für die gesamten Schadenzahlungen eines Schadenereignis- bzw. Verstoßjahres besitzen[1038].

Im long tail-Geschäft greift die Praxis zur Schätzung der Schadenrückstellung häufig auf die eingetretenen Versicherungsfälle („incurred claims") zurück. Die Schadengröße besteht dann im Schadenaufwand, d. h. in der Summe der Schadenzahlungen und der Einzelreserven für gemeldete Versicherungsfälle. Das Schadenabwicklungsdreieck bildet dann die Verteilung der Schadenzahlungen auf die einzelnen Abwicklungsjahre sowie die für jedes Abwicklungsjahr gebildeten Einzelreserven ab. Hierdurch werden auch aktuelle Entwicklungen, die sich bereits in den Einzelreserven niedergeschlagen haben, in die Schätzung der Schadenrückstellung einbezogen.[1039] Zwangsläufig geht mit der Prognose der Schadenrückstellung auf Basis von in der Vergangenheit gebildeten Einzelreserven „eine hohe subjektive Komponente"[1040] einher, die dem Versicherungsunternehmen bilanzpolitische Möglichkeiten eröffnet. Aber auch subjektive Einflüsse auf die Einzelrückstellungen ohne bilanzpolitische Motivationen, wie bspw. die festgelegten Kompetenzgrenzen der Mitarbeiter, der von der Reservierungshöhe abhängige bürokratische Aufwand, der Führungsstil des Vorgesetzten oder Veränderungen

---

1035 Vgl. *Kiln, Robert* (Long Tail Business, 1985), S. 556.

1036 Vgl. *Kiln, Robert* (Long Tail Business, 1985), S. 556.

1037 „in long tail lines such as liability, the paid loss in the early years will be a small proportion only of the likely ultimate loss." *Institute of Actuaries* (Claims Reserving Manual, 1989), Section D, S. D7.1.

1038 Vgl. *Schmidt-Salzer, Joachim* (IBNR, 1984), S. 10; *Hoffmann, Reiner* (Spätschadenreservierung, 1999), S. 115.

1039 Vgl. *Institute of Actuaries* (Claims Reserving Manual, 1989), Section D, S. D7.1.

1040 *Hoffmann, Reiner* (Spätschadenreservierung, 1999), S. 115.

in der Organisationsstruktur, können die Höhe der Einzelrückstellungen beeinflussen und das Prognoseergebnis verzerren[1041]. Dagegen schränkt die Irrtumswahrscheinlichkeit für die Einzelreserven die Anwendung der Schätzverfahren nicht ein, da eine hierauf zurückzuführende Abweichung zwischen dem erwarteten und dem tatsächlichen Schadenaufwand als zufällig angesehen werden kann und das Prognoseergebnis nicht systematisch verzerrt.[1042] Aus Vereinfachungsgründen werden zur weiteren Darstellung der Schätzverfahren die gezahlten Schäden („paid claims") verwendet.

1.2.3. Subjektive Ermessensspielräume in der Aufbereitung des Datenmaterials

Die Aufbereitung des vorliegenden Datenmaterials hat einen erheblichen Einfluss auf die Auswahl des angemessenen mathematisch-statistischen Schätzverfahrens und dessen Prognosegenauigkeit[1043]. Ein angemessenes Schätzverfahren gibt „die Trends in den Daten und gegebenenfalls auch deren Schwankungsbereich"[1044] wieder, so dass die Auswahl der Methode eine genaue Untersuchung der vorliegenden Daten hinsichtlich wichtiger Verträge und deren Evaluierung vor dem Hintergrund von Unternehmens- und Branchenerfahrungen voraussetzt.

Indem die Schadenregulierungserfahrungen nicht für den Gesamtbestand der Schadenfälle, sondern für eindeutig definierte Gruppen, extrapoliert werden, kann die Qualität der Schätzung der für den Gesamtbestand erforderlichen Rückstellung für unbekannte Versicherungsfälle erhöht werden.[1045] Hierzu sind die Schadenfälle mit ähnlichen Eigenschaften, wie „comparable claim experience patterns, settlement patterns or size of loss distributions" [1046], in möglichst homogene Gruppen zusammenzufassen.[1047] Üblicherweise werden die Schadenfälle nach Sparten, Untersparten, Regionen, Geschäftseinheiten oder Vertriebskanälen gruppiert.[1048] Allerdings müssen die einzelnen Gruppen noch so viele Schadenfälle umfassen, dass die Aussagefähigkeit der in den Schadenregulierungserfahrungen für einzelne Gruppen identifizierten Trends gewahrt bleibt.[1049] Dies erfordert unternehmensindividuell für jede Schaden-

---

1041 Vgl. ausführlich *Hoffmann, Reiner* (Spätschadenreservierung, 1999), S. 116.

1042 Vgl. *Hoffmann, Reiner* (Spätschadenreservierung, 1999), S. 115 – 116.

1043 Nach *Verrall* setzt sich der Schadenreservierungsprozess aus der Analyse des Datenmaterials und der Auswahl der angemessenen Methode zusammen. Vgl. *Verrall, R. J.* (claims reserving, 1994), S. 325.

1044 *Boulter, Anthony/ Grubbs, Dawson* (Spätschadenrückstellung, 2000), S. 10.

1045 Vgl. *Casualty Actuarial Society's Committee on Loss Reserves* (Statement, 1979), S. 309.

1046 *Casualty Actuarial Society's Committee on Loss Reserves* (Statement, 1979), S. 310; *Bornhuetter, Ronald L./ Ferguson, Ronald E.* (IBNR, 1972), S. 188 - 189.

1047 Vgl. *Radtke, Michael* (Abwicklungsdaten, 2004), S. 4. Die allgemeine Haftpflichtversicherung gilt zwar als Paradebeispiel einer Versicherungssparte mit signifikanter Spätschadenexponierung, aber die Zeiträume nach dem Anfalljahr in dem noch Versicherungsfälle gemeldet werden, weichen in den einzelnen Zweigen teilweise erheblich voneinander ab. Vgl. hierzu *Schmidt-Salzer, Joachim* (IBNR, 1984), S. 77.

1048 Vgl. *Radtke, Michael* (Abwicklungsdaten, 2004), S. 4.

1049 Vgl. *Casualty Actuarial Society's Committee on Loss Reserves* (Statement, 1979), S. 310; *Radtke, Michael* (Abwicklungsdaten, 2004), S. 4.

gruppe eine Balance zwischen der erforderlichen Homogenität und der notwendigen statistischen Verlässlichkeit der Daten.[1050]

Da die „Ausweitung des Datenbestands eine zunehmende Verlaufsstabilisierung durch zurückliegendes Datenmaterial" bewirkt, spricht das „Ziel der Gewährleistung hinreichender Objektivität für eine möglichst umfangreiche Datenbasis" und somit für „die Einbeziehung der gesamten vorliegenden Schadenerfahrungen in das Abwicklungsdreieck"[1051]. Wenn der Beobachtungszeitraum aber (zu) weit gefasst wird, können signifikante Trends in den neueren Schadenregulierungserfahrungen durch veraltetes Datenmaterial überlagert werden, so dass eine zuverlässige Schätzung der Rückstellung für unbekannte Versicherungsfälle die Begrenzung des Beobachtungszeitraums erfordern kann.[1052] Insofern kann auch die Wahl des Beobachtungszeitraums das Ergebnis der Extrapolation vergangener Schadenregulierungserfahrungen erheblich in die eine oder andere Richtung verändern.

In der Aufbereitung des Datenmaterials und dem angewendeten statistischen Schätzverfahren spiegeln sich auch subjektive Einschätzungen und Erwartungen des Rechnungslegenden wider. Die Ausnutzung der sich hieraus ergebenden Ermessensspielräume aus bilanzpolitischen Erwägungen, aber auch Fehleinschätzungen des Versicherers, haben Abweichungen zwischen dem erwarteten und dem tatsächlichen Schadenaufwand zur Folge. Inwieweit die getroffenen Annahmen auch tatsächlich zutreffend waren, kann regelmäßig erst im Nachhinein anhand der Abwicklungsgewinne oder -verluste beurteilt werden. Indes erfordert die Vermittlung entscheidungsnützlicher Informationen für den Kapitalmarkt eine möglichst realistische Einschätzung der Schadenrückstellung, so dass Abwicklungsgewinne und -verluste erst gar nicht eintreten sollen. Die hinsichtlich der Datenbasis und der Auswahl des angemessenen Verfahrens bestehenden Ermessenspielräume schränken jedoch die Glaubwürdigkeit der geschätzten Schadenrückstellung ein. Da diese aber naturgemäß nicht vermieden werden können, sehen das deutsche Handelsrecht, US-GAAP und die IAS/IFRS eine Offenlegung der Datenbasis und die dem mathematisch-statistischen Schätzverfahren zugrunde gelegten Annahmen und einer Erläuterung des Verfahrens im Anhang vor.[1053]

1050 Vgl. *Casualty Actuarial Society's Committee on Loss Reserves* (Statement, 1979), S. 310.

1051 *Hoffmann, Reiner* (Spätschadenreservierung, 1999), S. 122 (alle Zitate).

1052 Vgl. *Hoffmann, Reiner* (Spätschadenreservierung, 1999), S. 122 – 125.

1053 Vgl. SFAS 60 par. 60 a. und b.; Nach IFRS 4 par. 39 (c), (iii) sind lediglich Angaben über die Schadenentwicklung erforderlich. Gemäß § 52 Nr. 1c RechVersV sind die Methoden sowie wesentliche Änderungen der Methoden der Ermittlung der Schadenrückstellung hinsichtlich des Bruttobetrags und des Rückversicherungsanteils jeweils gesondert für das selbst abgeschlossene und das übernommene Geschäft im Anhang zu erläutern.

2. *Objektivierung der Schätzung der Schadenrückstellungen mit den einfachen Schätzverfahren nach US-GAAP*

2.1. *Die Rückstellungsschätzung auf Basis objektivierter Schadengrößen nach dem Chain-Ladder-Verfahren*

Die Abwicklung zukünftiger Schadenleistungen folgt häufig einem in der Vergangenheit beobachtbaren Verlaufsmuster. Darauf aufbauend ermittelt das Chain-Ladder Verfahren die Endschadenlast durch ein (weitgehend mechanisches) periodenindividuelles Fortschreiben der in den bis zum Bilanzstichtag erbrachten Schadenleistungen beobachteten Trends (sog. Entwicklungsfaktoren). Die Rückstellungshöhe wird ausschließlich aus objektivierten Vergangenheitsdaten gewonnen. Subjektive Erwartungen oder Schätzungen des Managements finden hierbei keine Berücksichtigung. Das Chain-Ladder-Verfahren ist ein heuristisches Verfahren zur Schätzung der Erwartungswerte des Schadenaufwands für noch nicht bekannt gewordene Versicherungsfälle und basiert auf den Annahmen, dass erstens die in der Vergangenheit beobachteten Schadenstände strikt positiv sind und zweitens alle Schadenstände einen endlichen Erwartungswert besitzen.[1054]

Ausgangspunkt des Chain-Ladder-Verfahrens ist hier ein auf den kumulierten Schadenzahlungen basierendes Schadenabwicklungsdreieck.

Tabelle 10: Schadenabwicklungsdreieck – kumulierte Schadenzahlungen

Anfalljahr	Abwicklungsjahr					
	0	1	2	3	4	5
1998	1.000	1.653	2.241	2.683	3.038	3.267
1999	969	1.704	2.340	2.806	3.139	
2000	1.030	1.751	2.394	2.900		
2001	1.066	1.854	2.485			
2002	1.109	1.901				
2003	1.114					

Der Versicherer erbrachte für die Geschäftsjahre 1998 – 2002 kumulierte Schadenzahlungen von insgesamt 5.174 GE[1055] im Anfalljahr (= dem jeweiligen Abwicklungsjahr null). Ein Jahr später (= Abwicklungsjahr eins) beliefen sich die kumulierten Schadenzahlungen in den Anfalljahren und den darauf folgenden Geschäftsjahren auf 8.863 GE[1056], was dem 1,7130-

1054 Vgl. *Schmidt, Klaus D.* (Versicherungsmathematik, 2002), S. 274.
1055 5.174 GE = 1.000 GE + 969 GE + 1.030 GE + 1.066 GE + 1.109 GE.
1056 8.363 GE = 1.653 GE + 1.704 GE + 1.751 GE + 1.854 GE + 1.901 GE.

fachen der im Abwicklungsjahr 0 gezahlten Schäden entspricht.[1057] Formal ermittelt sich der Entwicklungsfaktor aus dem folgenden Ausdruck[1058]:

$$e_j = \frac{\sum_{i=0}^{k-j-1} c_{i,j+1}}{\sum_{i=0}^{k-j-1} c_{ij}}; 0 \leq j \leq k-1$$

mit: e_j Entwicklungsfaktor der Abwicklungsperiode j

c_{ij} Schadenzahlung für das Anfalljahr i in der Abwicklungsperiode j

Die Entwicklungsfaktoren, die sich hiernach für die weiteren Abwicklungsjahre ergeben, sind in dem folgenden Schadenabwicklungsdreieck dargestellt.

Tabelle 11: Schadendreieck Chain-Ladder – Entwicklungsfaktoren

Anfalljahr	Abwicklungsjahr					
	0	1	2	3	4	5
1998	1.000	1.653	2.241	2.683	3.038	3.267
1999	969	1.704	2.340	2.806	3.139	
2000	1.030	1.751	2.394	2.900		
2001	1.066	1.854	2.485			
2002	1.109	1.901				
2003	1.114					
Entwicklungs-faktoren	1,7131	1,3589	1,2025	1,1253	1,0756	

Wenn die verdiente Jahresprämie zwischen den einzelnen Anfalljahren stark schwankt, wäre hier zur Vermeidung von Verfälschungen ein nach der Jahresprämie gewichteter Durchschnittswert zu Grunde zu legen. Die kumulierten Schadenzahlungen werden nun mittels der aus den Vergangenheitsdaten gewonnen Entwicklungsfaktoren reihenweise fortgeschrieben und auf diese Weise die leeren Zeilen des Schadendreiecks auf der unteren rechten Seite der Tabelle gefüllt.[1059] Der Versicherer erbrachte für die im Jahr 2003 eingetretenen Versicherungsfälle noch im selben Jahr Schadenzahlungen in Höhe von 1.114 GE. In der Vergangenheit stiegen die kumulierten Schadenzahlungen zwischen dem Abwicklungsjahr null und eins um 1,7131, so dass die Steigerungsrate auch für das Jahr 2003 angenommen und die kumulierten Schadenzahlungen im ersten Abwicklungsjahr auf 1.908 GE geschätzt werden.

1057 Das Anfalljahr 2003 wird nicht in die Betrachtung einbezogen, da hier noch keine Informationen für das Abwicklungsjahr eins zur Verfügung stehen.

1058 Die hier dargestellte Grundvariante des Chain-Ladder-Verfahrens verwendet anstelle der exakten Entwicklungsfaktoren sog. Schätzer, die bspw. mit der Maximum-Likelihood-Methode ermittelt werden. Zur Herleitung der exakten Entwicklungsfaktoren vgl. *Hoffmann, Reiner* (Spätschadenreservierung, 1999), S. 144 – 145.

1059 Vgl. *Fourie, Dirk/ Müller-Arnold, Michael/ Uden, Bernhard* (Schätzungen, 2002), S. 29.

Die nachfolgende Tabelle verdeutlicht die Vorgehensweise für den gesamten Beobachtungszeitraum:

Tabelle 12: Ermittlung der Endschadenlast nach dem Chain-Ladder-Verfahren

Anfalljahr	Abwicklungsjahr						Rückstellungsbewertung		
	0	1	2	3	4	5	Endschaden-last	gezahlte Schäden	Rückstellung
1998	1.000	1.653	2.241	2.683	3.038	3.267	3.267	3.267	0
1999	969	1.704	2.340	2.806	3.139	*3.376*	3.376	3.139	237
2000	1.030	1.751	2.394	2.900	*3.263*	*3.510*	3.510	2.900	610
2001	1.066	1.854	2.485	*2.988*	*3.363*	*3.617*	3.617	2.485	1.132
2002	1.109	1.901	*2.584*	*3.107*	*3.496*	*3.760*	3.760	1.901	1.859
2003	1.114	*1.908*	*2.592*	*3.117*	*3.508*	*3.773*	3.773	1.114	2.659
Entwicklungs-faktoren		1,7131	1,3589	1,2025	1,1253	1,0756	18.036	11.538	6.498

Die Endschadenlast C_i mit $0 \leq i \leq k$ wird durch Multiplikation des letzten bekannten Schadenaufwands eines Abwicklungsjahres mit den Entwicklungsfaktoren der nachfolgenden Abwicklungsjahre hochgerechnet. Formal kann diese Vorgehensweise wie folgt beschrieben werden[1060]:

$$C_0^* = c_{0\,k} \quad (\text{gegeben})$$

$$C_1^* = c_{1\,k-1} \times e_{k-1}$$

$$C_2^* = c_{1\,k-2} \times e_{k-1} \times e_{k-2}$$

...

$$C_k^* = c_{k\,0} \times \prod_{j=0}^{k-1} e_j$$

Im Ausgangsbeispiel steht den im Geschäftsjahr 2000 verdienten Prämien eine erwartete Endschadenlast von 3.510 GE gegenüber. Diese ergibt sich durch Multiplikation der bis zum 31. Dezember 2003 kumulierten Schadenzahlungen von 2.900 GE mit den Entwicklungsfaktoren für die zwei verbleibenden Abwicklungsjahre.[1061] Die geschätzte Endschadenlast für alle betrachteten Anfalljahre beträgt 21.303 GE[1062]. Die Rückstellung in Höhe von 6.498 GE ermittelt sich nun aus der erwarteten Endschadenlast abzüglich der bis zum Abschlussstichtag erbrachten Schadenaufwendungen von 14.805 GE[1063]. Die Gesamtsumme der gezahlten Schäden ergibt sich formal aus dem Ausdruck

1060 In Anlehnung an *Hoffmann, Reiner* (Spätschadenreservierung, 1999), S. 145.
1061 105 = 97 × 1,0541 × 1,0309.
1062 Summe der letzten Spalte.
1063 Summe der Diagonalen des Schadendreiecks.

$$D_G = \sum_{j=0}^{k} c_{ij} \text{ ; für } 0 \leq i \leq k \text{ und } 0 \leq j \leq k\text{-}i$$

mit: D_G Summe der Schadenzahlungen über alle Anfall- und Abwicklungsjahre

c_{ij} Schadenzahlungen für das Anfalljahr i im Abwicklungsjahr j

Das gleiche Ergebnis lässt sich (ohne Zwischenschritte) erreichen, indem die Entwicklungsfaktoren für die einzelnen Anfalljahre multipliziert und auf diese Weise für jedes Anfalljahr ein „Faktor bis zum Endwert" ermittelt wird. Ausgehend von den kumulierten Schadenzahlungen stellt dieser einen Multiplikator zur Ermittlung der Endschadenlast dar.[1064]

Tabelle 13: Chain-Ladder-Verfahren – Bildung der Rückstellung

Anfalljahr	gezahlte Schäden	Faktor bis zumEndwert (Ableitung)	Faktor bis zum Endwert	Endschadenlast	Rückstellung
1998	3.267	= 1,0000	1,0000	3.267	0
1999	3.139	= 1,0000 × 1,0756	1,0756	3.376	237
2000	2.900	= 1,0756 × 1,1253	1,2104	3.510	610
2001	2.485	= 1,2104 × 1,2025	1,4555	3.617	1.132
2002	1.901	= 1,4555 × 1,3589	1,9778	3.760	1.859
2003	1.114	= 1,9778 × 1,7131	3,3882	3.773	2.659
Summe	11.538			18.036	6.498

Die Schadenrückstellung für unbekannte Versicherungsfälle ist die Differenz der nach dem Chain-Ladder Verfahren ermittelten Gesamtschadenrückstellung und den Einzelrückstellungen für die Abschlussperiode 2003 in Höhe von 870 GE. Somit beträgt die Schadenrückstellung für unbekannte Versicherungsfälle 5.628 GE[1065].

Das Chain-Ladder-Verfahren ist ähnlich leicht zu handhaben wie das Loss Ratio Verfahren.[1066] Seine große (Objektivierungs-) Stärke liegt in dem mechanischen Fortschreiben des in der Vergangenheit beobachteten Trends in den Schadenzahlungen, der weitgehend frei von Managemententscheidungen ist.[1067] Gleichzeitig liegt darin die Achillesferse des Verfahrens. Denn es differenziert nicht zwischen den Ursachen, die zu dem historischen Abwicklungsverlauf führten. Deshalb lässt sich das Chain-Ladder-Verfahren nur sinnvoll anwenden, wenn sich die Verhältnisse in den einzelnen Abwicklungsjahren zueinander weitgehend proportional verhalten[1068], so dass ein stabiles Muster im Schadenaufwandsverlauf erkennbar und prognostizierbar wird. Aber selbst in diesen restriktiven Fällen beeinflussen auch Faktoren die

1064 Demzufolge resultiert aus den Geschäftsjahresumsätzen 2003 ein erwarteter Gesamtschadenaufwand von 178 GE. Dieser entspricht dem 2,3455-fachen der in 2003 erbrachten Schadenaufwendungen (76 × 2,3455 = 178).

1065 5.628 GE = 6.498 GE – 870 GE.

1066 Zur Begründung der Popularität des Chain-Ladder Verfahrens vgl. *Mack, Thomas* (Reserve Estimates, 1993), S. 213.

1067 Vgl. *Hoffmann, Reiner* (Spätschadenreservierung, 1999), S. 115.

1068 Vgl. *Hoffmann, Reiner* (Spätschadenreservierung, 1999), S. 148.

Höhe der Rückstellung, die nicht auf einen veränderten Schadenaufwandstrend, sondern auf willkürliches oder bilanzpolitisches Verhalten des Managements zurückzuführen sind, wie z.B. die (in Bandbreiten beeinflussbare) Abwicklungsgeschwindigkeit der gemeldeten Versicherungsfälle. Wenn bspw. das Unternehmen für die in 2003 verdiente Prämie infolge einer erhöhten Abwicklungsgeschwindigkeit in 2003 Schadenzahlungen in Höhe von 1.300 GE (statt 1.114 GE) erbringt, erhöht sich die zu bildende Schadenrückstellung von 2.659 GE auf 3.105 GE[1069]. Wickelt das Unternehmen dagegen sämtliche in 2003 eingetretenen und im selben Jahr gemeldeten Versicherungsfälle erst in 2004 ab, führt die multiplikative Verknüpfung der Schadenzahlungen (0 GE statt 1.300 GE) mit dem auf Vergangenheitserfahrungen gewonnenen Entwicklungsfaktor von 3,3882 zu einer Rückstellungsbildung von 0 GE[1070] (statt 2.659 GE). Dies führt auch im „long tail"-Geschäft zu Verzerrungen des Prognoseergebnisses. Da in diesem Geschäft in den ersten Folgejahren des Anfalljahres regelmäßig keine oder nur geringe Schadenzahlungen erbracht werden, ermittelt das Chain-Ladder-Verfahren bei mechanischer Anwendung auch keine oder nur eine niedrige Rückstellung für die unbekannten Versicherungsfälle.

Diese unerwünschten Verzerrungen können teilweise dadurch vermindert werden, dass der Bilanzierende die Abwicklungskoeffizienten aus den gemeldeten Schäden statt den gezahlten Schäden entwickelt, (vermeintliche) Extremwerte von der Berücksichtigung ausschließt und/oder die Schätzung durch Stabilitätsfaktoren in der formalen Berechnung der erwarteten Endschadenlast glättet.

2.2. Cape Code-Verfahren als Erweiterung des Chain-Ladder Verfahrens

Aufgrund der einfachen multiplikativen Verknüpfung der gezahlten Schäden mit den Entwicklungsfaktoren können subjektive Einflussnahmen und externe Einflüsse auf die Abwicklung der Schadenfälle das Extrapolationsergebnis verzerren. Zwar können diese Probleme durch entsprechende Modifikationen des Chain-Ladder-Verfahrens vermieden werden, aber dadurch werden die Berechnungen auch komplexer und weisen eine Tendenz zur Intransparenz auf.[1071] Das Cape Code-Verfahren bietet dagegen eine einfache Methode zur Vermeidung der Grundproblematik des Chain-Ladder-Verfahrens.

1069 1.300 GE × 3,3882 – 1.300 GE = 3.105 GE.

1070 Vgl. *Boulter, Anthony/ Grubbs, Dawson* (Spätschadenrückstellung, 2000), S. 16; *Hoffmann, Reiner* (Spätschadenreservierung, 1999), S. 149.

1071 Zur Darstellung des London-Chain-Methode und London-Chain-Pivot-Methode vgl. *Hoffmann, Reiner* (Spätschadenreservierung, 1999), S. 163.

Der Ausgangspunkt der Berechnungen des Cape Code-Verfahrens ist – wie beim Chain-Ladder-Verfahren – der „Faktor bis zum Endwert". Im Ausgangsbeispiel wurde für die Geschäftsjahresumsätze 1999 ein „Faktor bis zum Endwert" von 1,0756 errechnet. Dessen Kehrwert (sog. „lag factor") von 0,9297 (= 1/1,0756) informiert darüber, wie viel Prozent der erwarteten Endschadenlast bis zum Abschlussstichtag bereits zahlungswirksam erbracht wurden.[1072] Dies bedeutet für das Jahr 1999, dass 92,97 % der auf Basis der Entwicklungsfaktoren ermittelten Endschadenlast zum Abschlussstichtag vollständig erbracht wurden, während 7,03 % noch ausstehen. Die „lag factors" werden formal aus den nach dem Chain-Ladder Verfahren ermittelten Entwicklungsfaktoren abgeleitet[1073]:

$$l_0 = \frac{1}{(e_0 \cdot e_1 \cdot e_2 \cdot \ldots \cdot e_{k-2} \cdot e_{k-1})}$$

$$l_1 = \frac{1}{(e_1 \cdot e_2 \cdot \ldots \cdot e_{k-2} \cdot e_{k-1})}$$

$$l_2 = \frac{1}{(e_2 \cdot \ldots \cdot e_{k-2} \cdot e_{k-1}}$$

....

$$l_{k-2} = \frac{1}{(e_{k-2} \cdot e_{k-1})}$$

$$l_{k-1} = \frac{1}{e_{k-1}}$$

Das Cape Code-Verfahren setzt die anteilig erbrachten bzw. noch ausstehenden Schadenzahlungen in Relation zur verdienten Prämie mit P_i ($0 \leq i \leq k$) und errechnet danach eine auf die Zukunft übertragbare Schadenquote. Bis zum Abschlussstichtag des Geschäftsjahres 2003 erfüllte der Versicherer 92,97 % der erwarteten Endschadenlast für das Jahr 1999 oder anders ausgedrückt: Für 92,97 % der im Jahre 1999 verdienten Prämie wurden die erwarteten Schadenzahlungen vollständig erbracht. Das entspricht einem absoluten Prämienvolumen von 3.719 GE[1074]. Für die verbleibenden 7,03 % der in 1999 verdienten Prämien in Höhe von 281 GE[1075] stehen die Schadenleistungen dagegen noch aus und sind zu schätzen. Hierbei findet die für die „verbrauchte" verdiente Prämie ermittelte Schadenquote von 84,04 %[1076] Anwendung, so dass für 1999 noch mit weiteren Schadenzahlungen in Höhe von 236 GE[1077] gerech-

---

1072 Vgl. *Hoffmann, Reiner* (Spätschadenreservierung, 1999), S. 146.

1073 Die „lag factors" können mit Hilfe des Grossing-Up Verfahrens auch ohne die Verwendung der nach dem Chain-Ladder-Verfahren ermittelten Abwicklungsfaktoren bestimmt werden. Vgl. *Lorenz, Holger/Schmidt, Klaus D.* (Grossing-Up Verfahren, 2004), S. 94 – 97.

1074 4.000 GE × 92,97 % = 3.719 GE.

1075 4.000 GE × 7,03 % = 281 GE.

1076 Schadenquote = gezahlte Schäden / „verbrauchte" Prämien = 3.139/ 3.719 = 84,04 %.

1077 281 GE × 84,04 %= 236 GE.

net wird. Wenn diese Schadenquote periodenübergreifend ermittelt wird, schließt sie periodische Zufallsschwankungen aus und gewinnt an Stabilität[1078]. Diese Vorgehensweise im Cape Code-Verfahren wird durch die folgende Tabelle verdeutlicht:

Tabelle 14: Cape Code-Verfahren – Bildung der Rückstellung

Anfalljahr	Faktor bis zum Endwert	lag factor	verdiente Prämie	verdiente Prämie ("verbraucht")	gezahlte Schäden	Schadenquote (Gesamt)	verdiente Prämie ("unverbraucht")	Rückstellung
1998	1,0000	1,0000	4.000	4.000	3.267		0	0
1999	1,0756	0,9297	4.000	3.719	3.139		281	245
2000	1,2104	0,8262	4.000	3.305	2.900		695	606
2001	1,4555	0,6871	4.000	2.748	2.485	87,22%	1.252	1.092
2002	1,9778	0,5056	4.000	2.022	1.901		1.978	1.725
2003	3,3882	0,2951	4.000	1.181	1.114		2.819	2.459
Summe			24.000	16.975	14.805		7.025	6.127

Bis zum Bilanzstichtag wurden Schadenzahlungen für verdiente Prämien in Höhe von 16.975 GE endgültig erbracht. Die dazu erforderlichen Auszahlungen beliefen sich auf 14.805 GE, was einer Schadenquote von 87,22 % entspricht. Folglich sind zum Abschlussstichtag noch verdiente Prämien in Höhe von 7.025 GE[1079] mit Schadenfällen belastet. Unter Beachtung der durchschnittlichen Schadenquote von 87,22 % muss das Unternehmen mit zukünftigen Schadenzahlungen von 6.127 GE[1080] für die „unverbrauchten" Prämien rechnen. Zur Ermittlung der Schadenrückstellung für unbekannte Versicherungsfälle sind hiervon die Einzelrückstellungen für 2003 in Höhe von 870 GE abzuziehen. Hiernach ergibt sich eine Rückstellung für unbekannte Versicherungsfälle in Höhe von 5.257 GE[1081].

Die anzuwendende durchschnittliche Schadenquote wird formal durch den folgenden Ausdruck beschrieben:

$$q_G = \frac{D_G}{\sum_{i=0}^{k} P_i \cdot l_i}$$

mit: q_G - Gesamtschadenquote

D_G - Summe der Schadenzahlungen über alle Anfall- und Abwicklungsjahre

P_i - verdiente Prämie im Anfalljahr i

l_i - lag factor für das Anfalljahr i

Das Cape Code-Verfahren folgt – wie das Loss Ratio-Verfahren einem strengen Automatismus. Die nach dem Loss-Ratio-Verfahren erforderliche Schätzung der durchschnittlichen

1078 Vgl. *Hoffmann, Reiner* (Spätschadenreservierung, 1999), S. 166.
1079 24.000 GE ./. 16.975 GE = 7.025 GE.
1080 7.025 GE × 87,22 % = 6.127 GE.
1081 5.257 GE = 6.127 GE – 870 GE.

Schadenquote wird hier durch die in der Vergangenheit beobachteten Entwicklungen in den Schadenzahlungen substituiert und auf zweifache Art und Weise objektiviert.

1. Zunächst legt der aus objektiven Vergangenheitsdaten ermittelte „lag factor" fest, welcher Betrag der verdienten Prämie des zu untersuchenden Geschäftsjahres noch mit Schadenfällen belastet ist.
2. Der aus der tatsächlich erbrachten Schadenzahlung und der „verbrauchten" Prämie ermittelte Quotient fixiert dann die Schadenquote, mit der die noch belasteten Rest-Prämien zum Zweck der Rückstellungsbildung multipliziert werden.

Ermessens- und Schätzspielräume bleiben dem Manager im Wesentlichen nur bei der Ermittlung der Schadenquote. Ihre Höhe kann er – in Grenzen – durch die Auswahl und Anzahl der Referenzperioden und des in Grenzen (manipulierbaren) Referenzmaßstabs[1082] beeinflussen. Anschließend wird die Rückstellungshöhe nach einem starren, objektivierten Verfahren ermittelt.

Nach dem Cape Code-Verfahren hat ein verändertes Erfüllungsverhalten des Unternehmens einen deutlich geringeren Einfluss auf die Rückstellungshöhe als beim Chain-Ladder-Verfahren. Erfüllt das Unternehmen beispielsweise keine der im Geschäftsjahr 2003 eingetretenen Schadenfälle bis zum Abschlussstichtag, beläuft sich die Rückstellungshöhe auf 2.030 GE[1083], was einem Rückgang der absoluten Aufwandsbelastung von 1.125 GE[1084] entspricht. Auch hier interpretiert das Verfahren die veränderte Erfüllungsgeschwindigkeit fälschlicherweise als in der Vergangenheit beobachtete prognoserelevante Veränderung des Schadenverlaufs. Die dadurch verursachte Verzerrung der Rückstellungshöhe fällt aber deutlich geringer aus als beim Loss Ratio-Verfahren. Deshalb ist ihm dieses auch in der Aussagefähigkeit regelmäßig überlegen.

Seine Grenzen findet das Cape Code-Verfahren immer dann, wenn dem Management bis zum Abschlussstichtag bessere Informationen zur Verfügung stehen, die eine Wiederholung der in der Vergangenheit beobachteten Endschadenlast unwahrscheinlich erscheinen lassen. Denn subjektive Erwartungen des Managements werden sowohl nach dem Chain-Ladder-Verfahren als auch nach dem Cape Code-Verfahren in die Schätzung der Endschadenlast auch dann nicht einbezogen, wenn sie im Einzelfall begründet sind. Rechnet das Management im Aus-

---

1082 Z.B. Höhe der gezahlten Schäden oder Höhe der gemeldeten Schadenfälle.

1083 Schadenquote = [(13.660 GE ./. 970 GE) / (4 793 GE ./. 423 GE)] = 456 / 4 370 = 11 %; Rückstellung = Schadenquote × nicht verbrauchter Umsatz = 11,0 % × (6 000 GE ./. 4 370) = 179 GE.

1084 bisherige Belastung: 3.155 GE (= Rückstellung (2.185 GE) zzgl. Schadenszahlung 2003 (970 GE) abzgl. neue Belastung 2.030 GE (= Rückstellung 2.030 GE) zzgl. Schadenszahlung 2003 (0 GE).

gangsbeispiel damit, dass sich die Schadenquote für das Geschäftsjahr 2000 aufgrund einer zunehmenden Prozessfreudigkeit deutlich erhöht hat und mutmaßlich 95 % betragen wird und für das Anfalljahr 2000 bis zum Bilanzstichtag wiederum Schadenzahlungen in Höhe von 2.900 GE erbracht wurden, führt das Loss Ratio-Verfahren zu einer Einzelrückstellung für 2000 in Höhe von 900 GE:

$$R_G = (q_G \cdot P) - S = (95\% \cdot 4.000\ GE) - 2.900\ GE = 900\ GE$$

Der mit dem Chain-Ladder-Verfahren ermittelte „Faktor bis zum Endwert" prognostiziert dagegen (formal), dass sich die Endschadenlast für 2000 auf das 1,2104-fache der bisher gezahlten Schäden beläuft (3.510 GE) und die Rückstellung mit 610 GE gebildet wird.

Das Cape Code-Verfahren wandelt diesen Wert in einen „lag factor" von 0,8262 um und gelangt zu dem Ergebnis, dass 82,62 % der im Geschäftsjahr 2000 verdienten Prämien endgültig von Schadenleistungen befreit (3.305 GE) und lediglich die verbleibenden 17,38 % der Geschäftsjahresprämien (695 GE) noch mit Schadenfällen belastet sind. In Verbindung mit der durchschnittlichen (Gesamt-)Schadenquote von 87,22 %, resultiert hieraus eine Rückstellung in Höhe von lediglich 606 GE:

Tabelle 15: Schätzung der Schadenrückstellung nach dem Cape Code-Verfahren

Anfalljahr	Faktor bis zum Endwert	lag factor	verdiente Prämie	verdiente Prämie ("verbraucht")	gezahlte Schäden	Schadenquote (Gesamt)	verdiente Prämie ("unverbraucht")	Rückstellung
1998	1,0000	1,0000	4.000	4.000	3.267		0	0
1999	1,0756	0,9297	4.000	3.719	3.139		281	245
2000	1,2104	0,8262	4.000	3.305	2.900	87,22%	695	606
2001	1,4555	0,6871	4.000	2.748	2.485		1.252	1.092
2002	1,9778	0,5056	4.000	2.022	1.901		1.978	1.725
2003	3,3882	0,2951	4.000	1.181	1.114		2.819	2.459
Summe			24.000	16.975	14.805		7.025	6.127

2.3. *Die Rückstellungsschätzung auf Basis subjektiver Erwartungen und objektivierten Vergangenheitswerten nach dem Bornhuetter-Ferguson-Verfahren*

Während das Loss-Ratio-Verfahren Trendüberlegungen vollständig zurückdrängt und das Cape-Code-Verfahren wertrelevante neue Erkenntnisse des Unternehmens vernachlässigt, kombiniert das Bornhuetter-Ferguson-Verfahren für die Rückstellungsbildung die statistisch aufbereiteten, objektivierten Vergangenheitswerte mit den subjektiven Erwartungen des Managements.[1085] Zu diesem Zweck zerlegt das Bornhuetter-Ferguson-Verfahren – wie das Cape Code-Verfahren - die (zu schätzende) Endschadenlast anhand der „lag factors" in einen bis

[1085] Vgl. *Boulter, Anthony/ Grubbs, Dawson* (Spätschadenrückstellung, 2000), S. 19; *Fourie, Dirk/ Müller-Arnold, Michael/ Uden, Bernhard* (Schätzungen, 2002), S. 29.

zum Abschlussstichtag erbrachten und einen noch ausstehenden Anteil.[1086] Soweit die erbrachten Schadenzahlungen auf die bis zum Abschlussstichtag „verbrauchten“ Prämien entfallen, verdrängen die gezahlten Schäden die Schätzungen des Managements. Dies bedeutet für das Jahr 2000, dass für die bis zum Abschlussstichtag erfüllten 82,62 % der erwarteten Endschadenlast die erbrachten Schadenzahlungen von 2.900 GE zu Grunde gelegt werden. Nur noch für die „unverbrauchten“ Prämien in Höhe von 17,38 % schätzt das Management die zu erwartenden Schadenzahlungen individuell. In diese Schätzung können dann neben zwischenzeitlich eingetretenen Trends in den Schadenquoten auch revidierte Portfeuilles- bzw. Markterfahrungen einfließen.[1087]

Die Manager können die zu erwartende Schadenquote pauschal (z. B. 85 %) schätzen und auf die schadenzahlungsbehafteten, unverbrauchten Prämien anwenden. Sie können diese aber auch dadurch ermitteln, dass sie die Schadenquote für jedes Geschäftsjahr und jedes noch offene Abwicklungsjahr individuell schätzen. Dazu wird das folgende auf den unkumulierten Schadenzahlungen basierende Schadendreieck vervollständigt.

Tabelle 16: Schätzung der periodenindividuellen Schadenquoten

Anfalljahr	verdiente Prämie	Abwicklungsjahr						Schadenquote
		0	1	2	3	4	5	
1998	4.000	0,250	0,163	0,147	0,110	0,089	0,057	81,68%
1999	4.000	0,242	0,184	0,159	0,116	0,083	*0,060*	84,46%
2000	4.000	0,257	0,180	0,161	0,126	*0,083*	*0,063*	87,09%
2001	4.000	0,267	0,197	0,158	*0,129*	*0,085*	*0,064*	89,93%
2002	4.000	0,277	0,198	*0,160*	*0,130*	*0,087*	*0,065*	91,73%
2003	4.000	0,278	*0,199*	*0,162*	*0,131*	*0,090*	*0,068*	92,84%

Im oberen Dreieck der Tabelle werden für jedes Geschäftsjahr die tatsächlichen Schadenquoten einzelner Abwicklungsjahre auf Basis der unkumulierten Schadenzahlungen dargestellt. So wurden für das Jahr 2000 im 3. Abwicklungsjahr Schadenzahlungen in Höhe von 12,63 % der verdienten Jahresprämie (505 GE) erbracht.[1088] Das untere Dreieck beinhaltet die durch das Management geschätzten Schadenquoten für die noch offenen Abwicklungsjahre. Danach erwartet das Management, dass für das Jahr 2000 in den Abwicklungsjahren 4 und 5 noch Schadenzahlungen in Höhe von 8,30 % bzw. 6,30 % der verdienten Jahresprämie zu erbringen sind. Die Schadenquote für das Geschäftsjahr setzt sich wiederum aus der Summe der

---

1086 Vgl. *Bornhuetter, Ronald. L./Ferguson, Ronald E.* (IBNR, 1972), S. 187.

1087 Vgl. *Boulter, Anthony/ Grubbs, Dawson* (Spätschadenrückstellung, 2000), S. 19; *Fourie, Dirk/ Müller-Arnold, Michael/ Uden, Bernhard* (Schätzungen, 2002), S. 29.

1088 505 GE/ 4.000 GE = 12,625 %.

tatsächlichen und der geschätzten Schadenquoten für die einzelnen Abwicklungsjahre zusammen, so dass sich für das Geschäftsjahr 2000 eine Schadenquote von 87,09 %[1089] ergibt.

Die Rückstellung nach dem Bornhuetter-Ferguson-Verfahren ermittelt sich allgemein durch die Formel:

$$R_i = \sum_{i=0}^{k} q_i \cdot (P_i \cdot (1 - l_i))$$

mit: R_i - Schadenrückstellung für das Anfalljahr i
$q_i \cdot$ - Schadenquote für das Anfalljahr i
P_i - Verdiente Prämie für das Anfalljahr i
l_i - lag factor für das Anfalljahr i

Unter Beachtung der vom Management subjektiv geschätzten Schadenquote von 87,09 % ergibt sich damit für das Geschäftsjahr 2000 eine Einzelrückstellung in Höhe von 606 GE[1090]. Die folgende Tabelle verdeutlicht die Vorgehensweise für das Ausgangsbeispiel:

Tabelle 17: Bornhuetter-Ferguson - Bildung der Rückstellung

Anfalljahr	lag factor	1 – lag factor	verdiente Prämie	verdiente Prämie (unverbraucht)	Schadenquote (geschätzt)	Rückstellung	gezahlte Schäden	Endschaden-last	Schaden-quote
1998	1,0000	0,0000	4.000	0	81,68%	0	3.267	3.267	81,68%
1999	0,9297	0,0703	4.000	281	84,46%	237	3.139	3.376	84,40%
2000	0,8262	0,1738	4.000	695	87,09%	606	2.900	3.505	87,63%
2001	0,6871	0,3129	4.000	1.252	89,93%	1.126	2.485	3.611	90,27%
2002	0,5056	0,4944	4.000	1.978	91,73%	1.814	1.901	3.715	92,88%
2003	0,2951	0,7049	4.000	2.819	92,84%	2.618	1.114	3.731	93,28%
Summe			24.000	7.025		6.400	14.805	21.205	

Die Rückstellung für unbekannte Versicherungsfälle ist die Differenz zwischen der Gesamtschadenrückstellung von 6.400 GE und der Summe der Einzelrückstellungen für 2003 von 870 GE und beträgt somit 5.530 GE[1091].

Ob das Bornhuetter-Ferguson-Verfahren dem Cape-Code-Verfahren überlegen ist, hängt von der Qualität und Vertrauenswürdigkeit der Managementschätzungen ab. Vertraut der Kapitalmarkt den Urteilen des berichtspflichtigen Unternehmens, so stellt das Bornhuetter-Ferguson-Verfahren einen gelungenen Kompromiss aus objektivierter und zugleich subjektiver Berichterstattung dar. Allerdings ergeben sich hierdurch im Rahmen der Abschlusserstellung erhebliche Ermessensspielräume mit bilanzpolitischen Möglichkeiten.

1089 25,7 % + 18,0 % + 16,1 % + 12,6 % + 8,3 % + 6,3 % = 87,09 %.
1090 87,09 % × [4,000 GE * (1 ./. 0,8262)] = 606 GE.
1091 5.530 GE = 6.400 GE – 870 GE.

3. *Anwendung der nach US-GAAP anerkannten Verfahren auch für den handelsrechtlichen Jahresabschluss*

3.1. *Vorsichtiger Wert vs. Erwartungswert*

Eine standardisierte oder gesetzlich vorgeschriebene Methode zur Ermittlung der Schadenrückstellungen für unbekannte Versicherungsfälle existiert nach deutschem Handelsrecht nicht. Sofern das angewendete Verfahren oder die Kennzahl zu Ergebnissen führt, die den Grundsätzen ordnungsmäßiger Buchführung entsprechen, besteht eine Methodenwahlfreiheit. Insofern könnten auch die nach US-GAAP anerkannten Verfahren zur Anwendung gelangen, wenn sie mit den handelsrechtlichen Vorschriften in Einklang stehen.

In seiner Grundform basiert das Chain-Ladder-Verfahren ausschließlich auf den proportionalen Zusammenhängen der Abwicklungsjahre (Spalten) in der Vergangenheit und projiziert diese proportionalen Zusammenhänge mittels der Abwicklungsfaktoren auf die noch offenen Abwicklungsjahre jüngerer Anfalljahre. Dabei ist jeder Abwicklungsfaktor „ein gewichtetes Mittel der beobachteten Abwicklungsfaktoren des betreffenden Abwicklungsjahres."[1092] So setzen sich im Ausgangsbeispiel die Abwicklungsfaktoren wie folgt zusammen[1093]:

Tabelle 18: Zusammensetzung der Entwicklungsfaktoren

Anfalljahr	Abwicklungsjahr					
	0	1	2	3	4	5
1998		1,653	1,356	1,197	1,132	1,0756
1999		1,759	1,373	1,199	1,119	
2000		1,701	1,367	1,211		
2001		1,739	1,341			
2002		1,714				
2003						
Durchschnitt		*1,7131*	*1,3592*	*1,2024*	*1,1255*	*1,0756*

Der Entwicklungsfaktor stellt das realisierte Stichprobenmittel der für das betreffende Abwicklungsjahr und Anfalljahr beobachteten einzelnen Abwicklungsfaktoren dar[1094] und verkörpert insoweit eine Schätzung für den Erwartungswert der Abwicklungsfaktoren.[1095] Das Chain-Ladder-Verfahren, aber auch das Cape Code-Verfahren, zeichnen sich durch den Automatismus aus, mit dem die Schätzung der künftigen Schadenzahlungen aus den Entwicklungsfaktoren abgeleitet wird. Die subjektiven Erwartungen finden an dieser Stelle keine (oder nur eine relativ geringe) Berücksichtigung, so dass auch die abgeleiteten Werte für die Schadenzahlungen bzw. die Endschadenlast als deren Erwartungswert interpretiert werden

1092 *Schmidt, Klaus D.* (Versicherungsmathematik, 2002), S. 276.
1093 Differenzen sind hier auf Rundungen zurückzuführen.
1094 Z. B. 1,7131 = (1,653 + 1,759 + 1,701 + 1,739 + 1,714)/5.
1095 Vgl. *Rockel, Werner* (Fair Value-Bilanzierung, 2004), S. 114 – 115; *Schmidt, Klaus D.* (Versicherungsmathematik, 2002), S. 276.

können. Der Erwartungswert ist risikoneutral und bedarf zum Zweck der vorsichtigen Gewinnermittlung nach deutschem Handelsrecht einer Ergänzung um eine Vorsichtskomponente.[1096] Darüber hinaus ist die geschätzte Endschadenlast an neue Entwicklungen oder Risiken, die in den Vergangenheitsdaten noch nicht oder nur unzureichend berücksichtigt sind, anzupassen. Das Erfordernis dieser Anpassung resultiert aus dem Abschlussstichtagsprinzip und ist von dem Risikozuschlag, der durch das Vorsichtsprinzip begründet wird, zu unterscheiden.

Im Gegensatz zum Chain-Ladder-Verfahren oder Cape Code-Verfahren setzt die Anwendung des Bornhuetter-Ferguson-Verfahrens in handelsrechtlichen Periodenabschlüssen nicht zwingend einen Risikozuschlag voraus. Die Ermittlung der „unverbrauchten" Prämie basiert auf den „lag factors", die sich aus dem Erwartungswert der Entwicklungsfaktoren ableiten. Insoweit geht die Aufteilung der Prämie auf den „verbrauchten" und „unverbrauchten" Teil auf den Erwartungswert der Abwicklungsfaktoren zurück. Die erwartete Endschadenlast beruht aber maßgebend auf der Schätzung der Schadenquote und stützt sich auf Trendüberlegungen und subjektive Erwartungen des Managements. Sofern diese Schätzungen auf einen Wert über den Erwartungswert hinauslaufen, ist der notwendige Risikozuschlag bereits in der Schätzung (implizit) enthalten. Eine vorsichtige Bewertung erfordert, dass die Schadenrückstellung „durch die spätere Auszahlung mit hinreichend großer Wahrscheinlichkeit, z. B. 90 % oder 95 %, nicht unterschritten wird." Ein Risikozuschlag auf die geschätzte Endschadenlast ist demnach nicht erforderlich, wenn der ermittelte Wert diese Voraussetzung erfüllt.

Wenn der Versicherer dagegen zur Schätzung der Schadenquoten auf das Stichprobenmittel zurückgreift[1097], wird auch hier der Erwartungswert für die Schadenquoten ermittelt. Im Ausgangsbeispiel würden sich dann die folgenden (niedrigeren) Schadenquoten ergeben:

Tabelle 19: Schätzung der Schadenquoten

Anfalljahr	verdiente Prämie	Abwicklungsjahr 0	1	2	3	4	5	Schadenquote
1998	4.000	0,250	0,163	0,147	0,110	0,089	0,057	81,68%
1999	4.000	0,242	0,184	0,159	0,116	0,083	0,057	84,20%
2000	4.000	0,257	0,180	0,161	0,126	0,086	0,057	86,83%
2001	4.000	0,267	0,197	0,158	0,118	0,086	0,057	88,23%
2002	4.000	0,277	0,198	0,156	0,118	0,086	0,057	89,26%
2003	4.000	0,278	0,184	0,156	0,118	0,086	0,057	88,01%

In diesem Fall ermittelt das Bornhuetter-Ferguson-Verfahren den Erwartungswert der Endschadenlast, so dass nach dem handelsrechtlichen Vorsichtsprinzip ein Risikozuschlag erforderlich ist.

1096 Vgl. *Perlet, Helmut* (Rückstellungen, 1986), S. 100.

1097 Vgl. hierzu auch *Boulter, Anthony/ Grubbs, Dawson* (Spätschadenrückstellung, 2000), S. 20.

3.2. Objektivierte Erfüllungsbetrag vs. wahrscheinlicher Erfüllungsbetrag

3.2.1. Die Extrapolation vergangener Inflationsraten mit den Schätzverfahren

Die dargestellten Schätzverfahren projizieren das Abwicklungsmuster der Schadenzahlungen in der Vergangenheit auf die noch offenen Abwicklungsjahre. Nach dem Chain-Ladder-Verfahren und dem Cape Code-Verfahren werden die in der Vergangenheit in der Schadenabwicklung beobachteten Trends mittels der Entwicklungsfaktoren bzw. „lag factors" automatisch auf die zukünftigen Abwicklungsperioden fortgeschrieben. Hierbei differenzieren die Verfahren nicht zwischen den verschiedenen Ursachen für die Trends in der Schadenabwicklung, so dass neben dem Wachstum des Versicherungsbestands auch inflationsbedingte Steigerungen oder Veränderungen in der Abwicklungsgeschwindigkeit in den Entwicklungsfaktoren enthalten sind und implizit extrapoliert werden. Während eine Veränderung der Abwicklungsgeschwindigkeit keinen Einfluss auf die erwartete Endschadenlast hat und daher aus den Abwicklungsdaten eliminiert wird, bestimmen vergangene und zukünftige Preissteigerungen sehr wohl die erwartete Endschadenlast. Die Entwicklungsfaktoren sind das Stichprobenmittel von den in der Vergangenheit für das betreffende Abwicklungsjahr beobachteten Abwicklungsfaktoren einzelner Anfalljahre. Da diese Entwicklungsfaktoren in verschiedenen Kalenderjahren beobachtet wurden und folglich auf verschiedenen Preisverhältnissen basieren, projizieren das Chain-Ladder-Verfahren und das Cape Code-Verfahren einen Durchschnittswert vergangener Inflationsraten auf die noch offenen Abwicklungsjahre. Infolge der weitgehend mechanischen Ableitung der Schätzungen aus den Entwicklungsfaktoren kennt der Rechnungslegende die übertragene Inflationsrate ex ante nicht und kann diese auch nicht beeinflussen.

Nach US-GAAP sind zwar künftige Preissteigerungen bzw. Lohn- und Gehaltssteigerungen in die Schätzung der Schadenrückstellung einzubeziehen, dies führt hier aber zu Problemen, wenn das Management für die Zukunft eine andere Entwicklung der Inflationsrate als in der Vergangenheit erwartet. Nach dem deutschen Handelsrecht erfolgt die Bewertung der Schadenrückstellung mit dem Preis- und Lohnniveau am Abschlussstichtag, so dass die Entwicklung bis zum Abschlussstichtag einzubeziehen und die Entwicklung nach dem Abschlussstichtag außer Acht zu lassen ist. Insoweit ist eine Anpassung der Schätzung mit den dargestellten Schätzverfahren nach US-GAAP und deutschem Handelsrecht erforderlich.

Damit die Inflationsraten vergangener Geschäftsjahre nicht auf zukünftige Abwicklungsperioden extrapoliert werden, muss aber nicht die Methodik der Verfahren verändert werden, sondern die inflationsbedingten Steigerungen in der Datenbasis werden zunächst eliminiert.

Das Ziel besteht darin, die in verschiedenen Kalenderjahren erbrachten Schadenzahlungen (oder auch gebildete Schadenrückstellungen) auf das Preisniveau eines Stichtags umzurechnen. Auf diese Weise basieren die Schadenzahlungen auf einheitlichen Preisverhältnissen, so dass zwischen den in verschiedenen Kalenderjahren erbrachten Schadenzahlungen keine inflationsbedingten Steigerungen mehr bestehen und mit den Entwicklungsfaktoren projiziert werden können bzw. müssen. Soweit erforderlich, werden nach der Anwendung der Schätzverfahren auf die bereinigte Datenbasis die beobachteten Inflationsraten nach deutschem Handelsrecht sowie die erwarteten Inflationsraten nach US-GAAP wieder einbezogen.

Nach dem Bornhuetter-Ferguson-Verfahren erfolgt die Aufteilung der Prämie in den „verbrauchten" und „unverbrauchten" Anteil auf Basis der Preisverhältnisse am Abschlussstichtag, so dass die vergangenen Inflationsraten eine angemessene Berücksichtigung finden. Die zukünftigen Preissteigerungen werden dagegen nur in die Bewertung der Schadenrückstellung für unbekannte Versicherungsfälle einbezogen, wenn das Versicherungsunternehmen diese in der geschätzten Schadenquote berücksichtigt.

3.2.2. Aufbereitung der Datenbasis zur Berücksichtigung der Preisverhältnisse am Abschlussstichtag

Wenn sämtliche im Beobachtungszeitraum gezahlten Schäden auf einem Preisniveau basieren sollen, bietet sich zunächst deren Umrechnung auf die Preisverhältnisse zu Beginn des Beobachtungszeitraums an. Im Ausgangsbeispiel wurden für die beobachteten Geschäftsjahre folgende Inflationsraten angenommen:

Tabelle 20: Inflationsraten

Geschäftsjahr	Inflationsrate in % p. a.
1998 - 1999	2,00%
1999 - 2000	3,00%
2000 - 2001	2,50%
2001 - 2002	3,00%
2002 - 2003	3,50%

Im Jahr 2003 wurden für im selben Jahr eingetretene Versicherungsfälle Schadenzahlungen in Höhe von 1.114 GE erbracht. Diese beträgt mit den Preisen des Jahres 1998 bewertet nur noch 970 GE[1098].

Das nachfolgende Schadenabwicklungsdreieck fasst die inflationsbereinigten unkumulierten Schadenzahlungen für den Beobachtungszeitraum 1998 – 2003 zusammen:

[1098] 1.114 × (1/1,035) × (1/1,030) × (1/1,025) × (1/1,030) × (1/1,020) = 970.

Tabelle 21: Inflationsbereinigte unkumulierte Schadenzahlungen

Anfalljahr	Abwicklungsjahr					
	0	1	2	3	4	5
1998	1.000	640	560	410	320	200
1999	950	700	590	420	290	
2000	980	670	580	440		
2001	990	710	550			
2002	1.000	690				
2003	970					

Die Schadenrückstellung für unbekannte Versicherungsfälle wird dann mit den objektivierenden Schätzverfahren auf Basis der inflationsbereinigten Schadenzahlungen durchgeführt. Danach werden die Inflationsraten der Vergangenheit der Rückstellung wieder zugeschlagen.[1099] Da die vergangenen Inflationsraten nicht auf die zukünftigen Abwicklungsperioden extrapoliert wurden, sondern erst im Nachhinein in die Bewertung der Schadenrückstellung einbezogen wurden, basiert sie dennoch auf den Preisverhältnissen am Abschlussstichtag.

Dieses Ergebnis lässt sich aber noch auf einem anderen Weg erreichen. Da in die Ermittlung der Rückstellungen für unbekannte Versicherungsfälle nach deutschem Handelsrecht ausschließlich die Preisverhältnisse am Abschlussstichtag einbezogen werden dürfen, liegt eine Umrechnung der gezahlten Schäden auf das Preisniveau des Berichtsjahres nahe. Die im Ausgangsbeispiel zugrunde gelegten Schadenzahlungen sind in dem nachfolgenden Schadenabwicklungsdreieck nochmals dargestellt.

Tabelle 22: Schadenzahlungen – Ausgangsbeispiel

Anfalljahr	Abwicklungsjahr					
	0	1	2	3	4	5
1998	1.000	653	588	442	355	230
1999	969	735	***635***	466	333	
2000	1.030	721	643	505		
2001	1.066	788	631			
2002	1.109	792				
2003	1.114					

Schadenzahlungen, die in einem Kalenderjahr erbracht wurden, bildet das Schadenabwicklungsdreieck in den Diagonalen ab. Zur Umrechnung sämtlicher Schadenzahlungen auf die Preisverhältnisse am Abschlussstichtag 2003 sind die in einem Kalenderjahr erbrachten Schadenzahlungen mit den Inflationsraten der nachfolgenden Kalenderjahre zu multiplizieren. Im Kalenderjahr 2001 wurden für das Anfalljahr 1999 (2. Abwicklungsjahr) Schadenzahlungen in Höhe von 635 GE erbracht. Auf die Preisverhältnisse 2003 umgerechnet, ergibt sich hierfür

[1099] Vgl. *Boulter, Anthony/ Grubbs, Dawson* (Spätschadenrückstellung, 2000), S. 13.

ein Wert von 677 GE[1100]. Die Ergebnisse für die anderen Abwicklungsjahre sind in dem nachfolgenden Schadenabwicklungsdreieck zusammengefasst:

Tabelle 23: Inflationsbereinigte unkumulierte Schadenzahlungen II

Anfalljahr	Abwicklungsjahr					
	0	1	2	3	4	5
1998	1.148	735	643	471	367	230
1999	1.091	804	*677*	482	333	
2000	1.125	769	666	505		
2001	1.137	815	631			
2002	1.148	792				
2003	1.114					

Die Schätzverfahren ermitteln die Rückstellung für unbekannte Versicherungsfälle direkt auf Basis der Preisverhältnisse am Abschlussstichtag, so dass ein Zuschlag zur Berücksichtigung vergangener Inflationsraten hier nicht erforderlich ist. Da den gezahlten Schäden dennoch ein einheitliches Preisniveau zugrunde liegt, werden mit den Verfahren keine inflationsbedingten Steigerungen auf die noch offenen Abwicklungsjahre übertragen. Eine nach den US-GAAP geforderte Berücksichtigung der zukünftigen Inflationsraten erfordert nach beiden Vorgehensweise einen (weiteren) Zuschlag auf die Rückstellung.

Die beiden Vorgehensweisen stellen eine einfache Möglichkeit zur Eliminierung der inflationsbedingten Steigerungen in den Schadenzahlungen verschiedener Kalenderjahre dar. Ermessensspielräume können sich dabei aber insbesondere ergeben, wenn die Inflationsrate des Berichtsjahres aufgrund einer zum Abschlussstichtag zeitnahen Abschlusserstellung noch nicht bekannt geworden ist und geschätzt werden muss. Da aber die Inflationsrate eines Kalenderjahres die Veränderung des Preisniveaus über den gesamten Zeitraum eines Jahres und somit eine Entwicklung abbildet, basieren die im Laufe eines Kalenderjahres gezahlten Schäden regelmäßig nicht auf einem einheitlichen Preisniveau. Folglich erfordert eine präzise Umrechnung der gezahlten Schäden auf die Preisverhältnisse eines der beiden Stichtage auch die Verwendung unterschiedlicher Inflationsraten. Obwohl die Umrechnung einer im Januar und einer im Dezember eines Jahres erbrachten Schadenzahlungen mit derselben Inflationsrate dann zu Verzerrungen des Ergebnisses führen kann, wird hierauf aus Kosten-/Nutzenüberlegungen regelmäßig verzichtet werden.

[1100] $677 = 635 \times 1{,}030 \times 1{,}035$.

3.2.3. Anwendung des Chain-Ladder-Verfahrens auf die aufbereitete Datenbasis

Zur Anwendung des Chain-Ladder-Verfahrens werden zunächst die inflationsbereinigten kumulierten Schadenzahlungen in einem Schadenabwicklungsdreieck zusammengefasst und die Entwicklungsfaktoren ermittelt.

Tabelle 24: Schadenabwicklungsdreieck – Entwicklungsfaktoren

Anfalljahr	Abwicklungsjahr 0	1	2	3	4	5
1998	1.000	1.640	2.200	2.610	2.930	3.130
1999	950	1.650	2.240	2.660	2.950	
2000	980	1.650	2.230	2.670		
2001	990	1.700	2.250			
2002	1.000	1.690				
2003	970					
Entwicklungs-faktoren	1,6931	1,3434	1,1904	1,1157	1,0683	

Im Vergleich zu den ursprünglich ermittelten Entwicklungsfaktoren fallen die inflationsbereinigten Entwicklungsfaktoren zwangsläufig niedriger aus, da weder die Schadenzahlungen noch die Entwicklungsfaktoren inflationsbedingte Steigerungen enthalten. Mit den Entwicklungsfaktoren werden nur die zukünftigen Schadenzahlungen fortgeschrieben und die erwartete Endschadenlast ermittelt. Hiervon werden die gezahlten Schäden abgezogen und die Rückstellung für unbekannte Versicherungsfälle berechnet. Die Ergebnisse sind in der nachfolgenden Tabelle zusammengefasst:

Tabelle 25: Ermittlung der Endschadenlast nach dem Chain-Ladder-Verfahren für inflationsbereinigte Schadenzahlungen I

Anfalljahr	Abwicklungsjahr 0	1	2	3	4	5	Rückstellungsbewertung: Endschaden-last	gezahlte Schäden	Rückstellung
1998	1.000	1.640	2.200	2.610	2.930	3.130	3.130	3.130	0
1999	950	1.650	2.240	2.660	2.950	*3.151*	3.151	2.950	201
2000	980	1.650	2.230	2.670	*2.979*	*3.182*	3.182	2.670	512
2001	990	1.700	2.250	*2.678*	*2.988*	*3.192*	3.192	2.250	942
2002	1.000	1.690	*2.270*	*2.703*	*3.015*	*3.221*	3.221	1.690	1.531
2003	970	*1.642*	*2.206*	*2.626*	*2.930*	*3.130*	3.130	970	2.160
Entwicklungs-faktoren	1,6931	1,3434	1,1904	1,1157	1,0683		19.008	13.660	5.348

Da die inflationsbedingten Steigerungen eliminiert wurden, führt das Chain-Ladder-Verfahren zwangsläufig zu einer niedrigeren erwarteten Endschadenlast und mithin zu einer niedrigeren Schadenrückstellung für unbekannte Versicherungsfälle. Mit der Aufbereitung der Datenbasis wurden aber lediglich die inflationsbedingten Steigerungen in den Schadenzahlungen eliminiert, so dass andere kalenderperiodenbezogene Effekte – bspw. aus einer geänderten Rechtslage – oder abwicklungsperiodenbezogene Effekte, die das Prognoseergebnis verzerren, in den Entwicklungsfaktoren enthalten sein können. Die so ermittelte Rückstellung ist nun auf die Preisverhältnisse am Abschlussstichtag umzurechnen, indem die vergangenen Inflationsraten durch einen Zuschlag wieder einbezogen werden. Die Inflationsrate für den Zeitraum 1998 bis 2003 betrug 14,80 %[1101], so dass sich eine Gesamtrückstellung für unbekannte Versicherungsfälle in Höhe von 6.139 GE[1102] ergibt.

Zur Anwendung des Chain-Ladder-Verfahrens können die gezahlten Schäden auch auf die Preisverhältnisse des Berichtsjahres umgerechnet werden. Das nachfolgende Schadenabwicklungsdreieck bildet die kumulierten Schadenzahlungen und die Abwicklungsfaktoren ab:

Tabelle 26: Schadenabwicklungsdreieck – Entwicklungsfaktoren

Anfalljahr	Abwicklungsjahr					
	0	1	2	3	4	5
1998	1.148	1.883	2.526	2.996	3.364	3.593
1999	1.091	1.894	2.572	3.054	3.387	
2000	1.125	1.894	2.560	3.065		
2001	1.137	1.952	2.583			
2002	1.148	1.940				
2003	1.114					
Entwicklungs-faktoren	1,6931	1,3434	1,1904	1,1157	1,0683	

Die Entwicklungsfaktoren entsprechen denen der inflationsbereinigten Schadenzahlungen und werden nur für die noch offenen Abwicklungsjahre fortgeschrieben und die Rückstellung für unbekannte Versicherungsfälle errechnet. Die Ergebnisse sind in der nachfolgenden Tabelle zusammengefasst:

Tabelle 27: Ermittlung der Endschadenlast nach dem Chain-Ladder-Verfahren für inflationsbereinigte Schadenzahlungen II

Anfalljahr	Abwicklungsjahr						Rückstellungsbewertung		
	0	1	2	3	4	5	Endschaden-last	gezahlte Schäden	Rückstellung
1998	1.148	1.883	2.526	2.996	3.364	3.593	3.593	3.593	0
1999	1.091	1.894	2.572	3.054	3.387	*3.618*	3.618	3.387	231
2000	1.125	1.894	2.560	3.065	*3.420*	*3.653*	3.653	3.065	588
2001	1.137	1.952	2.583	*3.075*	*3.431*	*3.665*	3.665	2.583	1.082
2002	1.148	1.940	*2.606*	*3.103*	*3.462*	*3.698*	3.698	1.940	1.758
2003	1.114	*1.885*	*2.533*	*3.015*	*3.364*	*3.594*	3.594	1.114	2.480
Entwicklungs-faktoren	1,6931	1,3434	1,1904	1,1157	1,0683		21.821	15.682	6.139

Da die gezahlten Schäden auf die Preisverhältnisse am Abschlussstichtag des Berichtsjahres umgerechnet wurden, ermittelt das Chain-Ladder-Verfahren direkt die Rückstellung in Höhe von 6.139 GE.

1101 1,14799 = 1,035 × 1,030 × 1,025 × 1,030 × 1,020.

1102 6.139 GE = 5.348 GE × 1,14799.

Wenn das Management für den Prognosezeitraum 2004 – 2008 eine durchschnittliche Inflationsrate von 5 % erwartet, ermittelt sich im US-GAAP Abschluss für das Geschäftsjahr 1999 eine Rückstellung von 243 GE[1103]. Die Ergebnisse für die übrigen Geschäftsjahre können aus der nachfolgenden Tabelle entnommen werden:

Tabelle 28: Umrechnung der erwarteten Endschadenlast auf die erwarteten Preisverhältnisse im Abwicklungszeitpunkt

Anfalljahr	Rückstellung (Preisverhältnisse 2003)	Rückstellung (Preisverhältnisse im Zahlungszeitpunkt)
1998	0	0
1999	231	231 × 1,05 = 243
2000	588	$588 \times 1{,}05^2$ = 648
2001	1.082	$1.082 \times 1{,}05^3$ = 1.252
2002	1.758	$1.758 \times 1{,}05^4$ = 2.137
2003	2.480	$2.480 \times 1{,}05^5$ = 3.165
Summe	6.139	7.446

Wenn der Jahresabschlussadressat den subjektiven Erwartungen des Managements hinsichtlich der zukünftigen Inflationsraten vertraut, stellt die Modifikation des Chain-Ladder-Verfahrens eine gute Möglichkeit dar, objektivierte Vergangenheitsdaten mit einer subjektiven Schätzung zukünftiger Inflationsraten zu kombinieren. Darüber hinaus können hier die im Bezug auf die zukünftigen Inflationsraten getroffenen Annahmen offen gelegt werden, so dass den Jahresabschlussadressaten eine Beurteilung der Managementerwartungen grundsätzlich möglich ist. Hinsichtlich der Vergangenheitsdaten gelten die bereits beschriebenen Einschränkungen in der Anwendung auch weiterhin. Lediglich inflationsbedingte Verzerrungen konnten durch diese Modifikation vermieden werden.

D. Objektivierung der Schätzung durch Relationen zwischen bekannten und unbekannten Versicherungsfällen

Zwar besteht nach deutschem Handelsrecht im Rahmen der Grundsätze ordnungsmäßiger Buchführung eine Methodenwahlfreiheit, das Bundesaufsichtsamt für das Versicherungswesen hat aber in der Vergangenheit die unzureichende Dokumentation der Schätzverfahren und methodischen Mängel bei der Schätzung der Schadenrückstellungen kritisiert[1104] und eine eigene Schätzmethode vorgeschlagen[1105], die im folgenden dargestellt werden soll.

1103 243 GE = 231 GE * 1,05.

1104 Vgl. *Bundesaufsichtsamt für das Versicherungswesen* (GB BAV, 1988), S. 57; *Bundesaufsichtsamt für das Versicherungswesen* (GB BAV, 1989), S. 55 – 56.

1105 Vgl. *Bundesaufsichtsamt für das Versicherungswesen* (GB BAV, 1977), S. 43; *Bundesaufsichtsamt für das Versicherungswesen* (GB BAV, 1980), S. 48; *Bundesaufsichtsamt für das Versicherungswesen* (GB BAV, 1982), S. 50.

Der gesamte Schadenaufwand eines Geschäftsjahres ergibt sich aus der Anzahl der Versicherungsfälle, die in diesem Geschäftsjahr eingetreten sind, und dem Durchschnittsaufwand, der zu ihrer Abwicklung erforderlich ist. Die in einem Geschäftsjahr wirtschaftlich verursachten Leistungsverpflichtungen aus Versicherungsfällen werden entweder noch im selben Geschäftsjahr oder erst in den nachfolgenden Geschäftsjahren gemeldet. Damit unterliegt der Durchschnittsaufwand für die in einem Geschäftsjahr wirtschaftlich verursachten Leistungsverpflichtungen Einflüssen aus dem Eintrittsjahr und den Abwicklungsjahren. Häufig besteht zwischen den bekannten und unbekannten Versicherungsfällen eines Geschäftsjahres ein in der Vergangenheit beobachtbarer Zusammenhang, der sich durch das Verhältnis der Anzahl der bekannten zu den unbekannten Versicherungsfällen und dem Verhältnis des durchschnittlichen Schadenaufwands für die bekannten zu den unbekannten Versicherungsfällen beschreiben lässt. Aus in der Vergangenheit beobachteten Verhältnissen der Stückzahl und Durchschnittsaufwand zwischen bekannten und unbekannten Versicherungsfälle sowie Trendüberlegungen leitet das Verfahren eine Schätzung dieser Verhältnisse für das Berichtsjahr ab.[1106] Indem diese Schätzung auf die Anzahl und den Durchschnittsschaden der bekannten Versicherungsfälle angewendet wird, ermittelt der Versicherer dann die erwartete Anzahl und den erwarteten durchschnittlichen Schadenaufwand der unbekannten Versicherungsfälle des Berichtsjahres.

In der nachfolgenden Tabelle ist für den Beobachtungszeitraum die Ermittlung des Durchschnittsschadens für die bekannten Versicherungsfälle zusammengefasst:

Tabelle 29: Durchschnittsschaden bekannte Versicherungsfälle

	1998	1999	2000	2001	2002	2003
gezahlte Schäden	1.000	969	1.030	1.066	1.109	1.114
Rückstellung für bekannte VF	790	820	825	820	840	870
Schadenaufwand (in T €)	1.790	1.789	1.855	1.886	1.949	1.984
Stückzahl	95	90	100	105	102	100
Durchschnittsschaden – bekannte Versicherungsfälle (in €)	19	20	19	18	19	20

Im Geschäftsjahr 1999 wurden Schadenzahlungen im Wert von 969 GE für Versicherungsfälle erbracht, die im selben Geschäftsjahr eingetreten sind und bis zur Aufstellung des Abschlusses 1999 abgewickelt wurden. Darüber hinaus wurden 1999 Einzelrückstellungen in Höhe von 820 GE für in 1999 verursachte oder eingetretene Versicherungsfälle gebildet, die

1106 Nach § 341g Abs. 2 Satz 2 HGB sind die bisherigen Erfahrungen in bezug auf die Anzahl der nach dem Abschlussstichtag gemeldeten Versicherungsfälle und die Höhe der damit verbundenen Aufwendungen in die Schätzung der Rückstellung für unbekannte Versicherungsfälle einzubeziehen. Vgl. GB BAV 1977, S. 43 – 44; GB BAV 1980, S. 48 - 49; *Geib, Gerd/ Telgenbüscher, Franz R.* (Schaden- und Unfallversicherungsunternehmen, Loseblatt), Kapitel B IV, Rdnr. 135 – 144.

bis zur Aufstellung des Abschlusses gemeldet, aber noch nicht abgewickelt wurden. Der sich hieraus ergebende Schadenaufwand für bekannte Versicherungsfälle des Geschäftsjahres beträgt 1.789 GE und entfällt auf 90 gemeldete Versicherungsfälle, so dass sich für 1999 ein durchschnittlicher Schadenaufwand von 20 GE ergibt.

Zur Ermittlung des durchschnittlichen Schadenaufwands der unbekannten Versicherungsfälle sind Versicherungsfälle, die nicht im Eintrittsjahr gemeldet wurden, ihrem Eintrittsjahr zuzuordnen. Die nachfolgende Tabelle ordnet die Schadenzahlungen sowie die Rückstellung für bekannte Versicherungsfälle den Anfalljahren zu.

Tabelle 30: Schadenzahlungen

	1998	1999	2000	2001	2002
gezahlt in GJ 1999 (in T €)	653				
gezahlt in GJ 2000 (in T €)	588	735			
gezahlt in GJ 2001 (in T €)	442	635	721		
gezahlt in GJ 2002 (in T €)	355	466	643	788	
gezahlt in GJ 2003 (in T €)	245	333	505	631	792
Rückstellung für in 2003 gemeldete, aber noch nicht abgewickelte Versicherungsfälle	0	27	125	131	148
Summe	2.283	2.196	1.994	1.550	940

In der ersten Spalte der Tabelle ist das Geschäftsjahr aufgeführt, in dem die Schadenzahlung erbracht wurde. Die gezahlten Schäden werden dann in den einzelnen Spalten dem Anfalljahr des Versicherungsfalls zugeordnet. Im Geschäftsjahr 2000 wurden bspw. Schadenzahlungen von 588 GE für im Jahr 1998 eingetretene Versicherungsfälle und 735 GE für das Jahr 1999 erbracht. In der Regel sind zum Ende des Berichtsjahres Versicherungsfälle vergangener Geschäftsjahre bereits gemeldet, aber noch nicht abgewickelt, so dass die hierfür gebildeten Einzelrückstellungen ebenfalls in die Betrachtung einzubeziehen sind. Die Anzahl der für die Geschäftsjahre des Beobachtungszeitraums nachgemeldeten Versicherungsfälle geht aus der folgenden Tabelle hervor.

Tabelle 31: Nachgemeldete Versicherungsfälle

Stückzahl - unbekannten Versicherungsfälle	1998	1999	2000	2001	2002
gemeldet in GJ 1999	28				
gemeldet in GJ 2000	25	30			
gemeldet in GJ 2001	17	24	29		
gemeldet in GJ 2002	13	17	25	32	
gemeldet in GJ 2003	9	14	21	24	33
Summe	92	85	75	56	33

Im Geschäftsjahr 2000 wurden für im Jahr 1999 eingetretene Versicherungsfälle Schadenzahlungen im Wert von 735 GE erbracht. Diese entfielen auf die 30 in 2000 gemeldeten Versicherungsfälle. Dementsprechend ergibt sich für die in 2000 gezahlten Schadenfälle des Jahres

1999 ein Durchschnittsschaden von 24,5 GE. Insgesamt wurden 85 Versicherungsfälle im Zeitraum 2000 bis 2003 für das Geschäftsjahr 1999 nachgemeldet. Da im gleichen Zeitraum Schadenzahlungen von 2.196 GE erbracht wurden, erforderte die Abwicklung der bis zum Abschlussstichtag nachgemeldeten Versicherungsfälle des Jahres 1999 im Durchschnitt 26 GE. Dies entspricht dem 1,30-fachen des Durchschnittsaufwands der bekannten Versicherungsfälle dieses Geschäftsjahres. Die Ergebnisse für die anderen Geschäftsjahre sind in der folgenden Tabelle zusammengefasst:

Tabelle 32: Relation des durchschnittlichen Schadenaufwands

	1998	1999	2000	2001	2002	2003
Durchschnittsschaden - bekannte Versicherungsfälle (in GE)	19	20	19	18	19	20
Durchschnittsschaden - unbekannten Versicherungsfälle (in GE)	25	26	27	28	28	*28*
Relation des durchschnittlichen Schadenaufwands	1,32	1,30	1,43	1,54	1,49	

Aus der in der Vergangenheit beobachteten Relationen des Durchschnittsschadenwerts für bekannte und unbekannte Versicherungsfälle wird nun eine Relation für 2003 abgeleitet und auf den Durchschnittsschaden für die bekannten Versicherungsfälle des Jahres 2003 angewendet. In der Regel kann für den in 2003 erwarteten Durchschnittsschaden nur ein Intervall bestimmt werden. Wenn den einzelnen Werten auch Eintrittswahrscheinlichkeiten zugeordnet werden können, wird das Intervall durch den Erwartungswert abgebildet. Die Relationen und Eintrittswahrscheinlichkeiten, die das Management für 2003 erwartet, sind in der folgenden Tabelle abgebildet:

Tabelle 33: Geschätzte Relationen des Managements

lfd. Nr.	Durchschnitts-schaden der be-kännte Versiche-rungsfälle 2003	erwartete Relation	erwarteter Durch-schnittsschaden der unbekannten Versiche-rungsfälle 2003	geschätzte Eintritts-wahrscheinlichkeit	Erwartungswert
1	20	1,35	27	5%	1
2	20	1,37	27	15%	4
3	20	1,41	28	25%	7
4	20	1,43	28	40%	11
5	20	1,47	29	15%	5
Summe				100%	28

Der Durchschnittsschaden wird zunächst mit dem Erwartungswert von 28 GE angesetzt und ist zu erhöhen, wenn sich das Versicherungsunternehmen „grundlegend neuen Entwicklungen und Risiken – z. B. in der Produkthaftpflicht oder der Versicherung von Umweltrisiken – gegenübersieht."[1107]

[1107] *Geib, Gerd/ Telgenbüscher, Franz R.* (Schaden- und Unfallversicherungsunternehmen, Loseblatt), Kapitel B IV, Rdnr. 138.

Auch zur Schätzung der Anzahl von Versicherungsfällen, die nach 2003 für die Geschäftsjahre 1999 bis 2003 gemeldet werden, kann der Versicherer auf vergangene Erfahrungen im Bezug auf das Verhältnis der Stückzahl der bekannten zu den unbekannten Versicherungsfällen eines Geschäftjahres zurückgreifen. Da sämtliche im Geschäftsjahr 1998 eingetretenen Versicherungsfälle zum Abschlussstichtag des Berichtsjahres gemeldet wurden, kann die Relation der Stückzahl bekannter zu unbekannter Versicherungsfälle dieses Geschäftsjahres auf die nachfolgenden Geschäftsjahre übertragen werden. Im Zeitraum 1999 bis 2003 wurden für das Jahr 1998 insgesamt 92 Versicherungsfälle nachgemeldet, was dem 0,97-fachen der in diesem Geschäftsjahr bekannt gewordenen Versicherungsfälle entspricht. Indem diese Relation auf die Stückzahl der bekannten Versicherungsfälle nachfolgender Geschäftsjahre angewendet wird und die bis zum Abschlussstichtag des Berichtsjahres gemeldeten Versicherungsfälle hiervon abgezogen werden, schätzt der Versicherer die Anzahl der unbekannten Versicherungsfälle für die noch offenen Anfalljahre.

Tabelle 34: Schätzung der Nachmeldungen

	1998	1999	2000	2001	2002	2003
Anzahl bekannter Versicherungsfälle	95	90	100	105	102	100
Anzahl unbekannter Versicherungsfälle	92	85	75	56	33	0
Relation der Stückzahl	0,97	*0,97*	*0,97*	*0,97*	*0,97*	*0,97*
erwartete Nachmeldungen ab 2004	0	*2*	*22*	*46*	*66*	*97*

Im Geschäftsjahr 1999 wurden 90 Versicherungsfälle noch im selben Jahr gemeldet, so dass der Versicherer insgesamt 87[1108] nachgemeldete Versicherungsfälle erwartet. Abzüglich der 85 bereits gemeldeten Versicherungsfälle schätzt das Versicherungsunternehmen, dass im Geschäftsjahr 2004 noch 2 Versicherungsfälle für 1999 gemeldet werden und stellt hierfür 56 GE zurück. Die nachfolgende Tabelle fasst die Ergebnisse für die nachfolgenden Geschäftsjahre zusammen:

Tabelle 35: Schätzung der Schadenrückstellung für unbekannte Versicherungsfälle

	1998	1999	2000	2001	2002	2003	Summe
erwartete Nachmeldungen ab 2004	0	2	22	46	66	97	
angesetzter Durchschnittsschaden (in GE)	28	28	28	28	28	28	
Rückstellung für unbekannte VF (in GE)	0	56	614	1.285	1.851	2.724	6.531

Die geschätzte Schadenrückstellung für unbekannte Versicherungsfälle basiert auf dem Erwartungswert für den Durchschnittsschaden der nachgemeldeten Versicherungsfälle. Deswegen erfordert das handelsrechtliche Vorsichtsprinzip einen Risikozuschlag auf den risikoneutralen Erwartungswert. Im Ausgangsbeispiel hält das Management einen Risikozuschlag von

[1108] 87 Stück = 90 Stück × 0,97.

5 % für ausreichend. Danach ergeben sich die folgenden Werte für die Schadenrückstellung für unbekannte Versicherungsfälle:

Tabelle 36: Berücksichtigung eines Risikozuschlags

	1998	1999	2000	2001	2002	2003	Summe
Rückstellung für unbekannte Versicherungsfälle (in GE)	0	56	614	1.285	1.851	2.724	6.531
Sicherheitszuschlag	5%	5%	5%	5%	5%	5%	
Rückstellung für unbekannte Versicherungsfälle (in GE)	0	59	645	1.350	1.943	2.861	6.858

Im Unterschied zu den vorangegangenen Schätzverfahren basiert die Schadenrückstellung hier auf Relationen zwischen bekannten und unbekannten Versicherungsfällen. Da diese Relationen aus der Anzahl und dem Durchschnittsschaden für bekannte und unbekannte Versicherungsfälle vergangener Anfalljahre abgeleitet werden, erfährt die Schätzung des Managements eine gewisse Objektivierung. Allerdings erfordert die Ermittlung der Relationen für die Abschlussperiode auch Trendüberlegungen und Schätzungen des Managements und die Schätzung der zukünftigen Schadenzahlungen basiert nicht auf einem Automatismus, wie beim Chain-Ladder-Verfahren und beim Cape Code-Verfahren. Das Verfahren kombiniert die Vergangenheitserfahrungen mit den subjektiven Erwartungen des Managements. Sind die Relationen in der Vergangenheit für die nachfolgenden Anfalljahre aussagekräftig und vertraut der Jahresabschlussadressat den Erwartungen des Managements, gelingt hier, wie beim Bornhuetter-Ferguson-Verfahren, eine angemessene Kombination zwischen subjektiven Erwartungen des Managements und Objektivierungserfordernissen der Jahresabschlussadressaten.

Aufgrund der Verwendung der Relation zwischen den bekannten und unbekannten Versicherungsfällen eines Geschäfts- oder Kalenderjahres werden die vergangenen Preissteigerungen in die Schätzung des Durchschnittswerts einbezogen. Wie bei dem Bornhuetter-Ferguson-Verfahren werden die Preissteigerungen aber nicht (automatisch) auf die nachfolgenden Kalenderjahre projiziert, so dass im Bezug auf Inflation und Löhne/Gehälter eine Bewertung mit den Verhältnissen am Abschlussstichtag gewährleistet ist.

Thesenförmige Zusammenfassung

(1) Die Periodenabschlüsse nach US-GAAP und IAS/IFRS sollen den Jahresabschlussadressaten, insbesondere den aktuellen und potentiellen Investoren, Informationen zur Verfügung stellen, die für ihre wirtschaftlichen Entscheidungen nützlich sind. Dazu müssen die Unternehmensdaten eine Prognose der zukünftigen Unternehmensentwicklung („predictive value") oder eine Korrektur früherer Erwartungen („feedback value") erlauben. Solche entscheidungsrelevanten Abschlussinformationen können die wirtschaftlichen Entscheidungen der potentiellen und aktuellen Investoren jedoch nur dann beeinflussen, wenn sie auch zeitnah kommuniziert werden. Zwar begründet eine zeitnahe Veröffentlichung der Periodenabschlüsse nicht die Entscheidungsrelevanz der Abschlussinformationen, sie vermeidet aber, dass entscheidungsnützliche Informationen an Entscheidungsrelevanz verlieren. Insofern ist die zeitnahe Veröffentlichung der Periodenabschlüsse eine notwendige, aber keine hinreichende Voraussetzung für die Vermittlung entscheidungsnützlicher Informationen. Da auch der handelsrechtliche Jahresabschluss die Jahresabschlussadressaten in ihren wirtschaftlichen Entscheidungen unterstützen soll, erfordert die Informationsfunktion des handelsrechtlichen Jahresabschlusses ebenfalls eine zeitnahe Veröffentlichung der Unternehmensdaten.

(2) Die Erstellung von Fast Close-Abschlüssen geht zwangsläufig mit einer Verkürzung des Aufhellungszeitraums einher. Im Rahmen der subjektiven Aufhellungskonzeption steht die Verkürzung des Aufhellungszeitraums nicht zwangsläufig mit der Berücksichtigung von wertaufhellenden Ereignissen im Konflikt. Hiernach müsste das Unternehmen nur gewährleisten, dass die mit angemessener Sorgfalt bis zum Bilanzstichtag erlangbaren Informationen am Tag der Aufstellung des Abschlusses berücksichtigt wurden. Dagegen müssen sich nach der objektiven Aufhellungskonzeption auch solche wertaufhellenden Informationen im Abschluss niederschlagen, die das Unternehmen am Bilanzstichtag selbst bei größtmöglicher Sorgfalt noch nicht kennen konnte. Insofern steht die Verkürzung des Aufhellungszeitraums im Widerspruch zur objektiven Aufhellungskonzeption, da weniger wertaufhellende Ereignisse in die Abschlusserstellung einbezogen werden.

(3) Die Vorschriften zur Berücksichtigung von Ereignissen nach dem Bilanzstichtag lassen sich weder nach US-GAAP noch nach IAS/IFRS der subjektiven oder der objektiven Aufhellungskonzeption eindeutig zuordnen. Nach beiden Regelungswerken sind

wertaufhellende Informationen dann in die Abschlusserstellung einzubeziehen, wenn diese am Bilanzstichtag noch nicht erkennbar waren. Infolge der Verkürzung des Aufhellungszeitraums können wertaufhellende Ereignisse nur in einem geringeren Umfang in den Periodenabschlüssen nach US-GAAP und IAS/IFRS Berücksichtigung finden. Beide Regelungswerke erlauben die Verwendung von geschätzten an Stelle von tatsächlichen Werten, wenn sich hierdurch die Entscheidungsnützlichkeit der Informationen erhöht. Allerdings bleiben die Anforderungen an die geschätzten Finanzdaten unklar, so dass sich ein erheblicher Ermessensspielraum eröffnet.

(4) Nach deutschem Handelsrecht und nach US-GAAP werden Schadenrückstellungen nicht nur für rechtliche Verpflichtungen aus eingetretenen Versicherungsfällen, sondern auch für faktische Verpflichtungen aus eingetretenen Schäden gebildet. Während der Ansatz einer faktischen Verpflichtung nach deutschem Handelsrecht jedoch das Vorliegen eines faktischen Leistungszwangs erfordert, ist die Passivierung einer faktischen Verpflichtung nach US-GAAP weitgehend ungeregelt. Sowohl das handelsrechtliche Realisationsprinzip als auch das „matching principle" nach US-GAAP verlangen eine Passivierung der Schadenrückstellung mit dem Eintritt des Versicherungsfalls. Die Schadenrückstellungen für faktische Verpflichtungen sind nach beiden Regelungswerken mit der Ankündigung der Kulanzleistung gegenüber dem Versicherungsnehmer oder dem anspruchsberechtigten Dritten zu passivieren. Erst in diesem Zeitpunkt kann sich das Versicherungsunternehmen der Leistungserbringung nicht mehr aus eigener Kraft entziehen. Obwohl eine eigenständige rechtliche Verpflichtung zur Bearbeitung des Versicherungsfalls nicht besteht, sind die (erwarteten) Schadenbearbeitungskosten nach deutschem Handelsrecht und nach US-GAAP in die Schadenrückstellung einzubeziehen. Da sich die Schadenbearbeitung als unselbständige Nebenleistung der Hauptleistung Schadenersatzleistung darstellt, resultiert die Verpflichtung zur Schadenbearbeitung aus der rechtlichen oder faktischen Verpflichtung zur Schadenersatzleistung.

(5) Das handelsrechtliche Einzelbewertungsprinzip gebietet, die Verpflichtungen aus eingetretenen, aber noch nicht abgewickelten Versicherungsfällen einzeln zu bewerten. Wenn der Versicherungsfall bis zur Schließung des Schadenregisters noch nicht gemeldet wurde, scheidet eine Einzelbewertung mangels subjektiver Kenntnis des einzelnen Versicherungsfalls aus. In diesen Fällen verlangt das handelsrechtliche Vorsichtsprinzip eine pauschale Bewertung der Schadenrückstellung. Nach US-

GAAP ist die Schadenrückstellung grundsätzlich pauschal für die bekannten und unbekannten Versicherungsfälle zu ermitteln. Allerdings ist auch eine Einzelbewertung der bekannten Versicherungsfälle in Kombination mit einer Pauschalbewertung der Schadenrückstellung für unbekannte Versicherungsfälle zulässig. In die Schätzung der Schadenrückstellung sind nach beiden Regelungswerken die Schadenregulierungserfahrungen der Vergangenheit einzubeziehen.

(6) Nach deutschem Handelsrecht und nach US-GAAP ist die Schadenrückstellung mit dem vollen Erfüllungsbetrag der Verpflichtungen aus eingetretenen, aber noch nicht abgewickelten Versicherungsfällen anzusetzen. Dabei verlangt das handelsrechtliche Vorsichtsprinzip eine Passivierung der Schadenrückstellung mit einem Betrag oberhalb des Erwartungswerts, wenn der (volle) Erfüllungsbetrag nur in einer Bandbreite geschätzt werden kann. Nach US-GAAP ist die Schadenrückstellung hingegen grundsätzlich mit dem wahrscheinlichsten Betrag der Bandbreite anzusetzen. Wenn die Beträge innerhalb der Bandbreite die gleiche Eintrittswahrscheinlichkeit aufweisen, ist eine Passivierung mit dem niedrigsten Betrag geboten.

(7) Soll die Schadenrückstellung mit dem vollen Erfüllungsbetrag passiviert werden, müssen auch die Gemeinkosten und die zukünftigen Lohn- und Preissteigerungen in die Bewertung der Schadenrückstellung einfließen. Während die Gemeinkosten und zukünftigen Lohn- und Preissteigerungen nach deutschem Handelsrecht aus Objektivierungserwägungen unberücksichtigt bleiben müssen, besteht nach US-GAAP für beide ein Passivierungsgebot. Die Abzinsung der Schadenrückstellungen lehnen beide Regelungswerke aus Objektivierungserwägungen einvernehmlich ab, obwohl in wirtschaftlicher Betrachtungsweise eine Abzinsung der Schadenrückstellung geboten wäre, da das Versicherungsunternehmen im Zeitraum zwischen Eintritt und Abwicklung des Versicherungsfalls noch Erträge aus der Anlage des zurückgestellten Betrags am Geld- oder Kapitalmarkt erwirtschaften kann.

(8) Die Zuverlässigkeit der Abschlussinformationen in Fast Close-Abschlüssen erfordert, dass die verwendeten Schätzverfahren eine zuverlässige Berechnung der Schadenrückstellung am Bilanzstichtag ermöglichen. Hierbei erscheint die Anwendung des Loss Ratio-Verfahrens nur unter sehr restriktiven Bedingungen oder bei Dominanz des Vereinfachungsaspekts sinnvoll. Das Chain-Ladder-Verfahren und das Cape Code-Verfahren ermitteln weitgehend frei von Managemententscheidungen die Höhe der Rückstellung durch das mechanische Fortschreiben beobachtbarer Trends vergan-

gener Schadenregulierungserfahrungen. Allerdings können bessere Stichtagserkenntnisse des Managements in der Schätzung keine Berücksichtigung finden. Soweit der Kapitalmarkt den Fähigkeiten und der Berichterstattung des Managements vertraut, stellt das Bornhuetter-Ferguson-Verfahren einen gelungenen Kompromiss zwischen einer objektivierten und subjektiven Rückstellungsermittlung dar. Dies gilt auch für das nach deutschem Handelsrecht gängige Schätzverfahren, das auf Relationen zwischen bekannten und unbekannten Versicherungsfällen in der Vergangenheit basiert.

(9) Da die Schätzverfahren den Erwartungswert der zukünftigen Schadenzahlungen ermitteln, verstoßen sie gegen das handelsrechtliche Vorsichtsprinzip, so dass ein Risikozuschlag auf die geschätzte Schadenrückstellung geboten ist. Entgegen dem Abschlussstichtagsprinzip projizieren die Schätzverfahren implizit vergangene Lohn- und Preissteigerungen auf die noch offenen Abwicklungsjahre. Dieser Effekt kann vermieden werden, wenn die Schätzungen auf inflationsbereinigten Abwicklungsdaten basieren. In handelsrechtlichen Periodenabschlüssen kommt eine Anwendung des Chain-Ladder-Verfahrens, des Cape Code-Verfahrens und des Bornhuetter-Ferguson-Verfahrens aufgrund des Einzelbewertungsprinzips aber nur bei der Schadenrückstellung für unbekannte Versicherungsfälle in Frage.

Literaturverzeichnis

Adler/ Düring/ Schmaltz (ADS international, Loseblatt), in: Rechnungslegung nach internationalen Standards, Stuttgart 2003

Adler/ Düring/ Schmaltz (Rechnungslegung und Prüfung, 1996), in: Rechnungslegung und Prüfung bei Unternehmen, Kommentar zum HGB, AktG, GmbHG, PublG nach den Vorschriften des Bilanzrichtlinien-Gesetzes, hrsg. von Hans Adler, Walther Düring, Kurt Schmaltz, 6. neu bearb. Aufl., Stuttgart 1996

Albrecht, Peter (Risikoausgleich, 1982): Gesetz der großen Zahlen und Risikoausgleich im Kollektiv – Bemerkungen zur Grundlagen der Versicherungsproduktion, in: ZVers-Wiss, 71. Bd. (1982), S. 501 – 538

Albrecht, Peter/Lippe, Stefan (HdV, 1988): Prämie, mathematische und wirtschaftliche Fragen, in: Handwörterbuch der Versicherung, hrsg. von Dieter Farny, Elmar Helten, Peter Koch und Reimer Schmidt, Karlsruhe1988, S. 525 – 532

Albrecht, Peter/Schwake, Edmund (HdV, 1988): Risiko, versicherungstechnisches, in: Handwörterbuch der Versicherung, hrsg. von Dieter Farny, Elmar Helten, Peter Koch und Reimer Schmidt, Karlsruhe1988, S. 651 – 657

Amer, Tarek/ Hackenbrack, Karl/ Nelson, Mark W. (Context-Dependance, 1995): Context-Dependance of Auditors' Interpretations of the SFAS No. 5 Probability Expression, in: CAR, Vol. 12 (Fall 1995), S. 25 – 29

Angerer, August (Abzinsung, 1994): Zur Abzinsung der Rückstellung für noch nicht abgewickelte Versicherungsfälle, in: Dieter Farny und die Versicherungswissenschaft hrsg. von Robert Schwebler und den Mitgliedern des Vorstands des Deutschen Vereins für Versicherungswissenschaft, Karlsruhe 1994, S. 35 – 44

Bachmann, Winfried (Leistung, 1988): Leistung und Leistungserstellung der Versicherungsunternehmen: Theoretische Ansätze und praktische Folgerungen im Lichte des Informationskonzeptes, Karlsruhe 1988, zugl.: Frankfurt (Main), Univ., Diss., 1986

Baetge, Jörg/ Fey, Dirk / Fey, Gerd (Kommentierung § 243 HGB, 1990): Kommentierung zu § 243 HGB, in: Handbuch der Rechnungslegung, Kommentar zur Bilanzierung und Prüfung, hrsg. von Karlheinz Küting und Claus-Peter Weber, 5. aktualisierte und erw. Aufl., Stuttgart 2005 (Loseblattsammlung, Stand: September 2005)

Baetge, Jörg/ Kirsch, Hans-Jürgen/ Thiele, Stefan (Konzernbilanzen, 2000): Konzernbilanzen, 5. überarb. und erw. Aufl., Düsseldorf 2000

Baetge, Jörg/ Kirsch, Hans-Jürgen/ Thiele, Stefan (Bilanzen, 2005): Bilanzen, 8. wesentlich überarb. Aufl., Düsseldorf 2005

Baetge, Jörg/Roß, Heinz-Peter (fair presentation, 2000): Was bedeutet fair presentation?, in: US-amerikanische Rechnungslegung, Grundlagen und Vergleiche mit dem deutschen Recht, 4. überarb. und erw. Aufl., Stuttgartt 2000, S. 29 – 47

Bailey, Larry P. (GAAS Guide, 2002): Miller GAAS Guide. A Comprehensive Restatement of Standards of Auditing, Attestation, Compilation and Review, New York und Gaithersburg 2002

Balling, Johannes/ Gössi, Marc (Konzernabschlüsse, 2002): Der Turbo für die Konzernabschlüsse – Fast Close: Neuausrichtung der Abschlussprozesse, in: Schweizer Versicherung vom 1. 3. 2002, S. 70

Ballwieser, Wolfgang (GoB, 1987): Grundsätze ordnungsmäßiger Buchführung und Bilanzrecht, in: ZfB, 57. Jg. (1987), Ergänzungsheft 1/87, S. 3 – 19

Ballwieser, Wolfgang (Beck`sche HdR, Loseblatt): Grundsätze ordnungsmäßiger Buchführung, in: Beck`sche Handbuch der Rechnungslegung, hrsg. von Edgar Castan, Gerd Heymann, Hans-Joachim Böcking, Norbert Pfitzer und Eberhard Scheffler, München 1987 (Loseblattsammlung, Stand: Mai 2005), B 105

Ballwieser, Wolfgang (Nutzen, 1996): Zum Nutzen handelsrechtlicher Rechnungslegung, in: Rechnungslegung – warum und wie: Festschrift für Hermann Clemm, hrsg. von Wolfgang Ballwieser, Adolf Moxter, Rolf Nonnenmacher, München 1996, S. 1 – 25

Ballwieser, Wolfgang (Kommentierung § 249 HGB, 2001): Kommentierung des § 253 HGB in: Münchner Kommentar zum Handelsgesetzbuch, hrsg. von Karsten Schmidt, Band 4, München 2001

Ballwieser, Wolfgang (Kommentierung § 252 HGB, 2001): Kommentierung des § 253 HGB in: Münchner Kommentar zum Handelsgesetzbuch, hrsg. von Karsten Schmidt, Band 4, München 2001

Ballwieser, Wolfgang (Kommentierung § 253 HGB, 2001): Kommentierung des § 253 HGB in: Münchner Kommentar zum Handelsgesetzbuch, hrsg. von Karsten Schmidt, Band 4, München 2001

Ballwieser, Wolfgang (Informations-GoB, 2002): Informations-GoB – auch im Lichte von IAS und US-GAAP, in: KoR, 2. Jg. (2002), S. 115 – 121

Ballwieser, Wolfgang/ Küting, Karlheinz/ Schildbach, Thomas (Fair Value, 2004): Fair Value – erstrebenswerter Wertansatz im Rahmen einer Reform der handelsrechtlichen Rechnungslegung?, in: BFuP, 56. Jg. (2004), S. 529 – 549

Barth, Mary E. / Landsmann, Wayne R. (Fair Value Accounting, 1995): Fundamental Issues Related to Using Fair Value Accounting for Financial Reporting, in: AH, Vol. 9 (December 1995), S. 97 – 107

Baur, Wolfgang (Periodisierung, 1984): Die Periodisierung von Beitragseinnahmen und Schadenausgaben im aktienrechtlichen Jahresabschluß von Schaden- und Unfallversicherungsunternehmen, Karlsruhe 1984

Beaver, William H./ McNichols, Maureen F. (Characteristics, 1998): The Characteristics and Valuation of Loss Reserves of Property Casualty Insurers, in: Rev. Acc. Stud., Vol. 3 (1998), S. 73 – 95

Beine, Frank (Scheinkonflikte, 1995): Scheinkonflikte mit dem True and Fair View, in: WPg, 48. Jg. (1995), S. 467 – 475

Beisse, Heinrich (Generalnorm, 1988): Die Generalnorm des neuen Bilanzrechts, in: Handelsrecht und Steuerrecht, Festschrift für Dr. Dr. h.c. Georg Döllerer, hrsg. von Brigitte Knobbe-Keuk, Franz Klein, Adolf Moxter, Düsseldorf 1988, S. 25 – 44

Beisse, Heinrich (Gläubigerschutz, 1993): Gläubigerschutz – Grundprinzip des deutschen Bilanzrechts, in: Festschrift für Karl Beusch zum 68. Geburtstag am 31. Oktober 1993, hrsg. von Heinrich Beisse, Marcus Lutter, Heribald Närger, Berlin u. a. 1993, S. 77 – 97

Berger, Axel/ Ring, Maximilian (Beck'scher Bilanzkommentar, 2003): Kommentierung § 249 HGB, in: Beck'scher Bilanzkommentar, hrsg. von Axel Berger, Helmut Elrott, Gerhart Förschle und Burkard Hense, 5. völlig neubearb. Aufl., München 2003

Berger, Axel/ Ring, Maximilian (Beck'scher Bilanzkommentar, 2003): Kommentierung § 252 HGB, in: Beck'scher Bilanzkommentar, hrsg. von Axel Berger, Helmut Elrott, Gerhart Förschle und Burkard Hense, 5. völlig neubearb. Aufl., München 2003

Berger, Axel/ Ring, Maximilian (Beck'scher Bilanzkommentar, 2003): Kommentierung § 253 HGB, in: Beck'scher Bilanzkommentar, hrsg. von Axel Berger, Helmut Elrott, Gerhart Förschle und Burkard Hense, 5. völlig neubearb. Aufl., München 2003

Berndt, Thomas (Rechnungsabgrenzungsposten, 1998): Grundsätze ordnungsmäßiger passiver Rechnungsabgrenzungsposten, Wiesbaden 1998, zugl.: Frankfurt (Main), Univ., Diss., 1997

Berndt, Thomas (Umweltaspekten, 2001): Berücksichtigung von Umweltaspekten im Jahresabschluss – Anmerkungen zur Empfehlung der EU-Kommission vom 30.5.2001, in: BB, 56. Jg. (2001), S. 1727 – 1733

Berndt, Thomas (Vorsichtsprinzip, 2001): Vorsichtsprinzip und Grundsatz der Bilanzwahrheit im Rahmen der Jahresabschlussrichtlinie, in: ZfbF, 53. Jg. (2001), S. 366 – 390

Berndt, Thomas (Wahrheits- und Fairnesskonzeptionen, 2005): Wahrheits- und Fairnesskonzeptionen in der Rechnungslegung, Stuttgart 2005

Berner, Alfred (Rationalisierung, 1997): Rationalisierung der Jahresabschlusserstellung, in: BC, 21. Jg. (1997), S. 241 – 264

Biener, Herbert (Informationsgehalt, 1979): Auswirkungen der Vierten Richtlinie der EG auf den Informationsgehalt der Rechnungslegung deutscher Unternehmen, in: BfuP, 31. Jg. (1979), S. 1 – 16

Bischof, Stefan/ Doleczik, Günter (Kommentierung IAS 10, Loseblatt): Kommentierung zu IAS 10, in: Rechnungslegung nach internationalen Accounting Standards (IAS), Kommentar auf der Grundlage des deutschen Bilanzrechts, hrsg. von Jörg Baetge, Dietrich Dörner, Heinz Kleekämper, Peter Wollmert, Hans-Jürgen Kirsch, 2. Aufl., Stuttgart 2002 (Loseblattsammlung, Stand: Juni 2005)

Bittl, Andreas/Müller, Bernd (versicherungstechnische Risiko, 1998): Das versicherungstechnische Risiko im Zentrum versicherungswirtschaftlicher Betätigung, in: ZVersWiss, 87. Jg. (1998), S. 369 – 402

Böcking, Hans-Joachim (Verzinslichkeit, 1988): Bilanzrechtstheorie und Verzinslichkeit, Wiesbaden 1988, zugl., Frankfurt (Main), Univ., Diss., 1987

Böcking, Hans-Joachim (Finanzierungsleasing, 1989): Der Grundsatz umsatzbezogener Gewinnrealisierung beim Finanzierungsleasing, in: ZfbF, 41. Jg. (1989), S. 491 – 515

Böcking, Hans-Joachim (Verbindlichkeitsbilanzierung, 1994): Verbindlichkeitsbilanzierung: wirtschaftliche versus formalrechtliche Betrachtungsweise, Wiesbaden 1994, zugl.: Frankfurt (Main), Univ., Habil-Schr., 1992

Böcking, Hans-Joachim (Kapitalmarkt, 1998): Zum Verhältnis von Rechnungslegung und Kapitalmarkt: Vom „financial reporting" zum „business reporting", in: Rechnungslegung und Steuern international, hrsg. von Wolfgang Ballwieser und Thomas Schildbach, ZfbF, 50. Jg. (1998), Sonderheft 40, S. 17 – 53

Böcking, Hans-Joachim/ Lopatta, Kerstin/ Rausch, Benjamin (Fair Value-Bewertung, 2005): Fair Value-Bewertung versus Anschaffungskostenprinzip – ein Paradigmenwechsel in der Rechnungslegung, in: Fair Value, hrsg. von Hartmut Bieg und Reinhard Heyd, München 2005, S. 83 – 105

Boetius, Jan (Handbuch, 1996): Handbuch der versicherungstechnischen Rückstellungen: Handels- und Steuerbilanzrecht der Versicherungsunternehmen, Köln 1996

Bornhuetter, Ronald. L./Ferguson, Ronald E. (IBNR, 1972): The Actuary and IBNR, in: PCAS, Vol. LVIII (1972); S. 181 – 195

Boulter, Anthony/ Grubbs, Dawson (Spätschadenrückstellung, 2000): Spätschadenrückstellung in der Rückversicherung, hrsg. von SwissRe Publishing, Zürich 2000

Bowen, R. M./ Johnson, M. F./ Shevlin, T./ Shores, D. (Determinants, 1992): Determinants of the Timing of Quaterly Earnings Announcements, in: JAAF, Vol. 7 (1992), S. 395 – 422

Brackner, James W. (Contingent Losses, 1985): How to report Contingent Losses in Financial Statements?, in: JBF, Summer 1985, Nachdruck in: AD, Vol. 51 (December 1985), S. 19 – 21

Braeß, Paul (Versicherungen, 1960): Versicherungen und Risiko, Wiesbaden 1960

Brands, Heinrich (Schadenschwankungen, 1979): Periodische Schadenschwankungen und ihre Berücksichtigung im Jahresabschluß von Versicherungsunternehmen, Berlin 1979

Buck, Heiko (versicherungstechnische Rückstellungen, 1995): Die versicherungstechnischen Rückstellungen im Jahresabschluß von Schaden- und Unfallversicherungsunternehmen, nach Handels- und Ertragssteuerrecht unter besonderer Berücksichtigung der Versicherungstechnik, Bergisch Gladbach und Köln 1995, Zugl.: Köln, Univ., Diss., 1994

Budde, Wolfgang Dieter/ Förschle, Gerhart („True and Fair View", 1988): Das Verhältnis des „True and Fair View" zu den Grundsätzen ordnungsmäßiger Buchführung und zu den Einzelvorschriften, in: Einzelabschluß und Konzernabschluß, hrsg. von Winfried Mellwig, Adolf Moxter, Dieter Ordelheide, Wiesbaden 1988, S. 27 – 45

Burkel, Peter (Aussagekraft, 1985): Arten, Aufgaben und Aussagekraft externer Bilanzen, in: BB, 40. Jg. (1985), S. 838 – 846

Busse von Colbe, Walther (Unternehmenskontrolle, 1994): Unternehmenskontrolle durch Rechnungslegung, in: Internationale Unternehmenskontrolle und Unternehmenskultur, hrsg. von Otto Sandrock und Wilhelm Jäger, Tübingen 1994, S. 37 – 57

Busse von Colbe, Walther (Informationsinstrument, 1993): Die Entwicklung des Jahresabschlusses als Informationsinstrument, in: Ökonomische Analyse des Bilanzrechts: Entwicklungslinien und Perspektiven, hrsg. von Franz W. Wagner, ZfbF, 45. Jg. (1993), Sonderheft 32, S. 11 – 29

Casualty Actuarial Society's Committee on Loss Reserves (Statement, 1979): Statement of principles regarding property and casualty loss and loss adjustment expense liabilities, in: Astin Bulletin, Vol. 10 (1979), S. 305 – 317

Chambers, Anne E./ Penman, Stephen H. (Timeliness, 1984): Timeliness of Reporting and the Stock Price Reaction to Earnings Announcements, in: JAR, Vol. 21 (1984), S. 21 – 47

Ciric, Dejan (Wertaufhellung, 1995): Grundsätze ordnungsmäßiger Wertaufhellung, Düsseldorf 1995, zugl.: Frankfurt (Main), Univ., Diss., 1994/95

Clausen, Carsten P. (Stellenwert, 1987): Zum Stellenwert des § 264 Abs. 2 HGB, in: Bilanz- und Konzernrecht, Festschrift zum 65. Geburtstag von Dr. Dr. h.c. Reinhard Goerdeler, hrsg. von Hans Havermann, Düsseldorf 1987, S. 79 – 92

Clemm, Herrmann (Fragwürdigkeit, 1993): Zur Fragwürdigkeit und Zweckmäßigkeit von Jahresbilanzen, in: Festschrift für Karl Beusch zum 68. Geburtstag am 31. Oktober 1993, hrsg. von Heinrich Beisse, Marcus Lutter und Heribald Närger, Berlin u. a. 1993, S. 131 – 151

Clemm, Herrmann (Wahlrechte, 1995): § 264 HGB und Wahlrechte, in: Rechenschaftslegung im Wandel, Festschrift für Wolfgang Dieter Budde, hrsg. von Gerhart Förschle, Klaus Kaiser, Adolf Moxter, München 1995, S. 135 – 156

Coenenberg, Adolf G. (Informationssysteme 1971): Beurteilungskriterien unternehmensexterner Informationssysteme, in: Management-Informationssysteme, hrsg. von Erwin Grochla, Norber Szyperski, Wiesbaden 1971, S. 735 – 759

Committee on Concepts and Standards for External Financial Reports (Accounting Theory, 1977): Statement on Accounting Theory and Theory Acceptance, hrsg. von American Accounting Association, Savasota 1977

Committee on Concepts and Standards underlying Corporate Financial Statements (Supplementary Statement No. 8, 1954): Standards of Disclosure for Published Financial Reports, Supplementary Statement No. 8, 1954, reprinted in: Accounting and Reporting Standards for Corporate Financial Statements and Preceding Statements and Supplements, hrsg. von American Accounting Association, Evanston o. J.

Corsten, Hans (Versicherungsproduktion, 1994): Versicherungsproduktion – Vergleichende Analyse des Versicherungsschutzkonzeptes und des Informationskonzeptes der Versicherung, in: Dieter Farny und die Versicherungswissenschaft, hrsg. von Schwebler, Hans und den Mitgliedern des Vorstands des Deutschen Vereins für die Versicherungswissenschaft, Karlsruhe 1994, S. 63 – 85

Crezelius, Georg (schwebende Geschäfte, 1988): Das sogenannte schwebende Geschäft in Handels-, Gesellschafts- und Steuerrecht, in: Handelsrecht und Steuerrecht, Festschrift für Dr. Dr. h. c. Georg Döllerer, hrsg. von Brigitte Knobbe-Keuk, Franz Klein, Adolf Moxter, Düsseldorf 1988, S. 81 – 95

Daub, Sebastian (Rückstellungen, 2000): Rückstellungen nach HGB, US GAAP und IAS, Baden-Baden 2000, zugl.: Konstanz, Univ., Diss., 2000

DAV-Arbeitsgruppe Schadenreservierung (Schadenrückstellung, 2002): Aktuarielle Aspekte der Schadenrückstellung in der Schaden- und Unfallversicherung – Papier der DAV-Arbeitsgruppe Schadenreservierung, Entwurf, Stand: 12. Juli 2002

Degenhardt, Martina (Zeitwertbilanzierung, 2003): Zeitwertbilanzierung finanzieller Vermögenswerte von Versicherungsunternehmen nach IFRS, Köln 2003

Deutsch, Erwin (Versicherungsvertragsrecht, 2005): Versicherungsvertragsrecht, ein Grundriß, 5. neubearb. Aufl., Karlsruhe 2005

Döllerer, Georg (Anschaffungskosten, 1966): Anschaffungskosten und Herstellungskosten nach neuem Aktienrecht unter Berücksichtigung des Steuerrechts, in: BB, 21. Jg. (1966), S. 1405 – 1409

Döllerer, Georg (Handelsbilanz, 1987): Handelsbilanz und Steuerbilanz nach den Vorschriften des Bilanzrichtlinien-Gesetzes, in: BB, 42. Jg. (1987), Beilage 12

Döllerer, Georg (Rechtsprechung, 1976): Die Rechtsprechung des Bundesfinanzhofs zum Steuerrecht der Unternehmen, in: ZGR, 5. Jg. (1976), S. 349 – 372

Döllerer, Georg (Rückstellung, 1975): Grundsätzliches zum Begriff der Rückstellung, in: DStZ/A, 63. Jg. (1975), S. 291 – 296

Döllerer, Georg (Schwebender Vertrag, 1974): Zur Bilanzierung des schwebenden Vertrags , in: BB, 29. Jg. (1974), S. 1541 – 1548

Dörr, Barbara (Fast Close, 2004): Fast Close – Geschwindigkeit und Transparenz im Abschluss, in: Herausforderungen und Chancen durch weltweite Rechnungslegungsstandards, hrsg. von Karlheinz Küting, Norbert Pfitzer, Claus-Peter Weber, Stuttgart 2004, S. 403 – 427

Dyer IV, James C./ McHugh, Arthur J. (Timeliness, 1975): The Timeliness of the Australian Annual Report, in: JAR, Vol. 13 (1975), S. 204 – 219

Ebbers, Gabi (Insurance Contracts, 2004): IFRS 4: Insurance Contracts, in: WPg, 57. Jg. (2004), S. 1377 – 1385

Eggemann, Gerd/ Petry, Martin (Fast Close, 2002): Fast Close – Verkürzung von Aufstellungs- und Veröffentlichungszeiten für Jahres- und Konzernabschlüsse, in: BB, 57. Jg. (2002), S. 1635 – 1639

Eeghen, Jacob van (Loss reserving methods, 1981): Loss reserving methods, in: Surveys of Actuarial Studies No. 1, hrsg. vonNationale-Nederlande N.V., Research Department, Rotterdam 1981

Ehrenzweig, Albert (Versicherungsvertragsrecht, 1952): Deutsches (Österreichisches) Versicherungsvertragsrecht, Wien 1952

Eibelshäuser, Manfred (Rückstellungsbildung, 1987): Rückstellungsbildung nach neuem Handelsrecht, in: BB, 42. Jg. (1987), S. 860 – 866

Engeländer, Stefan/ Kölschbach, Joachim (Versicherungen, 2004): Das IASB hat am 31. März 2004 erstmals einen Standard für Versicherungen veröffentlicht, in: VW, 59. Jg. (2004), S. 574 – 580

Engel-Ciric, Dejan (Abschlußstichtagsprinzips, 1996): Die Interpretation des Abschlußstichtagsprinzips in der höchstrichterlichen Rechtsprechung, in: DStR, 34. Jg. (1996), S. 1298 – 1304

Engel-Ciric, Dejan (Ereignisse, 2004): § 4 Ereignisse nach dem Bilanzstichtag, in: Haufe IAS/IFRS-Kommentar hrsg. von Norbert Lüdenbach und Wolf-Dieter Hoffmann, 2. Aufl., Freiburg u. a. 2004

Engels, Wolfram (Rentabilität, 1969): Rentabilität, Risiko und Reichtum, Tübingen 1969

Ernst & Young (GAAP, 2004): International GAAP 2005. Generally Accepted Accounting Practise under International Financial Reporting Standards, London 2004

Euler, Roland (Gewinnrealisierung, 1988): Grundsätze ordnungsmäßiger Gewinnrealisierung, Düsseldorf 1988

Farny, Dieter (Entwicklungen, 1999): Entwicklungen der Versicherungsbetriebslehre – Rückschau und Versuch einer Vorschau, in: ZVersWiss, 88. Jg. (1999), S. 567 – 609

Farny, Dieter (Neuere Entwicklungen, 1989): Neuere Entwicklungen der Versicherungsbetriebslehre, in: Assekuranz im Wandel, eine Festschrift aus Anlaß des 125jährigen Bestehens der Concordia-Versicherungs-Gesellschaft auf Gegenseitigkeit 1864 - 1989, hrsg. von Peter Koch, Hannover 1989, S. 73 – 85

Farny, Dieter (Produktion- und Kostentheorie, 1965): Produktion- und Kostentheorie der Versicherung, , Karlsruhe 1965

Farny, Dieter (Buchführung, 1985): Buchführung und Periodenrechnung im Versicherungsunternehmen, 2. vollst. überarb. Aufl., Wiesbaden 1985

Farny, Dieter (Versicherung, 1993): Versicherung, in: Handwörterbuch der Betriebswirtschaft, hrsg. von Waldemar Wittmann, 3. Bd., 5. Aufl., Stuttgart 1993, Sp. 4581 – 4598

Farny, Dieter (Versicherungsbetriebslehre, 2000): Versicherungsbetriebslehre, 3. überarb. Aufl., Karlsruhe 2000

Farny, Dieter (Versicherungsbilanzen, 1975): Versicherungsbilanzen, Frankfurt (Main) 1975

Fischer, Rainer/Hoffmann, Michael (Paradigmenwechsel, 2002): Paradigmenwechsel in der Rechnungslegung? Versicherungstechnik nach German GAAP und US-GAAP hrsg. von SwissRe Publishing, Zürich 2002

Flemming, Klaus (HdV, 1988): Risikoreserven, in: Handwörterbuch der Versicherung, hrsg. von Dieter Farny, Elmar Helten, Peter Koch und Reimer Schmidt, Karlsruhe 1988, S. 667 – 670

Förschle, Gerhart (Beck'scher Bilanzkommentar, 2003), Kommentierung von § 243 HGB, in: Beck'scher Bilanzkommentar, hrsg. von Axel Berger, Helmut Elrott, Gerhart Förschle und Burkard Hense, 5. völlig neubearb. Aufl., München 2003

Förschle, Gerhart/ Kroner, Matthias/ Heddäus, Birgit (Verpflichtungen, 1999): Ungewisse Verpflichtungen nach IAS 37 im Vergleich zum HGB, in: WPg, 52. Jg. (1999), S. 41 – 54

Forster, Karl-Heinz (Rückstellungen, 1971): Rückstellungen für Verluste aus schwebenden Geschäften, in: WPg, 24. Jg. (1971), S. 393 - 399

Fourie, Dirk (Fast Close, 2000): Fast Close: Beschleunigte Rechnungslegung bei Versicherungsunternehmen, in: VW, 55. Jg. (2000), S. 744 - 753

Fourie, Dirk/ Müller-Arnold, Michael/ Uden, Bernhard (Schätzungen, 2002): Schätzung in den Abschlüssen von Versicherungsunternehmen (I, II, III), in: Rechnungslegung von Versicherungsunternehmen im Wandel, hrsg. von Dirk Fourie, Karlsruhe 2003, S. 23 - 39

Frankenberg, Peter (Jahresabschlüsse, 1993): Jahresabschlüsse im internationalen Vergleich: Analyse US-amerikanischer und deutscher Unternehmen, Wiesbaden 1993, Zugl.: Bochum, Univ., Diss., 1992

Fuchs, Michael (Rechnungsabgrenzungsposten, 1987): Die transitorischen Rechnungsabgrenzungsposten, Bergisch Gladbach 1987

Fülling, Thorsten (Prozessoptimierung, 2002): Prozessoptimierung im Rechnungswesen im Rahmen „kleinerer" Fast Close Projekte (Fast Close Light), in: BC, 26. Jg. (2002), S. 1 - 5

Fürst, Walter/ Angerer, Hans-Peter (Rückstellungsbildung, 1993): Die vernünftige kaufmännische Beurteilung in der neuesten Rechtsprechung des BFH bei der Rückstellungsbildung, in: WPg, 46. Jg. (1993), S. 425 - 428

Gail, Winfried (Rückstellungen, 1987): Rechtliche Entstehung und wirtschaftliche Verursachung als Voraussetzungen für die Bildung ovn Rückstellungen, in: ZfB, 57. Jg. (1987), Ergänzungsheft 1, S. 51 - 65

Geib, Gerd (Diskussionsstand, 2001): Diskussionsstand eines International Financial Reportings Standards (IFRS) für Versicherungsgeschäfte, in: Rechnungslegung von Versicherungsunternehmen, Festschrift zum 70. Geburtstag von Dr. Horst Richter, hrsg. von Gerd Geib, Düsseldorf 2001, S. 112 - 126

Geib, Gerd/Telgenbüscher, Franz R. (Schaden- und Unfallversicherungsunternehmen, Loseblatt): Die versicherungstechnischen Posten des Jahresabschlusses der Schaden- und Unfallversicherungsunternehmen, in: Rechnungslegung und Prüfung der Versicherungsunternehmen, hrsg. vom Institute der Wirtschaftsprüfer, 4. Aufl., Düsseldorf 2001, Kapitel B IV

Geib, Gerd/ Wiedmann, Harald (Abzinsung, 1994): Zur Abzinsung von Rückstellungen in der Handels- und Steuerbilanz, in: WPg, 47. Jg. (1994), S. 369 – 377

Gelhausen, Hans Friedrich (Realisationsprinzip, 1985): Das Realisationsprinzip im Handels- und im Steuerbilanzrecht, Franfurt (Main) u. a. 1985

Gerathewohl, Klaus (Rückversicherung, 1976): Rückversicherung, Grundlagen und Praxis, Karlsruhe 1976

Grady, Paul (Inventory, 1965): Inventory of Generally Accepted Accounting Principles for Business Enterprises, Accounting Research Study No. 7, hrsg. vom American Institute of Certified Public Accoutants, New York 1965

Groh, Manfred (Verbindlichkeitsrückstellung, 1988): Verbindlichkeitsrückstellung und Verlustrückstellung: Gemeinsamkeiten und Unterschiede, in: BB, 43. Jg. (1988), S. 27 – 36

Groh, Manfred (Abzinsung, 1988): Abzinsung von Verbindlichkeitsrückstellungen?, in: BB, 43. Jg. (1988), S. 1919 – 1921

Großfeld, Bernhard (Bilanzrecht, 1998): Bilanzrecht, 3. neubearb. und erw. Aufl., Heidelberg 1998

Gürtler, Max (Versicherungsbetrieb, 1929): Das Risiko des Zufalls im Versicherungsbetrieb, in: ZVersWiss, 29. Bd. (1929), S. 209 – 236

Gürtler, Max (Versicherungsbetriebe, 1958): Die Erfolgsrechnung der Versicherungsbetriebe, 2. Aufl., Berlin u.a. 1958

Haller, Axel (Rechnungslegung, 1994): Die Grundlagen der externen Rechnungslegung in den USA, 4. Aufl., Stuttgart 1994, zugl.: Augsburg, Univ., Diss., 1989

Haller, Axel (Merkmale, 2000): Wesentliche Ziele und Merkmale US-amerikanischer Rechnungslegung, in: US-amerikanische Rechnungslegung, Grundlagen und Vergleiche mit dem deutschen Recht, 4. überarb. und erw. Aufl., Stuttgart 2000, S. 1 – 27

Harrison, Kenneth E./ Tomassini, Lawrence A. (contigent loss, 1989): Judging the probability of a contigent loss: an empirical study, in: CAR, Vol. 5 (Spring 1989), S. 642 – 648

Hartmann, Frank/ Finck, Wolfram M. (Leistungsfähigkeit, 2004): Messung der Leistungsfähigkeit des Jahresabschlussprozesses, in: DB, 57. Jg. (2004), S. 717 – 723

Haw, I. M/ Qi, D. Q./ Wu, W. (Timeliness, 2000): Timeliness of Annual Report Releases and Market Reaction to Earnings Announcement in an Emerging Capital Market: The Case of China, in: JIFMA, S. 108 – 131

Hayn, Sven/ Pilhofer, Jochen (Rückstellungsregeln, 1998): Die neuen Rückstellungregeln des IASB im Vergleich zur den korrespondierenden Regeln der US-GAAP, in: DStR, 36. Jg. (1998), S. 1729 – 1732

Helten, Elmar (Risikos, 1991): Die Erfassung und Messung des Risikos, in: Versicherungsenzyklopädie, Bd. 2, Versicherungsbetriebslehre, hrsg. von Walter Große, Heinz Leo Müller-Lutz und Reimer Schmidt, 4. Aufl., Wiesbaden 1991, S. 127 – 198

Hendrikson, Eldon S./ van Breda, Michael F. (Accounting Theory, 1991): Accounting Theory, Fifth Edition, Boston u.a. 1991

Hense, Burkhard/ Geißler, Horst (Beck`scher Bilanzkommentar, 2003): Kommentierung § 252 HGB, in: Beck`scher Bilanzkommentar, hrsg. von Axel Berger, Helmut Elrott, Gerhart Förschle und Burkard Hense, 5. völlig neubearb. Aufl., München 2003

Hense, Burkhard/ Philipps, Holger (Beck`scher Bilanzkommentar, 2003): Kommentierung § 242 HGB, in: Beck`scher Bilanzkommentar, hrsg. von Axel Berger, Helmut Elrott, Gerhart Förschle und Burkard Hense, 5. völlig neubearb. Aufl., München 2003

Herrmanns, Tillmann (Wertaufhellung, 1999): Wertaufhellung und die zeitlichen Grenzen ihrer Berücksichtigung, in: GmbHR, 90. Jg. (1999), S. 905 – 909

Herzig, Norbert (Realisationsprinzips, 1993): Die rückstellungsbegrenzende Wirkung des Realisationsprinzips), in: Ertragsbesteuerung, Festschrift für Ludwig Schmidt, hrsg. von Arndt Raupach und Adalbert Uelner, München 1993, S. 209 – 226

Herzig, Norbert (Risikovorsorge, 1991): Rückstellungen als Instrument der Risikovorsorge in der Steuerbilanz, in: Probleme des Steuerbilanzrechts, hrsg. von Werner Doralt, DStJG, Band 14, Köln 1991, S. 199 – 230

Hesberg, Dieter (Ausweis, 1979): Zum Ausweis des passiven Rückversicherungsgeschäftes im Jahresabschluss der Schaden- und Unfallversicherungsunternehmen, in: WPg, 32. Jg. (1979), S. 361 – 375

Hesberg, Dieter (Beck`sche HdR, Loseblatt): Bilanzierung von Versicherungsunternehmen, in: Beck`sche Handbuch der Rechnungslegung, hrsg. von Edgar Castan, Gerd Heymann, Hans-Joachim Böcking, Norbert Pfitzer und Eberhard Scheffler, München 1987 (Loseblattsammlung, Stand: Mai 2005), B 910

Heynckes, Hans Herbert (Schadenrückstellungen, 1996): Die Beurteilung der Schadenrückstellungen: Darstellung eines computergestützten Verfahren auf der Basis von Einzelschäden, Krefeld 1996, zugl.: Marburg, Univ., Diss., 1996

Hinz, Michael (Beck`sche HdR, Loseblatt): Zweck und Inhalt des Jahresabschlusses und Lageberichts, in: Beck`sche Handbuch der Rechnungslegung, hrsg. von Edgar Castan, Gerd Heymann, Hans-Joachim Böcking, Norbert Pfitzer und Eberhard Scheffler, München 1987, (Loseblattsammlung, Stand: Mai 2005), B 100

Hoffmann, Reiner (Spätschadenreservierung, 1999): Spätschadenreservierung in der Allgemeinen Haftpflichtversicherung, Möglichkeiten und Grenzen objektivierender Methoden, Baden-Baden 1999, zugl.: Hannover, Univ., Diss., 1997

Hoffmann, Wolf-Dieter (Wertaufhellung, 1996): Wertaufhellung – das Bilanzierungsproblem schlechthin, in: BB, 51. Jg. (1996), S. 1157 – 1164

Höke, Bernd (Leistung, 2004): Umfang der Leistung des Versicherers, in: Beck`sche Versicherungsrechts-Handbuch, hrsg. von Beckmann, Michael Roland/Matusche-Beckmann, München 2004

Höller, Jürgen (Versicherungstechnologie, 1997): Versicherungstechnologie: ein Beitrag zur Diskussion theoretischer Grundlagen, Karlsruhe 1997, zugl. Frankfurt (Main), Univ., Diss., 1997

Hommel, Michael (Dauerschuldverhältnisse, 1992): Grundsätze ordnungsmäßiger Bilanzierung für Dauerschuldverhältnisse, Wiesbaden, 1992, zugl.: Frankfurt (Main), Univ., Diss., 1991

Hommel, Michael (Anlagewerte, 1998): Bilanzierung immaterielle Anlagewerte, Stuttgart 1998

Hommel, Michael (Rechnungsabgrenzungsposten, 2002): Rechnungsabgrenzungsposten, in: Handwörterbuch der Rechnungslegung und Prüfung, hrsg. von Wolfgang Ballwieser, Alfred Coenenberg, Klaus Wysocki, 3. überb. und erw. Aufl., Stuttgart 2002, Spalte 1971 – 1978

Hommel, Michael (Kommentierung § 249 HGB, 2002): Kommentierung des § 249 HGB, in: Bilanzrecht, Handelsrecht mit Steuerrecht und den Regelungen des IASB, hrsg. von Jörg Baetge, Hans-Jürgen Kirsch, Stefan Thiele, Bonn 2002 (Loseblattsammlung, Stand: Oktober 2005)

Hommel, Michael (Versicherungsverträge, 2003): ED 5: Der neue Standardentwurf für Versicherungsverträge – ein Placebo mit Nebenwirkungen, in: BB, 58. Jg. (2003), S. 2114 – 2120

Hommel, Michael/Berndt, Thomas (Wertaufhellung, 2000): Wertaufhellung und funktionales Abschlussstichtagsprinzip, in: DStR, 38. Jg. (2000), S. 1745 - 1752

Hommel, Michael/ Berndt,Thomas (Wertminderung, 2000): Voraussichtlich dauernde Wertminderung bei der Teilwertabschreibung und Abschlussstichtagsprinzip, in: FR, 82. Jg. (2000), S. 1305 – 1376

Hommel, Michael/ Schmidt, Reinhard H./ Wüstemann, Jens (Grundsätze, 2004): Adolf Moxter und die Grundsätze ordnungsmäßiger Rechnungslegung – Kontinuität und Zukunft eines Forschungsleitbildes –, in: Wirtschaftsprüfung und Zeitgeist, Prof. Dr. Dr. h.c. mult. Adolf Moxter zum 75. Geburtstag, hrsg. vom Institut der Wirtschaftsprüfer, WPg, 57. Jg. (Sonderheft 2004), S. S84 – S98

Hommel, Michael/ Schulte, Oliver (Schätzungen, 2004): Schätzungen von Rückstellungen in Fast-Close-Abschlüssen, in: BB, 59. Jg. (2004), S. 1671 – 1678

Honsell, Thomas (HdV, 1988): Versicherungsvertragsrecht, Obliegenheiten, in: Handwörterbuch der Versicherung, hrsg. von Dieter Farny, Elmar Helten, Peter Koch und Reimer Schmidt, Karlsruhe1988, S. 1197 – 1201

Hüffer, Uwe (Kommentierung § 243 HGB, 2002): Kommentierung zu § 243 HGB, in: HGB-Bilanzrecht: Rechnungslegung, Abschlussprüfung, Publizität, Großkommentar hrsg. von Peter Ulmer, Berlin u. a. 2002

Hüttche, Tobias (Bilanzierungs- und Bewertungsmethoden, 2001): Schnelle Bilanzierungs- und Bewertungsmethoden für einen schnellen Jahresabschluss (Fast Close), in: BC, 25. Jg. (2001), S. 241 – 264

Hüttche, Tobias (Virtual Close, 2002): Virtual Close – Ordnungsmäßigkeit virtueller Jahresabschlüsse, in: BB, 57. Jg. (2002), S. 1639 – 1642

Hüttche, Tobias/ Diemer, Nicole (Ordnungsmäßigkeit, 2000): Fast Close - Ordnungsmäßigkeit eines verkürzten Aufstellungszeitraums, in: BB, 55. Jg. (2000), S. 2035 – 2037

Institute of Actuaries (Claims Reserving Manual, 1997): Claims Reserving Manual, Volume 1, o. O. 1997

Jäger, Alfred (versicherungstechnische Rückstellungen, 1970): Versicherungstechnische Rückstellungen, insbesondere Rückstellungen für Schadenermittlungs- und Schadenbearbeitungskosten, in: WPg, 23. Jg. (1970), S. 661 – 666

Jäger, Bernd (Rückstellungen, 1991): Rückstellungen für drohende Verluste aus schwebenden Geschäften in Bilanzen von Versicherungsunternehmen, Wiesbaden 1991

Jäger, Bernd (Rückstellungen, 1999): Zur Behandlung versicherungstechnischer Rückstellungen nach Handels- und Steuerrecht, in: ZVersWiss, 88. Jg. (1999), S. 149 – 206

Jäger-v. Ehrenstein, Bernd (Versicherungsunternehmen, 1996): Der Ausgleich in der Zeit und seine Realisierbarkeit im Rahmen des risikopolitischen Instrumentariums von Versicherungsunternehmen, ZfV, 47. Jg. (1996), S. 15 – 23

Janott, Horst, K. (Zufallsrisiko, 1976): Zufallsrisiko – Änderungsrisiko, in: Festschrift für Reimer Schmidt, hrsg. von Fritz Reichert – Facilides, Fritz Rittner, Jürgen Sasse, Karlsruhe 1976, S. 408 – 417

Jaspers, Wolfgang (Stichprobeninventur, 2004): Stichprobeninventur – Anwendungsvoraussetzungen für die praktische Durchführung, in: DB, 57. Jg. (2004), S. 264 – 267

Jaspers, Wolfgang/ Runte, Arno (Aufnahmetechniken, 2000): Einsatz von arbeitserleichternden Aufnahmetechniken bei der Stichprobeninventur, Anwendungsvoraussetzungen und Besonderheiten dargestellt an einem Beispiel, in: StBp, 40. Jg. (2000), S. 170 – 177

Johnson, Todd L. (Future Events, 1994): Future Events – A Conceptual Study of ther Significance for Recognition and Measurement, in: Financial Accounting Series, hrsg. von AASB, CASB, IASC, ASB und FASB, Norwalk 1994

Jüttner, Uwe (GoB-System, 1993): GoB-System, Einzelbewertungsgrundsatz und Imparitätsprinzip, Frankfurt (Main) u. a. 1993, zugl. Hannover, Univ., Diss., 1992

Jutz, Manfred/Zündorf, Horst (Beck'sche HdR, Loseblatt): Forderungen und sonstige Vermögensgegenstände, in: Beck'sche Handbuch der Rechnungslegung, hrsg. von Edgar Castan, Gerd Heymann, Hans-Joachim Böcking, Norbert Pfitzer und Eberhard Scheffler, München 1987, (Loseblattsammlung, Stand: Mai 2005), B 215

Kämpfer, Georg (Normgewinnung, 1984): Deduktive Normgewinnung im Bilanzrecht, Frankfurt (Main) 1984

Kahle, Holger (Informationsversorgung, 2002): Informationsversorgung des Kapitalmarkts über internationale Rechnungslegungsstandards, in: KoR, 2. Jg. (2002), S. 95 – 107

Kam, Vernon (Accounting Theory, 1990) Accounting Theory, second Edition, New York u. a. 1990

Kamman, Evert (Stichtagsprinzip, 1988): Stichtagsprinzip und zukunftsorientierte Bilanzierung, Köln 1988

Karrenbrock, Holger (Abzinsung, 1994): Zur Abzinsung von Rückstellungen nach der Neufassung von § 253 Abs. 1 Satz 2 HGB – Änderung der Rechtslage oder Konkretisierung der Grundsätze ordnungsmäßiger Buchführung? –, in: DB, 47. Jg. (1994), S. 1941 – 1944

Karten, Walter (Solidaritätsprinzip, 1977): Solidaritätsprinzip und versicherungstechnischer Risikoausgleich – einige ökonomische Grundtatbestände, in: ZVersWiss, 66. Bd. (1977), S. 185 – 203

Karten, Walter (Versicherung, 1981): Versicherung – Gefahrengemeinschaft oder Marktleistung, in: VW, 36. Jg. (1981), S. 1604 – 1615

Kernahan, Simon (Optimierung, 1999): Optimierung des Abschlussprozesses, „Fast Close" – die Methode zur Qualitäts- und Effizienzsteigerung beim Abschlussprozess, in: io management, 68. Jg. (1999), S. 46 – 51

Kessler, Harald (Rückstellungen, 1992): Rückstellungen und Dauerschuldverhältnisse, Neue Ansätze zur Lösung aktueller Passivierungsfragen der Handels- und Steuerbilanz, Stuttgart 1992

Kieso, Donald E./ Weygandt, Jerry J./ Warfield, Terry D. (Accounting, 2004): Intermediate Accounting, 11th Edition, New York

Kiln, Robert (Long Tail Business, 1985): Very Long Tail Business and its Reserving, in: ZfV, 36. Jg. (1985), S. 555 – 560

Kirsch, Hanno (Schätzungen, 2002): Schätzungen und Absichten des Managements als wesentliche Einflussgrößen der internationalen Rechnungslegung, in: BuW, 56. Jg. (2002), S. 1013 – 1019

Klein, Günter (Zwecke, 1989): Zwecke des Konzernabschlusses, in: Handbuch der Konzernrechnungslegung, hrsg. von Karlheinz Küting, Claus-Peter Weber, Stuttgart 1989, S. 413 – 427

Knobbe-Keuk, B. (Unternehmenssteuerrecht, 1993): Bilanz- und Unternehmenssteuerrecht, 9. völlig überarb. und erw. Aufl., Köln 1993

Koch, Alfons/ Krause, Hans-Josef (Beck`scher Versicherungsbilanz-Kommentar, 1998): Kommentierung zu § 341g HGB, in: Beck`scher Versicherungsbilanz-Kommentar: Handels- und Steuerrecht; §§ 341 bis 341o HGB/ bearb. von Christoph Brüggentisch u. a., hrsg. von Budde, Wolfgang Dieter/ Schnicke, Christian/ Stöffler, Michael/ Stuirbrink, München 1998

Köhle, Holger (Konzernabschluss, 1997): Konzernabschluss und Informationsvermittlung: Grundlagen – Grenzen – Perspektiven, Wiesbaden 1997, zugl.: Berlin, Techn. Univ., Diss., 1996

Köhne, Thomas (deregulierten Markt, 1998): Zur Konzeption des Versicherungsproduktes – neue Anforderungen in einem dereguliertem Markt, in: ZVersWiss, 87. Bd. (1998), S. 143 – 191

Kölschbach, Joachim (Kommentierung § 65 VAG, 2005): Kommentierung zu § 65 VAG, in: Versicherungsaufsichtsgesetz mit Europäischen Gemeinschaftsrecht und Recht der Bundesländer, hrsg. von Helmut Kollhosser, 12. völlig neu bearbeitete Aufl., München 2005

Kollhosser, Helmut (Kommentierung § 82 VVG, 2004): Kommentierung zu § 82 VVG, in: Versicherungsvertragsgesetz, Kommentar zu VVG und EGVVG sowie Kommentierung wichtiger Versicherungsbedingungen – unter Berücksichtigung des ÖVVG und österreichischer Rechtsprechung –, hrsg. von Ulrich Knappmann, Jürgen Prölss, Helmut Kollhosser, Wolfgang Voit und Christian Ambrüster, 27., völlig neubearbeitete Aufl., München 2004

Korn, Jochen Heinrich (Schwankungsreserven, 1997): Schwankungsreserven im handelsrechtlichen Jahresabschluß von Schaden- und Unfallversicherungsunternehmen, zugleich ein Beitrag zu pauschalierten Bewertung rückstellungsbegründeter Tatbestände, Karlsruhe 1997, zugl.: Mannheim, Univ., Diss., 1997

KPMG Consulting (Fast Close, 2000): Fast Close Europäische Benchmarkingstudie, hrsg. von KPMG Consulting AG, Düsseldorf 2000

KPMG Consulting (Fast Close, 2002): Fast Close-Studie 2002, hrsg. von KPMG Consulting AG, o. O. 2000

KPMG (IFRS aktuell, 2004): IFRS 4 (2004) Versicherungsverträge, in: IFRS aktuell – Neuregelungen 2004: IFRS 1 bis 5, Improvements Project, Amendments IAS 32 und 39 hrsg. von KPMG, Stuttgart 2004, S. 131 – 168

KPMG (Rechnungslegung, 2003): Rechnungslegung nach US-amerikanischen Grundsätzen. Grundlagen der US-GAAP und SEC-Vorschriften, 3. überarb. und erw. Aufl. Düsseldorf 2003

Mele, Frank D. (Losses, 2003): Losses and Loss Expenses, in: Property-Casualty Insurance Accounting, hrsg. von Insurance Accounting & Systems Association, 8th ed., Durham 2003, Chapter 7

Kraus-Grünewald, Marion (Herstellungskosten, 1994): Zur Bewertung von Halb- und Fertigerzeugnissen mit den Herstellungskosten, in: ZfbF, 46. Jg. (1994), S. 32 – 53

Kreutzer, Gerhard (Wertaufhellungszeitpunkte, 2001): Maßgebliche Wertaufhellungszeitpunkte bei der Aufstellung von Jahresabschlüssen bei Personenhandelsgesellschaften, Oldenburg 2001, zugl.: Oldenburg, Univ., Diss., 2000

Kromschröder, Bernhard (Besonderheiten, 1994): Besonderheiten des Jahresabschlusses der Versicherungsunternehmen, in: Bilanzrecht und Kapitalmarkt, Festschrift zum 65. Geburtstag von Prof. Dr. Dr. h. c. Adolf Moxter, hrsg. von Wolfgang Ballwieser, u. a., Düsseldorf 1994, S. 769 – 793

Krönert, Björn (Grundsätze, 2001): Grundsätze informationsorientierter Rechnungslegung: Eine Untersuchung über die Erfüllung der Informationsfunktion von Jahresabschlüssen durch die US-GAAP, Sternenfels 2001, Zugl.: Regensburg, Univ., Diss., 2001

Kropf, Bruno (Wertaufhellung, 1991): Sind neue Erkenntnisse (Wertaufhellungen) auch noch bei der Feststellung des Jahresabschlusses zu berücksichtigen?, in: Betriebswirtschaftliche Steuerlehre und Beratung, Gerd Rose zum 65. Geburtstag, hrsg. von Norbert Herzig, Wiesbaden 1991, S. 521 – 547

Kross, W./ Schroeder, D. A. (Timing, 1984): An Empirical Investigation of the Effect of Quaterly Earnings Announcement Timing on Stock Returns, in: JAR, Vol. 22 (1984), S. 153 – 176

Kühnberger, Manfred (Drohverlustrückstellungen, 1990): Zur Bildung von Drohverlustrückstellungen bei Versicherungsunternehmen (I, II), VW, 45. Jg. (1990), S. 695 – 703 und 840 – 845

Kupsch, Peter (Entwicklungen, 1989): Neuere Entwicklungen bei der Bilanzierung und Bewertung von Rueckstellungen, in: DB, 42. Jg. (1989), S. 53-61

Kupsch, Peter (Rückstellungen, 2000): Ansatz und Bewertung von Rückstellungen im amerikanischen Jahresabschluß – eine vergleichende Betrachtung aus deutscher Sicht, in: US-amerikanische RechnungslegungL Grundlagen und Vergleich mit dem deutschen Recht, hrsg. von Wolfgang Ballwieser, 4. überarb. und erw. Aufl., Stuttgart 2000, S. 115 – 138

Küting, Karlheinz/ Kaiser, Thomas (Wertaufhellungszeitraum, 2000): Aufstellung oder Feststellung: Wann endet der Wertaufhellungszeitraum – Implikationen für die Anwendung des Wertaufhellungsprinzips bei Berichtigung, Änderung und Nichtigkeit des handelsrechtlichen Jahresabschlusses, in: WPg, 53. Jg. (2000), S. 577 – 596

Küting, Karlheinz/ Weber, Claus-Peter/ Boecker, Corinna (Fast Close, 2004): Fast Close - Beschleunigung der Jahresabschlusserstellung: (zu) schnell am Ziel?!, in: StuB, 7. Jg. (2004), S. 1 – 10

Kuhlewind, Andreas-Markus (Bilanzrechtstheorie, 1997): Grundlagen einer Bilanzrechtstheorie in den USA, Frankfurt am Main u. a. 1997, zugl.: München, Univ., Diss., 1996

Lauer , Christine E. (Interdependenzen, 1995): Interdependenzen zwischen Gewinnermittlungsverfahren, Risiken sowie Aktivitätsniveau und Berichtsverhalten des Managers: eine ökonomische Analyse, Frankfurt (Main) u. a. 1995, Zugl.: Frankfurt (Main), Univ., Diss., 1994

Lenz, Tobias (Kulanzleistungen, 1992): Kulanzleistungen des Versicherers, Karlsruhe 1993, zugl.: Köln, Univ., Diss., 1992

Liedmeier, Norbert (Rückstellungen, 1989): Rückstellungen wegen drohender Haftung bei bestehenden Versicherungsverträgen, in: DB, 42. Jg. (1989), S. 2133 – 2136

Lipowsky, Ursula (Kommentierung § 66 VAG, 2005): Kommentierung zu § 66 VAG, in: Versicherungsaufsichtsgesetz mit Europäischen Gemeinschaftsrecht und Recht der Bundesländer, hrsg. von Helmut Kollhosser, 12. völlig neu bearbeitete Aufl., München 2005

Littmann, Eberhard (Schätzungen, 1962): Schätzungen in der Steuerbilanz des Kaufmanns, in: DStZ, 50. Jg. (1962), S. 325 – 332

Lorenz, Holger/Schmidt, Klaus D. (Grossing-Up Verfahren, 2004): Grossing-Up Verfahren, in: Handbuch der Schadenreservierung, hrsg. von Michael Radtke und Klaus D. Schmidt, Karlsruhe 2004, S. 94 – 97

Löw, Sabine (Gewinnrealisierung, 2003): Gewinnrealisierung und Rückstellungsbilanzierung bei Versicherungsunternehmen nach HGB und IFRS; zugl., Magdeburg, Univ., Diss., 2003

Lucius, Ralph-Rene (Versicherbarkeit, 1977): Die Grenzen der Versicherbarkeit, Frankfurt (Main) 1979

Lüders, Jürgen (Gewinnrealisierung, 1987): Der Zeitpunkt der Gewinnrealisierung im Handels- und Steuerbilanzrecht, Köln 1987

Mack, Thomas (Reserve Estimates, 1993): Distribution-Free Calculation of the Standard Error of Chain Ladder Reserve Estimates, in: Astin Bulletin, Vol. 23 (1993), S. 214 – 225

Mäder, Patrick/ Schärli, Oliver (Fast Close, 2002): Zeitgerecht informieren über Unternehmensabschlüsse – Qualitäts- und Effizienzsteigerung des Abschlussprozesses mit Fast Close, in: Schweizer Treuhänder, 76. Jg. (2002), S. 1079 – 1084

Mandl, Gerwald/ Rabel, Klaus (Unternehmensbewertung, 1997): Unternehmensbewertung eine praxisorientierte Einführung, Wien 1997

Maneth, Matthias F. F. (Versicherungsschutz, 1996): Versicherungsschutz – ein Option – Die Korrespondenz zwischen Risiko- und Produktkonzept und die Fortführung des produktionswirtschaftlichen Produktkonzepts –, in: ZversWiss, Bd. 85 (1996), S. 401 – 441

Mayer-Wegelin, Eberhard/ Kessler, Harald/ Höfer, Reinhold (Kommentierung § 249 HGB, Loseblatt): Kommentierung zu § 249 HGB, in: Handbuch der Rechnungslegung, Kommentar zur Bilanzierung und Prüfung, hrsg. von Karlheinz Küting und Claus-Peter Weber, 5. aktual und erw. Aufl., Stuttgart 2005 (Loseblattsammlung, Stand. September 2005)

Mayr, Gerhard (Versicherungsunternehmen, 1999): Internationalisierung der Konzernrechnungslegung deutscher Versicherungsunternehmen, Wiesbaden 1999, zugl.: München, Univ., Diss., 1999

Maul, Karl-Heinz (GoB, 1974): Offen Probleme der Ermittlung von Grundsätzen ordnungsmäßiger Buchführung, in: ZfbF, 26. Jg. (1974), S. 726 - 745

Maul, Karl-Heinz (Bilanzierungsfristen, 1980): Die allgemeinen Bilanzierungsfristen im künftigen Bilanzrecht, in: WPg, 33. Jg. (1980), S. 465 – 468

Mellmann, Martin/ Lilien, Steven B. (Liabilities, 1999): Liabilities, in: Accountants' Handbook, hrsg. von D. R. Carmichael, Steven B. Lilien, Martin Mellmann, 9th edition, New York u.a. 1999, Chapter 20

Mellwig, Winfried (Herstellungskosten, 1995): Herstellungskosten und Realisationsprinzip, in: Rechenschaftslegung im Wandel, Festschrift für Wolfgang Dieter Budde, hrsg. von Gerhart Förschle, Klaus Kaiser, Adolf Moxter, München 1995, S. 397 – 415

Meyer, Ulrich (Risikotransformation, 1997): Versicherung als Risikotransformation, in: Erneuerung des Versicherungsvertragsgesetzes, Versichertenschutz in den USA, Rechnungslegung von Versicherungsunternehmen, hrsg. von Jürgen Basedow, Baden-Baden 1997, S. 11 – 24

Mlynski, Manfred (Versicherungsbetrieb, 1996): Die Arbeitsabläufe im Versicherungsbetrieb, 1. Aufl., durchges., Wiesbaden 1996

Möller, Hans (Versicherung, 1962): Moderne Theorien zum Begriff der Versicherung und des Versicherungsvertrages, in: ZVersWiss, 51. Bd. (1962), S. 269 – 289

Molnar, Hans (Schadenrückstellungen, 1986): Die Bilanzierung aktienrechtlicher Schadenrückstellungen dem Grunde nach, dargestellt am Beispiel der Rechtsschutzversicherung, Karlsruhe 1986

Moonitz, Maurice (Postulates, 1965): The Basic Postulates of Accounting, Accounting Research Study No. 1, hrsg. vom American Institute of Certified Public Accoutants, New York 1961

Morck, Winfried (Kommentierung § 243 HGB, 1999): Kommentierung zu § 243 HGB, in: Handelsgesetzbuch, Kommentar von Ingo Koller, Wulf-Henning Roth und Winfried Morck, 2. Aufl., München 1999

Mordi, Obi (Produktkonzept, 1985): Das Produktkonzept der Versicherung: Eine alternative Interpretation, in: ZVersWiss, 74. Bd. (1985), S. 81 – 93

Morgan, James L. (Premiums, 1988): Earned and Unearned Premiums, in: Property-Liability Insurance Accounting, hrsg. von Robert W. Strain, 4th Ed., Durham 1988, S. 100 – 115

Moxter, Adolf (EG-Bilanzrichtlinie, 1978): Der Einfluß der EG-Bilanzrichtlinie auf das Bilanzsteuerrecht, in: BB, 33. Jg. (1978), S. 1629 – 1632

Moxter, Adolf (Gewinnermittlung, 1982): Betriebswirtschaftliche Gewinnermittlung, Tübingen 1982

Moxter, Adolf (Unternehmensbewertung, 1983): Grundsätze ordnungsmäßiger Unternehmensbewertung , Wiesbaden 1983

Moxter, Adolf (Realisationsprinzip, 1984): Das Realisationsprinzip – 1884 und heute, in: BB, 39. Jg. (1984), S. 1780 – 1786

Moxter, Adolf (System, 1985): Das System der handelsrechtlichen Grundsätze ordnungsmäßiger Bilanzierung, in: Der Wirtschaftsprüfer im Schnittpunkt nationaler und internationaler Entwicklungen, Festschrift zum 60. Geburtstag von Prof. Dr. Klaus v. Wysocki, hrsg. von Gerhard Gross, Düsseldorf 1985, S. 17 – 28

Moxter, Adolf (Bilanzlehre II, 1986): Bilanzlehre II: Einführung in das neue Bilanzrecht, Wiesbaden 1986

Moxter, Adolf (Sinn und Zweck, 1987): Zum Sinn und Zweck des handelsrechtlichen Jahresabschlusses nach neuem Recht, in: Bilanz- und Konzernrecht, Festschrift zum 65. Geburtstag von Dr. Dr. h.c. Reinhard Goerdeler, hrsg. von Hans Havermann, Düsseldorf 1987, S. 361 – 374

Moxter, Adolf (Gewinnermittlung, 1988): Periodengerechte Gewinnermittlung und Bilanz im Rechtssinne, in: Handelsrecht und Steuerrecht, Festschrift für Dr. Dr. h.c. Georg Döllerer, hrsg. von Brigitte Knobbe-Keuk, Franz Klein, Adolf Moxter, Düsseldorf 1988, S. 447 – 458

Moxter, Adolf (Höchstwertprinzip, 1989): Rückstellungen für ungewisse Verbindlichkeiten und Höchstwertprinzip, in: BB, 44. Jg. (1989), S. 945 – 949

Moxter, Adolf (wirtschaftliche Betrachtungsweise, 1989): Zur wirtschaftlichen Betrachtungsweise im Bilanzrecht, in: StuW, 66. (19.) Jg. (1989), S. 232 – 241

Moxter, Adolf (Umweltschutzrückstellungen, 1992): Zum Passivierungszeitpunkt von Umweltschutzrückstellungen, in: Rechnungslegung, Entwicklungen bei der Bilanzierung und Prüfung von Kapitalgesellschaften, Festschrift zum 65. Geburtstag von Prof. Dr. Dr. h. c. Karl-Heinz Forster, hrsg. von Adolf Moxter, u. a., Düsseldorf 1992, S. 427 – 437

Moxter, Adolf (Abzinsungsgebote und –verbote, 1993): Bilanzrechtliche Abzinsungsgebote und –verbote, in: Ertragsbesteuerung, Festschrift für Ludwig Schmidt zum 65. Geburtstag, hrsg. von Arndt Raupach und Adalbert Uelner, München 1993, S. 195 – 207

Moxter, Adolf (Rückstellungskriterien, 1995): Rückstellungskriterien im Streit, in: ZfbF, 47. Jg. (1995), S. 311 – 326

Moxter, Adolf (Standort, 1995): Standort Deutschland: Zur Überlegenheit des deutschen Rechnungslegungsrechts, in: Standort Deutschland. Grundsatzfragen und aktuelle Perspektiven für die Besteuerung, die Prüfung und das Controlling, Festschrift Anton Heigl hrsg. von Volker H. Peemöller und Peter Uecker, Berlin 1995, S. 31 – 41

Moxter, Adolf (True-and-fair-view-Gebot, 1995): Zum Verhältnis von handelsrechtlichen Grundsätzen ordnungsmäßiger Bilanzierung und True-and-fair-view-Gebot bei Kapitalgesellschaften, in: Rechenschaftslegung im Wandel, Festschrift für Wolfgang Dieter Budde, hrsg. von Gerhart Förschle, Klaus Kaiser, Adolf Moxter, München 1995, S. 419 – 429

Moxter, Adolf („matching principle“, 1995): Das „matching principle“: Zur Integration eines internationalen Rechnungslegungs-Grundsatzes in das deutsche Recht, in: Internationale Wirtschaftsprüfung, Festschrift zum 65. Geburtstag von Prof. Dr. Dr. h. c. Hans Havermann, hrsg. von Josef Lanfermann, Düsseldorf 1995, S. 487 – 504

Moxter, Adolf (Verlustantizipation, 1996): Beschränkung der gesetzlichen Verlustantizipation auf die Wertverhältnisse des Abschlußstichtags?, in: Rechnungslegung, Prüfung und Beratung: Herausforderungen für den Wirtschaftsprüfer; Festschrift zum 70. Geburtstag von Professor Dr. Rainer Ludewig, hrsg. von Jörg Baetge, Dietrich Börner, Karl-Heinz Forster, Lothar Schruff, Düsseldorf 1996, S. 167 – 174

Moxter, Adolf (Phasengleiche Aktivierung, 1997): Zur phasengleichen Aktivierung von Gewinnansprüchen einer Muttergesellschaft, in: Gedächnisschrift für Brigitte Knobbe-Keuk, hrsg. von Wolfgang Schön, Köln 1997, S. 487 – 498

Moxter, Adolf (Rückstellungsbewertung, 1997): Grenzen vorsichtiger Rückstellungsbewertung, in: Festschrift für Carsten Peter Claussen, hrsg. von Klaus-Peter Martens, Harm Peter Westermann, Wolfgang Zöllner, Köln u. a. 1997, S. 677 – 686

Moxter, Adolf (Pauschalrückstellungen, 1998): Pauschalrückstellungen in der Steuerbilanz unzulässig?, in: DB, 51. Jg. (1998), S. 269 – 272

Moxter, Adolf (Wahrscheinlichkeitsschwellen, 1998): Die BFH-Rechtsprechung zu den Wahrscheinlichkeitsschwellen bei Schulden, in: BB, 53. Jg. (1998), S. 2464 – 2467

Moxter, Adolf (Bilanzrechtsprechung, 1999): Bilanzrechtsprechung, 5. Aufl. 1999

Moxter, Adolf (Rückstellungen, 1999): Rückstellungen nach IAS: Abweichungen vom geltenden deutschen Bilanzrecht, in: BB, 54. Jg. (1999), S. 519 – 525

Moxter, Adolf (Buchführung, 2002): Grundsätze ordnungsmäßiger Buchführung, in: Handwörterbuch der Rechnungslegung und Prüfung, hrsg. von Wolfgang Ballwieser, Alfred Coenenberg, Klaus Wysocki, 3. überb. und erw. Aufl., Stuttgart 2002, Spalte 1041 – 1052

Moxter, Adolf (Rechnungslegung, 2003): Grundsätze ordnungsgemäßer Rechnungslegung, Düsseldorf 2003

Moxter, Adolf (Wertaufhellungsverständnis, 2003): Unterschiede im Wertaufhellungsverständnis zwischen den handelsrechtlichen GoB und den IAS/IFRS, in: BB, 58. Jg. (2003), S. 2559 – 2564

Moxter, Adolf (Verbindlichkeitsrückstellungen, 2004): Neue Ansatzkriterien für Verbindlichkeitsrückstellungen? (I, II), in: DStR, 57, Jg. (2004), S. 1057 – 1060 und 1098 – 1101

Müller, Helmut (Vorschriften, 2001): Die Vorschriften über die Rechnungslegung und Prüfung der Versicherungsunternehmen, in: Rechnungslegung und Prüfung der Versicherungsunternehmen / hrsg. vom Institut der Wirtschaftprüfer, Düsseldorf 2001, Kapitel A

Müller, Welf (Rückstellungsbegriff, 1981): Gedanken zum Rückstellungsbegriff in der Bilanz, in: ZGR, 10. Jg. (1981), S. 126 – 144

Müller, Wolfgang (Informationsprodukte, 1987): Informationsprodukte – Ein Beschreibungsmodell für Versicherungsprodukte und seine Überprüfung anhand von Allgemeinen Versicherungsbedingungen, in: ZfB, 65. Jg. (1995), S. 1017 – 1044

Müller, Wolfgang (informationstheoretischen Erweiterung, 1987): Zur informationstheoretischen Erweiterung der Betriebswirtschaftslehre – Ein Modell der Informationsproduktion, in: Neuere Entwicklungen in der Produktions- und Investitionspolitik, Herbert Jacob zum 60. Geburtstag, hrsg. von Dietrich Adam, Wiesbaden 1987, S. 119 – 135

Müller, Wolfgang (Produkt, 1981): Das Produkt der Versicherung, in: Geld und Versicherung: Analysen, Thesen, Perspektiven im Spannungsfeld liberaler Theorie, Festgabe für Wilhelm Seuß, hrsg. von Michael Jung, Wolfram Engels, Ralph René Lucuis, Werner Seifert, Karlsruhe 1981, S. 155 – 171

Naumann, Klaus-Peter (Rückstellungen, 1989): Die Bewertung von Rückstellungen in der Einzelbilanz nach Handels- und Ertragssteuerrecht, Düsseldorf 1989

Naumann, Klaus-Peter/Breker, Norbert (2003): Bewertungsprinzipien für die Rechnungslegung nach HGB, Bilanzsteuerrecht und IAS/IFRS, in: Handbuch des Jahresabschlusses: Rechnungslegung nach HGB und internationalen Standards, hrsg. von Klaus v. Wysocki, Joachim Schulze-Osterloh, Joachim Hennrichs, Christoph Kuhner, Köln 1984, (Loseblattsammlung, Stand: Mai 2005), Abt. I/7

Naumann, Klaus-Peter (Rückstellungsbilanzierung, 1991): Rechtliches Entstehen und wirtschaftliche Verursachung als Voraussetzung der Rückstellungsbilanzierung – Zugleich eine Untersuchung zur Ansammlung von Rückstellungen – , in: WPg, 44. Jg. (1991), S. 529 – 536

Nelson, Karen K. (Discounting, 2000): Rate Regulation, Competion, and Loss Reserve Discounting by Property-Casualty Insurers, in: Acc. Rev., Vol. 75 (2000), S. 115 – 138

Öcking, Stefan/ Sanner, Martin (Bilanzierung, 2004): Bilanzierung und Rechnungslegung, in: Handbuch der Schadenreservierung, hrsg. von Michael Radtke und Klaus D. Schmidt, Karlsruhe 2004, S. 25 – 36

Oos, Johannes (Ausweis, 1979): Zum Ausweis des passiven Rückversicherungsgeschäftes im Jahresabschluss der Schaden- und Unfallversicherungsunternehmen, in: WPg, 32. Jg. (1979), S. 604 – 613

Ott, Peter/ Rockel, Werner (Drohverlustrückstellungen, 2004): Bilanzierung von Drohverlustrückstellungen bei Versicherungsunternehmen nach HGB, US-GAAP und IAS/IFRS, in: Die Wirtschaftsprüfung, 57. Jg. (2004), S. 800 – 805

Paton, William A./ Littleton, Ananias C. (Introduction, 1965): An Introduction to Corporate Accounting Standards, hrsg. von American Accounting Association, Ann Arbor 1965

Perlet, Helmut (Rückstellungen, 1986): Rückstellungen für noch nicht abgewickelte Versicherungsfälle in der Handels- und Steuerbilanz, Karlsruhe 1986

Perlet, Helmut/ Baumgärtel, Martina (Pauschalbewertung, 1997): Zur Bedeutung der Pauschalbewertung bei Rückstellungen für ungewisse Verbindlichkeiten, in: Handelsbilanzen und Steuerbilanzen: Festschrift zum 70. Geburtstag von Prof. Dr. h. c. Heinrich Beisse, hrsg. von Wolfgang Dieter Budde, Adolf Moxter, Klaus Offerhaus, Düsseldorf 1997

Pisoke, Marc (Ungewisse Verbindlichkeiten, 2004): Ungewisse Verbindlichkeiten in der internationalen Rechnungslegung, Zur zweckadäquaten Passivierung und Bewertung, Wiesbaden 2004, Zugl.: Univ., Diss., Mainz, 2003

Prölss, Jürgen (Kommentierung § 1 VVG, 2004): Kommentierung zu § 1 VVG, in: Versicherungsvertragsgesetz, Kommentar zu VVG und EGVVG sowie Kommentierung wichtiger Versicherungsbedingungen – unter Berücksichtigung des ÖVVG und österreichischer Rechtsprechung –, hrsg. von Ulrich Knappmann, Jürgen Prölss, Helmut Kollhosser, Wolfgang Voit und Christian Ambrüster, 27., völlig neubearbeitete Aufl., München 2004

Prüßmann, Otto/ Uhrmann, Karl (Schadenregulierungskosten, 1975): Rückstellungen für Schadenregulierungskosten in den Bilanzen der Versicherungsunternehmen aus steuerlicher Sicht, in: VersR, 26. Jg. (1975), S. 389 – 399

Radtke, Michael (Abwicklungsdaten, 2004): Abwicklungsdaten, in: Handbuch der Schadenreservierung hrsg. von Michael Radtke und Klaus D. Schmidt, Karlsruhe 2004, S. 1 – 5

Raschke, Jens/Klatt-Seipelt, Bärbel (Fast Close, 2001): Fast Close an einem Praxisbeispiel in der Mineralölindustrie, in: BC, 25. Jg. (2001), S. 245 – 249

Raschke, Jens/ Vogel, Johannes (Fast Close, 2002): Fast Close – Verkürzung der Abschlusszeit, in: KoR, 2. Jg. (2002), S. 277 – 288

Riege, Jürgen (Versicherungsprodukt, 1990): Das Versicherungsprodukt, in: ZVersWiss, 79. Bd. (1990), S. 403 – 470

Rockel, Werner (Fair Value-Bilanzierung, 2004): Fair Value-Bilanzierung versicherungstechnischer Verpflichtungen, Eine ökonomische Analyse, Wiesbaden 2004

Roese, Bernd (Verbindlichkeiten, 1999): Bilanzielle Verbindlichkeiten nach HGB und US-GAAP, Wiesbaden 1999, zugl.: Hannover, Univ., Diss., 1998

Rückle, Dieter (Rechnungslegung, 2001): Kritische Analyse der Rechnungslegung von Versicherungsunternehmen, in: BFuP, 53. Jg. (2001), S. 563 – 577

Rüdinger, Andreas (Regelungsschärfe, 2004): Regelungsschärfe bei Rückstellungen, Wiesbaden 2004, zugl.: Diss., Univ., Magdeburg, 2003

Salzmann, Ruth E. (Estimated liabilities, 1984): Estimated Liabilities for losses & loss adjustment expenses, Englewood Cliffs 1984

Sasse, Jürgen/ Boetius, Jan (Rückstellungen, 1973): Wirtschaftliche und rechtliche Bedeutung der versicherungstechnischen Rückstellungen, in: Die versicherungstechnischen Rückstellungen im Steuerrecht, hrsg. von Erich R. Prölss, Ernst von der Thüsen, Günter Ziegler, Karlsruhe 1973, S. 14 – 40

Sauer, Otto (Wertaufhellungstheorie, 1974): Neue Aspekte zur Wertaufhellungstheorie, in: FR 56. Jg. (1974), S. 232 – 235

Scheffler, Eberhard (Beck`sche HdR, Loseblatt): Rückstellungen, in: Beck`sche Handbuch der Rechnungslegung, hrsg. von Edgar Castan, Gerd Heymann, Hans-Joachim Böcking, Norbert Pfitzer und Eberhard Scheffler, München 1987 (Loseblattsammlung, Stand: Mai 2005), B 233

Schildbach, Thomas (Generalklausel, 1987): Die neue Generalklausel für den Jahresabschluß von Kapitalgesellschaften – zur Interpretation des Paragraphen 264 Abs. 2 HGB, in: BFuP, 39. Jg. (1987), S. 1 – 15

Schildbach, Thomas (Konzernabschluss, 1991): Der handelsrechtliche Konzernabschluss, München u. a. 1991

Schildbach, Thomas (US-GAAP, 2000): US-GAAP, amerikanische Rechnungslegung un ihre Grundlagen, München 2000

Schimikowski, Peter (Versicherungsvertragsrecht, 2004): Versicherungsvertragsrecht, 3. neubearb. Aufl., München 2004

Schloén, Manfred (Personenschäden, 1978): Regulierung von Personenschäden, Köln u.a.

Schmidt, Reimer (Gedanken, 1994): Weitere Gedanken zum Versicherungsbegriff, in: Risiko, Versicherung, Markt: Festschrift für Walter Karten zur Vollendung des 60. Lebensjahres, hrsg. von Dieter Hesberg, Martin Nell, Winfried Schott, Karlsruhe 1994, S. 3 – 17

Schmidt, Klaus D. (Abwicklungsdreieck, 2004): Abwicklungsdreieck, in: Handbuch der Schadenreservierung hrsg. von Michael Radtke und Klaus D. Schmidt, Karlsruhe 2004, S. 7 – 14

Schmidt, Klaus D. (Spätschäden, 1999): Reservierung für Spätschäden: Modellierung am Beispiel des Chain-Ladder-Verfahrens, in: Allgemeines Statistisches Archiv, 83. Bd. (1999), S. 267 – 280

Schmidt, Klaus D. (Versicherungsmathematik, 2002): Versicherungsmathematik, Berlin u. a. 2002

Schmidt-Salzer, Joachim (IBNR, 1984): IBNR und Spätschadenreservierung in der Allgemeinen Haftpflichtversicherung, Eine kardinale Kommunikationslücke zwischen Statistikern, Bilanzrechtlern und Underwritern?, Karlsruhe 1984

Schmotz, Thomas (Pro-Forma-Abschlüsse, 2004): Pro-forma-Abschlüsse, Herstellung der Vergleichbarkeit von Rechnungslegungsinformationen, Wiesbaden 2004, zugl.: Frankfurt (Main), Univ., Diss., 2004

Schneider, Dieter (ausschüttungsfähiger Betrag, 1971): Aktienrechtlicher Gewinn und ausschüttungsfähiger Betrag, in: WPg, 24. Jg. (1971), S. 607 – 617

Schöllhammer, Rainer (Insurers, 2003): Financial Reporting by Insurers – Development fo an Insurance-Specific Accounting Framework from the Perspective fo Equity Security Analysis, Bamberg 2003

Schön, Wolfgang (Rückstellungen, 1994): Der Bundesfinanzhof und die Rückstellungen, in: BB, 49. Jg. (1994), Beilage 9, S. 1 – 16

Schroeder, Kai Uwe (Abzinsung, 1990): Abzinsung von Rückstellungen und Verbindlichkeiten in der Steuerbilanz, Bergisch Gladbach u. a. 1990, Zugl.: Mannheim, Univ., Diss., 1990

Schulze-Osterloh, Joachim (Herstellungskosten, 1989): Herstellungskosten in der Handels- und Steuerbilanz, in: StuW, 66. Jg. (1989), S. 242 – 249

Schulze-Osterloh, Joachim (Aufwendungen, 1992): Der Ausweis von Aufwendungen nach dem Realisations- und dem Imparitätsprinzip, in: Rechnungslegung, Entwicklungen bei der Bilanzierung und Prüfung von Kapitalgesellschaften, Festschrift zum 65. Geburtstag von Professor Dr. Dr. h.c. Karl-Heinz Forster, hrsg. von Adolf Moxter, Hans-Peter Müller, Rolf Windmöller, Klaus v. Wysocki, Düsseldorf 1992, S. 653 – 670

Schulze-Osterloh, Joachim (Rückzahlungsbetrag, 2003): Rückzahlungsbetrag und Abzinsung von Rückstellungen und Verbindlichkeiten – Überlegungen zur Reform des HGB-Bilanzrechts, in: BB, 58. Jg. (2003), S. 351 – 355

Schwake, Edmund (versicherungstechnisches Risiko, 1988): Das versicherungstechnische Risiko als arteigenes Risiko der Versicherungsunternehmen?, in: ZVersWiss, 77. Bd. (1988), S. 61 – 81

Schwintoski, Hans-Peter (Kommentierung § 1 VVG, 1999): Kommentar zu §1 VVG, in: Berliner Kommentar zum Versicherungsvertragsgesetz / hrsg. von Heinrich Honsell, Berlin, u.a. 1999

Siegel, Theodor (Ernsthaftigkeit, 1997): Mangelnde Ernsthaftigkeit des Gläubigerschutzes als offene Flanke der deutschen Rechnungslegungsvorschriften, in: Jahresabschluß und Jahresabchlußprüfung: Probleme, Perspektiven, internationale Einflüsse, Festschrift zum 60. Geburtstag von Jörg Baetge, hrsg. von Thomar R. Fischer und Reinhold Hömberg, Düsseldorf 1997, S. 117 – 149

Siegel, Theodor (Metamorphosen, 1994): Metamorphosen des Realisationsprinzips?, in: Rechnungslegung, Entwicklungen bei der Bilanzierung und Prüfung von Kapitalgesellschaften, Festschrift zum 65. Geburtstag von Professor Dr. Dr. h.c. Karl-Heinz Forster, hrsg. von Adolf Moxter, Hans-Peter Müller, Rolf Windmöller, Klaus v. Wysocki, Düsseldorf 1992, S. 585 – 605

Siegel, Theodor (Realisationsprinzip, 1994): Das Realisationsprinzip als allgemeines Periodisierungsprinzip?, in: BfuP, 46. Jg., S. 1 – 24

Siegel, Theodor (Herstellungskosten, 1995): Herstellungskosten und Grundsätze ordnungsmäßiger Buchführung, in: Unternehmenstheorie und Besteuerung, Festschrift zum 60. Geburtstag von Dieter Schneider, hrsg. von Rainer Elschen, Theodor Siegel, Franz W. Wagner, Wiesbaden 1995, S. 635 – 672d

Siegel, Theodor/ Schmidt, Matthias (Beck'sche HdR, Loseblatt): Allgemeine Bewertungsgrundsätze, in: Beck'sche Handbuch der Rechnungslegung, hrsg. von Edgar Castan, Gerd Heymann, Hans-Joachim Böcking, Norbert Pfitzer und Eberhard Scheffler, München 1987 (Loseblattsammlung, Stand: Mai 2005), B 161

Sinclair, N./ Young, J. (Timeliness, 1991): The Timeliness of Half Yearly Earnings Announcements and Stock Returns, in: Account Fin, 31. Jg. (1991), S. 31 – 52

Skurnick, David (reserving methods,1973): A survey of loss reserving methods, in: PCAS, Vol. LX (1973), S. 16 – 58

Solomons, David (Accounting Policy, 1986): Making Accounting Policy. The quest for credibility in financial reporting, New York u. a. 1986

Solomons, David (FASB's conceptual Framework, 1986): The FASB`s conceptual framework: an evaluation, in: JoA, 161. Jg. (1986), S. 114 – 124

Soltani, Bahram (Timeliness, 2002): Timeliness of corporate and audit reports: Some empirical evidence in the French context, in: TIJA, 37. Jg. (2002), S. 215 – 246

Stanga, Keith G. (Relationship, 1980): The Relationship between Relevance and Reliability, in: ABR, Vo. 11 (winter 1980), S. 29 - 39

Stobbe, Thomas (Kommentierung § 6 EStG, Loseblatt), in: Herrmann/ Heuer/ Raupach, Einkommensteuer- und Körperschaftsteuergesetz, Kommentar hrsg. von Arndt Raupach, Uwe Clausen, Hans – J. Kanzler, Wolfgang Kumpf, Ulrich Prinz, 21. Auflage, Köln, Loseblatt (Stand: August 2004)

Stöffler, Michael (Beck`scher Versicherungsbilanz-Kommentar, 1998): Kommentierung zu 341e HGB, in: Beck`scher Versicherungsbilanz-Kommentar: Handels- und Steuerrecht; §§ 341 bis 341o HGB/ bearb. von Christoph Brüggentisch u. a., hrsg. von Budde, Wolfgang Dieter/ Schnicke, Christian/ Stöffler, Michael/ Stuirbrink, München 1998

Streim, Hannes (Generalnorm, 1994): Die Generalnorm des § 264 Abs. 2 HGB – Eine kritische Analyse, in: Bilanzrecht und Kapitalmarkt: Festschrift zum 65. Geburtstag von Professor Dr. Dr. h.c. Dr. h.c. Adolf Moxter, hrsg. von Wolfgang Ballwieser, Böcking, Hans-Joachim, Drukarczyk, Reinhard H. Schmidt, Düsseldorf 1994, S. 392 – 406

Streim, Hannes (Kommentierung § 264 HGB, Loseblatt): Kommentierung zu § 264 HGB, in: Bonner Handbuch der Rechnungslegung, hrsg. von Max A. Hofbauer, Werner Albrecht, Wolfgang Grewe, Peter Kupsch, Bonn 1986 (Loseblattsammlung, Stand: April 2005)

Streim, Hannes/ Bieker, Marcus/ Leippe, Britta (Fundierung, 2001): Anmerkungen zur theoretischen Fundierung der Rechnungslegung nach International Accounting Standards, in: Wolfgang Stützel. Moderne Konzepte für Finanzmärkte, Beschäftigung und Wirtschaftsverfassung, hrsg. von Hartmut Schmidt, Eberhart Ketzel, Stefan Prigge, Tübingen 2001, S. 177 – 206

Strobl, Elisabeth (Abzinsung, 1988): Zur Abzinsung von Verbindlichkeiten und Rückstellungen für ungewisse Verbindlichkeiten, in: Handelsrecht und Steuerrecht, Festschrift für Dr. Dr. h.c. Georg Döllerer, hrsg. von Brigitte Knobbe-Keuk, Franz Klein, Adolf Moxter, Düsseldorf 1988, Düsseldorf 1988, S. 615 – 634

Sutcliffe, Ian/ Greenfield, David (US-GAAP, 2002): US-GAAP for foreign insurers, hrsg. von KPMG, o. A. 2002

Telgenbüscher, Franz R. (Rückstellungen, 1995): Rückstellungen für drohende Verluste bei Versicherungsunternehmen, in: WPg, 48. Jg. (1995), S. 582 – 589

Thies, Angelika (Rückstellungen, 1996): Rückstellungen als Problem der wirtschaftlichen Betrachtungsweise, Frankfurt am Main u.a. 1996, Zugl.: München, Univ., Diss., 1996

Tischbierek, Armin (Verursachungszeitpunkt, 1994): Der wirtschafliche Veursachungszeitpunkt von Verbindlichkeitsrückstellungen, Frankfurt am Main u. a. 1994, zugl.: Frankfurt (Main), Univ., Diss., 1994

Treuberg, Hubertus Graf von/ Angermeyer, Birgit (Versicherungsunternehmen, 1995): Jahresabschluß von Versicherungsunternehmen, Handbuch zum Versicherungsbilanzrichtlinien-Gesetz und zur RechVersV, hrsg. von Schitag Ernst & Young, Stuttgart 1995

Troxel, Terrie E./ Bouchie, George E. (Property-Liability Insurance, 1990): Property-Liability Insurance Accounting and Finance, Malvern 1990

Varain, Thomas C. (Verpflichtungen, 2004): Ansatz und Bewertung versicherungstechnischer Verpflichtungen von Schaden- und Unfallversicherungsunternehmen nach IAS/IFRS, Köln 2004

Verrall, R. J. (claims reserving, 1994): A Methode for modelling varying Run-off Evolutions in claims reserving, in: Astin Bulletin Vol 24, Nr. 2, 1994, S. 325 – 332

Versicherungsfachausschuss des IDW (Schadenrückstellungen, 2005): Stellungsnahme zur Rechnungslegung: Die Bewertung von Schadenrückstellungen von Schaden-/ Unfallversicherungsunternehmen (IDW RS VFA 3), in: WPg, 58. Jg. (2005), S. 102 – 104

Vodrazka, Karl (Abschlußstichtag, 1987): Berücksichtigung von Ereignissen nach dem Abschlußstichtag, in: Rechnungslegung und Gewinnermittlung, Gedenkschrift für Karl Lechner, hrsg. von Erich Loitlsberger/ Anton Egger/ Eduard Lechner, Wien 1987, S. 457 – 478

Voit, Wolfgang/ Knappmann, Ulrich (Kommentierung § 149 VVG, 2004): Kommentierung zu § 139 VVG, in: Versicherungsvertragsgesetz, Kommentar zu VVG und EGVVG sowie Kommentierung wichtiger Versicherungsbedingungen – unter Berücksichtigung des ÖVVG und österreichischer Rechtsprechung –, hrsg. von Ulrich Knappmann, Jürgen Prölss, Helmut Kollhosser, Wolfgang Voit und Christian Ambrüster, 27., völlig neubearbeitete Aufl., München 2004

Voit, Wolfgang (Kommentierung § 843, 2005): Kommentierung zu § 843 BGB, in: Kommentar zum Bürgerlichen Gesetzbuch, hrsg. von Heinz Georg Bamberger und Herbert Roth, Band 2, München 2005

Wagner, Franz W. (Ausschüttungsbemessungsfunktion, 1982): Zur Informations- und Ausschüttungsbemessungsfunktion auf einem organisierten Kapitalmarkt, in: ZfbF, 34. Jg. (1982), S. 749 – 771

Wagner, Gerhard (Umwelthaftpflichtversicherung, 1992): Die Zukunft der Umwelthaftpflichtversicherung, in: VersR, 43. Jg. (1992), S. 261 – 300

Wangemann, Birgit (Verpflichtungen, 1997): Die Berücksichtigung ungewisser Verpflichtungen innerhalb der US-amerikanischen Rechnungslegung, in: WPg, 50. Jg. (1997), S. 194 – 200

Weber-Grellet, Heinrich (Realisationsprinzip, 1996): Realisationsprinzip und Rückstellungen unter Berücksichtigung der neueren Rechtsprechung, in: DStR, 34. Jg. (1996), S. 896 – 908

Wels, Justus (Beitragsüberträge, 1973): Die Beitragsüberträge der Versicherungsunternehmen, in: Die versicherungstechnischen Rückstellungen im Steuerrecht, hrsg. von Erich R. Prölss, Ernst von der Thüsen, Günter Ziegler, 3. völlig neu gefasste Aufl. , Karlsruhe 1973, S. 41 – 53

Wesner, Peter (Bilanzierungsgrundsätze, 1984): Bilanzierungsgrundsätze im Wertpapierrecht der U.S.A., Wiesbaden 1984

Wetzel, Hans-Joachim (Versicherungsbilanzen, 1988): Versicherungsbilanzen im Umbruch, in: ZVersWiss, 77. Bd. (1988), S. 573 – 617

Weyers, Hans-Leo/ Wandt, Manfred (Versicherungsvertragsrecht, 2003): Versicherungsvertragsrecht, 3. neu bearb. Aufl., München 2003

Whittred, Greg/ Zimmer, Ian (Timeliness, 1984): Timeliness of Financial Reporting and Financial Distress, in: Acc. Rev., Vol. LIX (1984), S. 287 – 295

Wiedmann, Harald (Kommentierung § 249 HGB, 1999): Kommentierung § 249 HGB, in: Bilanzrecht: Kommentar zu den §§ 238 – 342a HGB, hrsg. von Harald Wiedmann, München 1999

Wiedmann, Harald (Kommentierung § 341a HGB, 1999): Kommentierung zu § 341a HGB, in: Bilanzrecht: Kommentar zu § 341a HGB, hrsg. von Harald Wiedmann, München 1999

Wiedmann, Harald (Kommentierung § 341e HGB, 1999): Kommentierung zu § 341e HGB, in: Bilanzrecht: Kommentar zu den §§ 238 – 342a HGB, hrsg. von Harald Wiedmann, München 1999

Wiedmann, Harald (Kommentierung § 341g HGB, 1999): Kommentierung zu § 341e HGB, in: Bilanzrecht: Kommentar zu den §§ 238 – 342a HGB, hrsg. von Harald Wiedmann, München 1999

Willams, Jan R./ Carcello, Joseph V. (Miller GAAP Guide, 2004): Miller GAAP Guide, Restatement and analysis of current FASB standards, New York 2004

Winter, Gerrit (HdV, 1988): Versicherungsvertragsrecht, Risikobeschreibungen und -beschränkungen, in: Handwörterbuch der Versicherung, hrsg. von Dieter Farny, Elmar Helten, Peter Koch und Reimer Schmidt, Karlsruhe1988, S.1203 – 1209

Wirth, Karl/ Fromm, Erich (Versicherungsgeschäft, 1935): Das Versicherungsgeschäft, Leipzig 1935

Wölk, Armin (Generalnorm, 1992): Die Generalnorm für den Einzelabschluß von Kapitalgesellschaften, Frankfurt am Main u. a. 1992, zugl.: Frankfurt (Main), Univ., Diss., 1991

Woerner, Lothar (Bilanzierung, 1984): Grundsatzfragen der Bilanzierung schwebender Geschäfte, in: FR, 66. Jg. (1984), S. 489 – 496

Woerner, Lothar (Dauerschuldverhältnisse, 1985):Passivierung schwebender Dauerschuldverhältnisse in der Bilanz des Unternehmers, Bestandsaufnahme – Probleme – Tendenzen, in: StbJb 1984/1985, S. 177 – 200

Woerner, Lothar (Gewinnrealisierung, 1988): Die Gewinnrealisierung bei schwebenden Geschäften, in: BB, 43. Jg. (1988), S. 769 – 777

Woerner, Lothar (Zeitpunkt, 1994): Zeitpunkt der Passivierung von Schulden und Verbindlichkeitsrückstellungen – Problematik der „wirtschaftlichen Verursachung" –, in: Bilanzrecht und Kapitalmarkt: Festschrift zum 65. Geburtstag von Professor Dr. Dr. h.c. Dr. h.c. Adolf Moxter, hrsg. von Wolfgang Ballwieser, Böcking, Hans-Joachim, Drukarczyk, Reinhard H. Schmidt, Düsseldorf 1994, S. 483 – 506

Wohlgemuth, Michael (Kommentierung § 253 HGB, Loseblatt): Kommentierung zu § 253 HGB, in: Bonner Handbuch der Rechnungslegung, hrsg. von Max. A. Hofbauer, Peter Kupsch, u. a., Bonn 1986, Loseblattsammglung, Stand: April 2005)

Wohlgemuth, Michael (Kommentierung § 252 HGB, Loseblatt): Kommentierung zu § 252 HGB, in: Bonner Handbuch der Rechnungslegung, hrsg. von Max. A. Hofbauer, Peter Kupsch, u. a., Bonn 1986, Loseblattsammglung, Stand: April 2005)

Woltmann, Albrecht/ Uecker, Peter (Kommentierung § 243 HGB, Loseblatt): Kommentierung zu § 243 HGB, in: Bonner Handbuch der Rechnungslegung, hrsg. von Max A. Hofbauer, Werner Albrecht, Wolfgang Grewe, Peter Kupsch, Bonn 1986 (Loseblattsammlung, Stand: Februar 2005)

Zeghal, Daniel (Timeliness, 1984): Timeliness of Accounting Reports and their informational content on the capital market, in: JBFA, Vol. 11 (Autumn 1984), S. 367 – 380

Ziegler, Günter (Schadenrückstellungen, 1973): Die Bilanzierung der Schadenrückstellungen, in: Die versicherungstechnischen Rückstellungen im Steuerrecht, hrsg. von Erich R. Prölss, Ernst von der Thüsen, Günter Ziegler, Karlsruhe 1973, S. 100 – 117

Zimmermann, Christoph (Abschlusskosten, 2002): Abschlusskosten in der deutschen und internationalen Rechnungslegung, Göttingen 2002, zugl.: Göttingen, Univ., Diss., 2002

Zimmermann, Jochen/ Schweinberger, Stefan (Gestaltungsformen, 2005): Gestaltungsformen der Bilanzierung von Versicherungsverträgen: ein kritischer Vergleich von Deferral/ Matching- und Asset / Liability-Ansätzen, in: ZVersWiss, 94. Bd. (2005), S. 57 – 78

Verzeichnis der Urteile und Entscheidungen

1. Entscheidungen des Bundesverfassungsgerichtes

Gericht	vom	Aktenzeichen	Funstelle
BverfG-Beschluss	15. März 1978	2 BvR 927/76	BB, 33. Jg. (1978), S. 572

2. Entscheidungen des Bundesgerichtshofes und der Landgerichte

Gericht	vom	Aktenzeichen	Funstelle
BGH-Urteil	19. Dezember 1954	3 StR 198/54	BB, 10. Jg. (1955), S. 109
BGH-Urteil	17. Januar 1973	IV ZR 142/70	DB, 26. Jg. (1973), S. 563
BGH-Urteil	13. März 1974	IV ZR 36/73	VersR-R, 25. Jg. (1974), S. 741
BGH-Urteil	3. November 1975	II ZR 67/73	NJW, 26. Jg. (1976), S. 241
BGH-Urteil	8. Januar 1981	VI ZR 128/79	NJW, 31. Jg. (1981), S. 818
BGH-Urteil	12. April 1989	IVa ZR 21/88	VersR-R, 40. Jg. (1989), S. 588
BGH-Urteil	28. Januar 1991	II ZR 20/90	BB, 46. Jg. (1991), S. 507
BGH-Urteil	12. Januar 1998	II ZR 82/93	DStR, 36. Jg. (1998), S. 383
OLG Hamm	11. März 1994	20 U 334/93	NJW, 48. Jg. (1995), S. 1501
LG Hagen	28. Oktober 1982	16 O 28/82	VersR-R, 34. Jg. (1983), S. 1147

3. Entscheidungen des Bundesfinanzhofes und der Finanzgerichte

Gericht	vom	Aktenzeichen	Funstelle
BFH-Beschluss	7. August 2000	GrS 2/99	BStBl. II 2000, S. 632
BFH-Urteil	19. November 1953	IV 142/53 U	BStBl. III 1954, S. 16
BFH-Urteil	29. Mai 1956	I 224/55 U	BStBl. III 1956, S. 212
BFH-Urteil	4. Februar 1958	I 173/57 U	BStBl. III 1958, S. 109
BFH-Urteil	18. Oktober 1960	I 198/60 U	BStBl. III 1960, S. 495
BFH-Urteil	9. Mai 1961	I 128/60 S	BStBl. III 1961, S. 336
BFH-Urteil	17. Januar 1963	IV 165/59 S	BStBl. III 1963, S. 237
BFH-Urteil	27. Mai 1964	IV 352/62 U	BStBl. III 1964, S. 478
BFH-Urteil	27. April 1965	I 324/62 S	BStBl. III 1965, S. 409
BFH-Urteil	22. Juni 1967	IV 172/63	BStBl. II 1968, S. 5
BFH-Urteil	11. August 1967	VI R 80/66	BStBl. III 1967, S. 699
BFH-Urteil	26. März 1968	IV R 94/67	BStBl. II 1968, S. 533
BFH-Urteil	12. Juni 1968	I 278/63	BStBl. II 1968, S. 715
BFH-Urteil	24. Juni 1969	I R 15/68	BStBl. II 1969, S. 581
BFH-Urteil	23. September 1969	I R 22/66	BStBl. II 1970, S. 104
BFH-Urteil	10. Juli 1970	III R 112/69	BStBl. 1970 II, S. 779
BFH-Urteil	16. September 1970	I R 184/67	BStBl. II 1971, S. 85
BFH-Urteil	30. September 1970	I 124/65	BStBl. II 1971, S. 66
BFH-Urteil	28. April 1971	I R 39 40/70	BStBl. II 1971, S. 601
BFH-Urteil	19. Januar 1972	I 114/65	BStBl. II 1972, S. 395

BFH-Urteil	13. Dezember 1972	I R 78/70	BStBl. II 1973, S. 217
BFH-Urteil	19. Dezember 1972	VIII R 18/70	BStBl. II 1973, S. 218
BFH-Urteil	17. Januar 1973	I R 204/70	BStBl. II 1973, S. 320
BFH-Urteil	4. April 1973	I R 130/71	BStBl. II 1973, S. 485
BFH-Urteil	11. Oktober 1973	VIII R 1/69	BStBl. II 1974, S. 90
BFH-Urteil	29. November 1973	IV R 181/71	BStBl. II 1974, S. 202
BFH-Urteil	14. Mai 1974	VIII R 95/72	BStBl. II 1974, S. 572
BFH-Urteil	19. Februar 1975	I R 28/73	BStBl. II 1975, S. 480
BFH-Urteil	26. September 1975	III R 15/74	BStBl. II 1976, S. 110
BFH-Urteil	13. November 1975	IV R 170/73	BStBl. II 1976, S. 142
BFH-Urteil	20. März 1980	IV R 89/79	BStBl. II 1980, S. 297
BFH-Urteil	17. Juli 1980	IV R 10/76	BStBl. II 1981, S. 669
BFH-Urteil	14. Dezember 1982	VIII R 53/81	BStBl. II 1983, S. 303
BFH-Urteil	30. Juni 1983	IV R 41/81	BStBl. II 1984, S. 263
BFH-Urteil	7. Juli 1983	IV R 47/80	BStBl. II 1983, S. 753
BFH-Urteil	19. Juli 1983	VIII R 160/79	BStBl. II 1984, S. 56
BFH-Urteil	24. August 1983	I R 16/79	BStBl. II 1984, S. 273
BFH-Urteil	24. November 1983	IV R 22/81	BStBl. II 1984, S. 301
BFH-Urteil	1. August 1984	I R 88/80	BStBl. II 1985, S. 44
BFH-Urteil	22. August 1984	I R 198/80	BStBl. II 1985, S. 126
BFH-Urteil	25. Februar 1986	VIII R 134/80	BStBl. II 1986, S. 788
BFH-Urteil	27. Februar 1986	IV R 52/83	BStBl. II 1986, S. 552
BFH-Urteil	5. Februar 1987	IV R 81/84	BStBl. II 1987, S. 845
BFH-Urteil	19. Mai 1987	VIII R 327/83	BStBl. II 1987, S. 848
BFH-Urteil	8. Oktober 1987	IV R 18/86	BStBl. II 1988, S. 57
BFH-Urteil	17. November 1987	VIII R 348/82	BStBl. II 1988, S. 430
BFH-Urteil	11. Februar 1988	IV R 191/ 85	BStBl. II 1988, S. 661
BFH-Urteil	22. November 1988	VII R 62/85	BStBl. II 1989, S. 359
BFH-Urteil	26. April 1989	I R 147/84	BStBl. II 1991, S. 213
BFH-Urteil	25. August 1989	III R 95/87	BStBl. II 1989, S. 893
BFH-Urteil	3. Dezember 1991	VIII R 88/87	BStBl. II 1993, S. 89
BFH-Urteil	4. Dezember 1991	I R 148/90	BStBl. II 1992, S. 283
BFH-Urteil	2.Oktober 1992	III R 54/91	BStBl. II 1993, S. 153
BFH-Urteil	17. Februar 1993	X R 60/89	BStBl. II 1993, S. 437
BFH-Urteil	3. August 1993	VIII R 37/92	BStBl. II 1994, S. 444.
BFH-Urteil	8. Februar 1995	I R 72/94	BStBl. II 1995, S. 412
BFH-Urteil	27. März 1996	I R 3/95	BStBl. II 1996, S. 470
BFH-Urteil	27. November 1997	IV R 95/96	BStBl. II 1998, S. 375
BFH-Urteil	15. Juli 1998	I R 24/96	BStBl. II 1998, S. 728
BFH-Urteil	28. März 2000	VIII R 77/96	BStBl. II 2002, S. 227
BFH-Urteil	28. März 2000	VIII R 13/99	BStBl. II 2000, S. 612
BFH-Urteil	29. November 2000	I R 87/99	BStBl. II 2000, S. 655
BFH-Urteil	30. Januar 2002	I R 68/00	BStBl. II 2002, S. 688
Vorlagebeschluss FG Köln	16. Juli 1997	13 K 812/97	DStRE, 35. Jg. (1997), S. 745

4. Entscheidungen des Europäischen Gerichtshofes

Gericht	vom	Aktenzeichen	Funstelle
EuGH-Urteil	14. September 1999	Rs. C-275/97	DStR, 37. Jg. (1999), S. 1645

5. Verwaltungsentscheidungen

Verwaltung	vom	Funstelle
BMF-Schreiben	2. Februar 1973	DStZ Eildienst, 51. Jg. (1973), S. 75
BMF-Schreiben	5. Mai 2000	BB, 55. Jg. (2000), S. 1619

Quellenverzeichnis

1. Gesetze

AktG	Aktiengesetz vom 6. September 1965, BGBl. I 1965, S. 1089, zuletzt geändert durch Gesetz vom 15. Dezember 2004 BGBl. I 2004, S. 3408
BGB	Bürgerliches Gesetzbuch vom 18. August 1896, RGBl. 1896, S. 195, in der Fassung der Bekanntmachung vom 2. Januar 2002, BGBl. I 2002, S. 42, zuletzt geändert durch Gesetz vom 7. Juli 2005, BGBl. I 2005, S. 1970
EStG	Einkommensteuergesetz vom 16. Oktober 1934, RGBl. I 1934, S. 1005, in der Fassung der Bekanntmachung vom 19. Oktober 2002, BGBl. I 2002, S. 4210, zuletzt geändert durch Gesetz vom 22. September 2005, BGBl. I 2005, S. 2809
HGB	Handelsgesetzbuch vom 10. Mai 1897, RGBl. 1897, S. 219, zuletzt geändert durch Gesetz vom 3. August 2005, BGBl. I 2005, S. 2267
GmbHG	Gesetz betreffend die Gesellschaften mit beschränkter Haftung vom 20 April 1892, RGBl. 1892, S. 477, zuletzt geändert durch das Gesetz vom 22. März 2005, BGBl. I 2005, S. 837
PublG	Gesetz über die Rechnungslegung von bestimmten Unternehmen und Konzernen (Publizitätsgesetz – PublG) vom 15. August 1969, S. 1189, ber. BGBl I 1970, S. 1113, zuletzt geändert durch Gesetz vom 4. Dezember 2004, BGBl. I 2004, S. 3166
SEA	Securities Exchange Act of 1934, zuletzt geändert durch das Gesetz vom 30. Juli 2002, Online im Internet: http://www.sec.gov/divisions/corpfin//34act/index1934.shtml
VAG	Gesetz über die Beaufsichtigung der Versicherungsunternehmen (Versicherungsaufsichtsgesetz – VAG) in der Fassung der Bekanntmachung vom 17. Dezember 1992, BGBl. I 1993, S. 3, zuletzt geändert durch Gesetz vom 22. September 2005, BGBl. I 2005, S. 2802

VersRiLiG Gesetz zur Durchführung der Richtlinie des Rates der Europäischen Gemeinschaft über den Jahresabschluß und den konsolidierten Abschluß von Versicherungsunternehmen (Versicherungsbilanzrichtlinien-Gesetz – VersRiLiG), BGBl. I 1994, S. 1377

VVG Gesetz über den Versicherungsvertrag vom 30. Mai 1908, RGBl. 1908, S. 263, zuletzt geändert durch Gesetz vom 2. Dezember 2004, BGBl. I 2004, S. 3102

2. Richtlinien und Verordnungen

BörsenZulV Verordnung über die Zulassung von Wertpapieren zur amtlichen Notierung an einer Wertpapierbörse (Börsenzulassungs-Verordnung) vom 9. September 1998, BGBl. I 1998, S. 2832, zuletzt geändert durch das Gesetz vom 22. Juni 2005, BGBl. I 2005, S. 1698

RechVersV Verordnung über die Rechnungslegung von Versicherungsunternehmen (RechVersV) vom 8. November 1994, BGBl. I 1994, S. 3378 – 3418; zuletzt geändert durch Gesetz vom 4. Dezember 2004, BGBl. I S. 3166

VersBiRiLi Richtlinie 91/674/EWG des Rates vom 19. Dezember 1991 über Jahresabschluß und den konsolidierten Abschluß von Versicherungsunternehmen (VersBiRiLi), Amtsblatt der Europäischen Gemeinschaft Nr. L 374 vom 31. Dezember 1991, S. 7 – 28

Verordnung (EG) Nr. 1606/2002 des Europäischen Parlaments und Rates vom 19. Juli 2002 betreffend die Anwendung internationaler Rechnungslegungsstandards, Amtsblatt der Europäischen Gemeinschaften L 243 vom 11. September 2002, S. 1 – 4

3. Standards und ähnliche Verlautbarungen

AICPA, Statement of Position 92-4, Auditing Insurance Entities' Loss Reserves, May 1992, AICPA: Technical Practice Aid, New York 2001, Section 11,230

AICPA, Statement on Auditing Standard No. 1, Subsequent Events, November 1972, AICPA: Professional Standards, New York 2001, AU Section 560

ASB, Actuarial Standard of Practice No. 20, Discounting of Property and Casualty Loss and Loss Adjustment Expense Reserves, April 1992, Online im Internet: http://www.actuarialstandardsboard.org/pdf/asops/asop020_037.pdf, Abfrage: 28. Oktober 2005

ASB, Actuarial Standard of Practice No. 36, Statements of Actuarial Opinion Regarding Property/Casualty Loss and Loss Adjustment Expense Reserves, März 2000, Online im Internet: http://www.actuarialstandardsboard.org/pdf/asops/asop036_069.pdf, Abfrage: 28. Oktober 2005

DRSC, Deutscher Rechnungslegungsstandard Nr. 6, Zwischenberichterstattung, in: Deutsche Rechnungslegungs Standards (DRS) – German Accounting Standards (GAS), hrsg. vom DRSC, Stuttgart 2000, (Loseblattsammlung, Stand: Oktober 2005)

FASB, Statement of Financial Accounting Concepts No. 1, Objectives of Financial Reporting by Business Enterprises, November 1978, in: FASB: Original Pronoucements, New York u.a. 2004

FASB, Statement of Financial Accounting Concepts No. 2, Qualitative Characteristics of Accounting Information, Mai 1980, in: FASB: Original Pronoucements, New York u.a. 2004

FASB, Statement of Financial Accounting Concepts No. 3, Elements of Financial Statements of Business Enterprises, Dezember 1980, in: FASB: Original Pronoucements, New York u.a. 2004

FASB, Statement of Financial Accounting Concepts No. 5, Recognition and Measurement in Financial Statements of Business Enterprises, Dezember 1984, in: FASB: Original Pronoucements, New York u.a. 2004

FASB, Statement of Financial Accounting Concepts No. 6 (Elements of Financial Statements—a replacement of FASB Concepts Statement No. 3 (incorporating an amendment of FASB Concepts Statement No. 2), Dezember 1985, in: FASB: Original Pronoucements, New York u.a. 2004

FASB, Statement of Financial Accounting Concepts No. 7, Using Cash Flow Information and Present Value in Accounting Measurements, Februar 2000, in: FASB: Original Pronoucements, New York u.a. 2004

FASB, Statement of Financial Accounting Standards No. 5, Accounting for Contingencies, März 1975, in: FASB: Original Pronoucements, New York u.a. 2004

FASB, Statement of Financial Accounting Standards No. 60, Accounting and Reporting by Insurance Enterprises, Juni 1982, in: FASB: Original Pronoucements, New York u.a. 2004

FASB, Statement of Financial Accounting Standards No. 97, Accounting and Reporting by Insurance Enterprises for Certain Long-Duration Contracts and for Realized Gains and Losses from the Sale of Investments, Dezember 1987, in: FASB: Original Pronoucements, New York u.a. 2004

FASB, Statement of Financial Accounting Standards No. 113, Accounting and Reporting for Reinsurance of Short-Duration and Long-Duration Contracts, Dezember 1992, in: FASB: Original Pronoucements, New York u.a. 2004

FASB, Statement of Financial Accounting Standards No. 120, Accounting and Reporting by Mutual Life Insurance Enterprises and by Insurance Enterprises for Certain Long-Duration Participating Contracts—an amendment of FASB Statements 60, 97, and 113 and Interpretation No. 40, Januar 1995, in: FASB: Original Pronoucements, New York u.a. 2004

FASB, Interpretation No. 14, Reasonable Estimation of the Amount of a Loss—an interpretation of FASB Statement No. 5, September 1976, in: FASB: Original Pronoucements, New York u.a. 2004

FASB, Interpretation No. 39, Offsetting of Amounts Related to Certain Contracts - interpretation of APB Opinion No. 10 and FASB Statement No. 105, März 1992, in: FASB: Original Pronoucements, New York u.a. 2004

IASB, Draft Statement of Principles zum Insurance Issues Paper – An Issues Paper issued for comment by the Steering Committee on Insurance, London 2000, Online im Internet: http://www.iasb.org/current/iasb.asp?showPageContent=no&xml=16_173_67_211 02005.htm, Stand: 16. November 2001, Abfrage: 28. Oktober 2005

IASB, Framework, April 2001, in: International financial reporting standards, einschließlich International Accounting Standards und Interpretationen, die amtlichen EU-Texte englisch-deutsch, hrsg. von Institut der Wirtschaftsprüfer, Düsseldorf 2005

IASB, International Accounting Standard 10, März 2004, in: International financial reporting standards, einschließlich International Accounting Standards und Interpretationen, die amtlichen EU-Texte englisch-deutsch, hrsg. von Institut der Wirtschaftsprüfer, Düsseldorf 2005

IASB, International Accounting Standard No. 37, März 2004, in: International financial reporting standards, einschließlich International Accounting Standards und Interpretationen, die amtlichen EU-Texte englisch-deutsch, hrsg. von Institut der Wirtschaftsprüfer, Düsseldorf 2005

IASB, International Financial Reporting Standard No. 4, Insurance Contracts, März 2004, in: International financial reporting standards, einschließlich International Accounting Standards und Interpretationen, die amtlichen EU-Texte englisch-deutsch, hrsg. von Institut der Wirtschaftsprüfer, Düsseldorf 2005

Securities Exchange Commission, Release No. 33-8128: Acceleration of Periodic Report Filling Dates and Disclosures concerning Website Access to Reports, Online im Internet: http://www.sec.gov/rules/final/33-8128.htm, Stand: 26. September 2003, Abfrage: 28. Oktober 2005

Securities Exchange Commission, Staff Accounting Bulletin No. 62: Discounting by Property-Casualty Insurance Companies, Online im Internet: http://www.sec.gov/interps/account/sabcodet5.htm, Stand: 23. März 2004, Abfrage: 28. Oktober 2005

4. Geschäftsberichte und sonstige Materialien

Bundesaufsichtsamt für das Versicherungswesen (GB BAV, 1977): Geschäftsbericht des Bundesaufsichtsamt für das Versicherungswesen 1977

Bundesaufsichtsamt für das Versicherungswesen (GB BAV, 1980): Geschäftsbericht des Bundesaufsichtsamt für das Versicherungswesen 1980

Bundesaufsichtsamt für das Versicherungswesen (GB BAV, 1982): Geschäftsbericht des Bundesaufsichtsamt für das Versicherungswesen 1982

Bundesaufsichtsamt für das Versicherungswesen (GB BAV, 1988): Geschäftsbericht des Bundesaufsichtsamt für das Versicherungswesen 1988

Bundesaufsichtsamt für das Versicherungswesen (GB BAV, 1989): Geschäftsbericht des Bundesaufsichtsamt für das Versicherungswesen 1989

Deutscher Corporate Governance Kodex in der Fassung vom 2. Juni 2005, Online im Internet: www.corporate-governance-code.de, Abfrage: 28. Oktober 2005

Gesetzentwurf der Bundesregierung zur Durchführung der Richtlinie des Rates der Europäischen Gemeinschaft über den Jahresabschluß und den konsolidierten Abschluß von Versicherungsunternehmen (Versicherungsbilanzrichtlinien-Gesetz – VersRiLiG) vom 26. August 1993, BT-Drucksache 12/5587

Geschäftsbericht Allianz Gruppe 2004, Online im Internet: www.allianz.com, Abfrage: 28. Oktober 2005

FSC
www.fsc.org
MIX
Papier | Fördert gute Waldnutzung
FSC® C083411

Kolibri 360 GmbH
Ferdinand-Jühlke-Straße 7
99095 Erfurt, Deutschland
produktsicherheit@kolibri360.de